"中央高校基本科研业务费专项资金资助"——中央戏剧学院优秀学术著作出版资助计划

问路集
重构一种新阅读—批评视界（上）

丁涛 / 著

中国国际广播出版社

前　言

《哲学解释学》中译本（上海译文出版社1994年第1版）的译者在译序中说：

> 哲学解释学是目前西方比较流行的一种哲学思潮……如果说，我国的哲学界对现代西方哲学各流派的研究往往比国外落后十几乃至几十年，对哲学解释学的研究则基本上达到了与国外同步。

国内对于哲学解释学的研究是否真的"达到了与国外同步"，尚有商榷的余地，笔者借此想指出的是，对于当时进入改革开放和社会主义现代化建设新时期的我国来说，"解释—理解"所构成的问题，首先作为实践问题被强烈而尖锐地提交到了面前。在此，笔者不打算做有关时代社会背景的宏观分析，仅就个人所经所历、所思所感，择其一二来谈一谈。

笔者于1966年高中毕业，恰逢"文化大革命"爆发，求学之路就此中断。直到"文化大革命"结束，1977年恢复高考后，笔者才得以走进高等学府，圆了12年的求学之梦。"文化大革命"的经历，在笔者心中脑内累积了那么多想不清楚且说不明白的人和事。可以说，笔者是带着一脑门子困惑不解的问题去求学的，是抱持着寻找答案的意愿踏上这条艰辛之路的。1981年底，田本相先生的专著《曹禺剧作论》出版了，这是我国进入新时期后第一部系统研究曹禺剧作的专著，其重要意义在于，该书对既往的"曹评"（按照1935—1981年算，已有46年的历史）进行了梳理概括，力排纷争、调和歧义，用"无产阶级革命现实主义"对曹禺戏剧创作做出了确定性的评价与定位，这是集政治标准与艺术标准于一身的总体性定评，可谓一锤定音。从这一意义上说，田先生的这部书意味着"曹评史"迄今为止的第一阶段的终结。笔者当年怀着热切的心情拜读了该书。在阅读中，周朴园这一艺术形象紧紧攫住了笔者。长时间以来，文学界曾盛传着一个排名："鲁郭茅巴老曹"，姑且不论这排序是否妥当，如果把他们所塑造出的人物形象都排在一起，然后单以"复杂性"这一点来当作评判标准，那么，笔者认为，曹禺笔下的周朴园堪称之最；同时，遭受"误读"最大化的，也非周朴园莫属。因此，重新解释周朴园，成为笔者心中挥之不去的意愿和决心。笔者意识到，抓住周朴园，就如同抓住那一根藏在一团乱麻中的线头。"重新解释"，意味着要对过往定论进行颠覆，而更重要、更关键的则是必须建构起一套新的判断评价体系，也就是新的阅读视界。如果说"知昨非而今是"，那就必须说清："非"——何为非？为何非？！"是"——何为是？为何是？！

对上述问题的探究，笔者的第一篇研究成果是《一个历经双重悲剧命运的灵魂——周朴园形象新探》一文（刊载于《剧作家》1986年第1期）。这是除毕业论文外，笔者发表的第一篇文章。该文之于笔者，不仅仅是一般意义上的一篇"人物分析"，更具有理论探索上的重要性，探讨将周朴园从"政治革命—阶级斗争"的大时代语境中解放出来，还他以审美意义上的"悲剧性人物"与"悲剧性命运"。尽管研究的焦点是对准一部具体的剧作《雷雨》、一个具体的人物周朴园，但是倘若以"重新阅读"为旨归，那么就必须同步进行重建阅读视界的工作。可以说，"重读"与"重建"的进行是同步的、交互的。笔者深切体会到，自己在做着开拓垦荒性的工作。① "文化大革命"时,"不破不立,破字当头,立在其中"是一句十分流行的话语。笔者要指出的是,对于政治革命而言,这句话是真谛;但对于文化艺术来说,则应当反过来说,"不立不破,立字当头,破在其中"。当年以周朴园这一人物形象来试笔以求寻得突破,可谓费尽心血,上下求索,艰辛异常,但也让笔者从中获益匪浅,在个人的学术道路上迈出了一大步。同时,笔者十分清醒,眼前的这点儿成果,也只是刚刚推开"重读曹禺"的大门,远未登堂入室,更别奢谈什么阅读视界的建构,充其量也就刚刚搭建起一个朦胧的轮廓。

《让心灵的情感向着生活开放——论对世界名剧的重新阅读》是一篇约4万字的论文,连载于《剧作家》1991年第2—3期上。"阅读经典"作为一个重大问题撞入笔者的心中,仍然出自实践。从20世纪80年代中期起,笔者开始观看戏剧演出并撰写评论。几年的践行,令笔者愈来愈意识到,尽管新时期的戏剧不断进行着可喜的革新探索,但倘若仅仅一味地滞留或者陷入当前的戏剧现实境况之中,便难以提升我们自身的艺术眼光和审美鉴赏力。就好比倘若我们只知晓、只观看我们国内的足球比赛,我们对足球运动的认知水准会成为什么样,便可想而知了。俗话说"没吃过猪肉,还没见过猪跑",纵然暂时尚且不具备应有的能力,但总还应有良好的观赏眼光吧,总还应当知道真正的目标在哪儿,标尺是什么吧。所以,强调阅读经典就成为必要的紧迫事情。然而,仅仅着眼于"读",是远远不够的,因为我们既不乏对经典的拥有,也没有停止过"读",如易卜生,自中国现代戏剧发轫之际,便被引进中国,并被尊为值得学习和仿效的大宗师;又如曹禺的处女作《雷雨》一经问世,便以经典的姿态传承至今。尤其进入新时期后,可资借鉴的古今中外名剧更加丰富多样,大家都在如饥似渴地"读"。所以,"如何读"才是关键所在。"怎样理解、解释经典"这个问题一经提出,便被带入解释学的领域。《让心灵的情感向着

---

① 歌德谈到自己的成就时,曾称自己有幸生活在收获的时代,而不是垦荒耕耘的时代。

生活开放——论对世界名剧的重新阅读》一文的写作，即是笔者这一阶段思考、研究的成果。基于看戏、写评论、授课教学得到的经验，笔者深切地意识到，倘若没有"重新阅读经典"作为依托、支柱，就无法在学理层面去领悟、理解那些美学的概念、观念、思想。总之，"重新阅读经典"，其根本意义在于提升我们自身的内在素养和能力。

　　本书中所辑录的评论（批评）类文章，大多发表在20世纪80年代下半期至90年代初。时隔30余年，当笔者再度读到这些文章，就像读别人的文章一样陌生，文中提及的有些剧目甚至已经被淡忘。那么，这些旧作还有再出版的价值意义吗？其实，在此之前，笔者还真没有动过结集成书的念头，以致本次为搜集这些散落在外的文章而大费周折。尽管本文集的出版起于一次机缘，但最终让笔者决定将旧作拿出来以飨当今读者的，是出于自己读过后的真切感受，可谓感慨系之矣。这些评论或"批"或"评"或"论"，均无拘无束、率真坦荡，将笔者带回到那段难忘的岁月。那段岁月恰逢我国进入新时期的开启阶段，在改革开放、思想解放的环境背景中，戏剧界也开启了自身的"求变—转型"之路。笔者真切地感受到这一时代脉动，力求用评论文字追随并记录这一历程的艰难曲折，为每一可喜的突进而欢欣，为每一凝滞或回潮而扼腕，并对未来充满期盼。还有，如何将历史评价与审美评价融合在评论实践中，是笔者须臾不敢忘却的追求。就个人感受而言，对当下戏剧做即时性的评论要掌握两个评价尺度：一是不要脱离具体的历史时空来进行评价，也就是说，我们应以历史视野来看待"现在"与"当下"。"现在"与"当下"中蕴含着"过去"及"未来"，或者说是"过去"及"未来"的交汇。二是不要脱离作品的内部构成来进行评价，即一切评判必须基于文本本身的形式结构与思想感情。因而一方面，从既往的戏剧主潮社会问题剧向社会剧的转型，是笔者所掌握的历史尺度；另一方面，着眼于创作者是否从"外在"向"内在"的突进，也就是从注重写外部的政治社会的事件、矛盾、问题的惯性模式中摆脱出来，转向对人物的内心动作及动机进行开掘，这便是笔者对历史

前 言

与美学评价尺度的主要考量。

本文集中收录了几篇有关美学的文章（篇幅原因，理论专题研究的文章收录至下一部文集中），只能算作随笔，是对"呼唤审美戏剧"所做的进一步说明。但还是可以从中看出，笔者当时深受马克思恩格斯美学思想以及浪漫主义哲学美学的影响，对"生命哲学"怀有本能的亲近。

能够读到解释学方面的经典著作，对于笔者来说要晚几年，因为要仰赖于中译本。据笔者所知，直到1987年，才有中译本出版，如伽达默尔的《真理与方法》、姚斯的《接受美学与接受理论》、刘小枫主编的《接受美学译文集》等书均于是年后陆续出版；文章开头提到的伽达默尔的《解释学哲学》的中译本于1994年才面世；而《真理与方法》（上、下卷）完整的中文重译本于1999年出版。笔者在读上述著作的过程中，不论读懂与否，都如饮甘露。笔者终于明白，自己想建构的具有中国特色的阅读视界，实际上是属于解释学的问题，为此必须要学习和借鉴西方已成体系的理论，这是毋庸置疑的。但是，我们仍要对自身独具的问题有明晰而全面的反思和认知，必须反躬自问：我们为什么需要狄尔泰、伽达默尔、利科、姚斯……？也就是我们必须追问：我们自身内在的迫切动力源自何处？笔者深深感受到，这些问题应是从实践中来，也就是说，这首先是存在于我们实践中的问题。马克思说，"理论之谜的解决在何种程度上是实践的任务并以实践为中介，真正的实践在何种程度上是现实的和实证的理论的条件"[①]。依笔者陋见，当我们强调"中国特色"时，其"特色"的立足点应在于此。一言以蔽之，问题源于实践，答案则出于理论的建构。

近六七年来，笔者为疾病所困扰，其间几度不得不暂停下脚步，于今随着身体的康复，再度得以承担正常的教学及研究工作时，重拾旧作，阅览之余，才意识到之前的著述完全可以视作第一个研究阶段的成果。因

---

① 马克思.1844年经济学—哲学手稿［M］.刘丕坤，译.北京：人民出版社，1979：92.

而，尽管本著述为论文集，但却具有学术思想的连贯性和整体性，正是基于此，笔者视其为专著。

书中各篇文章的排序，基本上按写作发表时间先后而定，同时大致兼顾了分类，时间先后有所调整。对笔者而言，书中的一篇篇文章，如同攀登、跋涉、探寻之路上所踩下的一个个坚实的脚印，一步一步向着既定目标前行，故定名为《问路集——重构一种新阅读—批评视界》。

目 录

让心灵的情感向着生活开放 | 001
　　——论对世界名剧的重新阅读

一个历经双重悲剧命运的灵魂 | 053
　　——周朴园形象新探

莎士比亚之伟力 | 074
　　——有感于莎士比亚戏剧节

析"源出意念的思考模式" | 082
　　——评话剧《田野又是青纱帐》

时代在呼唤审美戏剧 | 085
　　——对"话剧十年"的本体反思

审美戏剧一二谈 | 094
　　——戏剧艺术的变革

审美，人类生命的阳光 | 102

一曲命运原型的悲歌 | 113
　　——话剧《桑树坪纪事》观后

戏剧艺术的走向 | 118
　　——《桑树坪纪事》一剧对当代戏剧的意义

诗化的舞台语言 | 124
　　——评徐晓钟的导演艺术

戏剧艺术新的一页 | 129
　　——评话剧《黑色的石头》

历史剧与现代意识的参与 | 135
　　——兼谈湘剧《山鬼》的方向与价值

开拓"社会剧" | 140
　　——《车库》对我国当前戏剧创作的启示

《车库》的意义及喜剧手法 | 144

长歌当哭 | 149
　　——话剧《老风流镇》断想

"南京小剧场戏剧节"概述 | 154

小剧场戏剧面面谈 | 164

探索性与小剧场戏剧 | 171

康德主体性美学思潮与新时期戏剧的超越 | 173
　　——对20世纪90年代戏剧艺术发展的瞻望

布朗德与培尔·金特：人生的两极 | 192
　　——话剧《布朗德》观后

剧坛上强劲的"东北风" | 195
　　——东北地区话剧晋京演出有感

歌舞在当代话剧舞台上 | 198

情感的力量 | 202
　　——谈话剧《野草》的新视野

《孔子》一剧的现实精神与意义 | 206

目 录

麦克白斯艺术形象"巨人"析 | 210
　　——重读"名剧"续列

探索的新方位 | 241
　　——幽默喜剧

傅尔形象的喜剧性漫评 | 245

贺中国国家话剧院成立暨首演成功 | 255
　　——兼谈经典剧作内在的丰富性

20世纪中国戏剧研究现状的几个基本问题 | 263

他无罪，却为何要认罪？为何要自杀？ | 276
　　——写在《夜色迷人》观后

孙维世在中国现代演剧史上的历史定位及意义 | 283

一出悲剧是怎样被炼成"闹剧"的 | 288
　　——六问北京人艺的《雷雨》演出者们

他山之石，可以攻玉 | 296
　　——感于阿瑟·密勒百年诞辰

社会改革家的易卜生抑或戏剧艺术家的易卜生 | 309
　　——我们究竟需要哪一个

论田汉笔下的"漂泊者"系列人物形象 | 323

"重读"曹禺　"重演"曹剧 | 336
　　——时代的呼唤

"'戏剧观'讨论"40年之一瞥 | 346

让心灵的情感向着生活开放

——论对世界名剧的重新阅读

重新阅读世界名剧。

此时此刻,提出重新阅读世界名剧,为什么?有什么迫切性和必要性?再者,何谓"重读"?即怎样读法,方可称得上是"重读"?

此时此刻,提出重新阅读世界名剧,是想通过"重读",唤醒与复活我们自身的审美感受力和审美鉴赏力,打开闭锁着我们感性生命的重重闸门,让心灵的情感向着生活开放。

当代戏剧艺术要摆脱"危机"、走出低谷,提升到人类的高度,必将经历一条漫长的自身解放之路。这条路,无论怎样艰难而修远,其间也只有一个最为关键的"槛儿",迈过了这个"槛儿",我们便登堂入室了。这个"槛儿",就是我们自身的内在审美能力的复活。

复苏与增强我们的审美能力,最行之有效的途径,恐怕非阅读世界名剧莫属了。康定斯基说得好:"任何艺术作品都是其时代的产儿,同时也是孕育我们感情的母亲。"[1]让世界名剧参与我们民族内在生命的建构,是戏剧文化责无旁贷的伟大使命。这样,阅读的问题与怎样阅读的问题便凸显出来,需要加以审视与研究。

---

[1] 康定斯基.论艺术的精神[M].查立,译.北京:中国社会科学出版社,1987:11.

本文涉及的方面尽管广泛，但核心是剖析我们自身的困境以及困境的渊源，并以寻觅出路为旨归，即以深重的危机意识去开辟我们的前行之路，大概，这样才会真正有希望吧！

一、概念化的渊薮——审美鉴赏力的匮乏

观念的变革与思想认识上的觉醒，是戏剧艺术在新时期十年[①]中的历程，也是当代戏剧在自身解放历史过程中所经过的第一个同时也是很重要的阶段。

回首十年，可以清晰地看到，戏剧艺术在创作上的每一新的变化与进步，无论是形式上的更新，还是内容上的深化，无一不是紧随着观念认识上的转变而取得的成果。可以说，没有戏剧观的变革和认识上的觉醒，就不可能有新时期十年在创作上的奋进。眼界的开拓、思维的活跃，使得创作题材变得十分广泛，手段手法丰富，表现形态不拘一格，人物心理层次开掘深入，凡此种种，使得新时期十年戏剧呈现一派多样化发展的格局，从而一扫雷同化与公式化的阴霾。这是了不起的功绩！但凡过来之人总还不会淡忘，雷同化、公式化曾经足足困扰了戏剧界几十年，无论大家怎样奋争，也摆脱不了它们的羁縻。对比往昔，变化是惊人的，有恍如隔世之感。然而，概念化，这曾与雷同化、公式化并列的另一大创作弊端，克服起来可就不那么容易了，单凭观念变革与认识觉醒，是难以对概念化这一顽癥痼疾有所疗效的。

近来，戏剧界出现了一种新的困惑现象。一批已创作出过颇有影响力的剧本，并跻身当代优秀剧作家之列的作者，当他们苦心孤诣，试图超越自己的成名之作时，便陷入一种从未体验过的迷茫之中。这些作家的创作意图是明确的、坚定的，甚至不失为是正确的。在改革大潮中，他们潜心研究与思考有关戏剧艺术的种种问题，在思想观念上都有长足的进

[①] 新时期始于1978年改革开放。本书中的"新时期十年"是指1978年至1988年。

步，他们力图使理性的觉醒体现在创作构思中。但随之而来的，便是一种深重的失调，一种不均衡现象，即创作意图的深刻、复杂、宏大，而与之不相称的，则是戏剧形象刻画与情感展现的薄弱。譬如剧作家杨利民，继《黑色的石头》之后，他又写出了《大雪地》。在作者十几年的创作生涯中，《大雪地》是他花费心血最多、写得最艰难的一部戏。然而，《大雪地》并没能实现剧作家本人的艺术追求，他难以得心应手地驾驭人物，分明旨在着力于人物内心世界的表现，但写着写着，便不自觉地滑向简单化、意念化。马中骏的《老风流镇》写得比《大雪地》更苦，倾注的心血更巨，剧作者用近一年的时光，实地考察了十几个县，从初稿到最后定稿、发表，沉潜了五年之久，但最终仍陷落在概念化的泥淖中。像这样的例子还可以举出许多，如刘锦云的《背碑人》等。他们共同面临的创作难题，表现为难以应付裕如地把握人物自身形象的情感及逻辑发展，往往以自己的意念替代人物，让人物以直白的语言"说"出剧作者的主观意图和思想。我们称这种现象为创作上的新困惑，意味着如今的困惑不仅仅存在于观念上，而最主要的是在创作过程中的不自觉流露，因此它不再仅仅是认识上的问题，而主要是能力上的问题。关于这一点，剧作家杨利民已清醒地意识到了。他说，原以为只要转变观念就行了，可实践证明，观念转变了还是不行，还需要感性地、艺术地把握与表现生活的功力。

　　观念的转变、认识的觉醒，为何还是不能拯艺术于概念化的厄运呢？答案很简单，因为艺术不是创作主体观念与思想的产物，而是心灵的杰作。如果仅仅凭借观念与认识（不论是感性的认识还是智性的认识）去生产，那么诞生出来的定然是概念化的怪胎。艺术的对象是人的情感世界，创造艺术需要运用主体的审美鉴赏力、想象力、直觉等内在的艺术创造能力。这些道理，于戏剧界已不陌生，经过十年的艺术启蒙，已了然于心，但是，观念的解放替代不了心灵的解放，因此，继认识的转变之后，创作主体审美能力的获得问题便极其严峻地提交到了我们面前。

今天，觉醒了的一代人发现自己处在一个难堪而尴尬的境地，简直置身于"恶"的循环往复之中。我们已经懂得，唯有艺术，才能够开掘人的心灵世界，将微妙、丰富、千姿百态的人性表现出来，然而我们自己创作出的艺术，却恰恰远离人的内在生命的运动过程；我们已经懂得，要运用我们的心灵情感能力去创造艺术，然而我们所欠缺的，不正是直觉、悟性、想象吗？一句话：情感的贫困，是置艺术于万劫不复的渊薮。而贫困的艺术，又怎能承担情感教育者的重任呢？那么，求教于世界名剧吧！可是多年来，阅读世界名剧，人们已习惯于仰赖理论批评界的诠释，而理论批评界的诠释与评价，情况并不比创作界妙多少，一样的被概念化所充斥，一样的贫困，让我们接下去切实地考察一番吧。

二、批评的危机——审美鉴赏的匮乏

像创作界一样，批评在新时期十年中，也取得了巨大进步，多种理论、多种方法、多种视角的批评，使得戏剧批评呈现一派繁荣景象。但是，由于批评界始终忙于反思创作界的问题，忙于救治创作中的疾患，反倒忘记了反思自己，反倒未意识到，自己也已病入膏肓。

像创作危机一样，批评自身的危机也早已蛰伏日久，在某种意义上，甚至比创作危机还要严重。不妨想一想，创作的危机在于充当了某种外在目的的工具和手段，而批评除却与创作同样充当共同的工具外，它还攀附在创作身上，充当创作的附庸，因此，批评的身份更卑下，是奴仆的婢女。它扮演着廉价捧场者的角色，往创作毫无血色的苍白面容上涂脂抹粉；它是装点虚假繁荣的花絮，是戏剧界的噱头，为的是不致使氛围冷落下去；它是戏剧界的丑角，好让公众永远陶醉在热热闹闹的印象之中。总而言之，批评是贫困的贫困、危机的危机、堕落的堕落。

是言过其实吗？是危言耸听吗？只要正视现实，我们就无法回避这令人痛心疾首的事实。戏剧的危机，是全面生机的危机，岂止仅仅表现在创作上？创作、批评、理论构成了全面的危机，形成了置人于"万劫不复"的可怕怪圈。多年以来，几代人就在这个怪圈中被浸润、被熏陶。回想一下，我们从小至大，曾经与什么样的作品为伍做伴？干瘪枯涸的作品哺育着我们的心灵，而批评与理论，再以它那犹如沙漠中刮过的热风，抽干仅存的情感余泽。几代人的心智，就这样被铸就！

当然，比起创作，当代批评更有其难言之苦。戏剧的艰难岁月，在隙罅中求生，举步维艰！创作要求宽容、宽容、再宽容，在这种境况下，批评怎能一味地充当专事挑剔的刁钻婆婆？怎能整日板着一副法官的冷峻铁面？按理说来，宽容原本是指一种政治、政策方面的态度，与批评之间并无什么关碍，因为批评的本性绝对不是鹰犬与棍棒，无论它怎样地尖刻严厉，但是，特殊的情势往往令批评者投鼠忌器，况且，在一段时期内，批评还不得不为创作的生存权利摇旗呐喊，为其取得一立锥之地而擂鼓助威，凡此种种，不能不极大地阻碍了批评自身的发展。

像创作一样，当代批评在十年中介绍并吸收了西方近现代各种批评理论与批评方法，一改往昔单一的格局，呈现多样化的态势。但是，我们不应忽视一点，而且是至关重要的一点，即无论哪种理论的批评、哪种方法的批评，其共同基础是审美鉴赏。指出这一点，只不过是说出一个事实而已。这一事实，只要我们用心地去阅读每一篇文艺批评的杰作，均会感受得到。批评大师们无论使用何种方法，依据何种理论，在他们的批评篇章中，莫不浸透着令人惊叹不已的、高度的艺术鉴赏与艺术趣味。在此不妨举几个例子，将有助于我们对问题的理解。譬如丹纳，他是位著名的社会学批评家，主张文学艺术受地理环境、种族、时代这三种因素影响。我们读一读他的著作《艺术哲学》便会发现，这种社会学的分析，与我们熟悉的所谓社会学分析简直大相径庭，其差异就在于丹纳的著述中，充溢着对艺术的敏锐感受和具体的艺术的真知灼见。以逻辑思辨著称的黑格尔，当我们翻开他的《美学》，便会发现他博通古今的艺术知识，他对各个民族、各个时代的艺术的广泛兴趣，尤为令人叹为观止的是他对艺术作品细腻的感知与鞭辟入里的剖析。无论是丹纳还是黑格尔，都没有把艺术品变成他们理论的干巴巴的附着物，相反，他们的分析，是将理论消融在艺术的血肉之中。我们再来看看别林斯基，这是一位民主革命的启蒙思想家、革命家，他置身于政治斗争的洪波狂浪之中，肩负着一代领袖的使命。别林斯基以审美价值的判断作为他从事文艺批评的最高标尺。他从来不为激情与倾向所蛊惑，去苟合那些二三流的作家作品。历史的洞悉力与旷世的才情，使得别林斯基热烈推崇、热情肯定的只有那些真正的艺术家和优秀的艺术品。一个多世纪过去了，别林斯基对同时代的作家作品所下的断语、所做出的褒贬扬抑，他的种种艺术见地，经受住了岁月的考验，像一切伟大的艺术品一样，别林斯基的文艺批评也具有永恒的价值。无产阶级的伟大导师马克思，不同样高悬以审美标准为批评的最高标尺吗？马克思本人就是一位卓越的批评家、莎士比亚戏剧评论家，如评长篇小说《巴黎的秘密》、评拉萨尔的悲剧《弗兰茨·冯·济金根》等，堪称是把审美与历史结合起来的批评典范。列宁也指出："应该把美作为根据，把美作为构成社会主义社会中的艺术标准。"[①]列宁称托尔斯泰的文学是俄国革命的一面镜子。列宁对托尔斯泰的评论，是历史的与政治的批评的统一，但根基仍然是审美鉴赏。引述以上几个例证，无非要说明，批评若想获得最高的品格，绝非在飘扬着的战旗上换一下口号就能奏效，也不是在思想观念中用审美标准取代政治标准便能成就。试问，马克思若不具备一颗容纳莎士比亚艺术的博大丰饶的心灵，怎么可能犹嫌席勒作品之不足？他非常不满席勒充当了"时代精神的传声筒"。因此，像创作一样，批评的品格同样取决于我们自身的内在生命的博大精微、丰厚灵动。既然审美鉴赏是所有批评的基础和神韵，那么审美批评也就没必要独立出来，作为一种单独方法来使用。因此，在开放的新时期，诸多批评理论与方

---

① 列宁.列宁论文学与艺术（二）[M].中国社会科学院文学研究所文艺理论研究室,编.北京：人民文学出版社,1960: 937.

法引进并启用时，独独见不到审美的批评，而我们的批评，缺乏的、被遗漏掉的恰恰是审美鉴赏式的批评。再者，审美批评作为批评的最高标尺，在实践中早已是不言而喻的、很平常的工作规范。批评家们首先要做的，是判断一部作品的审美价值，因为审美判断是理论研究、分析评论的前提。在批评常识内，唯有优秀的文艺作品才是各种理论、各种方法的用武之地。

由此可见，像创作一样，我们在批评中发生的误解与错位仍然是关于审美鉴赏力的问题。当代批评的根本问题还不仅限于方法的单一与理论的匮乏，而是缺少审美鉴赏与审美判断。而这，绝不是方法论意义上所能解决的问题，而是批评者自身的素质与能力问题。积习难返的批评视界和批评心态，是横亘在艺术品与情感生命之间的屏障，缺乏审美鉴赏的批评，像厚重的乌云和阴霾，遮蔽、尘封住我们的心怀，阳光难以透射进暗淡的灵魂，雨露滴沥不进干涸的心田。基于此，才提出重新阅读的问题，意味着我们的阅读方式与阅读视界的彻底变革，让世界上一切优秀的文化财富参与我们民族生命的建构，化为我们的血与肉，敞开我们的生命，感性地面向世界，以我们的心灵，去拥抱大地！

三、"拒绝阅读"——排他性的文本选择

当年，汉武帝挟天子之威，倾国家之权，罢黜百家，独尊儒术，自此，奠定了中国文化的基本构成格局。两千多年来，除了经史子集外，其他一切文本都被摒弃在学子们的阅读视野之外。这种出于某种原因、某种需要，将一些名家名作斥为异端邪说而加以禁绝的现象，几乎在各民族的历史上都曾屡见不鲜，我们不妨将其称为文本的"拒绝阅读"现象。

文本的"拒绝阅读"，在摒弃某一类文本的同时，伴随着对另一类文本的选择与推崇。"拒绝阅读"与"百家争鸣"相对立，造成"独尊一帜"的局面。乍看起来，形成"拒绝阅读"现象的原因似乎很简单，一般

出自强权意志，如在国王、教皇等权威的敕令倡导之下进行，上述的汉武帝"独尊儒术"便是一例。但是，只要我们深入探究下去便会发现，如果"拒绝阅读"能够发展到一统天下，成为一个民族、一个时代的普遍现象，问题就不那么简单了。比如古希腊，历史上曾经爆发过著名的"哲学与诗之争"，哲学家们指责诗所表现出的情感欲望使得人们的行为伤风败俗，之后的大思想家柏拉图再度明令驱逐诗与诗人，然而这些哲人所倡导的"拒绝阅读"仅仅局限在口头上的呐喊而已，并未在现实中实现过，直到古希腊灭亡，进入"千年黑暗王国"的中世纪，才真正将古希腊的艺术瑰宝尘封掩埋在拜占庭的废墟之中。这说明，作为历史必然性的因素，还不在于强权意志的敕令倡导，而是由这个民族、这个时代的内在需要决定的，也就是出自民族内在生命的构成与时代精神的基质。古希腊以个性充分发展为特征的文化，必然会产生荷马史诗、神话传说、悲喜剧那样的表现个人欲望、激情的艺术，并获得生存下去的丰沃土壤与良好的生态环境。人性皈依于上帝的基督教文化，自然就不会再提供让古希腊艺术存在下去的任何理由与条件。试想一下，中国的儒家文化能给古希腊艺术以一席之地吗？显然根本不可能。儒家学说能够主宰两千年之久，汉天子也只不过是顺应了历史的必然罢了。退一步设想，即使没有汉武帝的倡导，难道中国文化就形成不了"独尊儒术"的格局吗？当然，若把中国何以会形成以儒学为核心的文化这一问题阐述清楚，是一个绝大的理论课题，本文承担不了这个任务，在此仅想强调指出一点，即一种"拒绝阅读"最终得以实现的最根本动因来自民族的最深层的心理意愿，这种心理意愿或者是民族的集体自觉意志，或者是民族的集体无意识。众所周知，印度佛教传入我国之后，教派众多，博大精深的佛学中仅有禅宗在中华大地上扎根，其余的纵然有人倡导弘扬，但终因难以与中华本土文化融合相契而归于自消自灭。比如佛教中的"因明学"，当年是由著名的玄奘法师取经自印度，回国后在今西安城内大雁塔译经传教。"因明学"的特点是理论性强、思维抽象，与儒家、道家讲究直觉、注重日常道德行动的思维方式不同，人们很难理解、接受、传播。再如佛教中的"密宗"教派，注重苦行修炼，而自戕肉体又与儒家的道德信念相左，儒家认为身体发肤乃父母所赐，个人无权随意毁损；唯独"禅宗"推崇"顿悟"，讲究立地成佛，不必削发遁入空门，可以做居家修士，因此既与道家的思维方式相近，又不违背儒家积极入世的人生追求，自然而然就扎根在中华大地，并发展成中国化的佛教。由此可见，中华民族在历史上对印度佛教的排他性选择，是以自身的文化在"同形同构"这一标尺下，对外来文化的自动选择和认同，而且只有在完成了这一认同及改造后，释家才与儒家、道家形成中国古代文化的鼎足之势。

在"拒绝阅读"严酷冷峻的面孔后面，总可以寻找到一个民族、一个时代的狂热、激情、冲动，这是隐蔽在最深层的心理动因。如果没有整个民族的、时代的热情澎湃于其中，"拒绝阅读"就不可能成为左右整个社会的虔敬与笃诚的心态及行为规范。荣格曾深刻指出：

不是从我们的土地生长起来的概念、观念和形式不能为我们的心，只能为我们的脑所理解。说真的，甚至我们的思维也不能清楚地领会它们，因为它们从来不为我们所发现。[①]

在此，荣格把心与脑的作用区别开来，也就是把认识与心意机能、思维与情感区别开来，并指出，外来的文化如果不能由内在的情感、意愿、欲求去迎合、去感受、去认同，而仅仅停留在观念认识层面去理解，那么，实际上连思维也不可能真正领会外来文化的真髓。在这种情况下，人们即便引进外来文化，但"这是一箱子偷来的赃物，它不会带来昌盛，那么只要这些观念对于我们是陌生的，从它们感到的满足只是一种愚蠢的自欺罢了。这样的一种代用品使得利用它的人们朦胧而虚幻。他们把空洞的字词

---

① 容（荣）格.个体无意识与超个体或集体无意识［M］.沈德灿，译//张述祖.西方心理学家文选.北京：人民教育出版社，1983：421.着重号乃引者所加.

置于生活现实的地位,靠那个,他们不是忍受对立物的压力,而是把自己捆在一个暗淡的、两维的、鬼怪的世界里,在那里,一切生物枯萎了,死亡了"[1]。荣格讲出了一个真理,即一种外来文化倘若不能为我们的心,也就是不能为我们的心意诸机能和我们的情感所理解,那么同样也不会为我们的脑所理解,自以为理解了的只不过是虚幻的自欺,是空洞的字词游戏。因此,按照荣格的观点,一种文化传统只有先寻根,方能谋复兴,即只有在自身内在生命构成的层面上,才可以寻到复兴的根源。试想,引起我们关注的,必定是那些触动我们情感的事物,质言之,与我们情感格格不入的事物,绝对引不起我们的兴趣,即便摆在面前,我们亦会充耳不闻、熟视无睹。归根结底,只有情感上的发现,才会促使头脑的思考和思维的彻底完成。在心与脑、情与理的统一基础上,化外来文化为自身的生命构成,完成新时代文化复兴的大业。

马克思的基本思想之一便是认为经济基础的改变才会引起上层建筑、意识形态的改变,社会的变动才会引起思想观念的变更,这是因为经济基础、社会的变革造就了人的需要的改变,以及人的欲求的新变化,从而必定最终带来眼光、观念的更新。我们考察一下历史,就不得不承认,这是一条颠扑不破的真理。说到底,人自身的革命与人自身的解放才是宇宙万物一切变革中最根本的,如马克思所说:"所谓彻底,就是抓住事物的根本。但人的根本就是人本身。"[2]在这一基质之上,审视我们对文本阅读的选择取向,重要的不是计较阅读的是正确抑或是谬误,纠缠在得失利弊的锱铢权衡上,而是通过这样的审视认清我们自身,认清我们民族的生存方式与内在生命的构成方式,然后再以这样的反思,重新确认阅读文本的原则态度。

---

[1] 容(荣)格.个体无意识与超个体或集体无意识[M].沈德灿,译//张述祖.西方心理学家文选.北京:人民教育出版社,1983:421.

[2] 马克思.《黑格尔法哲学批判》导言[M]//马克思,恩格斯.马克思恩格斯选集:第1卷.中共中央马克思恩格斯列宁斯大林著作编译局,编.北京:人民出版社,1972:9.

四、"误解阅读"——文本意义的导向性选择

> 关关雎鸠,在河之洲。
> 窈窕淑女,君子好逑。
> ……
> 窈窕淑女,寤寐求之。
> 求之不得,寤寐思服。
> 悠哉悠哉,辗转反侧。

这是《诗三百》中的开篇诗,写的是淑女与君子本是极佳的配偶,小伙子日夜思念美丽的姑娘,由于得不到,辗转反侧而不得入眠。当你吟哦这首隽永的情诗时,除了感受到其中炽热的恋情外,还能体味出爱情之外的其他微言大义来吗?显然,今天的人们是不会的,可是汉代的《毛诗序》中却讲,这是一首歌颂"后妃之德"的道德训诫诗。再如《卫风·伯兮》:

> 自伯之东,首如飞蓬。
> 岂无膏沐,谁适为容?

这首诗描述了一名少妇对远在沙场的丈夫的思念。自从丈夫征兵去打仗,自己便无心梳妆打扮,并非缺少化妆品,而是因为丈夫不在身边,打扮得漂漂亮亮的,取悦于谁呢?刻骨铭心的相思,使得头也痛、心也痛,终因忧思过度而病倒。对于这样一首显而易见的离愁别绪诗,《毛诗序》却说它意在讥刺时弊,是首政治讽喻诗。又如《卫风·氓》,这是一首以弃妇口吻写成的回顾一生遭遇的叙述诗。诗中回忆当初自己与丈夫相识并订终身的经过,自己怎样急不可待地盼望丈夫早日来迎娶,终于如愿以偿,欢

天喜地嫁过去；又讲述自己婚后多年，如何对丈夫忠贞不渝，苦度贫寒岁月，可是料想不到丈夫变了心，将自己抛弃。诗中尽情地抒发了爱情的欢乐与被抛弃的悲愤，感人至深。《卫风·氓》到了毛苌的笔下，就成了"刺淫佚也"的"警世诗"。宋代朱熹在《诗集传》中也说："此淫妇为人所弃，而自叙其事，以道其悔恨之意也。"用今天的白话来说，这首诗以弃妇现身说法，告诫世人，请看，这就是私订终身、淫邪放荡的下场！

　　男欢女爱、旷夫怨女炽热的情焰、弃妇的怨诽、失恋的伤痛、对征战的厌倦等，构成了《诗三百》中大部分诗歌的主题内容。上古民俗淳朴而率真，远不知教化为何物，人们自由地恋爱，甚至野合，他们大胆地爱、大胆地恨，呼天抢地，尽情倾吐胸中之块垒。相传，古诗三百零五首是经孔子之手删定的，很奇怪，孔圣人居然把如此多的爱情诗篇集撰保存下来，可见，孔子的情怀远比后世强加于他身上的要开阔得多。况且，孔子盛赞："《诗》三百，一言以蔽之，曰：'思无邪。'"他充分肯定所有诗篇的思想内容都是清新健康的。不过由于无文献记载，我们无法了解孔子对每一首诗的具体感受和评价，但有一点是确定无疑的：孔子非常喜爱《诗三百》，他还说过："不学《诗》，无以言。"不妨设想一下，倘若孔子也像他的后世门徒那样，一脑门子天理人伦、礼教纲常，那可能只有一个结果，即恐怕后人再也读不到这些美丽的诗歌了。笔者常常窃思，几千年来，《诗三百》之所以没有被贬斥、遭湮没，大概就是因为这是出自孔圣人亲手"钦定"，如同我们对待莎士比亚的态度一样，只因为马克思钟爱并推崇之，所以即使在最"左"的年月，"横扫一切"的棍棒也不敢去批判与禁绝莎士比亚。然而，这些情诗的的确确会使人的心怦然而动，令读者顿生"妄念邪思"，为礼法所不容。怎么办呢？要解决这一棘手的问题，既不拂逆孔圣人，使《诗三百》完好无缺地流传下来，又能使它皈依到教化的门下，这种两全其美之策便是"注经"，即用礼教对《诗三百》加以阐释，然后以这种阐释作为权威的意见，作为《诗三百》的唯一解释，让世世代代读者的思想与感情都统一到"释义"上来。汉代的毛苌便完成了这一任务。后代的经学大师们，如宋代朱熹，尽管也提出过若干不同的见解，但在总的倾向与思维方式上，他们与毛苌并无二致，都是运用赋、比、兴的注释法，从文本中引申出微言大义来。《诗三百》中的爱情诗篇，被比附为颂后妃之德、扬君子之美、刺淫佚、谏闺训等封建伦理道德，更有甚者，有的情诗还被附会为政治诗，影射时政朝纲。毛苌有一癖好，即喜欢把每一首诗的具体写作时间与地点标明，后人曾多次指出，他所标明的时空经常舛谬百出，但这并不重要，因为毛苌不在乎考据事实的准确与否，他的苦心孤诣是要以此来增强批注的可信性与说服力，由于时空的具体化，便把每一首诗与当时当地曾经发生过的真人真事联系起来，从而显示出他所阐释的政治伦理意义的真实性与现实性。

每当笔者掩卷沉思，都会为之心惊胆战。令我惊骇的并不是"毛批"的"胆大妄为"，而是它居然禁锢了人们的头脑与心灵达两千年之久！做为唯一的正统的《诗三百》的解释，居然就没有人对它发生过动摇性的根本怀疑，世世代代的孜孜学子们，确确实实，在经典权威的灵光笼罩下，来爬梳《诗三百》，只见"释义"，而不见"本义"。用我们今人的眼光来看，男欢女爱的信誓旦旦与旷夫怨女的缠绵悱恻，与森严礼法之间有何相通之处？岂止不相通，简直不可共戴日月，然而，一经"批注"的点化，本文义便隐身而去，阐释义却如日曜中天，光芒万丈。孔子教诲道："非礼勿听，非礼勿视，非礼勿动。"孔子的训诫并没什么不寻常之处，令人惊诧莫名的是，不敢越孔圣人语录之雷池半步的世世代代人们，还遵循并发挥着孔子的遗训，对"非礼"仍然看，仍然听，但高妙之处在于，从"非礼"中只听到"礼"，从"非礼"处只见到"礼"，至于"非"，反倒视而不见、充耳不闻了。这可真正是举世罕见的千古奇观！阐释的神奇力量是不可估计的，它不必更动本文的一字一句，便彻底改变了本文的面目。这样一来，经过礼教浸染消解了的《诗三百》，自然不再会让学子们心驰神摇、想入非非，因而，《诗三百》不但不必担忧被尘封淹埋，而且身加荣宠，被赐予"经"的封号，也就是"圣"之意，就此，《诗三百》

被尊奉为《诗经》，并列为《六经》之一，成为历代文人墨客必读的修身养性的经典作品。

"毛式解释"方式的特点，是将形式构成与内在于形式结构中的意义割裂开来，并且把上下文中的文本意义也转变为一种形式，一种譬喻、比附、象征的寓意载体。如前面所举的《周南·关雎》，其中男女相思相恋的内容反倒成了形式，而表现了"后妃之德"。这样，文本便只剩下一具空壳，承载着另一种外在于文本的内容实体，即社会的伦理道德等教化训诫，以及政治的兴衰等国家大事，由此造就了一种独特的阅读关系，在文本与读者之间，插入了一个"第三者"，即"注释"。用公式表示如下：

　　　　文本—注释—读者

横亘在文本与读者之间的注释，犹如一块滤光镜，读者只有透过镜片，才能看清文本。在这种阅读方式中，读者的眼睛、耳朵、心灵、个性，均失去了主动性和自主性，读者只需将注释者的思想、观念、情感倾向接受过来变为自己的，然后一丝不苟地运用在文本中，便完成了阅读过程。这样一来，文本与读者之间就丧失掉多样的、多维的、生动的联系，被分隔在根本无法互通灵性的鸿沟的两岸，唯有一座"阐释桥梁"架设其上。不言而喻，这种阅读方式的社会效应是极为显著而强大的，可以统一千千万万人的思想、情感与行动，是稳固社会的极为有效的方式，但它的代价是个人生命的萎缩。既然每个人独特的素质、禀赋、才华派不上用场，经年累月闲置不用，自然就要退化、萎顿。世世代代的人们的头脑长在了毛苌的脖子上，用毛苌的眼睛去观察，用毛苌的耳朵去聆听，用毛苌的心灵去感悟，变成了无差异的单面人。与此相应，丰富多彩的世界消失了，世界也仅以单一色彩、单一格调、单一样态呈现在世人面前。显而易见，在"文本—注释—读者"这三者的关系中，起决定作用的既不是文本，也不是读者，而是注释。注释不仅以"唯一者"的绝对权威消解掉文本，而且消解掉读者的多样性、复杂性，不仅使得文本以注释义显身，而且使得读者也变成了注释者的存在。

当年的古希腊，不时爆发"哲学与诗之争"。尽管柏拉图不无痛心地下令从"理想国"中驱逐诗人，但是古希腊的哲人们却没有用哲学去注释诗，让诗以哲学的面目宣示于众。而且，正因为他们看到并承认艺术文本的独特性和独特价值，确证哲学与诗之间不可调和的对立，才竭力主张取缔诗的存在。因此，柏拉图从来没有以注释者的面目，去斩断读者与文本之间的情感联系。中世纪基督教的神学大师奥古斯丁同样如此。皈依上帝之后的奥古斯丁，为自己曾受到过的种种尘世诱惑而深深忏悔，在他所虔诚悔过的罪过中，就有神话传说、史诗、戏剧等的魅惑。奥古斯丁讲述自己曾深深热爱艺术，并且不由自主地沉湎其中，神为之夺，情为之动，他说自己曾因迦太基女王狄多的热恋和殉情而潸然泪下，自己曾迷恋"朱庇特化金雨落入达那埃的怀中"这一充满浓烈情欲气息的神话故事，自己曾"被充满着我的悲惨生活的写照和燃炽我欲火的炉灶一般的戏剧所攫取"[①]。从这里我们可以得出一个结论，即无论柏拉图的哲学怎样冷峻，奥古斯丁的上帝怎样苛严，在他们的阅读方式中，哲学与宗教也并不充当注释者，文本与读者仍然保持着直接的血肉联系，用公式表示如下：

读者—文本—注释（哲学/宗教）

对照一下我们民族曾有过的阅读方式：

读者—注释（政治·伦理）—本文

二者之间的区别便会一目了然。柏拉图与奥古斯丁是作为有个性的读者来

[①] 参见奥古斯丁.忏悔录[M].周士良，译.北京：商务印书馆，1963：16-17，36-37.

阅读艺术文本，因而他们真切而强烈地感受、体验到文本中的激情意蕴，于是，艺术与哲学、艺术与宗教便在他们心中相互交战、激烈冲突，冰火不相容，根本无法和解。因此，身为哲学家的柏拉图忍痛割爱，身为神学家的奥古斯丁则虔诚地跪在上帝面前，痛心疾首地陈列自己的罪愆。而这样的弃绝与忏悔，对于我们的阅读方式来说，就多此一举了，因为读者与本文均被同化到政治伦理的注释中去了，还何罪之有？柏拉图及奥古斯丁都有着极高的艺术感受力和艺术鉴赏力，也就是说，在他们的阅读方式中，读者保留着多样化的丰富个性，读者与文本之间有着直接的情感的交流与共鸣。而在我们的阅读方式中，扼杀掉的恰恰是读者个性的丰富性。因此，即使由于时代的变化，注释被人们普遍的摒弃，但是，人的个性的全面恢复却不是一蹴而就的，在很长一段时期内，惯常的阅读模式还会起作用，极大地阻碍滞缓着新文化的复兴与建构。

与汉天子的"罢黜百家，独尊儒术"不同，毛苌是在充分肯定并尊崇《诗三百》的前提下，对文本的意义进行导向性选择，即只凸现、强化及承认一种意义，而将其他意义消解掉，相对于"拒绝阅读"，我们不妨称之为"误解阅读"。上文已分析过"拒绝阅读"所造成的严重后果，但是，与"拒绝阅读"相比较，"误解阅读"所带给一个民族内在生命的灾难，则要更危重得多，因为"误读"并没强令禁止过什么，它将自己的好恶倾向隐蔽起来，以温和的、循循善诱的学术研讨的姿态与口吻，用一种模式来铸造人们的感知认识，所以"误读"不像"拒读"那样露骨，容易伤害人们的感情，容易激起义愤。譬如两千多年来，对于秦始皇的"焚书坑儒"，人们每每提及，每每发指；对于汉武帝的"废黜百家"，今人论及仍然颇有啧言；但是对于"毛氏批注"，人们认为只不过是道学家的迂腐之谈，不值一哂。总之，"误读"是在不自觉的状况中，为大家心甘情愿地接受，感觉不到有什么异样，有什么值得怀疑的不当之处，"误读"比"拒读"发挥的效用更为深入、更为持久，甚至当社会发生变更后，"拒读"受到普遍谴责并且予以纠正，而"误解阅读"还能够继续合情合理地存在下来。话说回来，像"拒绝阅读"一样，"误解阅读"能够成为支配一个时代的方式，必定是出于必然性的因素，符合了民族内在生命的欲求。相传，在汉代对《诗三百》进行批注的有三家，但除了毛苌的批注外，其他两家的批注均销声匿迹了。再如法国启蒙主义时期的戏剧，要求严格遵循创作"三一律"，当时的戏剧理论界声称"三一律"是亚里士多德的思想，尽管曾有人不断撰文指出这是对亚里士多德理论的讹误，但是无济于事，没有人能听得进去。对此，马克思曾评论道，这说明，理论在现实得以实现的程度，取决于现实对理论需要的程度。在我国，《毛诗序》得以源远流长地发扬光大，是因为它推重伦理道德、治国经济，从而与民族政治—道德本性相契相合。质言之，只有深深植根于民族文化的根处，一种思想、一种观念、一种激情才会枝繁叶茂、开花结果。可见，我们对所谓"误解阅读"的反思与批判，其着眼点并不在"误"上，如果问题的关键仅仅在"误"上，那倒简单了，只要将"误"改正过来，岂不完事大吉？但事实证明并非如此。诚然今天的人们已不会按照"毛氏批注"去诵读《诗经》，但是这种阅读模式的衣钵却被遗存下来，放眼看去，比比皆是，各种政治的、党派的、道德的注释横亘在读者与本文之间，阻隔着读者与文本之间审美的情感之路。因此，像对"拒绝阅读"的态度一样，对于"误解阅读"的审视，应聚焦在我们自身生命的构成上。所谓文化的复兴与建树，说到底，就是人自身生命的发展与建构。只有从最根本处来彻底地批判"误解阅读"模式，才能为通向既定的伟大目标开辟一条通衢大道。

五、"神话断裂"型的审美文化基质

我们经常自诩为"炎黄子孙"，然而，在一般人的心目中，已不甚明了"炎黄"的来历、他们为何方人氏。只有通过史学家们的讲解，才知道"炎黄"原来是古史传说中的炎帝和黄帝，他们是远古的部族首领，同时还是我们民族的始祖神。因此，所谓"炎黄子孙"，即是说中华民族是炎帝与黄帝的后裔臣民。无论如何，这炎帝与黄帝的面貌身份，在几千年的历史解释中，仅囿于此。直到最近，由于一位学者卓有成效的考证与推断，笔者才恍然大悟：黄帝与炎帝的初始本真面目，一位是赫赫威名的"太阳神"，另一位是赫赫威名的"火神"。他言之凿凿地指出：

> 上古时代的中国曾广为流行对太阳神的崇拜。这些崇拜太阳神的部落也许来源于同一个祖系，也许并非来源于同一个祖系。但他们都把太阳神看作自身的始祖神。并且其酋长常有以太阳神为自己命名的风俗。这些部落后来可能主要分化为两大系统。在北方的一系（颛顼族）称太阳神为羲（伏羲），以龙为太阳神的象征。这一系可能就是夏人的先祖。在东方的一族（帝喾族），称太阳神为"夋"，以凤鸟为太阳神的象征。这一系是商人的先祖。（其后裔中可能有一枝南下，进入江汉平原，又成为楚王族的先祖。）[①]

他还指出：

> 所谓华族，就是崇拜太阳和光明的民族。而日华之华，就是华夏民族得名的由来。[②]

何新的功绩在于，他尝试着为本民族的起源接续上了神话的源头，从而证实中华民族也像世界上许多古老民族一样，曾经创造出过以"太阳神"为主神的神话系列，并创造出过对"太阳神"崇拜的宗教。但是，

---

① 何新.诸神的起源：中国远古神话与历史[M].北京：生活·读书·新知三联书店，1986：26.
② 何新.諸神的起源：中国远古神话与历史[M].北京：生活·读书·新知三联书店，1986：26-27.

这一确证非但没有填平中国文化史上的"神话断裂",反而将"神话断裂"现象以更浓厚、醒目的色彩凸现出来。诚然,神话与宗教的时代早已成为古史,但是作为文化的源头,在其他民族那里,都是彰明昭著、脉络清晰地世代承继、变迁、发展着的,即使是当今的人,也能从文化自身的长河中,一目了然地知晓自己本民族曾经尊奉过什么样的神祇,如古希腊的宙斯、犹太人的耶和华、埃及的"太阳神"的化身法老,就连日本民族,也认为自己是"太阳神"的后裔,对"天照大神"("太阳神")的崇拜始终影响着日本文化的发展。唯独中华民族,早已将自己的神话起源遗忘殆尽,必须靠着专家学者对史料的搜检及训诂,经过他们的考据推论,然后才知道原来中国上古时代(自新石器时代到早期殷商),也曾经存在过一元的日神信仰,所谓"炎黄子孙",原来意味着太阳神的后裔子嗣。由此看来,中华民族也像任何一个古代民族那样,曾经"在神话幻想中经历了自己的史前时期"[①]。所不同的是,神话传说作为文化的源头,被承继、融化、遗存在其他民族文化发展的历史长河之中,而中华民族则将其斩断,摒弃,遗失在远古的迷蒙浓雾之中。这种神话的断裂现象,或者说是神话的遗失现象,在世界文化史上,都可称得上是独一无二的。

以往,每每提及东西方文化,我们总是不加区别地认同与归属到东方文化之中。其实,若以神话的遗存与遗失为前提和准则的话,那么,中华民族的文化不但呈现一派与西方文化迥异的风貌,而且与东方各民族文化也迥然不同,即古代文化的非神话—非宗教化的特点与古代文化的神话—宗教化特点之间的根本差别。众所周知,日本民族是一个受中国儒家文化影响深远的民族,但仍表现出强烈而鲜明的神话—宗教倾向。例如神话典籍,人们所熟悉的古希腊、古罗马、犹太姑且不论,就拿至今仍然存在着的古老民族来说,哪一个没有成系统的书籍流传于世?如印度有《吠陀本

---

① 马克思,恩格斯.马克思恩格斯选集:第1卷[M].中共中央马克思恩格斯列宁斯大林著作编译局,编.北京:人民出版社,1972:6.

集》、两大史诗《摩诃婆罗多》《罗摩衍那》以及18部《往世书》；已亡佚的古国同样遗留下瑰丽的神话，像古巴比伦就有《埃努玛·埃立什》《吉尔伽美什史诗》等传世；晚近一些的民族，也创造出自己民族的系列神话，如北欧于公元11世纪至12世纪出现了《埃达》与《萨迦》，而日本于公元8世纪创作出《古事记》及《日本书纪》这样的神话—宗教典籍。我们民族虽说也有像《山海经》《淮南子》等关于神话传说的古籍，但却远不能称得上为神话—宗教典籍，因为相对于其他民族，《山海经》等只能算是神话的断简残篇。再者，更为重要的是，其他民族的神话古籍在民族的文化生活中都曾占据着重要地位，被视为"圣书"，对民族的精神及心理起着强大而深刻的作用，即使当神话与宗教在历史上消退，人类进入科学理性的时代，神话—宗教亦全面地渗透到现代文明中。著名历史学家汤因比曾指出，宗教文化构成了西方文化的基础，他还说，这是值得庆幸的。而在古代中国，五千年的漫长历史中，被视为"圣书"的不是神话典籍，而是以"四书五经"为核心的诸子集著，且将《山海经》之类的神话集册贬为"异闻野录"。据神话学家的研究，认为中国古代"神话遗失"的现象大约发生在公元前1000多年的殷周交替之际[1]，形成了非神话—非宗教倾向的周文化格局。在这一巨大变革过程中，"太阳神"逐渐演变为古代的伟大君主，即黄帝。而黄帝，亦不像埃及法老那样被尊奉成"太阳神"的化身（中国皇帝尽管是"真命天子"，但却不是"天神"的化身，而是授权于天）。在他身上，"太阳神"这一形象被消隐掉，只剩下人君的形象，尽管人君的头上仍然笼罩着"天命"的圣光，然而毕竟已经割断了神话的源头。伴随着"太阳神"的"明君化"，其他神话中的神祇，有的演变成古史上的贤臣，有的则被遗忘。由是，中国古代神话同时发生着两个方面的断裂，一方面被逐出家国，星散零落；另一方面，硕果仅存的可怜的神话进而又被彻底史实化、政治化、伦理化。众所周知，流传至今

---

[1] 参见谢选骏.神话与民族精神：几个文化圈的比较[M].济南：山东文艺出版社，1986.

的各民族的神话典籍，都是在古代始初的文化鼎盛期到来时，经由文人之手集录、整理、编订成书的。在古代中国的春秋战国之际，尽管呈现一派"百家争鸣"的学术繁荣景象，但诸子百家在对待神话的态度上，却不约而同地承继了周文化的传统，即采取了"拒绝阅读"的摒弃态度和"误解阅读"的双重选择态度。在《礼记·表记》中，孔子曾比较过殷周文化的差异，他说：

> 殷人尊神，率民以事神，先鬼而后礼，先罚而后赏，尊而不亲……周人尊礼尚施，事鬼敬神而远之。近人而忠焉，其赏罚用爵列，亲而不尊。（着重号乃引者所加）

殷商是一个崇拜"太阳神"的部落。据甲骨文史料记载，他们每天早晚都要以歌舞和祭祀迎接日出和日落，并且有着非常繁复的仪式，分为"宾""御""又""岁"等多种类别，使用着祭祀最高祖先的规格和祭法。① 而周则废弃了殷商的"太阳神"崇拜的神话。孔子义无反顾地选择了周文化，他明确地表示："周监（借鉴）于二代（夏、商），郁郁乎文哉！吾从周。"孔子对周文化的仰慕与自觉地继承，表达出时代的共同意志与精神。在《论语·先进》中，有这样一段记载：

> 季路问事鬼神，子曰："未能事人，焉能事鬼？"曰："敢问死。"曰："未知生，焉知死？"

可见，在古人的心目中，已然形成根深蒂固的信念，认为人事的重要意义远远高于鬼神，相对于生，对死的探寻是毫无价值、毫无必要的。因此，孔子宣称："子不语乱力怪神。"请注意，诸子对鬼神的弃绝，绝对不是由

---

① 郭沫若.殷契粹编[M].北京：科学出版社，1965. 又，郭沫若及甲骨文学家胡厚宝、陈梦家等均持此论。

于无神论的唯物主义世界观（像我们以往解释的那样），而是出于别一种更加深刻的文化的动因（下文将要分析）。与此同时，他们又用人事的、实用的见解来解释神话。譬如，子贡向孔子请教"古者黄帝四面"的可信程度，孔子告诉他，不能从字面上来理解，即不能理解成黄帝有四张脸孔，应是指黄帝有四个官员管理着国之四方。[1]再如，夔是神话中的一个怪异的形象，当鲁哀公询问"夔一足"是什么意思时，孔子断然回答说："像夔这样的杰出人物，一个也就足够了。"[2]当然，这些文字记述距孔子在世已有两三百年之久，因此是否确曾出自孔子之口已不得而知，但是它们完全符合孔子的思想倾向，这一点应当是毋庸置疑的。对于这些神话故事，解释者让读者不要从字面上去理解，但对于另外一些神话，他们又"望文生义"，例如伏羲，这是上古神话中一位神秘而又重要的人物，人首蛇身，名号极多，有伏牺、伏戏、庖牺等。据何新的考证，伏羲的真实形象就是"太阳神"，但汉儒对伏羲这一名称的解释却颇不同，他们说：

取牺牲以供庖厨，食天下，故号曰庖牺氏。
伏，服也，戏，化也。
下伏而化之。[3]

也就是说，庖牺就是庖厨肉食，伏戏就是驯化走兽，"太阳神"的名号就得到了如此"实际"的意义。我们说，所谓"望文生义"并非有意曲解，而是由于人们已经丧失掉神话的意识。鲁迅曾指出，"孔子出，以修身齐家治国平天下等实用为教，不欲言鬼神，太古荒唐之说，俱为儒

---

[1] 李昉.太平御览[M].北京：中华书局，2000：369.
[2] 韩非.韩非子[M].王先慎，集解.姜俊俊，校点.上海：上海古籍出版社，2015：361.
[3] 何新.诸神的起源：中国远古神话与历史[M].北京：生活·读书·新知三联书店，1986：20.

者所不道，故其后无所光大，而又有散亡"①。诸子之所以能够产生这样的态度，说明当时的时代心理氛围已与神话传说的思维方式格格不入，或者干脆说是相互敌对。重现世、重实用的民族性格早已塑造成形，非神话—非宗教的文化早已形成定势，以孔子为代表的古代文化贤人，只不过是民族精神的典型、民族文化的精粹。几千年来，中国人恒定的本色，恰如章太炎所概括的："所察在政事日用，所务在工商耕稼，志尽于有生，而语绝于无验。"儒家学说，亦只是这种民族生命的最高凝聚与表达。对此，历来的学者专家已进行了多方研究论述，以上观点早已成定论。然而，追寻的目光不能停留于此，我们必须进一步追问，重"人事"而弃"鬼事"，以"人君"取代"日神"，是否就以此说明我们民族的文化就摆脱了"偶像崇拜"，就根绝了"神话"了呢？对这个问题的探究与解答，才真正触及了中国文化的秘义所在。卡西尔在《人论》中曾把儒家文化称为"儒教"，并把儒教与基督教、佛教、伊斯兰教并称为世界四大宗教。众所周知，乍看起来，儒教与其他三大宗教看不出有什么共同之处，非但不相同，简直从根本上抵牾、违迕，因为一个是关于人世间，另外三个是关于来世天国。但是，卡西尔把儒家文化称为儒教，自有他的道理。从本质上看，儒家文化的确是种宗教，它与其他宗教在实质上并无二致，即具有"神灵崇拜"。只不过，这尊"神"不在天上，而是在地上，不是宇宙万物的无所不能、无所不在、不死不灭的主宰——上帝、佛祖、真主，而是具有肉身、有生有死的人君——皇帝。我们称皇帝为"神"，是就其受到"偶像崇拜"这一点而言的，因为中国皇帝从不像埃及法老那样被认为是"太阳神"的化身，中国皇帝就是皇帝自身，即使受命于天，"天"也是无形无神、空洞无物的极为抽象的一个概念而已，没有任何实际的内容；并且，皇帝在古代中国享有至高无上的权威，像上帝一样，统辖着众生灵的精

---

① 鲁迅.鲁迅全集：第9卷［M］.北京：人民文学出版社，2005：24.

神世界。也就是说，尽管在殷周交替之际，上古神话被逐出家园，但并不等于中国就此便没有了"神话崇拜"与"宗教崇拜"，只不过诸子创立了另外一种截然不同的"宗教"取代了上古神话，这才是问题的实质。许多学者都一而再、再而三地把中国文化称为"史官文化""伦理道德文化""政治文化"等，这些观点都是一语中的的，但是还没触及最根本处。归根结底，儒家文化就是国家文化，所谓伦理政治化，无非是国家文化的特征。因此，所谓"儒教"，实则就是国家崇拜教，是关于国家的神话，而君王则是国家的集中体现与代表。质言之，儒子们是以"神化"取代了"神话"，即把国家的替身——君王加以神圣化，把作为国家的伦理关系与道德准则加以神圣化，如三纲五常（中国最古老的典籍之一《尚书》中就已明确提出五种最根本的人伦关系：君臣、父子、兄弟、夫妇、朋友。其中的长幼尊卑秩序规范是君为臣纲、父为子纲、夫为妻纲）。儒家文化弃绝了"神们的说话"，而弘扬"人世的说话"，因而曾迷惑了许多人。不少学者由此而认为中国的传统文化是"人本"的文化，是"人文"的文化，他们显然忽略了一个关键问题，即孔孟所昭示的"人"，绝对不是活生生的、个性的人，而是具有特定内涵、特定性质的人，这就是国家—家庭属性的人，是彻底政治—伦理化了的人，是忠孝两全的君子。因此，儒教的实质便是"国家宗教"，即国家崇拜教。

　　由此可见，上古神话的断裂，是由于国家文化与国家宗教的崛起，这一"神化"过程不是产生在头脑的想象中，而是发生在社会现实中。在此，我们不去讨论形成这种文化的各种原因，仅仅考察一下"神话断裂"所造成的结果。（这样的考察，囿于篇幅，也只能是简约的）美国学者杰克·波德在《中国的古代神话》中说：

　　　　特别应该强调的是（如果把盘古神话除外）中国可能是主要的古代文明社会中唯一没有真正的创世神话的国家。中国哲学中

让心灵的情感向着生活开放

也有类似情况。中国哲学历来对人类的彼此关系以及人对周围自然的适应特别关注，而对宇宙天体的起源却兴趣不大。[①]

造成这种状态的道理很简单，因为宇宙天体的起源与国家的兴衰、与家族的荣辱和日常的生活用度之间没有任何直接联系。既然没有直接的用途，当然大可不必去探究。国家，就是国与家的合一。以国家为本体的文化，以国家为崇拜对象的宗教，必然是崇尚现世与重视实用的，因为国就矗立在坚实的大地上，家是人们须臾离不开的生存单位，无论国还是家，都是真实地存在着的，它们既不在缥缈的来世，也不在虚空之中，人们根本无须去想象和幻想，单凭感官与常识，便可与国家融为一体。所谓以国家为本体的文化，以国家为崇拜偶像的宗教，无非是说国家是根本，人的生命存在是以国家的生命存在为存在，以国家的需要与利益为最高目的，这样，凡是超出国—家的范畴的事物，一律不会引起人们的兴趣与关注，不但来世，超验的宇宙、神仙、鬼怪也统统被排斥在视界之外，就连个性的人的存在与个性内在丰富的情感、欲求亦统统被排斥在视界之外。而且，有必要强调指出，这种排斥，绝对不是一种有明确目的的、加以自觉选择的行为，而是出于本能、出于集体无意识，也就是说，整个民族全然已丧失掉神话意识与神话思维，而个性的生命意识尚远远没有形成，整个民族无论是外在的生活，还是内在的生活，均只剩下国—家的唯一的存在，整个民族的感官、思维、感知事物的方式，乃至自身生命构成，全部国—家化了，政治—伦理化了。在这样的民族面前，世界只显露一种意义，那就是功利的意义。这样的民族，当然不会再能理解上古神话，除非从中能读解出政治——伦理的意味来。正是在这样的功利化的阅读视界中，上古神话被剔

[①] 波德.中国的古代神话［G］.程蔷，译//中国民间文艺研究会上海分会.民间文艺集刊：第2集.上海：上海文艺出版社，1982：299. 又：关于"盘古开天地"一说，在先秦典籍中不见有记载，而是出现在汉代以后的文人之手。据专家公认，这一神话来自印度神话的传入。

抉、改头换面成今日的模样，既缺少创世说，又缺乏神族谱系，故事零乱混杂，多"明君贤臣"式的文化英雄人物；正是在这样功利化的阅读视界中，古代民歌总集《诗三百》被注释为《诗经》，儒家学说被独尊为绝对的真理；正是在这样的阅读视界中，佛教被改造成与儒道相辅相成的中国式禅宗。

　　马克思曾经指出，古希腊的神话传说是文学艺术发展的土壤和武库。之所以会如此，不仅仅由于神话传说为文学艺术的创作提供了大量的素材和形式，更为重要的是来自两方面的因素，一是神话传说中表现出的主题，几乎无一例外是从古至今人类所面临的同样的课题，"宇宙的起源"实际是对生命起源的追溯，宇宙只因人才获得了意义，而"宇宙的归宿"，则是对"人类从何处来，将往何处去"这一疑问的生发、猜测。诞生、死亡，以及作为二者纽带的爱情等主题，在各民族的神话中以及后来的科学、哲学、艺术、宗教中无不占有举足轻重的地位。神话的内容，尽管是各民族社会生活的幻想形式的折射，但无一不展现着人性内涵的主题、感性生命存在的形态，以及以直观的方式表露出的人类各种生存境遇中的哲理。而这，正是艺术的永恒主题。同时，神话思维是艺术思维的温床，哺育着一代又一代人的想象、幻觉、直觉、情感能力，不致令科学理性的抽象、严峻、冰冷、干巴巴的知解力抽干人类自身的丰饶的心灵，斩断人类与自然的物我融一的情感的血肉联系。神话能够引导人们超越自身狭隘的实际利害关系，超越政治生活的拘囿，而去体验并领悟有关人类的情感及生活，去思考有关人类命运始末的哲理。而"神话断裂"之后的民族，被重重地抛回建造在大地上的宗庙祠堂中，把精神与心灵毫无保留地献祭在此处，而把感性的肉身投入山野自然之中。但是，灵魂与肉体的不同居所，并未造成二元对立格局，何也？奥妙在于，国乃天下之中央，君临万物；国君乃受命于天，是天的代表；而肉身则与自然融为一体，达到天人合一的境界，在抽象而空洞的"天"中，灵与肉被完美地统一到一起。抛弃神话的民族，实则抛弃了人类的意识，个性情感生命的意识，而以"天下兴亡，匹夫有责"为己任，历史意识与民族意识转化为道德义务感与政治责任感。总而言之，摒弃了上古神话的民族，再也不会在挣脱了国与家的羁绊下去生存，去思维，去感受，去幻想。崇尚现世，崇尚经济致用，不正是丧失掉宇宙意识与人类意识的显著表现吗？与此同时，把个性生命的构建完全筑基在国家的生命之中，还有什么人格的独立性可言？试比较一下，生活在奥林匹斯山上的众神，与生活在大地上的炎黄子孙，谁更具有活生生的丰富的人性呢？面对全能的不朽的上帝，基督徒们可以把人世间的一切，包括最隐秘的性欲与罪愆向他诉说，向他呼吁，因为上帝有义务关心迷途的羔羊；可是面对君主与家长，臣民晚辈却只有绝对服从的忠孝义务。不能不说，上古神话的断裂与遗失，实际上从此葬送了民族的全面的多维的生活，而将宇宙、人类、乃至个性一并丢弃在历史的长河之中，铸就了中华民族基本性格及宗教、哲学、科技、文学艺术在内的文化基本底色。[①]

六、痛苦的沉思——滞缓的步履、凝冻的心态

"戏剧是惊奇，戏剧是对比，戏剧是发现。"

当年，戏剧革新者这一番"危言耸听"，连同那一系列剧作，着实在戏剧界激起阵阵群情涌动的旋流。

这些革新者当真是在给戏剧下定义吗？非也。他们是想以"戏剧是……"这样斩钉截铁的口吻、不容置疑的武断态度来宣告一场"戏剧反叛"的开始。从实际来看，新时期的这场"戏剧观念"的革命，必定以打破"戏剧是……"的垄断为开端。大讨论中的革新者们表达出人们的共同心愿，即宣告每个人都对"戏剧是……"拥有发言权、创作权、探索权。新时期十年戏剧是以"形式更新"为主要特色。曾有不少人指出，戏剧界

[①] 中国的民族审美意识与文学艺术，在儒道互补的文化格局下，经历了复杂而独特的发展道路，非用简单的观念所能涵盖，笔者当另撰文论述。

轰轰烈烈的形式创新中，存在着为"新"而求新、为"奇"而猎奇的普遍现象与普遍倾向。这股"形式热"并不是由于人们患了"新奇癖"，而是出自革命的热情与"反叛的情绪"。与形式上的追新求变相对应的是在内容上对社会现象及社会问题的强烈关注，表达着艺术家们对于民族、对于国家的深重的忧患意识。时至今日，我们的艺术家们仍然以政治家、社会家的职责为己任，充满了政治家与社会改革者的情怀，并由此而产生着创作的冲动与灵感。指出这一点，并不是要让人们丢弃"天下兴亡，匹夫有责"这一中华民族自古以来具有的传统崇高美德，而仅仅要使大家意识到，我们的政治敏锐性远远强于情感的感受力，对社会问题的思考远远大于对人的内在心灵世界的体验，对民族的、国家的前途使命感远远高于艺术自身的使命感。总之，我们的文学艺术家对于社会上的种种时弊会表现出极大的愤怒与责任心，而对于人们情感的贫乏、想象力的低下，则大不以为然，甚至到了麻木不仁的状态。如此强烈的反差，说明些什么？提示给我们的是些什么？本文洋洋洒洒，从上古文化开始反省，审视我们的阅读视界，正是要让大家能够意识到，尽管近百年来，社会文化发生了天翻地覆的伟大变革，但是民族最基本的性格、民族内在的生命基质，却未得到重新塑造与建构，甚至可以说，古今一脉相承。历史学家汤因比曾经指出：

> 爱斯基摩人、游牧民族、奥斯曼人和斯巴达人之所以取得了这样的成就，是因为他们把人类性格的无穷发展可能性放弃到了最大的程度，而换上了没有发展可能性的动物性格才达到了这种程度。

因而：

> 在这些组织里的其余人类由于专业化的缘故都变成了"怪物"。十全十美的斯巴达人是个战神，十全十美的近卫兵是个和

尚，十全十美的游牧人是个半人半马怪，十全十美的爱斯基摩人是个人鱼。伯里克利在《吊辞》中把雅典人同雅典的敌人做了一个比较，他的全部论点就是说雅典人是根据神的模样创造的人，而斯巴达人却是战争机器。①

汤因比先生分析了这几个文明停滞的民族，指出各个民族生命的基本特征。他们都是达到了某种理想状态的社会，而这样的社会"都是想达到一个不可动摇的稳定的平衡状态，为了这个目的所有一切其他社会目的全可以处于从属地位，甚至如果需要的话，不惜加以牺牲"②。中国的传统文明，也像这几个民族一样，"同样地并不是为了追求个人的快乐，而是为了社会的稳定。"为此，以个性的抑制与牺牲实现着大一统的家族与国体的巩固，以及几千年的历史稳定承续。黑格尔说：

> 中国纯粹建筑在这一种道德的结合上，国家的特性便是客观的"家庭孝敬"。中国人把自己看作是属于他们家庭的，而同时又是国家的儿女。在家庭之内，他们不是人格，因为他们在里面生活的那个团结的单位，乃是血统关系和天然义务。在国家之内，他们一样缺少独立的人格；因为国家内大家长的关系最为显著，皇帝犹如严父，为政府的基础，治理国家的一切部门。③

黑格尔正确地看到了"家庭孝敬"是国家特性这一民族文化的基质。但是，黑格尔断断体会不到中华民族内在的激情，因为黑格尔感受到的是一

---

① 汤因比.历史研究：上［M］.曹未风，等译.上海：上海人民出版社，1959：229.
② 汤因比.历史研究：上［M］.曹未风，等译.上海：上海人民出版社，1959：230.
③ 黑格尔.历史哲学［M］.王造时，译.北京：生活·读书·新知三联书店，1956：165.

种近乎麻木的屈从、没有反省意识的性格，他无法真切地体验到激荡在中国人心中为国分忧、为民解难的主人翁的责任感和义务感，正因为将国事当作家事一般看待，所以君主与臣民之间除了统治与服从的关系之外，更为重要的是类似血亲关系般的温情脉脉的情感关系。个人的内在生命在国家生命中升华和同一，中华民族的这个审美基质，才是解开中国千年文化之谜的唯一钥匙。它的神话传说、宗教、哲学、史学、文学艺术等，无一不在此获得深刻的理解。文化即人，是民族独具一格的意识与潜意识的凝聚。中华民族的这种彻底国家政治化了的民族本性，贯穿、渗透、体现在一切意识形态领域中。中国人的心理、性格、人格，无一不是由国家本性所建构。众所周知的中国人的强烈历史意识，无非是强烈的现世的国家生活、政治兴衰、治国方略的意识在时间中的延续。"明君贤臣"是中国封建社会高悬的政治理想，而"青史留名、流芳百世"更是历代中国人心向往之的人生极境。中国那些伟大的诗人、思想家，从屈原到李白、杜甫，以及苏轼、陆游，直至现代以还，无不怀抱遇明主、展宏图的雄才大略，"申管晏之谈，谋帝王之术，奋其智能，愿为辅弼，使寰区大定，海县清一"。高昂的政治热忱，匡时济世的政治抱负，是文人墨客毕其一生所追求的最高的人生价值；仕宦从政，是迁客骚人穷其一生所奋斗不已的目标。中国古代的知识分子们，纵然被君王所弃，遭流徙贬谪，仍然"九死而不悔"，以"美人"喻君王，以"思美人"表达自己对君王绝无些微怨怼的忠贞之心，展示自己百折不回的眷恋之情。即使身在江海之上，而心仍存魏阙之下。忠君报国，上孝下悌，安黎民，拯社稷，已化为个性的活的灵魂，活生生的感性的肉与血，以及内在的生命冲动。它是信仰，也是理智，既表现为意志，又融化在感情中，是人内在的欲求，其深沉、宏大、悠远，远远高出个性私情琐事。在中华民族的心灵中，激荡着的是崇高的理智、德行，从来不曾让情欲的盲目力量肆意妄动过，也不曾出现过像法国启蒙文学中那种理智与情感、职责与意愿的矛盾冲突，中国人的本性就这样"以大写字母写在了国家本性之上"。（柏拉图语）在文明的千年凝滞闭塞中，民族的内在生命以历史的记忆、历史的遗存，保持着自己基本不变的构成。

新时期十年，尽管文化的建树已严峻地提交到时代的面前，但是我们始终没有从根上反省我们自身，从根上重新塑造自我。十年转瞬即逝，当我们可以冷静地反省时，就不能不意识到，在十年中，我们充分表现出的，毋宁说是睥睨一切的反叛情绪，刻意求新的大胆精神，毫不迟疑、果断行动的革命热情。当"拒绝阅读"被冲决涤荡之后，西方的各种思潮、观念、方法、流派源源不断地流入重新打开的国门，但是，我们却总是摆脱不了政治家的眼光、革命者的情怀，来阅读其中的意义。质言之，我们所感兴趣的、从中汲取的，是那些反传统的、不断更新的变革的意义，我们怀着绝大的热情，恨不得一夜之间就使舞台发生彻底变化。概括新时期戏剧十年，一言以蔽之，政治觉醒意识远远大于审美觉醒意识，政治社会观念的变更远远大于审美观念的变更。就这一点而论，新时期十年仍然在步五四新文化运动的后尘。

我国一位著名的新文化运动的开拓者在临终时，曾为未完成新时代的民族文化建树而扼腕痛惜。他认为造成这种局面的是知识分子整个陷入政治斗争的结果。他的见地与我国某些当代著名学者不谋而合，我国的某些学者指出，五四运动以来的文化运动旨在救亡，而并未完成启蒙大业。这些意见固然不错，但还需要加以澄清及进一步追问。的确，近百年来，中华民族面临着丧权辱国、外侵内扰的生存困境，进行民族的民主革命斗争、革命战争是时代的使命，责无旁贷，知识分子投身时代的洪流中亦属必然，但是，这种状况并不一定就导致哲学、文学艺术等人文科学的孱弱，以及沦为政治附庸的命运。试比较一下，意大利近代文化的开山鼻祖但丁，他毕其一生，始终参与当时的政治活动与政治斗争，后被政敌放逐，客死他乡，这并未妨碍他创作出不朽的名篇《神曲》；法国启蒙时代的百科全书派，为行将到来的法国资产阶级大革命开道呐喊，做着思想精神的准备，他们既撰写哲学、法学、社会学等抽象思辨的理论著述，还创作出大量优秀的文学作品。应该强调的是，实际的政治生活并未束缚住他们的头脑与心灵，他们既未把文化建树屈从于实际狭隘的、有限的需要，也未把哲学、法学与文学艺术相混淆，以文学艺术来宣传他们的政治主张、法治观念、哲学见地；俄国近代史上，从普加乔夫起义、十二月党人起义，到十月革命胜利，同我国一样，经历了民主革命的巨大社会变动，像别林斯基等人就置身于斗争的前列，是革命的思想领袖，但是俄国却涌现出一大批世界大师级的文学艺术家。诚如恩格斯所说：

> 这是一次人类从来没有经历过的最伟大的、进步的变革，是一个需要巨人而且产生了巨人——在思维能力、热情和性格方面，在多才多艺和学识渊博方面的巨人的时代。给现代资产阶级统治打下基础的人物，决不受资产阶级的局限。①

由此可见，外在的社会生活状况并不是左右一个时代文化（包括文学艺术在内）兴盛衰微的决定性因素。相反，决定性的因素在于人，在于人的自身生命的高度与深度、宽广度。再者，"救亡"也需"启蒙"，但这样的"启蒙"仅限于民族整体意识的觉醒，即民主意识、政治意识、革命意识的新觉醒。如果"启蒙"筑基于"政治"这一根本之上。那么，"启蒙"与"救亡"之间还会存在不同的目的与意义吗？因此，问题在于"启蒙"的蕴含究竟是什么。如果"启蒙"仅仅是政治的内容，"启蒙"便会等同于"救亡"，造成的结果便是个性生命意识的沉睡不醒。显然，"启蒙"只有归附到超越政治目的之上的另一更高目的时，才会显示出与"救亡"不同的意义来。在此，请看马克思对于当年德国民族设想的时代使命，他是这样提出问题的：

---

① 马克思，恩格斯.马克思恩格斯选集：第3卷［M］.中共中央马克思恩格斯列宁斯大林著作编译局，编.北京：人民出版社，1972：445.着重号乃引者所加。

> 试问：德国能不能实现一个原则高度的实践，即实现一个不但能把德国提高到现代各国的现有水平，而且提高到这些国家即将达到的人的高度的革命呢？①

当年的德国尚处于四分五裂的封建诸侯割据状态，如何转化为现代化的社会，是德国面临的严峻的时代课题。然而，马克思的着眼点不仅仅集中于社会本身，即社会的政治经济方面的革命，还把提高到"人的高度的革命"作为最高的使命与最根本的原则。马克思还说：

> 现在问题已经不是俗人同俗人以外的僧侣进行斗争，而是同自己内心的僧侣进行斗争，同自己的僧侣本性进行斗争。②

马克思指出，人自身的革命不同于社会革命的根本之处，在于这场革命爆发在人的头脑中，爆发在心灵深处，其表现形式为哲学革命、文学艺术革命，即文化的革命。文化的革命区别于政治革命之处，在于文化的革命以重新建构人的内在生命为旨归，而政治革命则以建立一个新的社会为旨归。回顾既往，中国近百年的文化运动，之所以未能跻身于世界水准的文化之林，盖源于整个民族仅仅以政治革命作为文化运动的最高任务与目的，而没有以提高到"人的高度的革命"作为时代的最高任务与目的。也就是说，我们从来没有从根本处彻底审视民族的本性，从彻底改变民族政治—伦理化的单面人格建构这一基质上发动一场摧枯拉朽的革命。可悲的是，我们非但始终缺乏这样的清晰意识，而且在实际的历史进程中，更加强化了内在生命的政治化片面发展，直至爆发了那场史无前例的"文化大

---

① 马克思，恩格斯.马克思恩格斯选集：第1卷[M].中共中央马克思恩格斯列宁斯大林著作编译局，编.北京：人民出版社，1972：9.着重号乃引者所加。

② 马克思，恩格斯.马克思恩格斯选集：第1卷[M].中共中央马克思恩格斯列宁斯大林著作编译局，编.北京：人民出版社，1972：9.着重号乃引者所加。

革命"，泯灭个性，践踏世间一切美好的情感，不过是民族性格在盲目力量的推动下，合乎逻辑的极端发展而已。因此，生命的片面化、生命的贫困，才是一个民族最深重的困扰，而戏剧艺术的危机，不过是最深层贫困的表现。

　　只有从根本处的反思和批判，我们才会正确地理解与解释种种文化现象与事实。譬如话剧艺术，对我国而言是门年轻的艺术类型，它是伴随着五四运动而被引进来的，在发展的初始，呈现着不拘一格、兼收并蓄的气质和态势，各种戏剧的思潮、流派、方法、风格均被广泛地介绍、学习、借鉴，剧作家们尝试着用不同的原则、不同的手法写戏，如郭沫若创作出表现主义格调的剧本，田汉创作出象征主义倾向的剧作。20世纪二三十年代，戏剧形成了多方位发展的良好势头。但是，在嗣后的进一步发展中，"百花齐放"的可喜氛围却演变成另一种单一格局。在创作原则与创作方法上，除了现实主义与浪漫主义得到首肯并被广泛采纳外，其他诸如表现主义、象征主义、意识流等，均日渐式微，终至销声匿迹。值得注意的是，现代文学史上的这一次"拒绝阅读"现象，绝非出自某一外在权威的敕令，或屈从于某一外在的淫威压力，而是人们内心的意愿、崇高的使命感、最高的道德律令使然。有目共睹，五四运动以来的这一代人，眼界并不狭隘，心胸并不闭塞，他们中的大部分人，大都西渡东渐、学贯中西、满腹经纶，论才学、论志向，在近一个世纪的岁月中，都可称得上是英才俊杰。然而，沸腾在这一代人心中的，大多是那熔岩般奔突不已的政治激情与救亡意识，文人雅士与实际政治家的合一，在新时代的特殊环境中，再度成为一代文化精英的命运。而且，像我们民族历来的文人那样，从事政治才是自己的人生正途，而舞文弄墨则是从属于政治生涯的雅兴而已。像历来的文人那样，在他们的心目中，文学艺术若要获得严肃性、崇高性，亦只有为政治服务、为革命战争服务。文化的启蒙职责，亦仅仅旨在唤醒民众的阶级意识、同仇敌忾的斗争意志，而唤醒人内在的能力、才华、热情，诸如思维、情感、想象等则始终被摒弃在启蒙之外。诚然，时值国破家亡、民族危难当头，怎么可能有闲心逸兴去追寻什么个性生命的全面发展呢？此论不能不说言之有理，然而，只要我们再将眼光打开一些，便会发现，这一真理仍然是相对的，在它里面蕴含着谬误。任何生命均有其长度与强度两个方面的价值与生存意义，倘若仅有长度而没有强度，那么无异于行尸走肉，而那些曾闪烁过人类精神最灿烂辉煌光芒的民族，如古希腊，则虽死犹生。这个民族不复存在已近两千年，可是她的体制、她的哲学、她的神话、她的戏剧、她的诗歌、她的雕塑、她的建筑、她的生命的温馨却长留在世界，复活在各个民族的生命中。黑格尔曾经不无悲壮地宣称，"我们首先要排除我们心头那种偏见，以为长久比短促是更优越的事情：永存的高山，并不比很快凋谢的芬芳的蔷薇更优越"①。在我们民族的整个意识中，在我们对人生最高价值的追寻中，仅仅知晓与认可行动本身的社会价值与效应，只要行动及行动目的充满崇高性与悲壮性，那么我们的人生便充满了生存的最高价值和意义，至于在行动的过程中，人的内在生命、个性是否完美、是否深湛、是否丰富，则无足轻重，根本引不起人们的关注。这一代人尽管伟岸，但他们悲剧的根源就在于，他们仍然背负着历史文化的重负，因袭着民族传统生命的构成遗存，而未能获得一个普遍的、超越性的阅读视界，也就是说，这一代人在解释世界与改造世界时，其心态、其志向、其襟怀、其眼光，均未能超越民族传统文化所设定的范围与界限。戏剧界的历史发展仅仅是一个表现方面而已。在固有心态模式的拘囿下，戏剧界所能高悬着的标尺与准则，绝对地被圈定在政治—伦理的实用性与直接性之中。能够引起人们的兴趣、能够激起人们的热情的，只能是那些我们正面临着的各种实际问题与我们正从事着的各种事情。与我们的激情相吻合的，当然是浪漫主义与现实主义创作方法，而象征主义、表现主义、意识流等被剔抉、被淘汰，当属意料之中的事了。因为以生、死、爱等为主题的作品，展示人的深层心理，在我们看

---

① 黑格尔.历史哲学［M］.王造时，译.北京：生活·读书·新知三联书店，1956：266.

来，简直就是无异于醉生梦死、颓废堕落。从五四运动以来的"开放"精神，走向"拒绝阅读"的狭隘现实，固然与特定社会时代的客观环境有关，但不能不说，起决定性作用的，是我们民族的集体深层心理。

戏剧史上的许多现象，许多争执不下、聚讼纷纭的问题，只有放在整个文化大背景中，才能得到透彻曝光。譬如现实主义创作原则，多年来为我们所推崇，然而，每当社会出现一次政治上的动荡与转机时，人们在痛定思痛之余，往往将艺术的僵化之弊归咎于现实主义创作方法，恨不得如弃敝屣般地否定它。对于现实主义的推崇与否定的两种态度，均源于同一种心态和阅读视界。人们没有发现，现实主义创作原则在我们的运用中，早已不自觉地被改造变形。那么，什么是现实主义的精神实质呢？借用法国当代著名的文学批评家托多洛夫的一句精辟之言，即"不加评判地表现就是现实主义的文学观"[①]。托多洛夫的这一见地与马克思、恩格斯的有关论述如出一辙。无产阶级伟大导师恩格斯强调指出，"作者的见解愈隐蔽，对艺术作品来说就愈好"，"倾向应当从场面和情节中自然而然地流露出来，而不应当特别地把它指点出来"。也就是说，真正的现实主义创作原则要求作者不要用自己的阶级倾向、政治信仰、道德信念、哲学观点去刻画人物、影响人物、左右人物，而要让人物自身去说话、自己如实地表现自己。而我们所奉行的现实主义创作原则，恰恰反其道而行之，恰恰要求在作品中把自己的倾向、爱憎、评价、观点在人物身上传达出来，对于我们的创作目的而言，已经不是什么隐蔽不隐蔽的问题，而是唯恐不能赤裸裸地直白说出来的问题。我们说，现实主义的创作原则和方法作为一种创作的美学原则，无论过去，还是现在，乃至将来，都有着强大的生命力。马克思、恩格斯、托多洛夫等人，均从审美角度来阐述现实主义的精神。他们之所以高度评价与盛赞现实主义，就是由于遵循这条原则，可以冲破作者本人狭隘的党派政治倾向、各种社会见解的拘囿，达到历史与审美的真实。而我们则

[①] 托多洛夫.批评的批评[M].王东亮，王晨阳，译.北京：生活·读书·新知三联书店，1988：121.着重号乃引者所加。

把思想观点以浓墨重彩强烈地凸现出来，甚至不惜让人物充当阶级的、党派的、政治的、道德的观念与倾向的传声筒与图解者。这样一来，现实主义在我们的艺术实际中，从审美意义转而变为政治意义。对于作者来说，现实主义创作原则成为检验其政治立场、政治态度的标志。与此同时，"真实性"则由历史与审美的统一，转变成"时事性"与"政治性"的统一。在现代文学史上，我们看到，伴随着"拒绝阅读"现象的发生，现实主义创作原则被"定为一尊"，继之，对现实主义原则再加以"误解阅读"，在如此彻底变形后的现实主义原则精神指导下产生的作品，怎么可能谈得上恩格斯所概括出的"典型环境"与"典型人物"的艺术特征呢？如同对创作方法、创作流派的选择一样，在对众多著名剧作家及剧作的选择上，易卜生独得人们的青睐。众所周知，易卜生的创作丰赡而多样，既有早期古典主义的戏剧和哲理诗剧《布朗德》《培尔·金特》等，也有晚期的象征主义剧作《建筑师》等。但长期以来，我国戏剧界只认易卜生的现实主义戏剧，如《玩偶之家》《人民公敌》等，故而，在我国观众的心目中造成一种根深蒂固的印象，即认为易卜生就是一位现实主义流派的戏剧家，他创作的剧目就是"社会剧"。继之，当我们对易卜生的"社会剧"进行解释时，我们所解释的"社会剧"就变成了"问题剧"。那么，"社会剧"与"问题剧"（或称"社会问题剧"）有何区别？美国当代著名剧作家阿瑟·密勒说过：

> 这一代人的社会剧一定不能只停留在对盘根错节的社会关系的剖析和批评这一步上。它必须去探索人存在的本质，找出他的需要是什么，以便使这些需要在社会中受到重视，得到满足。因而，新型的社会剧作家如果想做好本职工作，必须是比过去更高明的心理学家，必须至少意识到要把人的心理生活世界封闭起来的做法是徒劳无益的。①

---

① 密勒.阿瑟·密勒论戏剧[M].郭继德，等译.北京：文化艺术出版社，1988：53-54.着重号乃引者所加。

我们应当注意到阿瑟·密勒所指出的"社会剧"开掘的生活的三个层面：社会关系、人的生存本质（个性的多方面的内在需要）、人的内在心理世界。而阿瑟·密勒所强调的第二、第三层面，则是一切流派的剧作都具有的因素，"社会剧"亦只有在人的内在生活的深层探索中，才能把社会关系、社会需要真正开拓得深刻、准确、真实。而我们所推崇与创作的"社会问题剧"，恰恰缺乏第二、第三层面的生活内涵，同时，社会关系又被缩小、局限于阶级关系、政治关系、道德的善恶关系，而将其他丰富的社会关系均排除在视界之外。然而，我们的戏剧界对于所发生的"导向性选择的误解阅读"却浑然不觉，人们笃诚地确信易卜生及其剧作就是我们能够理解的那种面目。时至今日，仍有不少人确信不疑：为什么要反对"问题剧"？"问题剧"有什么不好？易卜生的《玩偶之家》不就是很好的"问题剧"吗？的确，在漫长的岁月中，在整整一代人的心目中，《玩偶之家》就是一出地地道道的"社会问题剧"，是一出反映"妇女解放"问题的"社会问题剧"。这样一种理解是如何产生出来的呢？其实很简单，它是遵循着特定的心理逻辑模式来解释的，即一种特定的人生境况的吻合与一种特定的情感共鸣。剧中人物娜拉从家庭出走，照应了中国现代社会中一场普遍发生过的革命行动，曾经有过多少热血青年毅然冲出封建大家庭的樊笼，走上社会，特别是女青年，这在当时的时代就是惊世骇俗的革命壮举。于是，娜拉从家庭出走这一行动，便成了寻求解放的一代革命青年的行动楷模。同时，剧中人物娜拉在离家出走前还慷慨陈词，义愤填膺地痛斥法律的怨尤、道德的虚伪、社会的无公理，这又与当时青年们对现实的满腔愤怒、憎恶和反叛的情绪吻合。因此，人们从娜拉身上，看到的正是自己——与旧家庭决裂、与旧社会相对抗的一代寻求解放的新女性。由此可见，以此时此刻正在发生着的社会政治行为及现实的政治伦理激情来阅读本文，便是我们现当代戏剧界的阅读模式。试回想并比较一下，这与汉代毛苌的阅读模式，在本质上有什么不同呢？在这种情况下，任凭易卜生怎样矢口否认《玩偶之家》是出宣扬妇女解放问题的剧作，也是有口莫辨，无济于事的。在我们的理解中，娜拉的丈夫海尔茂是"恶势力"的代表与化身，娜拉与海尔茂之间的矛盾亦被解释成为阶级的矛盾、政治的矛盾。我们说，如此读解，亦不妨是一种阅读方法，即政治道德的阅读方法。这种阅读方法仅仅取其政治与道德的现实意义，不免过于狭隘、片面、浅显。倘若这样的一种阅读，成为我们唯一存在着的阅读视界，那么它所产生的弊端与后患该有多么深重，便可想而知了，因为它将我们的心灵与剧作多重的深邃意蕴隔绝开来。就以《玩偶之家》一剧为例，海尔茂充其量是一个资产阶级社会中标准的"奉公守法"的庸人，他不是不爱自己的妻子、自己的家庭，只不过海尔茂只能依据社会所规定的法律的、道德的准则观点来判断事物、权衡事物，只能在社会习俗所给定的范围内理解事物、接受事物，他不可能越社会的雷池半步而生活。因此，当八年前的往事被披露时，海尔茂所看到的，仅仅是法律，仅仅是妻子的行为触犯了法律，以及由此而危及自己的社会地位、前途、名誉的处境，他根本无法体察到在娜拉"犯法"行为的背后，包藏着一颗多么炽热、纯真的爱心，一个多么高尚、美好的富于献身精神的灵魂，他断然对妻子所采取的绝情摒弃的态度，自然是属"情理"之中的事了。而易卜生笔下的娜拉，尽管是个贤妻良母，却不是只知谨从妇道闺训的旧式女子，娜拉是以心中炽燃着热烈、真挚的爱之火而生活在家庭中的。质言之，对于娜拉来说，只是为着爱，她才心甘情愿地当"贤妻良母"的，为了丈夫，她什么都愿意做，甚至不惜触犯法律。可惜的是，娜拉无私的爱奉献给了一个丝毫不值得她奉献的男人。娜拉始终祈盼着"奇迹"的出现，幻想着海尔茂也会像自己当年一样，为保护爱人挺身而出，承担一切责任，倘若"奇迹"一旦出现，娜拉便准备以一死来回报丈夫的爱，以一死来拯救丈夫的困境，但冷酷的现实终使得梦境幻灭了。从《玩偶之家》一剧中，我们完全可以直观两个不同灵魂的性格的对比，两种不同人生价值追求的矛盾：一方是浸透了社会习俗观念的自私和冷酷，另一方是充满了同情人道的爱情的热望；一方是生活在真实的现实中，另一方是沉湎于虚幻的热情中。而法律根本不顾及人内心情感的合理价值，习俗也同样不会考虑人的良知善恶。那么，娜拉冲出家庭、走向社会，从一个家庭妇女变为职业妇女，纵然获得了与丈夫同样的独立的政治经济地位，就实现"妇女解放"了吗？娜拉对纯真爱情的追求就实现了吗？说到底，《玩偶之家》一剧最深刻的主题，旨在揭示人的美好的情感生命被社会法律、道德扼杀、泯灭，这既是娜拉的悲剧，也是海尔茂的悲剧，表现在娜拉身上是人生的幻灭，表现在海尔茂身上则是情感世界的沦丧。如果说易卜生在《玩偶之家》一剧中提出了"妇女解放"的问题，也不仅仅是在政治经济层面上的，而是在人性的彻底复归、人的内在生命的全面解放这一深层意义上的。综上所述，"社会剧"与"问题剧"的分野，就在于创作究竟是以社会问题为目的，还是以人性、以人的内在生命为目的。早在九十年前，我国老一辈的文艺理论家余上沅就曾尖锐而犀利地指出：

> 新文化运动的黎明，伊（易）卜生给旗鼓喧阗的介绍到中国来了。固然，西洋戏剧的复兴，最得力处仍是伊（易）卜生的介绍；可是在中国又迷入了歧途。我们只见他在小处下手，却不见他在大处着眼……政治问题，家庭问题，职业问题，烟酒问题，各种问题，做了戏剧的目标；演说家，雄辩家，传教师，一个个跳上台去，读他们的词章，讲他们的道德。艺术人生，因果倒置。[①]

不难想象，面对整个民族的意志与情感，余上沅的呼吁不啻刮过的一阵微风，水波不兴，焉能擎巨擘、挽狂澜？

历史经常在发生着惊人的重复，尤其当我们的目光透过朝代的更迭、社会的变迁，而审视到民族精神的内里时，更会感受到生命的凝滞状态。可悲的是，当盲目的冲动笼罩了一个时代的心态时，人们自以为那些"过

---

① 余上沅.国剧运动[M].上海：上海书店出版社，1992：序3.

激"的言论行动是最具革命性的壮举，完全不自觉实则是在僵化的、因循的、惯性的生命中兜圈子。譬如在新时期十年中，不少戏剧观念的更新者将我们自身艺术的僵化归咎于易卜生，归咎于现实主义，在重新祭起现代派的同时，却又将现代派与现实主义、古典主义等流派对立起来，并企图将后者摒弃在我们的阅读视界之外，甚至还有人以反对"老面孔"为大旗，横扫自古希腊戏剧至莎士比亚戏剧、易卜生戏剧在内的一切属于"传统"范畴内的人类的有价值的戏剧艺术。我们说，在今天，明目张胆地"拒绝阅读"大势已去，无论以何种形式出现，或者出自何人的倡导，都将无济于事，因为现代世界，其文化的根本特点，就是各民族文化的荟萃，是世界文化形成的新时代，这是任何力量也无法阻挡的大潮。因而，具有巨大阻隔作用的不是"拒绝阅读"，而是"误解阅读"。不得不正视的是，思维的惯性、心态的惰性，总之，一切生命本身所因袭的过时的力量，在很长一段时期是难以一下改变的，它们必定要在各个方面顽强地表现自己，阻挡或延缓我们自身解放的历程。

综上所述，纵然有千百种艰巨的工作要做，但首要的是必须"筑基"，必须打破我们已成定式的"误解阅读"模式。而途径只有一条，即通过重新阅读世界名剧，以一种全然不同于以往的阅读方式来重新感知、理解、体验作品本文。在这样的"重读"中，真正被改变的是我们自身，是我们的感官与心灵，从而与本文之间建立起一种新的阅读关系。只有在不同于以往的新的阅读关系中，作品本文才会呈现出新的面貌，投射出新的光彩，展露出新的意义，从而使我们自身生命的构成，由政治的单一维面进而迈向多维的、复杂的历史—审美的生命构成。

七、鉴赏与批评——审美鉴赏是批评的前提与基础

既然重新阅读的提出是旨在改变我们自己固有的传统模式，那么解决问题的途径便不仅仅局限在阅读方法层面的拓展之上，也就是说，仅仅

引进多种批评方法的观点是于事无补的,因为对于我们而言,最根本的症结在于审美鉴赏力的贫困,所以本体基质上的问题是无法由方法论单方面来解决的。这样,我们就必须从探寻阅读本文这一活动的基本存在形态入手,来决定"重读"的原则、标准及方法。显然,方法的变革也必须奠定在本体的变革的基础之上,只有伴随着本体意义的完成,方法才能真正完成自己的解放作用。

《论语》中记载,孔子听过《韶》乐的演奏之后,心醉神迷,乃至于一连三个月,肉糜到口,竟不知滋味。简单说来,这种囿于切身感受,全身心地沉浸于对作品的体味之中,便是人类对于本文的一种基本的阅读活动,或曰接受活动,这也就是我们日常所熟知的欣赏。如果对文学艺术品进行某种价值的评价与分析,这样的阅读接受活动,便是评论。孔子曾说:"《诗》三百,一言以蔽之,曰:'思无邪。'"他认为《诗三百》的思想情感是清新健康的。可见,欣赏与评论是日常生活中普遍的、几乎每日每时都在进行着的活动,是几乎伴随着人类诞生而产生的两种基本阅读活动。尽管欣赏是人人都可以从事的,但并不是每一个对文艺作品进行的欣赏行为都达到了鉴赏的程度,因为鉴赏是欣赏中的上乘佳境,需要欣赏者具备一定的素养、识见和能力,而一个人鉴赏力的获得必定要经过学习、磨砺、熏陶、修炼。一般人在欣赏之余往往要发表几句评论,与他人谈谈自己的观感,这种随意式的评点,还远不是我们所称谓的"批评"。即使是专业评论家的分析,也未必称得上是批评之作,因为所谓批评,必须达到一定的水准,符合批评自身的尺度、规范、原则。文艺批评早已发展成一门专业化的工作,是一种人文科学中的专门的学问。故而,我们在此仅仅以鉴赏与批评作为探讨的对象。

鉴赏与批评同样都是对文学艺术本文的阅读—接受活动,彼此之间有着密切的关系,但又呈现着各自不同的显著特点。概而括之,它们都是读者与本文之间所进行着的行为活动,但相对而言,鉴赏偏重于主体,而批判则偏重于客体,即鉴赏关注鉴赏者自身的内心感受、情感的共鸣、人生的体验,而批评则关注对象,旨在对作品做出判断,给予评价、说明、解释。鉴赏活动主体性,即自主性的特点,使得鉴赏表现为多样化的形态,诚如古人所说,"知多偏好,人莫圆该","见仁见智","观听殊好,爱憎难同"。鉴赏不希图与他人分享,亦不求闻达,鉴赏者不管是否与他人一致,总是自满自足、自得其乐,沉浸在享受和愉悦当中。而批评则呈现着"一律化"的倾向,它力求使文艺作品获得一个共通的评价与见解,沟通人们之间的思想情感,最大限度地发挥文学艺术的各种社会功能。

说到底,鉴赏最根本的特性是主体自身的生命享受活动,而批评活动则不尽然。鉴赏只要封闭在内心的感受与体验之中便足矣,而批评却要进一步加以分析和说明。我国南北朝时的刘昼说得好:"赏者,所以辨情也;评者,所以绳理也。"相对于鉴赏这一情感的活动,批评则是批评家"借助于思想,自觉地表达其对艺术和文学的理解"①。由于批评是属于知解力的活动,所以便造成了使批评完全脱离鉴赏的可能性的状况,这样,批评自身自然而然地出现了两种根本不同的范式,即基于鉴赏的批评与脱离鉴赏的批评,前者也就是我们惯常所谓的"内在批评",而后者则是"外在批评"。在基于鉴赏的批评与脱离鉴赏的批评这两种基本范式中,各种批评在方法论意义上的分歧就消失了,换言之,无论哪种方法的批评,譬如社会的批评、形式的批评、结构的批评、精神分析的批评等,均只呈现一种根本的对峙,即内在的与外在的分野,鉴赏的与非鉴赏的区别,或者说,任何一种方法及模式的批评,任何一种理论及观点的批评,其自身都会存在着这样两种批评的范式。

我们先从目的方面来考察一下。别林斯基曾指出:"确定一部作品的美学优点的程度,应该是批评的第一要务。当一部作品经受不住美学的批评

---

① 别林斯基.别林斯基选集:第3卷[M].满涛,译.上海:上海译文出版社,1980:599.着重号乃引者所加。

时，它就已经不值得加以历史的批评了。"①苏联著名的文学评论家沃罗夫斯基说："批评的任务就是要从大量的赝品中鉴别出珍珠来，不要让读者、听众和观众去赏识那班昙花一现的冒牌货，而把永恒的和真正的艺术品介绍给他们。"②克罗齐则认为："它只促成了一种特定的内心活动，即美的再现。"内在的批评，无论就其标尺，抑或所担当的社会职责，以及本身活动过程的结果而言，均以审美为旨要精义。反之，则为外在的批评。虽说批评的基本方式是分析，以概念思维为手段，但是内在的鉴赏批评却始终以批评者自身的审美鉴赏力（审美判断力）为基质与导引，而外在批评的批评者则可以完全仅仅拘囿在概念的分析中，可以完全不必进行审美判断。进而言之，这样的批评者即使根本缺乏审美判断力，也可以对一部作品洋洋洒洒地博引宏论。作品本文对于批评者来说，并不构成真正的对象，"项庄舞剑，意在沛公"，作品本文仅仅是外在批评的一点儿缘由，是契机，由此生发开来，旨在于对作品之外的某类事物观点进行评论，因而，他的判断标准并不来自本文，而是取自作品之外的某一类价值体系。例如上文所提到的汉代毛苌对《诗三百》的评注，便是典型的非鉴赏的外在批评。

综上所述，本文探究的重点应放在审美鉴赏力上，追问审美鉴赏之于本文批评之间的关系，它的性质、功能及作用。

从根本上说，诗是不可能说的，亦即不可分析的③，如人们常常爱说的，诗只可意会，不可言传。然而，批评的本性恰恰是要解说，要分析。这两者都是人类所必定要坚守的原则。这两种本性不能不说构成了又一个人们所面临的"两难背反"④。能够解决这一巨大矛盾的途径，只能是审美

---

① 别林斯基.别林斯基选集：第3卷[M].满涛，译.上海：上海译文出版社，1980：595.
② 沃罗夫斯基.论文学[M].程代熙，等译.北京：人民文学出版社，1981：54.
③ "诗"在此取"艺术性"之意，这是沿用了中外文艺理论中前辈们对"诗"的一种用法，而非指一种文学类型。
④ 康德在他的"批判哲学"中提出了甚为著名的"二律背反"的命运。所谓"二律背反"，是指关于人类生存中的最根本的矛盾而言。此处僭借了这种意义上的"类比"，故称作"两难背反"。

鉴赏，批评者内在的审美鉴赏力是沟通与跨越这一深渊鸿沟的唯一桥梁。那么，诗何以是不可能说、不可分析的呢？而鉴赏为何能够帮助批评克服自身的弊性，由解说进入"不解说"，由分析进入"无分析"的艺术真性情之中的呢？

别林斯基说："艺术家和文学家用自己的作品直觉地表达其对艺术和文学的理解。"正如康德所明确论证的那样，艺术是人类想象力（心意诸机能）的产物，而绝非出自概念思维的创造。既然作品本文的创作是通过运用艺术家自身的直觉、想象等情感能力完成的，那么相应地，批评者亦只有运用自身的情感诸机能方可抵达作品之精髓内蕴。对于这样一个创作与阅读之间的对应关系，我国古代的文艺理论家刘勰早已注意到，他在《文心雕龙·知音》中就精辟地指出："夫缀文者情动而辞发，观文者披文以入情。"这样一种由人们内心情感能力而达到的对作品本文的理解，就是审美鉴赏力，或曰审美判断力。[①]至此，我们又要发问：为什么人世间，唯独艺术本文，无论是创作它，抑或是阅读它，必须具备及运用审美鉴赏力？舍此便不能使艺术本文成为我们的真正对象吗？若从根本上回答，这是由艺术本文所占据的人类生存的领域决定的。

理性之所以是有界限的，科学之所以是有界限的，语言之所以是有界限的，盖缘于天地万物间存在着一块领域，这块领域是理性的触角所无法寻幽探微的，是理性的威权所无法执笔的，这超越了概念及抽象逻辑的另一块天地，便是人的情感世界，是人的内在生命律动。如恩斯特·卡西尔所说："有些事物由于它们的微妙性和无限多样性，使得对之进行逻辑分析的一切尝试都会落空。而如果世界上有什么东西我们不得不用这第二种方法来处理的话，这种东西就是人的心灵。人之为人的特性就在于他的本性的丰富性、微妙性、多样性和多面性。"[②]而审美的艺术便是这块领域的执笔者，同时又是它忠实的仆人。对此，我国宋代诗人严羽曾一语中的，

---

① 参见康德《判断力批判》中的有关论述。
② 卡西尔.人论[M].甘阳，译.上海：上海译文出版社，1985：15.

他说："夫诗有别材，非关书也；诗有别趣，非关理也。"[①]正是仰赖于这一特殊的领域，才由此而生发出艺术的特殊对象、特殊内容、特殊符号语言、特殊手段、特殊功能。注意，我们以"领域"一词称呼人的心灵时，是从人的内在生命构成而言的，因为在其中的的确确存在着心意诸机能的情感天地，无论它是被思维意识到而表现为意识，还是未被思维意识到而表现为无意识，总之，它实实在在地存在着，这是任何人都无法否认的。但是在现实世界，在社会生活中，却几乎没有它单独的或曰独立的活动领域。放眼望去，我们所能见到的，仅仅限定在知（思维）与行（意志）的范围内。人类的活动，不是属于理论的认知范围，便是属于行动的实践范围，社会、科学、理性、道德所关注的除了知与行外，安能有它？人的至真至纯的真性灵，人的情感及情感关系，是被摒除在他们的视野之外的。即使是最具心灵色彩的宗教与艺术，倘若从社会角度着眼，亦始终难逃脱知行的羁縻，而将情感或自身的自由伸展丢弃与遗忘在一边。这种情形使我们忆起席勒的"游戏说"，并且能够领悟到，他何以要弘扬"游戏"的心思。是的，从保持纯真的恣情率性，自由自在地从事心灵和谐发展的活动这一点来说，人类恐怕亦只有游戏这一种活动。人的心灵活动受着知与行的时时影响与作用，情感活动与其他任何一种活动均有着千丝万缕的联系与瓜葛，然而问题在于，人们往往被其他活动遮蔽住，感受不到亦理解不了被遮蔽住的情感，只有艺术，独具只眼，将其显现，也就是说，在知行活动之上使情意活动显身。同样，艺术本文从创作到诞生，亦都是被置于社会、历史、时代之中，因此，批评者把每一部作品都投到对时代、对历史的现代性关系中，在艺术家对社会的关系中得到考察；对作者的生活、性格以及其他方面的考察也常常可以用来解释他的作品，这些对于批评是必要的、无可厚非的。然而问题的弊端在于，它们非常可能并且非常容易遮蔽住作品本文中所包蕴的人的心灵世界及情感的律动过程，而将其

---

① 严羽.沧浪诗话［M］.北京：人民文学出版社，1961：8.

排斥并遗忘在批评的视野之外。舍本逐末的结果，便是造成一切外在的批评的根源。外在的批评或者印证某种观点，或者一味地进行某种道德的训诫，不一而足。总之，从外在批评中，人们可以获得对于某种哲学思想、政治观点、道德信念、某类方法主张等的了解，但独独有几点，即该部作品的美学优点程度如何，审美价值究竟有多大，是赝品还是珍珠，或者，虽然称不上是上乘之作，但在审美程度上与同代其他作品相比之下，取得了多大的精进，对于这些，公众永远不会得知。诚然，外在批评可以给人们以社会的、哲理的、历史的等多方面的训诫和教诲，但对提高他们的审美鉴赏力，培养高尚的趣味、锐敏的直觉、细腻的感受方面，没有丝毫益处，而且更有甚者，非但无所裨益，反而适得其反，起着严重的磨蚀、消损、败坏的恶劣作用。

人们要问，文艺批评难道就不能进行哲理、社会、历史等方面的阐释吗？回答是肯定的，能！岂止是能，而且批评最高的境界，必定要达到历史、哲学、社会的深度与广度。问题的质疑点不在于此，而在另外的焦点上。我们不应忘记艺术所占据的独特领域——人的情感天地、心灵世界、内在生命的历程。这块领域当然有真善美，但是此时此地的真善美绝不同于我们日常世俗所获得的关于真善美的认识与理解，既不是科学意义上的真，亦不是社会（阶级社会）所高悬的各异的道德准则、伦理规范之善，更不是一般的限于感官的所谓赏心悦目之美。在艺术王国中，最高的道德律令乃以人自身为目的，"它的王冠是人，它以人为终结，它的创造活动以人为极限。市民社会是发展人类个性的一种手段，人类个性是一切事物的核心，在人类个性里面生活着大自然、社会和历史，重复着世界生活的一切过程，也就是大自然和历史的过程"[①]。而在艺术的王国之外，本末正好倒置，人类个性恰恰是被弃置于不顾的，上帝、神、家族、民族、国家才是一切事物的核心，人类个性生活在社会、自然、历

---

① 别林斯基.别林斯基选集：第3卷［M］.满涛，译.上海：上海译文出版社，1979：101.着重号乃引者所加。

史中，并被社会所目为更加重大的事物与主题所淹没与遮蔽。随着社会、自然、历史重新以人类个性为核心旋转，本体的翻转带来整个时序的变更，并引起一切价值观点的激变，社会所目为天经地义的非此即彼、非是即非的庄严法则的绝对泾渭分明的界限被打破了，展现出辩证法所能呈现出的难以用绝对标尺裁断清晰的万千景象。宇宙万物走入人类的内在生命历程中来，人世间所存在过的一切力量，所有行之有效的价值准则，所有发生过的事物，均被重新塑形，按照特定的序列结构化，从而焕发出崭新的意义和光彩。艺术中的真善美，是关于人的情感或生命的哲理、道德的和谐匀整，即美。因而，批评所需阐发与揭示的哲理及社会意义，只能取自作品本文，必须要从对作品本文的体验中感悟到，并生发出哲理，用语言表述出来。康德曾分辨出两种性质截然不同的判断力，一种是"规定着的判断力"，另一种是"反省着的判断力"。康德指出，所谓"规定着的"，是指在判断之前已然存在着的普遍的东西，如法则、原理、规律等，判断者只要把特殊的归纳到已经给定了的这些普遍门下即可；而所谓"反省着的"，是指对于判断者来说，根本不把那些已经有的普遍纳入判断的视界之中，给定的只有特殊，也就是说，对于判断者来说，不存在什么预先给定的，而他必须做的，就是要从特殊之中寻找普遍，从特殊之中发现普遍。[①]鉴赏判断力就是归属于"反省着的判断力"。可见，生命之中的真理是不能用外在于生命的社会的见解来解说的，例如莎士比亚笔下的麦克白斯，易卜生笔下的培尔·金特、布朗德，有谁人能用社会中已有的观念思想来加以判断呢？艺术的真理，是蕴含在感性中、蕴含在形象的表象中的，内在的批评最根本的是要将其揭示出来。文艺批评在方法上的不断开拓，其目的与意义也是能够从各个方面、各个层次、各种角度来不断地使艺术本文中的人生意义向着世界显身，诉诸人们的意识。因此，相对于内在批评，外在批评永远摆脱不了流于浅薄、庸俗批评的命运，与生俱来只能充当附庸，充

---

① 参见康德《判断力批判》中的有关论述。

当注脚，充当宣传的可悲亦可怜的角色。因为它所要阐发的哲理、思想观念，是需要专门的哲学家、思想家以专门的著述来完成的，而外在的批评只不过以作品作为例证、作为引发线，去咀嚼证实哲学、思想的余唾，它所要解说的，也是世人均已见怪不怪的识见，或者是某一方法的机械搬用。

内在批评，不论属于何种批评，必定奠定在批评者对本文的审美体验基础之上，也就是说，批评主体必定要经过内心领会阶段。分析，是头脑的功能，是思维的特长；而领会，则是心灵的功能，是情意的特长。从主体方面来看，内在批评区别于外在批评的地方即在于，批评者究竟是心脑并用，还是泯寂心而仅用脑。纯粹的鉴赏批评，它的特点是囿于对自身艺术感受的探究分析，著名的典范例子如托马斯·德·昆西对莎士比亚悲剧《麦克白斯》一剧中的敲门声的卓越分析。麦克白斯杀死了国王，犯下了滔天大罪，使观众产生了畏怖与厌憎的感情，就在这时，突然响起了急促的敲门声，顿时令麦克白斯惊惶万状，而观众也突然被这来人的敲门声所攫住，不禁转而为麦克白斯捏把汗，像凶手一样紧张起来。托马斯·德·昆西非常精彩地、令人信服地分析了为什么敲门声会产生如此大的艺术效果。而一般的内在批评，则不限于仅仅分析主体的感受，而是由此生发出更广阔的境地，但无论如何，审美鉴赏、审美体验是内在批评的源头。而且，许多从事批评的人都会有种经验，即主体的心与脑常常不一致，甚至悖逆。有时，心灵感悟到了，可是"说"不出来，也就是头脑的思维还分析不出来，仅仅了然于心，还未了然于口，像托马斯·德·昆西就曾长时间地惊异于敲门声强悍的艺术魅力，却揭不开个中奥秘。有的批评者会出现这种情况，即"说"出来的与感悟到的内涵全然不是一回事，甚至背道而驰，而且，批评者对自身的矛盾对立还浑然不觉。譬如欣赏一些名著，批评者分明是被其中的人物命运、内心情感活动所深深打动，却偏偏用简单化的阶级分析去解释，并且意识不到这样的分析与自己的情感之间的矛盾。还有的批评者分明意识到自己的情感与理智的不一致，但为了自己的信念、原则而将感受弃置于不顾，或者褒扬自己并不欣赏、并不喜爱的作品，或者贬斥自己所能欣赏的作品。就连一些伟大的艺术家身上也会出现这种情况，如托尔斯泰，当他观赏契诃夫的戏剧演出时，眼中流下泪来，但当别人问他观感时，托尔斯泰却摇头。由此可见，内在批评要求批评者达到心与脑、体验与思维的高度统一。凡是伟大的批评家，无一不自觉地设法解决不时出现的心与脑不协调的状况，譬如我们阅读别林斯基先后不同的批评文章时，便会发现这种情况，并会发现，他们最终所忠实的，便是美。

"诗是不可解说的"，"艺术是不可分析的"，这是至理名言，但是，只要是卓越的艺术批评，尽管是"分析的"，却并不给人"肢解"作品的感觉，相反，能把读者引入对作品更加深刻的感受与理解中去。这种"解说"的"非解说"性、"分析"的"非分析"性是来源于何处呢？其实说来亦简单，奥妙即在于，内在批评是通过启迪读者的脑而贯通抵达读者的心，使得读者的心变得明慧起来。譬如《麦克白斯》一剧中的敲门声，不是所有的观众都能感受到声音的震撼力量的，而读了托马斯·德·昆西的批评后，没有感受的观众从此变得敏感起来，因为他已把托马斯·德·昆西的鉴赏变为自己的，他不仅感受到了，而且还明了了个中的奥妙。深刻的思想是为了更深刻的体验，这是一切内在批评的旨意所在。然而，将"解说"还原于"体验"，将"分析"还原为"整体"，这样的还原过程不是由批评者完成的，而是由批评的读者完成的，是批评将读者与艺术本文结成了一种新的意义的阅读关系。内在批评启迪人们的思想，洞开人们的心扉，消除或"蔽于理"、或"蔽于情"（一己狭隘的感受）的片面性，在心与脑、情与理的统一中，使得艺术本文在读者生命中显露出新的面目和新的时代的、历史的人生意义。

艺术本文具有时空的超越性，是跨越地域、时代、民族、历史，为世世代代所能够共同享用的财富。这种神奇的超越功能是依靠什么来完成的呢？仍然是审美鉴赏力，是审美鉴赏力所具备的"共通感"的性质。康德认为，凭借审美鉴赏中的"共通感"，个人就可以自信，他的情感愉悦与亿万人的情感愉悦是相沟通的。舍勒指出："同感是借以把握和理解人内心生活的一种行为……相互共感是若干人指向同一方向的感情，这时别人的感情被一起吸收到自己的感情之中，却并没有成为对象。"[①] 在现实世界的生活中，人们所能看见并认识到的，只是被尘世的种种实际的需要、利害所驱使着的人，是社会所规范着的事物，而人类情感生命的历程，是无法把握的。人类自身内在生命生产的隐秘的历史，都折射并蕴藏在艺术形式结构中，人类靠着领悟艺术的符号，便可体验到其中的生命信息。古希腊早已夭亡，但是她的生命却不断在历史上得到复活。意大利的文艺复兴运动，便是复古希腊之古，兴新时代文明之光。古希腊高度完美的艺术作品，为后世标举的不仅仅是技艺，而是个性所能达到的高度完美和谐的人生境界。新时代的文明最根本的，是始终以古希腊民族性格为人的自我塑形的典范，以古希腊的美之光，照亮中世纪晦暗不明的生命，使古希腊的文明融进并参与新时代的最本原的生命的构建，因此，艺术是"时代情感的母亲"，艺术承担着人类的情感教育的使命，从根本上来说，便是通过艺术之路，全面复活人的内在生命。卡西尔说："我们决不能把艺术当作人类生活的装饰品。而必须把它视为人类生活的要素和本质条件之一。"[②] 社会需要艺术，往往看中的是它的不可思议的感染人心的能力，以艺术作为实现自身各种目的的工具；人类需要艺术，是自身情感生命的需要，是为了自身的自由而不可或缺的生命构成的要素和本质条件之一。维特根斯坦说："我们觉得，即使一切可能的科学问题都已得到解答，也还完全没有触及人生问题。当然那时不再有其他问题留下来，而这也就正是解答。"[③] 而艺术及对艺术的读解便是追寻人类生命的必不可少的途径之一。

千百年来，中华民族只有在今天，才真正揭开了民族生命历程的新的一页。重新阅读世界名著，让它们来打开我们的心扉，让我们民族的生命

[①] 施太格缪勒.当代哲学主流：上[M].王炳文，燕宏远，张金言，等译.北京：商务印书馆，1986：140-141.

[②] 卡西尔.语言与神话[M].于晓，等译.北京：生活·读书·新知三联书店，1988：127.

[③] 维特根斯坦.逻辑哲学论[M].贺绍甲，译.北京：商务印书馆，1996：104.

向着人类的生命洪流奔涌而去。

  本文在对世界名剧进行批评时，绝非提供某种方法或模式，如果一定要说出一个原则的话，那就是刘勰所指出的："观文者披文以入情，沿波讨源，虽幽必显。世远莫见其面，觇文辄见其心。岂成篇之足深，患识照之自浅耳。"

  最后的两句话，也正是我的自知之明。

原连载《剧作家》1991年第2—3期

一个历经双重悲剧命运的灵魂

——周朴园形象新探

歌德曾这样评价莎士比亚:"说不尽的莎士比亚。"翻遍洋洋洒洒、汗牛充栋的"莎评",恐怕难以再搜寻出比它更言简意赅的话来。其实,古往今来,又何尝有哪部伟大的文艺作品已经被说尽道完了呢?真正的艺术品一旦产生,便深深植根于人类生活的沃土之中,会不断唤起人们新的美感,不断显示出新的意义。艺术珍品永不衰竭的旺盛生命力,盖缘于此。文艺批评本身构成为一种历史,是一种历史的活动,世世代代的人们对同一部作品的理解与评价形成了历史的过程。一部优秀的艺术作品,唯有它的历史,它在人类生活中的生存历史才可能将它说尽。王国维曾提出"隔"与"不隔"两个概念来评价中国古典诗词,假若我们不去深究"隔"与"不隔"在王氏理论体系中的本义,仅就对文艺作品的接受而言,那么所谓"隔"就是对作品原意的悖道、误解,所谓"不隔"就是对作品的正确理解,与作品原意的符契。纵观一部作品的批评史,不难看出,实则就是一部"隔"与"不隔"的相互斗争、相互转化的历史。

曹禺的戏剧是否能够列入世界不朽名著之林,非笔者个人所能定夺,但曹禺的《雷雨》从它一举成名之日起,历经50多个春秋而不衰,时至今日,仍然冠盖群芳,独步舞台,这是事实。单就这一事实,我们对《雷雨》还有无尽的话要说。笔者曾惊异地发现,尽管《雷雨》中存在着离奇的血缘关系纠葛，以及过分的巧合，可是当我们沉浸于作品之中时，却丝毫未留意到这些，整个身心都被另一种力量摄去。笔者也曾暗自设想，倘若四凤爱上的是周冲而不是周萍，那结局又该如何呢？笔者更为惊异地发现，即便如此，仍然无法改变剧中人物最终的悲惨命运。就像命里注定一样，人物自打上场就拖着一条不祥的影子。在平庸者手中，离奇的情节、过度的巧合，使作品流入俗滥的"故事"，令人读而生厌，因为他的作品就是靠这些安身立命。而对于《雷雨》，它们只不过是无关宏旨的偶然现象罢了。一出手，剧作家便显示出不凡的大家手笔，他洋溢着的情思才气冲破技巧的拘囿，凌驾于情节的编排之上，笔触伸向人的灵魂深处，直指那冥冥之中的命运——个人所无法抗拒的自然与社会的客观法则。那么，《雷雨》中蕴蓄着的无法回避的悲剧之力究竟是什么？它们又凝聚在剧作中怎样的结构与形式之中？我们又将通过什么样的途径，冲破多年来与《雷雨》相"隔"的状态，超越自我狭隘浅薄的心智，去感受并解释作品的真谛实意？这些问题曾长久地困扰着笔者，同时也激荡着笔者。审美批评建立在对作品的真切感受之上，审美批评的旨意在于将作品对读者、观众所产生的不可言喻的巨大感染力转化为概念，并明晰地表达出来。审美批评将美感经验转变为思想、观念的范畴，理解得深就意味着更深刻的享受，因为与作品"不隔"的思想是一种新的情感和感受的开端，引导人们登堂入室，领悟作品的真谛。

　　优秀的戏剧，往往既有小说的磅礴气势、深广意蕴，又兼有诗歌的凝练精悍、隽永含蓄。有限的时空框架，丰富的社会内容，势必要求剧作家具备诗人的资禀灵秀，善于提炼高度浓缩了的意象、意境，惜字如千金，以期收到言有尽而意无穷的艺术效果。曹禺十分喜爱从自然界、从社会攫取一些鲜明意象，以其充当剧作的名称，如"雷雨""日出""原野""北京人""蜕变"等。由于这些意象为人们所熟稔，象征意义昭然彰著，因而它们无论是冠剧作以剧名，还是充当背景，抑或是烘托氛围，或是象征希望，象征一种剧中所没出现的伟力，均丰富并增强了作品的表现力。但是，值得指出的是，这类意象的表现与作用十分有限，在作品中它们只能算作低级的艺术意象。结合整部作品来看，尽管这些意象含有多重意义，然而却缺乏独创性。这些意象，无论就词语的本义而言，还是后来获得的转义，都是早已具备了的，即在民族文化意识的演进中沉淀下来的。剧作家正是借用了具有多重象征意义的意象，将自己明确的意念、不宁的心绪、朦胧的理想寄寓其中。应该讲，它们是剧作家本人理智的产物，还远未进入形象的思维。倘若读者、观众对这些意象进行独立解析，所分析出的意义并不少于由作品本身所表现出来的，所以在欣赏过程中，它们也仅诉诸人们的知解力。而且，这类意象并没有将人物的内心活动与外在活动建构进去，即不是人物行为的内驱力的结构。它们所显示出来的意义，是由作品以外的文化传统所规定的，而并非为作品所独具。与低级艺术意象相反，高级艺术意象本身就是人物形象构成的因素，消融在性格的整体之中。它们是作品的深层结构，沉潜着深广的社会历史意蕴，结晶着美学价值，是作品感人至深的力量所在。高级的艺术意象才是作家形象思维的产物，并诉诸读者、观众的心灵，产生思接千载、视通万里的艺术功效。假如作品缺少了高级艺术意象，纵然成功地运用了若干低级艺术意象，也免不了概念化、简单化的弊病。《雷雨》之所以成功，得力于剧作家所创造的高级艺术意象，即"小白帆"与"病"的意象。

  本文的宗旨不在于批评理论的阐发，却在绪言中拉拉杂杂地论及不少有关重要问题，置冗长与形散之嫌于不顾，实乃不得已而为之。文学史（尤其是西方与现代文学史）的知识告诉我们，人们的文学观念的变更，不仅表现在创作实践中，而且还从文艺批评实践中强烈地表现出来；这种变更，不仅导致一批耳目一新的作品问世，而且导致人们对既往的作品产生崭新的兴会意趣。鉴于此，深恐就作品而论作品不易奏效，但纵横捭阖地阐述，实非本文的旨意，故只好采取这种点到即止的办法，权当伏笔。本文的意图，则在于从审美意象的角度，对《雷雨》进行审美的批评尝试，而分析的焦点，又主要对准剧中的主要人物周朴园。

一、扬帆远航的意象——两代人共同的追求

多年来,特定历史条件下的社会政治生活,根深蒂固的僵化观念,浸润了人们的头脑,束缚了人们的心灵,所造成的与文艺作品的相"隔",没有比像周朴园这样的所谓"反面形象"更甚的了;《雷雨》虽只敷演周、鲁两家人一天当中的活动,却在其中展开了长达三十多年的人世浮沉,抒写了两代人的悲欢离合。作为全部事件的参与者与当事人,周朴园无疑是个关键的核心人物,因此我们倘若仍与周朴园处于相"隔"的状态,就别指望能够与《雷雨》全剧"不隔",只有正确地理解周朴园,才能正确地理解《雷雨》。

我们误以为《雷雨》剧作只为读者、观众提供了老年周朴园的形象,其实剧作中还塑造出了年轻时代周朴园的形象,只不过前者是视觉形象,后者则全凭欣赏者按照作品指示重新在想象中构造出来。倘若我们只会使用感官,而不善于调动自己的全部心灵,就不会参与到作品的共同创造中去。《雷雨》通过"小白帆"的意象沟通了两代人的足迹,在周冲的身上复活了父亲当年的形象。

"在无边的海上……哦,有条轻得像海燕似的小帆船……白色的帆张得满满地……飞,向着天边飞……我们坐在船头,望着前面,前面就是我们的世界。"在四凤家破旧的小屋中,周冲热烈而迷狂地向姑娘描述着他心中的理想之帆,他与她将驾着一叶扁舟,扬帆远航,飞向那美好的世界,"那里没有争执,没有虚伪,没有不平等的,没有……"青春,正是耽于幻想、充满憧憬,为人生设计种种蓝图的年华。谁不曾做过青春的梦?萦回在周冲心际的"小白帆"难道不曾激荡周萍、繁漪甚至周朴园的心潮?在第一幕中,周朴园斥责周冲:"你知道社会是什么?你读过几本关于社会经济的书?我记得我在德国念书的时候,对于这方面,我自命比你这半瓶醋的社会思想要彻底的多!"从他后来所从事的矿山工业来推

断,似乎他当年攻读的是理工科,但这无关紧要,重要的是周朴园确曾关心、同情过劳工运动,研读过不少社会政治经济方面的书籍,至于他接受的是什么主义、信奉的是什么学说,我们不清楚,也无须知道,只要能够真切地感受到,年轻时的周朴园也曾跳动着一颗满怀热忱、追求真理的心,这就足够了。

周冲心中的"小白帆",被理想与爱情张得满满的。他爱四凤,爱少女的美丽、善良,甚至惬意于她的微贱出身,因为这正与周冲的理想合契——冲破门阀等级的禁律、偏见。在周冲眼中,近乎完美的少女身上唯一的瑕疵,就是未受过教育、粗野。于是,一定要让四凤念书,这个意念攫住了周冲的整个身心,使他热血奔涌。周冲将其视为自己的人生理想得以实现的重大步骤。然而,他徒然欢喜一场,四凤没有得到任何念书的机会。无独有偶,偏偏四凤的母亲会读书写字,知书达理,曾受过良好的教育。对于这一细节,剧本刻意点染,几次借他人之口道出,而且,从作品对侍萍外貌和风度的描绘,也可以觉察到剧作家的用心良苦。作品提示侍萍像大家门户落魄的妇人,仅此一句就暗示了侍萍早年曾有过的不寻常的生活经历。要知道,三十年的颠沛流离、困苦磨难都磨灭不了、遮掩不住她内在的气质风度,可见她早年所受过的上流社会的良好教育何等优越。但是,侍萍的出身与四凤一样贫贱,如此贫寒的家庭根本无力供养女儿念书,更何况是在那样落后闭塞的年月,就连一些富人家也不肯让女孩子去读书。那么,是谁使侍萍受到如此良好的上等教育?显然,这个人不是别人,正是周朴园。

《雷雨》充满了诗的意境、韵味,不仅仅表现为"雷雨"所烘托出的氛围,抒发出的人们内心的激情,《雷雨》的诗情最根本地体现在它具有诗的浓缩与含蓄,给读者、观众留下了充分玩味的余地和再创造的可能。扬帆远航的意象沟通了两代人的心曲,连接了两代人的同一条足迹。我们从眼前纯真热情的周冲看到了已远去的周朴园当年的英姿。在一望无际的大海上,飞来一叶归舟,那就是他——周朴园,满怀着对文明与进步的向往，对自由、平等、博爱的信念，由大洋彼岸学成回国。这，已不是周冲心中的梦幻，而是确曾发生在三十多年前的历史。可以想见，当远归的骑士一眼发现家中正当豆蔻年华的侍萍，该是怎样的惊喜！像周冲心目中的四凤一样，美丽少女的微贱身世成为吸引骑士的一个优越因素；也像四凤一样，侍萍唯一的缺憾就是粗野、缺少教养。父子两代都立志要让心爱的人去念书，并且将其视为神圣的事业，殚精竭虑地为之奋斗。所不同的是，父亲成功了，而儿子只不过做了一个梦，这个梦如此短促，还未来得及回味一下其中的甘美，便倏忽而逝。非常可能，周朴园也曾像周冲那样，自豪而果敢地宣称，恋爱婚姻"这是我自己的事情"，流言蜚语"那我更不放在心上"。从剧本中提供的侍萍为周朴园生养了两个儿子这一情节来看，他们不但公然自由恋爱，而且竟然敢于公开同居，起码达三年之久！在20世纪初的旧中国，这样的行为简直大逆不道、无法无天。这种公然的反叛该激起怎样的轩然大波？！不啻炸雷，震颤了周围顽固、愚昧的社会；不啻闪电，划破了黧黑、沉闷的夜空。将其视为洪水猛兽、妖魔鬼怪的旧势力，怎肯善罢甘休？周朴园与侍萍曾经陷入怎样的围攻之中，这是不难想象的。然而，即使身处绝境，周朴园仍然苦斗了三年。较之三十多年后的周冲，周朴园当年的确要彻底得多。这绝非过誉之词，确属事实。比起儿子，父亲当年所处的环境更为险恶，而父亲则表现了远超儿子的胆识与勇气，成就过惊世骇俗的壮举。

"小白帆"就是资产阶级的人生理想与价值的象征，扬帆远航的意象，包含着两代人的共同追求。在《雷雨》剧作中，"小白帆"意象是被"虚光"手法烘托出来的，并非实写。在儿子这方面，纯属一场白日梦；在父亲这方面，则需要读者追踪蹑迹，复活那遥远年月中的记忆。但是，青春易逝，青春之梦常新。两代人共同的追求——那扬帆远航的意象，即便如昙花一现，甚或如镜中花、水中月，被急流险滩打乱，被岁月长河淹没，仍无损于理想的光华。

二、倾颓的帆樯——两代人的悲剧

莎士比亚曾经勾画出如下一种人生普遍的境况：

> 初次扬帆出港的小船，
> 多么像一个风流倜傥的少年，
> 被浪荡的风儿爱抚拥抱！
> 到它归来时又多像落魄的浪子，
> 饱经风霜，帆樯倾颓，
> 被浪荡的风儿弄得破败潦倒！

《雷雨》中的周家父子重现了莎士比亚笔下的人生境况。谁能料到，前后相隔不到一天，眼见得周冲由一个热情洋溢的少年变得意气消沉，这艘美丽的"小白帆"还未驰出港湾，便折断了桅杆；而我们眼前的周朴园，早年的热情在他身上早已荡然无存。帆樯倾颓——两代人的悲剧究竟是怎样造成的？对于周冲，毋庸赘言，人们已感受得足够真切，对这个不幸的少年寄予满腔同情之心犹嫌不足，谁还忍心苛责他的幼稚与懦弱？那么周朴园当年抛弃了侍萍母子，就该十恶不赦吗？怎样理解周朴园这一行为，是正确理解周朴园的关键之一。剧作对于这一情景，只描写了淡淡的一笔：三十年前，周家为了迎娶新妇，将侍萍连同出生才三天的小儿子，一并赶出了周家大门。据此，不少人便断言周朴园"喜新厌旧""玩弄侍萍"，这种解释的主观随意的荒谬性太明显了，不值一驳。其实，假若曹禺真把周朴园塑造成一个浅薄无行的公子哥儿，真把周鲁二人的爱情悲剧套入"始乱终弃"的滥俗情节，那么我们对《雷雨》亦早就无话可讲了。实际上，剧作本身已经明明白白地暗示给我们那场悲剧的原委了。我们不能不注意到剧情发展的环节上存有一个明显的罅漏，这就是周朴园明媒正娶的合法妻子，那位贵家小姐给"丢了"。她于匆匆一面（仅仅在回忆往事时被提及）后便悄然隐去，不知其姓名，不知其行踪归宿，这个幻影一样的人物在周家了无影响，仿佛从来就不曾存在这样一个人。这样的遗漏是剧作家的偶然疏忽，还是惨淡经营的匠心所在？我们说是后者，意在告诉人们，此人虽然曾是周朴园的合法妻子，但她在周朴园的心中永远是个空白，周朴园根本不爱，也从来没有爱过这位贵家小姐。他将自己的爱妻娇子赶走，而去娶一位自己根本不爱的女子为妻，其中的难言苦衷便昭然若揭了。我们不能不赞叹剧作家艺术手法的高妙，中国画讲究"以白当黑"，中国画中的"空白"往往充满着意趣神韵，《雷雨》中的罅漏就是这样的"空白"，虚无本身就是意味隽永的艺术意境，是"此处无声胜有声"的绝唱。周朴园是被逼迫、违心地做出了"弃旧迎新"的事情，这就是《雷雨》所展示给我们的悲剧景象。可以想见，当初他苦苦挣扎了三年之久，四面楚歌，进退维谷，生存还是毁灭，这一人生的严峻课题摆在了他面前，屈从——意味着生，抗争——意味着死，意味着他与侍萍母子同归于尽，周朴园选择了前者。然而，他若回归自己曾一度背叛过的家庭中，就必须接受家庭的成命，抛弃侍萍，遵从父母之命、媒妁之言另娶一位妻子，周朴园接受了，但他的心在淌着血。

年轻的周朴园毕竟太年轻了，他不谙世事，哪能料到，社会可以欢迎一个浪子回头，却不能容忍一个曾败坏纲常礼教的弱女子，就连侍萍的母亲尚且不能理解、原谅女儿的行为，更何况他人。侍萍的母亲终因忍受不了因女儿而蒙受的羞辱而死去，社会的险恶可略见一斑。侍萍是被整个社会所抛弃，岂止区区周朴园一人。退一步讲，即使周朴园不曾抛弃侍萍，那可想的结局亦无非由一个人投河变成双双毁灭罢了。周朴园不是悲剧的制造者，他也是被戕害者，他与侍萍同样是万恶的封建势力的牺牲品。这，才是《雷雨》一剧真正揭示的意蕴所在。

剧作家从未把周朴园看成"坏人"，也从来无意把周朴园描写成"一个万恶的封建势力的代表人物，更不是轻薄的花花公子"。曹禺笔下的周朴园，是在封建时代结束、新的时代开始时刻的中国的土壤中产生出来的一代新人的形象，周朴园的命运代表着中国最早觉醒的资产阶级启蒙者们的共同命运。生活在中国新旧交替时代中的这些新人，他们曾求学西方，接受了资产阶级的思想启蒙教育，他们曾经是战士，是新时代的先驱者，但是他们的奋斗在当时的中国如空谷足音。曾几何时，这些叱咤风云于一时的新人退下阵来，向封建的保守势力妥协了，并与之同流合污。这是时代的悲剧、历史的悲剧，非个人品质高下、力量大小所能左右。中国资产阶级的软弱无力、毫无希望，突出表现在一代不如一代。周家两代人的青春都在悲剧中陨灭，然而父亲毕竟还扬帆下过海，领略过风浪的滋味，儿子们却搁浅在沙滩上，帆破桅断，一蹶不振。

三、在炼狱中悲号着的灵魂

在《雷雨》一剧中，与"小白帆"意象对应着的另一重要意象是"病"。"病"的意象弥漫空间，渗透一切，周家的人无一幸免。尽管周公馆是一座现代化气派的豪华宅邸，尽管生活在这里的男女主人公们优裕富足，但他们一个个却面露"病"容，繁漪"脸色苍白"，周萍"颜色苍白"，周朴园"在阳光底下，他的脸呈着银白色"，他们不是为肉体之病所苦，而是为心灵之病所苦，那不健康的面色正是病态的精神折磨所致。陷入激情的癫狂之中的繁漪，不惜将爱子奉上祭坛；失足于乱伦的周萍，终日彷徨于爱与酒的刺激中而近乎颓唐；周冲裹挟着朝霞般的活力跃上舞台，可他健全的体魄和心智也像他的梦一样短暂。除周朴园之外，周家其他成员都在痛苦地悲号，战栗地悸动，因为剧作家将他们的内心赤裸裸地撕裂给人看，唯独周朴园，他的心是"沉默的"，他的心灵被锁上了一道厚重的大门。由此，便引起了人们长期以来对《雷雨》的极大的"隔"，认为《雷雨》意在暴露周朴园与其他人之间的尖锐矛盾冲突。既然与弱小者、良善者为敌，那么周朴园便是万恶的封建势力、官僚资产阶级的代表人物，此论亦不足为怪了。我们说，在《雷雨》剧作中的确存在周朴园与其他人物之间的矛盾冲突，同时也存在其他人物之间的矛盾冲突，问题的实质不在于人物之间的矛盾冲突，而在于这些冲突的实质意味着什么、蕴含着什么，这才是问题的实质。毫不含糊地讲，古今中外，无一部名著不以揭示人物内心世界为旨归。《雷雨》在艺术上成功的秘诀，亦在于此。剧作家锋利的笔刃力透周朴园心灵的底蕴，要让世人知道，重归旧营垒的周朴园，从未获得过幸福与安宁；要让世人看到，在周朴园功成名就、志得意满的遮掩之下，跳动着一颗从未痊愈的受伤的心；要让世人听见，在他沉默寡言的背后是悲号者无言的呻吟。然而，这一切是不能用话说出来的。因为周朴园的身份、地位，以及他的性格，都决定了他绝对不可能像繁漪那样不顾一切地发泄心中的郁闷、痛楚，像周萍那样自怨自艾，或像周冲那样倾吐心曲。总之一句话，旁白、对白、独白这些戏剧常规手法对于刻画周朴园都失效了，而剧作家又不能像小说家那样出面直接向读者叙述周朴园的内心情感活动，于是剧作家独辟蹊径，另有一绝妙手法，就是以浓墨重彩刻画周朴园自身的矛盾行为，让人物以其自身行为与态度的自相矛盾代为心言，从而在人们面前展示出一个具有双重人格的复杂形象。

构成《雷雨》一剧的矛盾主线，不是人与人之间的外在矛盾，而是人物自身的矛盾，表现最为明显者是周朴园。这是一个充满矛盾的奇特的人，冷漠与热忱，迟钝与敏感，刚愎自用与孤独凄清，幻象与现实，机警练达与虔诚愚钝，拳拳赤诚之情与专横霸道之行，莫不有机统一在一个人身上。前面我们已经说过，《雷雨》情节中人物的空白，实则为贵家小姐在周朴园心中的空白。那么他对第三位妻子繁漪的感情如何呢？周朴园离家去矿一别就是两年，归家三天了，夫妻还未见过面，他见到大儿子，只是点点头，见到小儿子，不过问了问学堂的事，在这个家庭里感受不到些微的欢愉和温馨，似乎父子之情、夫妻之爱淡如水、冷如冰，奇怪的是周朴园对此安之若素，视以为常，已失却了一般人的情感需求。周朴园给观众和读者留下了冷酷严峻、专横粗暴的深刻印象,可到了第四幕的雷雨之夜,我们却见到了一位孤独的老人,他神思恍惚,深感寂寞,渴求妻儿的温暖。周朴园不是不关心、不惦念妻儿老小,只是他有他自己的关心之处。对于周朴园,与其说他需要天伦之乐,不如说他需要的是家庭的圆满和秩序、子弟的规矩和健全。而他的满腔苦心却又以主观武断、专横跋扈的言行表现出来。周朴园虔诚地怀念着侍萍,忠实地、一丝不苟地保留着侍萍生前的爱物和老习惯,可是一旦真的侍萍出现在眼前,他却拒人于千里之外,更有甚者,一天的光阴还未过去,周朴园竟出人意料地当众宣布侍萍的真实身世,强迫周萍跪下认母;还有周朴园对客厅里的窗户是开还是关所表现出的异乎寻常的敏感、不可思议的关切,使得人们不得不怀疑周朴园的神经是否正常。可是周朴园反倒对他人的头脑是否正常保持着高度警觉,繁漪自不待说,就连周冲这个活泼的少年身上,周朴园也不无忧心地看出他患了"脑病"。然而在另外的方面,周朴园又表现得不可理喻的迟钝,周家"闹鬼",上下人等除了周冲外无人不知,可偏偏周朴园就不知道。深更半夜,当周朴园下楼来,看见众人聚在一起,神情那样怪异,情景那样紧张,再愚钝的一个人也会惊诧莫名,会探询一下出了什么事,而周朴园却如盲人瞎马,视而不见,充耳不闻。他丧失了正常人应有的感觉和思维。

《雷雨》中的周朴园仿佛是用种种对立的材料捏合而成,在他的身上寻觅不出单一的行动、单一的情感、单一的态度。周朴园的每一种矛盾都值得我们以足够的篇幅探讨,但这样一来此文会冗长得无法卒读,在这里我们只较为详细地分析一下周朴园与侍萍重逢的一场戏。这场戏可算作《雷雨》中最精彩、最见功力的一场戏,而又是最"隔"的一场戏。这场戏波峰迭起、涟漪层出,周朴园的心理状态分为前后泾渭分明的两种:前者——遽然相见不相识,后者——识出故人却无情。在第一部分,剧作家以工笔重彩,将周朴园的迟钝麻木刻画入微;而在第二部分,寥寥数笔便将一个机敏练达、老谋深算的周朴园勾勒出来。请看:

朴　那你走错屋子了。

侍　哦。——老爷没有事了？

朴　（指窗）窗户谁叫打开的？

侍　哦。（很自然地走到窗前，关上窗户，慢慢地走向中门。）

朴　（看她关好窗门，忽然觉得她很奇怪）你站一站，（鲁妈停）你——你贵姓？

在这场戏里，这是周朴园第一次询问对方的姓氏，但这句问话却不含有丝毫怀疑的意味，纯系情急窘态之下的应付语。本来侍萍的动作很自然，没什么可奇怪之处，显然是这背影、这关窗的动作触动了周朴园的记忆，一瞬间腾起一种曾在梦中见过的异样感觉，驱使他脱口而出"你站一站"。待对方停住脚步回转身来时，顿觉莽撞失态而语塞的周朴园唯有以一句"你贵姓"的问话支吾开去。岂料对方答话中的无锡乡音引起了周朴园谈话的兴致，一向持重寡言的周朴园竟接二连三地向侍萍发问。是什么吸引了周朴园的注意？显然不是侍萍这个人，而是侍萍土生土长在无锡这一点，因为多年来周朴园一直设法打听侍萍尸身的下落，打算重新为侍萍修一座墓，厚葬她的尸骸，了却心头的遗恨。这样的境遇我们也曾碰到，当我们远在他乡，偶遇一位操着乡音的人，会禁不住与对方热烈攀谈，打听对方的阅历身世，表面看来，问话的内容都针对对方本人，实际却对此全然漫不经心，因为我们关心的不是对方，而是试图通过这样的询问来证实一下对方是否有可能知道我们所欲打听的人或事。周朴园正处于这种心境，他把侍萍认作邂逅的故里人，仅此而已，也只有这样的心理状态，才会使周朴园随着话锋的波及，陷入"沉思"、陷入"沉吟"中，周朴园的心早已从谈话对象的身上转移到对故土往事的追寻回忆之中。因此，当侍萍说出梅姑娘有一天怀抱出生刚三天的男孩跳了河时，周朴园"苦痛"地"哦"了一声；当侍萍接着更详细地诉说梅姑娘跳河的前因后果时，周朴园"汗涔涔"地"哦"了一声，因为只有在追忆中再度经历过去惨痛经验的人才会有如此表现。紧接着：

  侍 她不是小姐，她是无锡周公馆梅妈的女儿，她叫侍萍。
  朴 （抬起头来）你姓什么？
  侍 我姓鲁，老爷。
  朴 （喘出一口气，沉思地）侍萍，侍萍，对了，这个女孩子的尸首……

这是周朴园第二次询问对方的姓氏。眼前的妇人知道的事情太详细、太准确，不由周朴园条件反射一样掠过一丝疑虑，这个女人到底是谁？当对方再次肯定地回答"我姓鲁"后，周朴园疑窦顿释，旋即仍回到自己的思绪里，近乎自言自语地叨念着"侍萍，侍萍"。可见，此时的周朴园还根本没有把侍萍与眼前的妇人联系到一处。后来当他得知侍萍还活着的消息时：

  朴 （惊愕）什么？

当他听说小儿子也活下来了：

  朴 （忽然立起）你是谁？
  侍 我是这儿四凤的妈，老爷。
  朴 哦。

这第三次的询问由"你贵姓"变为直截了当的"你是谁"，侍萍回答"我是这儿四凤的妈"，周朴园"哦"地应了一声，他想证实些什么？他证实了些什么？实际上，周朴园对这些全然无意识。从对方的口中接连吐露出的事情真相，一件比一件令周朴园吃惊，意外的事实结局震骇住了周朴园，他"忽然立起"，追问"你是谁"，这不过是在极度惊愕的心绪之中下意识的举动罢了。假如此时像很多人理解的那样，周朴园对面前的人产生了疑惧，甚或预感到此人就是侍萍，那么周朴园就应该继续追问眼前的妇人与侍萍究竟是什么关系。然而周朴园不再关心对方是什么人，反而急于了解侍萍的境况。我们说，自始至终，周朴园根本就没打算去了解交谈者是谁，更确切地讲，周朴园根本就没去想交谈者是谁。他未动过一丝一毫的念头，去把侍萍与眼前的妇人联系到一起，否则便无法解释，何以当侍萍说出唯有他们两人知晓的信物——那补在衬衣上的手绣梅花时，周朴园还要诧异地反问"梅花？"，何以无法再否认眼前的妇人就是侍萍时，周朴园还不觉地望望柜上的相片，又望侍萍，半晌说不出话。"遽然相逢不相识"——周朴园的的确确没认出侍萍。难道真如侍萍本人不无悲伤的喟叹"侍萍的相貌有一天也会老得连你都不认识了"？事实不是这样的，剧作家告诉我们，侍萍并不显老，比实际年龄还显年轻，看上去不过三十八九岁的模样，而从这种年龄的妇人身上，还不难推测出她少女时代的风采神韵。而且匠心独具的剧作家还特意在后面安排了这样一个细节：繁漪见过侍萍一面之后，当她无意中再次端详侍萍三十年前的旧照时，忽然发觉面熟得很，好像在哪儿见过。这就造成了与周朴园心理活动的相左，侍萍的容貌变化不大，何况三十年来侍萍的形象日夜萦绕在周朴园的心怀，他理所应当能够认出侍萍，但事实上周朴园就是认不出。周朴园感觉的迟钝、心灵的麻木本身就成为一个巨大的谜团，引起人们无尽的追思、遐想。

郭沫若曾经评价《雷雨》"是一篇难得的优秀力作……作者于精神病学、精神分析术等，似乎也有相当的造诣。以我们学过医学的人看来，就是用心地要去吹毛求疵，也找不出什么破绽。在这些地方，作者在中国作家中应该是杰出的一个"。心有灵犀一点通，郭老可称得上是《雷雨》的知音。曹禺的确是位心理大师，具有超绝的洞悉人心的本领。他于周朴园身上描绘了人的这样一种普遍心态,即感觉与思维、直觉与意识之间的分裂对立。在与侍萍的对话过程中,周朴园感觉到了外界的异样情况,他的直觉使得他猛然省悟,三次冲口而出追问对方是什么人,然而他心中的固有意念却阻止了他的头脑去思维,遮蔽住了他的意识,迫使他不是将感觉到的东西诉诸理性,反而将那瞬间的直觉推开,化为乌有。因为感觉到的事实与他心中原有的意念背道而驰,而他心中固守的意念却又如此根深蒂固,这样便发生了以原有意念阻止思维、排除感觉的现象,造成了和经验事实格格不入,充耳不闻、视而不见的奇特心理情态。而且这整个心理过程是一种下意识的过程,全然不为理智所参与、控制。假如我们硬要以逻辑思维规律去分析,以因果律推断,怎么可能不与作品相"隔"呢!

现在摆在我们面前的关键问题是,周朴园心中盘踞着的意念是什么?既然我们已经弄清了青年时代周朴园的形象,了解了他早年的身世命运,问题便已迎刃而解了。深埋在周朴园心底的意念,正是那早年惨淡生活经历的心理沉淀。当年周朴园被迫抛妻弃子再娶,他的心在淌血,侍萍母子的死无疑等于在他受伤的心灵上再戳一刀。三十年过去了,重温旧事,周朴园还会痛苦到汗流浃背,试想当年他又该是怎样的心碎欲裂!但是归降了的周朴园已失去任何反抗的力量,他唯一能做、唯一可做的,就是发誓永远怀念侍萍,永远忠贞不渝,保留她的爱物及习惯,为她过生日……一俟在家中取得家长地位之后,周朴园便公开确立侍萍在这个家庭中的合法妻子的身份和地位。周公馆里没有陈列先宗列祖的牌位,也没有供奉佛龛道场,却把一位为社会所唾弃、所轻贱的女子奉为家庭的至尊,这是周朴园所能表达出的愤怒及反抗的最后一个举动。侍萍母子的惨死,使周朴园永远背上了负罪的十字架,他也唯有以对侍萍虔诚的悼念和无尽的哀挽来洗刷自己、弥补罪愆。就现实生活而言,周朴园的爱情亦随着侍萍的逝世而俱泯。作为一个曾经接受过新思潮的反叛者,他不会满意父母包办的旧式妻子;作为一个回头的浪子,他与个性解放、色彩浓烈的妻子又会格格不入。自侍萍后,周朴园两度娶妻,但不会再有爱。侍萍的遗存,为周朴园保留了一个心灵角落，在这个角落，埋葬着他曾度过的欢乐时光，埋葬着他的青春、理想、爱情。愈是在生活中寻求不到，愈会向冥冥中的幻影乞求慰藉。平常人都会将远逝的爱深藏心底，这块天地只为自己所有，而在现实生活中却处处小心，谨防过去的感情干扰家庭生活的和谐。而周朴园恰恰相反，他偏偏执拗地将已死去的人硬塞到现实的家庭生活中来，让活着的人无时无刻不能不感觉到死者的存在与影响，甚至毫不顾惜刺伤他人的情感和自尊而一意孤行，因为这一切已成为周朴园生命的组成部分。三十年的岁月，漫长得足以冲刷掉一些旧事，改变一些往事，存留下一些记忆。三十年日复一日、毫不懈怠地怀念侍萍，保留下了虔诚的、宗教般的形式，也抚平了他当初的愤懑与反抗，销蚀掉侍萍活生生的血与肉，却将她升华为周朴园心祭的女神，如同熔岩中的化石，侍萍凝固、冷却在周朴园的脑海中，永远年轻，永远美丽，永远环绕着圣洁的光环。渐渐地，侍萍也与社会相互调合，变成了好人家出身的女子，规矩清白、贤惠随顺。侍萍就是他，他就是侍萍。假如窗户开了，假如客厅的陈设变样了，难受的首先是他自己——周朴园，显而易见，周朴园心中念念不忘的侍萍，与眼前的妇人有什么相干？周朴园怎么可能将她认作侍萍？道理就这么简单。

周朴园认出并确信面前的女人是侍萍时，却陡然变换了一副面孔。心理状态的急骤转变，使惯于概念推理的人们大惑不解，其实这正是剧作家洞悉人心、熟悉生活的例证，达到了艺术真实与生活真实的高度统一。周朴园从无心地与侍萍交谈起，随着对故土往事的回忆，便沉浸到自己的内心世界中，将经历的现实融化到幻觉之中，在幻觉的祭坛上再次重历炼狱鬼火的灼烧。在这种精神境界中，他的身心全部投向心灵、投向既往，现实与记忆、正在交谈着的话语与痛苦的体验交融到一起，混沌一片，如痴如呆，他又怎么可能分心去稍加留意对方的用心呢？直到最后，直到迫不得已终于意识到眼前发生了什么事，"过了半晌"，他才算彻底清醒过来。剧作家这一笔"过了半晌"，活脱脱把一个人猛然从梦境中唤醒时的懵懂状态勾画出来。就在这"半晌",周朴园努力摆脱掉幻觉,落回现实,而一俟心灵的闸门落下,内心世界与现实世界便被分割开来。刚才的周朴园已随着闸门的下落被封闭到另一个消失了的世界中,而另一个周朴园,一个冷静的、世故的、具有铁血手腕的董事长、上层社会名流的周朴园便应声出现在人们面前,理智和意志又回到了他的身上。从他恢复思维的那一刻起,疑虑便接踵而至,侍萍突然出现,她想干什么?有无背景?还有她的那个无赖丈夫,这一切,周朴园不得不防备,这恰恰符合一个混迹社会多年、功成名就的大企业董事长的性格,老谋深算,冷峻无情。假若此时的周朴园不是这样,反而做儿女状,那将不是周朴园,而变成周冲所为了。只有当他真正认清眼前的侍萍还是他心中所熟悉、所了解的侍萍之后,只有当他将所发生的突变思虑成熟之后,他才会在最后一幕中做出承认侍萍母子的举动,这不也是顺理成章的吗?

周朴园所有的行为举止,无论怎样矛盾、不可理喻,均符合他的心理逻辑。他对侍萍的态度是真诚的,同样,他对蘩漪的"病"的关切也是真诚的(真诚并不等于合理,但与虚伪水火不容)。在《雷雨》中,蘩漪的"病"很富于戏剧性。宣称蘩漪有病的人不止周朴园一个人,蘩漪本人就常常称病,假如她需要有所搪塞推托,"病"便成为她手中的遁法。譬如周冲向她索取曾答应画的扇面,而她未能践约,便以一句"你忘了我不是病了么?"支吾过去;假如她痛苦烦闷,不愿见人,"病"便成为她高悬的"回避牌",可以让她独自闭门躲在楼上。说来令人痛心,一个女人到了只能以"病"作为自己唯一的护身符时,她的境况该是怎样的可悲!周冲根本不认为母亲有病,他无法理解为什么要说母亲有病。"问太太的病"到了鲁贵的口中,又变成谄媚讨好的问候。周萍与蘩漪一样,心如明镜般知晓"病"的原委,但周萍也同蘩漪一样,对"病"采取了为我所需的态度。在周家只有一个人严肃认真地看待蘩漪的病,这个人就是周朴园。在周朴园心目中,蘩漪的"病"与那口旧衣柜、关窗户等占据着同等重要的地位。当他一路风尘仆仆地回到家,听说蘩漪生病,马上到楼上看望,而蘩漪闭门不见。周朴园以为她已入睡，便悄悄退下，叮嘱下人不要喊醒她，并且立刻令人把药方找出来，抓药熬药，充分体现出一个丈夫对妻子的体贴细心。再者，周朴园并没有招请巫医神药，他为蘩漪抓舒肝解郁的中药，不可谓不用心恳切。合家上下，只有周朴园真正地为蘩漪的病忧虑焦心，因此他才会那样细心地、不厌其烦地躬行亲问。蘩漪的抗拒，在周朴园看来只不过是病态的表现而已，因为神经不正常的人的典型症状之一就是不承认自己有病，不肯就医服药，所以，蘩漪的抗拒愈是强烈，在周朴园心中引起的焦虑就愈深，愈是要严加监督；而周朴园愈是尽心尽责，就愈是将蘩漪向真正疯狂的边缘逼进。读者、观众看得十分清楚，周朴园在加速悲剧的到来。剧作家的意图还不止于此，他要让读者、观众明白周朴园内心的动机，这才是最要紧的。剧作向人们指示，凭什么周朴园就认准了蘩漪患上"脑病"？他依据的是什么？作品本身给出了明确的回答，就是好端端的周冲忽然也被周朴园诊断为患上了与蘩漪同样的"病"，病因就是周冲的头脑中不断花样翻新出新见解、新思想，就是周冲独立不羁、桀骜不驯。这可真是荒谬绝伦！使得人们不能不相信，真正患了"脑病"的、神经不正常的人，恰恰正是周朴园。

如果说蘩漪、周萍、周冲的心灵有"病"，那只不过是他们清醒的理智、合理的愿望、正当的欲求被现实扭曲了的表现。整个旧中国的现实就是病态的社会，周朴园曾说过，他不能让世人再说自己的子弟的闲话，在这句话当中包含着无尽的人生辛酸苦涩。而要想赢得社会的首肯，他的家庭就应是"最圆满、最有秩序的家庭"，他的子弟应是"健全的子弟"。所谓圆满，所谓秩序，就是长幼有序、上下有别的规矩礼法；所谓健全，就是只懂服从、不会自由思想，而只许绝对服从、不许自由思想是封建制度的最高道德信条，生杀予夺的铁的戒律。作为过来人，周朴园最大的心愿便是阻止亲人再走他的老路，他不愿眼看着他们重蹈自己年轻时的覆辙。而想赢得社会的首肯，就必须戕害并扼杀自己的人性，使自己正常的心灵反常之后，才能够同赖以生存的颠倒的社会合拍。

资产阶级的人生理想和人生价值，与封建社会的人生理想和人生价值，从一开始便处于水火不相容的地位，它们之间只有一种关系，即你死我活的关系。生活在周公馆的男女主人公们，他们之中无一个是脑后拖着长辫子的"遗老遗少"，他们都曾接受过资产阶级文化的启蒙，怀抱着资产阶级人文理想步入社会，他们是属于中国大地上涌现出的资产阶级新人。然而，这里听不到欢声笑语，这里见不到灿烂阳光。仍然执着于扬帆远航梦想的年轻一代，为梦想的破灭、为周围死气的逼迫而痛苦呻吟；年老的一代皈依了旧的世界，但在精神世界中却受着新旧两种对立意识的折磨。资产阶级的意识与封建主义的意识根本不可能在一个人的头脑中平安相处，周朴园不得不为自己构造出另一个虚幻的世界，他只能借这虚幻与现实的双重生活，来沟通过去与现在，平衡内在与外在，调合理想与现实。在整部剧作中，周朴园所表现出的多重矛盾，正是周朴园双重生活、双重人格的表现。

在周公馆内，我们除了能听到挣扎在炼狱中的有声悲号与无声哀鸣外，还能听到什么欢乐之声呢？

四、双重的悲剧命运

《雷雨》的故事究竟发生在何年何月？20世纪20年代抑或是30年代？人们从《雷雨》中无法做出明确的判断。这是因为《雷雨》所展示的是一个特定的历史时期，即中国由封建社会向现代社会转变的特定历史时期，要反映这个时期中国资产阶级的独特命运，而周公馆正是处于新旧交替时代中的社会缩影。青年时代的周朴园，作为新时代的先驱者、旧时代的叛逆者，经历了第一次的悲剧命运。归降旧社会之后的周朴园，作为殉葬者，又经历了第二次的悲剧命运。第一次的悲剧命运像颗流星，还曾给过大地一瞬间的光明；这第二次的悲剧命运是他攀附上的一艘风雨飘摇中的沉船。旧制度已无力挽回自己必然灭亡的命运，它怎么可能再赐福给它的皈依者呢？《雷雨》深刻的意蕴还并不止于暴露旧世界的黑暗、旧势力的凶残，也不仅限于表现新生力量与腐朽力量之间的殊死搏斗，《雷雨》主要向我们展示的是资产阶级的历史任务与资产阶级自身无法胜任之间的矛盾，它的悲剧命运不仅仅是由于封建势力的暂时强大，更由于它自身与生俱来的弱点。历史仿佛是用阿喀琉斯之踵塑造了中国资产阶级，却没有赋予它以阿喀琉斯的勇武和宁为玉碎、不为瓦全的英雄气概。周朴园的双重性格深刻地体现了他所隶属的那个阶级的双重性，周朴园的双重命运也正是中国资产阶级近百年真实历程的忠实写照。在这一历史的最深层次上，《雷雨》达到了历史真实与艺术真实的高度统一。

  周冲理想的破灭，在《雷雨》中是作为现实中发生的重要事物着意加以刻画的。意味深长的是，在让四凤念书一事上，剧作家始终没有让周朴园成为周冲的直接对立面和反对者。周冲原本寄希望于母亲，因为在他心目中，蘩漪"不是一个平常的母亲"，她"最大胆，最有想象，又最同情我的思想的"，肯定会支持自己的行动，岂料首先向他兜头泼冷水的就是母亲。最后，当周朴园充满慈爱之心，主动地询问周冲，表示"你说说看，我也许答应你"，这是一次难得的争取父亲支持的机会，可是周冲却回答："那是我糊涂，以后我不会这样说话了。"一场本可制造出热热闹闹尖锐戏剧冲突的事件，就这样平平淡淡、无声无息地结束了。是什么因素使得周冲如此意气消沉？是周围所发生的一切，使得他深深地感到自己的理想、追求，自己所做的一切全然没有意义。马克思曾经痛斥19世纪德国资产阶级的懦弱、保守、毫无生气，说它的历史已不再是戏剧式的，而是史诗式的，也就是它的历史实践已产生不出制造英雄悲剧的矛盾冲突，它的英雄悲剧只是关于远古祖先的传说，这个阶级已到了想当英雄而当不成的末路。对于周冲来讲，未来的可怕倒不在于幻灭的悲哀，而在于他如同坠入鬼域一般，所有的一切，他所熟悉、所爱、所憎、所冀、所予，忽然间面目全非，不可理喻。纵然周冲没有死于非命，他也无法经受生活强加给他的变故和重压，他的生存，不过是凭空再给炼狱增添一个悲号的灵魂而已。诚然是万恶的旧社会扼杀了年轻的生命，但他的父辈非但没有肩扛起黑暗的闸门，反而也参与到吃人的行列中，这里面固然有周朴园，难道就没有蘩漪吗？自己被黑暗所吞噬，同时又不自觉地将爱子奉送进虎口，身为地狱中的鬼魂，怎么可能将天堂的阳光带给子孙后代？

《雷雨》中不乏激情的爱，然而人们从中感受到的不是爱的激情，而是即将毁灭的恐怖。他们深深抓住的爱，是在遭灭顶之灾时抓住的救生稻草。周朴园之于侍萍的亡魂，蘩漪之于周萍，周萍之于四凤，莫不是想凭借爱的对象解救自己，超拔这无边的苦海，将生的希望乞灵于比自己还弱的弱者。"病"的意象弥漫空间，浸透一切，而代表资产阶级人生理想的"小白帆"则只能压抑在人们的心底，在梦境与幻象中扬帆远航。历史向生活在这个国度的人们开了一场大玩笑，它使中国资产阶级这个先天不足的早产儿呱呱坠地，还未等它长大成人，就把时代的重任压在它稚嫩无力的肩头。它要靠封建主义的扶持去消灭封建主义，它要靠向封建势力妥协以求生存，它以"不许自由地思想"为信条去追求自由、平等、博爱，它以绝对服从为准绳去争取个性解放，这就决定了它永远徘徊于这无法超越的矛盾之中。因此，资产阶级人文主义的理想刚在中国大地上腾起，便已成回光返照之势，资产阶级还没跨出童年，便已迈入暮年，它不但从来没有勇气充当全体人民的救世主，甚至充当不了自身的救世主。同是表现个性解放、追求平等与自由理想的悲剧作品，在《雷雨》中再也开不出罗密欧与朱丽叶那样灿如朝阳般的爱情之花，再也勃发不了哈姆雷特遗存下来的浩然英气与不灭的希望。在《雷雨》中，人们只能追求着没有希望的追求，完成着没有爱的结合。在那个时代，任何新鲜的、活泼泼的事物一经浸染，都要变形、被扭曲，爱的鲜花以结出罪恶之果而结束，生的悸动以死的挣扎而告终。这就是中国曾有过的历史现实，是中国所独具的一代资产阶级新人的悲剧。

原载《剧作家》1986 年第 1 期

莎士比亚之伟力
——有感于莎士比亚戏剧节

莎士比亚的名字及其艺术，对于我们民族是熟悉的，然而又是陌生的。我们熟悉他，因为我们早已拥有他的全部戏剧译本。我们知道莎士比亚的伟大与不朽，却未必透彻了解其伟大与不朽的奥秘，因为莎士比亚的伟大与不朽早已是世人皆知的历史定论，假若这种了解仅仅局限于接受并承认一件历史事实，而未引起我们自己内心强烈的共鸣，未激起我们自己审美体验与审美判断的伟大的崇高感，那么，莎士比亚在我们的心中就会是陌生的。莎士比亚不属于一个时代，而属于所有的世纪，是全人类共同的取之不竭的精神财富。然而，假若我们不能将自己的心灵与莎士比亚的艺术世界沟通，不能将莎士比亚的艺术化为我们民族文化的血与肉的构成，那么，我们必定是拥有宝藏的乞儿。

莎翁戏剧经历了审美观念的数度变迁和风俗习惯的屡屡更改，而不断获得新的荣光和更高的重视，莎翁艺术在审美意识中不断发展着的生命便是其伟大与不朽的确证。然而，理解与享用莎士比亚艺术是多么不易呀！如何继承这份丰饶的精神财富，单是这一愿望便又使得世世代代的人们走上了艰辛的道路。"莎学"成为世界性的专门学问这一事实，就记载了人们解释莎士比亚的顽强与坚毅的历程。莎士比亚如同一切伟人一样，作为一个强者，他不需要别人来辩护。他不需要辩护，他需要的是理解，而理解莎士比亚并不是莎士比亚本人的幸运，而是理解者自己的幸运。因为每一个民族，乃至每一个人，都是以自己胸襟的宽度和深度去理解他人的。故此，在哪个层次上、在何等程度上去解释莎士比亚，反过来又成为检验理解者本身能力的尺度。解释莎士比亚，实则变为解释自己的心灵。

歌德曾经说过，谁要理解诗人，就一定要进入他的领域。曾经产生出伟大戏剧家的不列颠民族，在诗人死后，竟然将他湮没达一个世纪之久。当他们再度记起诗人的时候，已不能再理解与欣赏真正的莎士比亚，只有将莎剧删削得面目全非，改变成充满市侩习气，一副狭隘利己、乏味古板的面孔之后，才能接受与欣赏他。清教徒时的英国度过了它青春的黄金时代，失去了那无拘无束、自由自在、独具个性的丰满、有生气的性格。法国资产阶级革命的思想先驱者们，尽管他们将现存的一切都放到理性的法庭上予以重新审判，却无法容纳莎士比亚那自由的、冲破一切政治条框与道德训诫的广阔心灵，因为在他们那集中了法国民族热衷于政治、强化政治化的特点的心智中，不涉理路、不落言筌的莎士比亚自然与野人无二。就连托尔斯泰这样的大艺术家，居然也不能理解与接受莎士比亚。有什么可奇怪的呢？托尔斯泰是农民最忠实的代表，莎士比亚所展示的世界与托尔斯泰理想中的世界，属于全然不同的两个时代。托尔斯泰承认莎士比亚的天才，欣赏莎士比亚高超的艺术技巧，然而无论如何都无法接受莎士比亚的内容——世界观。作为艺术家，托尔斯泰尽管充满矛盾，然而仍可以超越自己的宗教、道德、政治观念的狭隘视界；而作为思想家和批评家，托尔斯泰再也不能，也从来没有超出过中世纪的农民的幻想。

当不列颠民族、法兰西民族已不具备理解莎士比亚的深广心灵的时候，莎士比亚却成为德意志民族不可缺少的财富。德国近代文学的伟大复兴与莎士比亚的名字紧密相连。莱辛，这位德国伟大的启蒙思想家之一，他发现了莎士比亚，将莎士比亚介绍到德国，掀起了一场文学革命，横扫了统治德国文坛多年的那种庸俗、浅薄的文学传统，为德国文学，为即将到来的狂飙突进运动标举了一个崇高楷模，树立了一座耸入云端的艺术高峰。莱辛直接启迪了歌德、席勒，为本民族文学巨人的诞生铺平了道路，准备了丰饶的沃土。歌德曾说，读了一页莎士比亚戏剧，便终身为之折服，他从莎士比亚那儿领悟到的东西说不完、数不尽。德国近代文学正是站在人类艺术高峰之上开始播种、耕耘、收获的，因此可以说，莎士比亚参与了德国民族心灵的再构造，化为德国伟大文学创造过程中的血与肉。

　　四百年来，世上曾出现过数不清的演出删节本，莎剧人物穿戴着形形色色的服装，说着各种语言，出入于风格迥异的舞台。莎士比亚戏剧被人们不断解释着，在解释中被改造着。然而，不论有多少相同或相异的解释，这些解释总可以划分为两大类：一类是站在与巨人同等的高度去解释巨人；另一类是将巨人的袖子砍下来套住自己的身子，便以为自己也成为巨人。人们必定要以一定存在着的思维框架和情感方式去感受、领悟莎士比亚的艺术，将莎士比亚纳入自己的先验存在着的心智当中。因而在对莎士比亚的解释当中，同时也塑造出自己的形象，展示出自己的心灵。莎士比亚的天才与不朽犹如天上的太阳，太阳的光芒会随着所照射到的宇宙万物而变化万千，宇宙万物在阳光的普照下亦不断生成幻灭，而太阳却总是以同样的强度和热度穿云破雾、照耀人间。莎士比亚是一座不可绕行的高山，是一座可以参与重新建构各民族心灵的宝藏，一座鸟瞰着各民族心灵的深浅、情感的丰饶的众神之山。人们可以或拥戴他，或诅咒他；可以或追随他，或超越他，但却无法回避他。无论你怎样迟钝、愚鲁、顽劣，总有一天，你必须面对着他，做出自己的解释，同时也就将自己的胸襟展示给世人接受品评。

　　既然人们必然要以自己的思维构架、自己的情感方式去解释莎士比亚，那么随之而来的问题便是，你的心灵是否足够宽厚，宽厚得足以容纳得下莎士比亚？你是将莎士比亚削足适履地硬塞进自己狭小的心灵（要知道，你心中塞进的只不过是个肢体不全的怪物），还是按照莎士比亚巨人的身躯重新构造自己心灵的殿堂？同样是对莎士比亚的解释，然而却是性质完全不同的解释，这两种不同的解释便标志着一个民族愚昧与开化、沉睡与觉醒两种根本对立的状态和阶段。人创造出人的艺术，反过来，艺术同样也要创造出艺术的人。因此，当我们纪念莎士比亚420周年诞辰，当我们隆重举办首届莎士比亚戏剧节时，不得不思索，不得不反躬自问：我们民族是否具备了理解莎士比亚的心灵与能力？如此反思，并不是让我们自暴自弃，在莎士比亚面前怯而止步。恰恰相反，只有这样的反思，才会将我们的精神与心灵引向深刻；只有这样的反思，才会更加使我们感到莎士比亚对于我们民族的现实性与必要性。我们才会认识到，要想真正打开莎士比亚艺术这座宝藏，真正享受莎士比亚丰饶的财富，我们首先要做的，而且必须殚精竭虑去做的，是让莎士比亚开掘我们的心灵，丰富、拓展我们自己的心灵，重新建构我们自己的心灵。要知道，今天的我们是曾被特殊的历史放置到两个文化断裂带之间的人，我们是站立在两个文化的断裂带上起步的。如此的贫困势必更加增添封闭、滞重、保守的文化态势，因而就更要审视自己，我们究竟是要面向着未来解释莎士比亚，还是停留在过去解释莎士比亚？我们究竟是让莎士比亚打破一切旧的保守的框架模式，还是把莎士比亚也套入我们聊以自慰的老套之中？要想真正理解巨人，自己必须成为巨人。我们要让世界看到的中国化的莎士比亚，应该是民族巨人的中国化的莎士比亚，而不是民族侏儒的中国化的莎士比亚。为此，我们将要付出艰苦不懈的努力与奋斗！

当我们解释莎士比亚的戏剧时，定然会使莎士比亚的艺术与我们将要容纳他的思维框架、情感方式发生差异，甚至对立矛盾。面对着莎士比亚的戏剧，我们能不真切地感到他那摧枯拉朽、扫荡一切的革命威力吗？在莎士比亚艺术面前，我们手中曾有过的美学理论、艺术理论不都相形见绌、茫然失措了吗？莎士比亚戏剧是一切僵化的教条、偏狭的框架、非此即彼的标准的天敌。那些片面的理论、片面的观念或许可以对付得了某一类文学艺术，然而唯独无法对付莎士比亚的戏剧。试问，假如我们以现有的悲剧理论去裁夺《麦克白斯》《李尔王》，除非我们闭着眼睛一笔抹杀

《麦克白斯》《李尔王》，否则就只好承认我们自己理论的局限与不足，甚至荒谬。莎士比亚艺术不仅和我们传统的理论发生了冲突，而且还和我们自己的俗见、习惯、兴味、情感、判断力发生矛盾。因为莎士比亚戏剧虽然也写政治事件、政治斗争，然而却没有一丝一毫的政治观念的宣泄、政治立场的批判；莎士比亚戏剧虽然也描写伦理道德的关系，然而却没有些微的道德的判断、道德的说教。因而，任何一种外在的、依附于某一政治或道德体系之下的社会学理论，必然困惑于莎士比亚的戏剧，并显得黯然失色、苍白无力。而我们每个人，在我们的头脑中充满着日常的观念，在现实生活中，每个人都依据并遵循着社会沿袭的规范、社会认可的道德习俗，从个人眼前的实利出发进行善恶判断、抉择，决定着自己的行动，不可能超越个人狭隘的境遇，升华到人类普遍的命运冲突的制高点来观照自身。在个人生活的视界内，强大的力量来自国家、民族、伦理实体，个人则如草芥尘埃，微不足道。因此，人们想不到、看不到，也意识不到我们自己的欲望、情感、思维、意志、兴趣在生活中、在历史进程中的伟大作用。莎士比亚笔下的人物没有一个是抽象的，没有一个是政治观念的化身、道德的化身。莎士比亚笔下的人物，展现的是人的欲求、情感、意志、思维已经达到的历史的高度和深度，以及潜在的可能有的高度和深度，和变幻莫测的无比丰富性。莎士比亚戏剧揭示出了在国家、民族、伦理这样庞大实体下面的真正的世界主体。创造者的原始动力，就是在一定的生存条件之上所能产生出的具有个性的人，他们身上所具有的或潜藏着的伟大创造力和破坏力。国家实体、民族实体、伦理实体就是在个人的意志、个人的欲望、个人的情感的冲撞当中被创造、被毁灭的。莎士比亚早期的浪漫喜剧大多运用并发挥梦想中的欲望，以及对爱情与幸福的企求。每出戏都是一个梦的世界，充满悦耳的音调、春天的旋律，呈现一幅和谐美满的画面。在这欢乐的世界中，人与自然同化，在有限之中把自己变成一种无限的组合。而在莎士比亚的悲剧中，与其说人们战栗于骇人的罪恶，莫如说震慑于人自身那超越个人的欲望的不可遏制的力量。诸如野心权势欲、金钱欲、复仇欲、忌妒、情感、情欲等，这些欲望强大到足以创造一切和毁灭一切。人们的分裂冲突，与其说是人与外在世界的搏斗，莫如说是人与自己内在的本质力量在搏斗，是人自身的分裂与对立。理查三世、麦克白斯、伊阿古、爱德蒙，这些凶手、杀人犯、恶魔的身上都同时具有广博的知识和眼力、强悍的精神，高度发展了思维能力，极具谋略与机智，永无休止地追求着个人的目标。这些高超的天才、能力无边的人，正是在无底的欲求的驱使之下，越过了道德所设置的障碍，发展了人性，同时又泯灭了人性。理性带给人新的觉醒，而高度理性的哈姆雷特却由此使自己刚毅的性格蒙上了犹豫的阴影，精神上不懈的追索使得行动变为苍白，察觉到个人的有限与目标的无限之后，痛苦便永远无法排遣地萦绕在心头。失去了宝座便失去了国王本质的李尔，当他作为一个人回到了自身之中时，他也就失去了自我，当他从昏君变成一个醒世者时，他就成为一个真正的疯子。一个平庸糊涂的李尔变成风暴的化身，同时又成为被暴风雨摧残的可怜的老人。李尔的激情像火山一样奔突，像风暴一样怒号，翻江倒海，展现出人的内心世界无穷无尽的宝藏。在莎士比亚的戏剧中，人真正实现了人自身的自由。所谓自由，并不是说人可以为所欲为，不是说从此就没有痛苦、罪恶与毁灭，而是说，人真正实现了人以自身为目的的自由，人是由自己所创造的，也是由自己所毁灭的，不论创造还是毁灭，均来自人自身内在的有意识与无意识的力量。莎士比亚的戏剧洞开了我们每个人的心扉，使得我们将自己意识到的明晰或意识不到的混浊一片的欲望、情感、意志、思维、行动、命运都提升到人类自我创造的历史行程当中去，从而获得发展、完善自我，确证自身的解放之感，获得要求有一个合理的社会环境的自觉意识。

社会由封建社会向资产阶级的现代社会转变，从精神上来说，便是从自我意识开始的，伴随着经济上的自由竞争，政治上便由人治向着法治转换。一个民族从旧时代过渡到新时代，必须经历政治的解放、物质的解放、思维的解放、心灵的解放，只有经过这整体的解放，这个民族才算完成了伟大的时代变革。在诸多解放任务中，文学艺术所肩负的伟大使命就在于，它是对人的心灵的彻底解放，是对人的心灵的重新建构。我们从人的自我解放的高度来重新估价文学艺术的深厚伟力，对于今天的时代具有着特殊的意义。我们中华民族现代化的历程迥异于西方各民族。西方是当封建社会内部产生出新的生产力与生产关系之后，率先开始的是文化领域中的革命，而文化领域中的革命最早又由文学艺术发起。文艺复兴运动实则是一场解放心灵的伟大运动，而由彻底获得心灵解放与思想解放的新人完成了政治革命，掌握了政权的资产阶级马上以政权之力完成了经济的彻底革命（产业革命）。而中国，却是在几乎还没有新的生产力与生产关系孕育成熟的情况之下，被侵略者的枪炮所逼迫，不得不率先进行政治的革命。在民族生死存亡的危难关头，责无旁贷，文学艺术必然首先为政治革命服务。梁启超的《论小说与群治之关系》一文可以说是中国现代文学兴起的发刊词与宣言书。他宣称："欲新一国之民，不可不先新一国之小说。故欲新道德，必新小说；欲新宗教，必新小说；欲新政治，必新小说；欲新风俗，必新小说；欲新学艺，必新小说；乃至欲新人心，欲新人格，必新小说。何以故？小说有不可思议之力支配人道故。"近一个世纪以来，在这样一种特殊的时情世态之下，文学艺术为政治革命做出了重大贡献，这种贡献是不容忽视、不容抹杀的，但是文学艺术为此也付出了巨大的牺牲，导致文学艺术迷失了自己的本性，失去了自己独立的存在，始终没有摆脱从属于政治的地位，摆脱充当政治观念传声筒的惯性。只有今天，当民族进入文化全面复兴的时刻，艺术复归的日子也到来了。也就在艺术复归的今天，我们才有了可能真正地学习与借鉴莎士比亚的艺术。艺术应该喊出自己的心声，即艺术要有自己的目的，也就是艺术要以人为目的，艺术要表达出民族自然的愿望所发展到的高度。艺术的新觉醒，就在于艺术以发展、肯定人自身为旨归。艺术是参与人自身的建构，即参与新人素质建构的伟大力量。正是在这一点上，也只有在这一点上，艺术达到了美学的高度，达到了与哲学同等的高度。人们认识自己、创造自己，不仅仅要用物质的实践手段，而且还要靠哲学、艺术这些精神手段。艺术是创造世界的伟大力量之一，这就是艺术的伟大使命。而莎士比亚长存的生命就表现在，莎士比亚生活在人类自我创造、自我完成的伟大历史活动之中。

我们之所以需要莎士比亚，根本说来，就是需要莎士比亚艺术伟大的变革与解放之力、伟大的建构之力。

原载《剧作家》1986 年第 4 期
转载《外国文学研究》1986 年第 8 期

析"源出意念的思考模式"

——评话剧《田野又是青纱帐》

《田野又是青纱帐》(简称"《田》剧")是李杰同志创作的一部苦心孤诣的力作,荣获1985年全国优秀剧本创作奖。难能可贵的是,就在获奖的同时,李杰同志便向自己的作品"发难"。他说,当"把审美放在首位来审度《田野又是青纱帐》时,您便会发现,仍然存在着源出意念的习惯思考模式的残迹,这是我经过痛苦的反思后极欲摆脱又未能摆脱的"。对一部众口交赞的获奖作品,能够在同一时间从审美的高度加以审视和批评,这是几十年间我国话剧界罕见的现象,其意义远在获奖之上。它表明,话剧界已不再满足于对艺术创作主体的强调,而达到了对主体自身进行反思的深度。今天,对戏剧创作中庸俗社会学的批判已被重新提出,而批判庸俗社会学的核心及关键,依然是对创作主体旧有的思维模式进行彻底更新。因此,和剧作者共同探讨存在于作品中的习惯思考模式,便是本文的意图。

艺术创作必须否弃庸俗社会学,这已经是不言而喻的了,但是,文艺要不要与社会学划清界限呢?回答也应是肯定的。因为社会学并不等同于社会,它是一门独立已有一百多年历史的社会科学,研究它,是社会学家的职责,却不必成为艺术家的任务。以往我们的矛盾就在于,一方面把社会学当作资产阶级的产物予以取缔,代之以阶级斗争,同时把社会庸俗化为单一的政治;另一方面又将表现庸俗社会学强加给文艺,迫使文艺丧失了本性。现在，戏剧创作由庸俗社会学奋进到社会学的层面无疑是一种进步，却仍未脱离歧途。戏剧只有放弃社会学的职能，才能找回自己的品性，立足于审美戏剧的创建。简言之，社会学研究的对象是人的社会，而艺术表现的对象是社会的人，词序的换置，表示了质的差异。创作者是从个别的、活生生的人出发去展示社会，还是从社会问题、社会矛盾出发去塑造人，这是社会学创作原则与审美创作原则的根本分野。李杰同志"极欲摆脱又未能摆脱的"正是社会学创作原则遗存在头脑中的思维框架。

综观《田》剧，我们很快就会发现它有一个显著特点，即涉及的社会问题之多与出场人物之众。而这"多"与"众"，皆源于剧作者强烈的创作意念。作者力求从"青纱帐文明"这样一个总体出发，去组织与结构全剧，表现构成总体的种种复杂因素，展现所谓"青纱帐哺育的风俗和风情"。而《田》剧所展示出的"青纱帐文明"仅包括三种因素：当前农村现实的新变化、新趋向；"文化大革命"的流毒；古老封建文化的残存。可惜这些本来有限的因素，又被剧作者社会化、表层化了。因此，剧作者越是搜罗殆尽、唯恐挂一漏万地将社会现象网织进剧中，就越使这种所谓"文明"丧失了应有的蕴含。在剧中，我们不无遗憾地看到，几乎没有什么社会问题没在《田》剧中得到反映：党的各项农村政策的落实、干部队伍问题、不正之风、"文革"遗毒、体制改革、冤假错案，乃至两代人不同的生活及价值观念、计划生育与传宗接代的新旧思想冲突、富裕后的农民对精神文化生活的渴求等，无所不包，无所不有，作者简直在写一部社会问题大全。这实际上也解释了为什么《田》剧的出场人物数量达到了令人瞠目的程度：除了吃请的人们、筑路工人、三棵柳屯的农民、警察这些跑龙套的角色外，光有名有姓的就有38人之多。因为不这样就很难表现出那样众多的社会问题，这些人物及人物关系的设置也完全是为了充当社会问题的注脚和说明。比如，为了写个体专业户的多样，便涉及了从事各种经营、各种心理态势的专业承包者；为了写干部队伍的复杂，就把各种类型的干部代表无一遗漏地照顾到；为了展现"文化大革命"问题，于是构思出陈大脚与万有田之间的冤怨情仇，并塑造出赵拉手与花木兰这两位"特定时代的产物"；封建意识由七老爷子、八老爷子、丁花先生来体现；而测量队队员则代表着现代意识文化和改革者的开拓精神。人物行为也是非此即彼的：念英语、考大学、穿牛仔裤、抹口红、跳迪斯科是新文化的特征，下五道、看风水、拘魂码、丹道秘诀、供小庙牌位则是旧文化的表现。

在文艺理论研究及批评领域，社会学自然是不可或缺的方法之一，但是在文艺创作领域，艺术却必须与社会学彻底划清界限。社会学对社会问题的剖析必须概念准确，它要对社会现象进行分析、归纳和清晰明了的论述，唯恐含糊、多义，引发人们的联想而产生误解，可后者恰恰是艺术的特征。社会学诉诸人们的理智和抽象思维，而艺术却诉诸人们的审美直觉及想象，给读者、观众留有再创造的余地。可惜《田》剧并没有这种余地，只要对它涉及的问题做一道简单的加法，所谓"青纱帐文明"便一览无遗。它提的问题乍看头绪很多，似有博大之感，然而由单一的社会问题突进到众多社会问题的总和，并从社会问题的总和出发构思全剧，这与从个别社会问题出发构思全剧并无二致，其人物都是为图解、说明、代表社会问题服务的。再具体点说，例如李杰笔下的个体专业户们，他们在剧中的作用显而易见：既充当党的各种农村政策的载体，又是县委大院弊端的见证者，还承担着与鱼肉百姓的官僚网进行斗争的责任。《田》剧抓住的仅是浮在表面的、转瞬即逝的社会现象，即便从社会学角度去衡量它，亦是浅层次的、不具备研究价值的。君不见，当"万元户"之类的问题随历史沉寂之后，《田》剧生命的一部分也就随之死去。在开拓社会问题上，文学艺术若与社会学较量，无疑如甲虫追大象。笔者认为，现在戏剧艺术该做自己应该做的事情了，而它是否能够获得创作主体自由的心灵，即以审美的直觉体验彻底取代社会学的习惯思维模式，正是问题的关键。

原载《文艺报》1987 年 2 月 7 日
转载《戏剧研究》1987 年第 3 期

时代在呼唤审美戏剧
——对"话剧十年"的本体反思

对"话剧十年"①的反思，已由"戏剧观"的讨论揭开序幕。正是对于近年来话剧诸现象的判断不同和评价歧异，构成了"戏剧观"讨论的核心内容。从此意义上说，对"话剧十年"的总结，将是前面这一场讨论的继续和反思的深化。黑格尔在《哲学史讲演录》里说得好：

> 反思就是反省我们未意识到的东西，思想就是把由于各种倾向、习惯等等而潜伏在人心中的东西带进意识，把人之所以为人带进意识。②

今天，戏剧界感受到的迷惘与困惑比以往任何时候都要强烈、都要厚重，因为我们还远未把"潜伏在人心中的东西"带进"人之所以为人"的意识中去。认识和把握戏剧界面临的矛盾及自身矛盾，是对"话剧十年"进行具体分析和个别判断的大前提，唯有弄清这个大前提，才可能引导我们对"话剧十年"做出切近真理的认识。为此，有必要从时代的宏观角度，从

---

① 即新时期十年，1978年至1988年。
② 黑格尔.哲学史讲演录：第3卷[M].贺麟，王太庆，译.北京：商务印书馆，1959：118.

"历时态"和"共时态"两个纵横轴向，对"话剧十年"进行本体反思，即对话剧艺术自身存在价值的变化及趋向做出概说。

一、话剧危机的实质何在

话剧危机的呼声如此急迫，话剧界危机感如此沉重，在我国近七十年的话剧史上大概亦属绝无仅有的现象了。奇怪的是，危机并没有产生在话剧事业的萧条期，而偏偏产生在话剧艺术的复苏繁荣之时，这一现象本身便发人深省，值得研究。如果说观众不愿进剧场，表明了观众对话剧艺术的不满，那么危机感的产生正表明人们对以量取胜的繁荣景象反思的开始。相对于"文化大革命"时的荒芜凋零，近十年的戏剧无疑如繁花锦簇，即便相对于新中国成立后的前十七年而言，也称得起欣欣向荣。可是，只要我们将目光投向未来、投向世界，回顾以往、正视现在，失落感又会油然而生。量的过剩与质的匮乏，是危机的症结所在，我们的戏剧缺少力作，便给表面的繁荣景象蒙上了一片苍白之色。如果说话剧存在危机，笔者认为是质对量的危机，是"长命"戏剧对"短命"戏剧的危机，是戏剧艺术美的危机，一言以蔽之，也就是审美戏剧的危机。危机在今天被普遍感受到，有着历史的必然性。人民渴求审美的戏剧，这种时代对审美需求的历史性转折，使得危机在繁荣与变化的气象中如蕴蓄日久的熔岩般奔突出来。十年来，戏剧艺术从未停止过变化、发展的步伐，不断满足着人们各种社会心理的需求。当戏剧从对政治的屈从、对政策的图解，以及对配合中心、指令、号召的亦步亦趋，转为用戏剧提出社会问题，用戏剧针砭时弊，用戏剧喊出人们的心声，宣泄郁积在胸的不平之气的时候，观众曾报之以热烈的掌声和强烈的共鸣。应该说，只要时代对艺术的社会需求远远盖过对艺术的审美需求，戏剧就还会停留在社会学的层次，危机就还会出现。从这个意义上说，戏剧艺术纵然"短命"，亦是替时代受过。然而，时代以更迅疾的步伐向前发展着，人们不再仅仅满足于"社会问题剧"，不再为舞台上发出的大声喧嗒的指陈、慷慨激昂的宣讲而欢欣雀跃。当审美需求成为时代对艺术最主要的需求之时，我们的戏剧便与时代脱节了。戏剧从反映假大空的社会矛盾到表现真实的社会问题的变化，就其目的与功能而言，并没有产生实质的变化，两者同样都把戏剧当成手段和工具。近来引人瞩目的形式更新，确实具有时代的特征，不应低估它的意义。但也必须看到，形式的更新不一定带来戏剧目的与功能的更新，"政治剧""说教剧"同样可以用新形式表现出来。正因为舞台上已经出现不少以新形式面貌表现却散发着陈旧气息的剧目，才引起很多人的不安和质疑。"新变化"与"老面孔"构成戏剧艺术现状的两大方面。引起人们迷惘与困惑之处并不在于"新变化"本身，而在于"新变化"未能更换"老面孔"。这些年，戏剧艰难地跋涉在奋进与困惑、变化与颠踬、突破与徘徊、繁荣与危机的现实矛盾之中，盖缘于它仍然局限在社会学的桎梏之中。尽管对审美戏剧的追寻已在不同程度上成为很多戏剧艺术家的实践探索之路，尽管在非审美的戏剧艺术与审美的戏剧艺术之间已然拉开档次，但是从整体来看，我国的戏剧艺术还未能跃入艺术美的境界，我们的戏剧，还是在社会学的层次之上，未能完成本体的根本翻转。

二、戏剧本体的根本变革

杜清源在其一篇文章中提出："戏剧艺术家自觉革新意识的建立，同时代的特征、选择、规范、需求有着内在联系。"这是句很有见地的话。但只有对时代的特征、时代的需求有了正确的理解之后，它才具备真理性。所谓"时代变了"，严格说来应该说成是"时代的任务变了"，即从政治革命的历史时期进入全面的和平建设时期。我们所面临的新课题，是复兴伟大的民族文化，其中包括创造世界水准的文学艺术珍品的时代任务在内。文学艺术与政治分离，是时代特征在艺术领域里的具体体现。

从中世纪的封建社会向现代社会的转变与过渡，中国走着迥异于西方的道路。中国现代史上反帝反封建的时代总体政治任务，决定了文学艺术事业是政治革命事业的一部分，文学艺术势必要为其服务。文学艺术的归属，作家自觉艺术意识的建立，创作方法的选择，固然出自每个作家的心愿与自由，但是在现实生活中得以实现的程度，却又受着时代需要限制。回首前辈作家，大多学贯中西，广泛地接触、学习并介绍了当时正在西方兴起的各种思潮、学说、流派，包括各种现代派艺术在内。可是，在中国这块土壤上被广泛采用的却是现实主义和浪漫主义的创作原则，而现代派的创作主张和表现手法却要待近半个世纪的岁月流逝，才在中国文坛上活跃起来。这些现象的出现与演变，绝非个人的意志所能左右，正如马克思曾指出过的，一种理论在现实中的实现程度，取决于现实对该理论需要的程度。因此，将革命的"遵命文学"与封建社会的"文以载道"相提并论，就犯了时代判断的错误。而到今天仍然还在坚持话剧"战斗传统论"的主张，便是落伍于时代。解放以后直至"文化大革命"，我国的发展方向与时代发生了错位。政治生活的迷向，导致为其服务的文学艺术彻底迷失自己的本性，丧失掉往昔曾有过的革命价值。对于"为政治服务"这一原则在不同历史时期的作用，要具体分析，不能一概而论。20世纪中国现代文学就是在与革命、与战争、与政治的结合中诞生、成长、发展的。文学艺术尽管为政治革命做出了重大贡献，却也为此付出了巨大的牺牲，始终没有摆脱从属于政治的地位，没有消除充当政治观念传声筒的惯性。纵观我们民族近百年的文学艺术，不能不说它的失落，从根本上说，就在于自身独立的审美本体的失落。其代价，便是造成了近一个世纪文学艺术未能跃上世界水平的历史事实。不妨比较一下，同是处于新旧社会交替的历史时期内，20世纪的中国，何以没有取得如同16世纪时的意大利，17世纪时的英国，18世纪时的德国，19世纪时的俄国，那样辉煌灿烂的艺术成果？踩在20世纪末叶余时不多的我们，难道还不自觉地意识到，我们所要发动的文学变革，是一场根本的本体的变革，是一场从社会学层次的艺术向审美学层次飞跃的变革吗？今天，艺术复归的日子才真正到来了。也只有在艺术复归的今天，才有可能提出艺术自身的目的这个问题。即艺术要以人为目的，艺术要表达出民族自然的愿望所发展到的高度，每一特定时空下的人性所达到的与潜在的深度。艺术的新觉醒，就在于艺术的发展、完善、肯定人自身为旨归。艺术是参与人自身的建构，即参与新人素质建构的伟大力量。正是在这一点上，也只有在这一点上，艺术达到了美学的高度，达到了与哲学同等的高度。人认识自己，创造自己，不仅仅要用物质的实践手段，而且还要靠哲学、艺术这些精神手段。艺术是创造世界的伟大力量之一，这就是艺术的伟大使命。

文学艺术不必再为政治服务这一方针的正式提出，显示出政治家历史的眼光和决断。而我们的作家和艺术家如果固执于文艺干预政治的操守，岂不浅薄与庸陋！百年来我国的文学艺术第一次与政治分了家，戏剧界可以做属于他们应该做的事了。这就是时代的特征、需求和精神使命。我们必须顺乎时代的历史转折，完成文学艺术本体存在的变革。

三、创作自由的获得——批判庸俗社会学

宽松的时代氛围，创作者主体性作用的重视与强调，这一切变化促使我们必须重新审视创作自由的问题。过去提这个问题意在解决文艺的外部关系，创作自由即意味着作家是否有权表达作家本人对生活的感受与思考，用他个人喜好的方式、手法去表现。而今天，创作已从外在自由的层面转到内在自由的层面。戏剧本体存在根本变革的实现，戏剧艺术向审美层次的奋进，首先仰赖于创作者自身思维的解放和心灵的自由。创作内在自由即意味着作家、艺术家具备了冲破陈旧思维构架、情智模式的能力，获得了自觉的审美意识、深刻的审美体验。外在创作自主权的获得和创作主体性的转移，并不等于创作者内在自由的获得。在我们的创作实践中，存在着大量与审美艺术规律背道而驰的现象：明明从生活中撷取了感人肺腑的生动素材，落到笔端，却无论如何表达不出那最丰富的动人之处，待

到作品问世，又被批评者言之凿凿地指摘为图解政治、演绎概念；明明志在开拓艺术的新路数，到头来却与别人"撞车"，陷于"雷同化"。跳不出常识的范围，超越不了一般社会问题的思考，以及围绕一般社会矛盾的构思，不能不说仍然是我们戏剧创作的顽症痼疾。屡屡出现过的新变化，待到炫目的激动平静下来之后，总不免给人们留下"三板斧"之嫌的怅然。凡此种种，与其说是出自外在的盲从，毋宁说是来自内在的自我封闭。因而，为了真正达到创作的自由，就不得不批判庸俗社会学。

尽管以前不断有人提出批判庸俗社会学，然而问题在于，声名狼藉的庸俗社会学并未成为一条死狗。过去我国戏剧的厄运，是因为庸俗社会学的禁锢，对此，大家可能都会认同。而如今，造成戏剧繁荣中的危机的，是否仍然出于庸俗社会学的梗阻？再次提出批判庸俗社会学，是否具有迫切的现实意义？对这个问题的肯定与否，关系到从宏观上对"话剧十年"进行认识与把握的正确与否；对这个问题自觉与反思程度的深浅，决定着我们是否能够抓住危机中所蕴含着的转机，不致再次与时运失之交臂。

"话剧十年"充满过渡阶段的特点，新与旧、变化与凝滞、名词术语的更新与理论实质的停顿，莫不怪诞地犬牙交错着。有人为戏剧的陈旧而忧心，有人为戏剧的更新而欢呼鼓噪。莫衷一是的见解，分歧的核心即在于对戏剧界"老面孔"到底是什么的判断不同。笔者认为，"老面孔"不是别的，正是庸俗社会学在戏剧界的影响和表现。在庸俗社会学居统治地位的时期，不要说"现代派"的表现手法遭禁，真正的现实主义与浪漫主义，又何尝有过存身之地！造成戏剧界"老面孔"的，不是形式和手法的单一，更不是亚里士多德《诗学》、莎士比亚艺术、李渔的戏剧理论所形成的传统禁锢，而主要是庸俗社会学的肆虐。笔者认为，对庸俗社会学的认识，实则是对我们置身其中，受其教养、熏陶的文化传统的认识，是对"话剧十年"的文化背景的认识，也就是对我们自身的认识。"更新"意味着"破旧"，假如连变革的对象都不甚了了，那还谈何更新？况且，庸俗社会学在我国的失势，源于其政治命运，即伴随着政治生活的迁移而失去它昔日的雄风，但它并没有受到理论意义上的重创和否弃，并没有从我们的理论阵地和我们的观念中被扫荡出去。简单地将庸俗社会学归罪到"左"的路线与"左"的政策，非理论之所为。庸俗社会学不是社会学，它根本称不上"学"，而是伪科学。庸俗社会学的特点是以政治涵盖社会，将社会丰富多样的生活抽象成冷冰冰的、毫无个性的唯一政治生活。它以简单化的阶级斗争观点作为基本依据，形成了一种充满否定激情的现代主义结构，借助于简单粗暴的否定，以摒弃异己阶级的文化传统为由，形成、发展起自己的一套价值体系，民族文化和世界文化中的最有价值的成分，在这里都遭到了严重的歪曲和肆意的损害。庸俗社会学推演到巅峰，便造成了我国文化的"断裂"状态，既断裂于西方文化，又断裂于民族千年的文化。时至今日，我们所做的全部有效努力，不过在为弥合这两条鸿沟而殚精竭虑。

有痕的断裂、可见的空白，容易被人感知和意识，因此也就容易去填充补足。而唯独对人内在本质力量的活动，却往往易于被忽略掉。近三十年的悠悠岁月，终日固守在文化断裂带的封闭层内，虔诚地沉浸在狂热的现代神话和现代迷信的崇拜之中，真挚地洗心革面，耳濡目染着公式化、概念化的劣质文艺作品；有数幸存的中外名著，不拘文学或哲学，一律按照固定模式加以诠释。当我们的民族从现代的蒙昧中睁开眼时，首先触目惊心的是经济的落后、物质的贫困，进而喟叹科学技术的落后与贫困，其实最可怕的不是别的，正是人自身的贫困。长年的畸形政治生活，炼就了人们格外敏感的政治神经和政治嗅觉，却独独麻痹与泯灭了人们哲理的思辨与审美的直觉，失去了健全的心智情感。从同一个角度去观察事物，用同一个标尺去衡量事物，以同一种方式，循着一个轨迹去思想，甚至按同一个模式去爱、去恨，用规范一律的名词、术语、句式、情调、语境，千篇一律地重复那些教条、偏见、昏话、呓语。我们的感官迟钝了，头脑枯寂了，心灵干涸了。如果说，哲学是民族思维力最精粹的体现，艺术是民族心灵最完美的凝聚，那么，观照一下我们自己的没有哲理的哲学，没有审美意境的艺术，便会顿悟，所谓审美戏剧的危机，无非是我们内在审美力贫困的外化罢了。

在长年的、强化的一统状态中，庸俗社会学极大地控制和影响了人们的思维、情智、心态，变为人们习以为常的思维方式，固有的思维框架，认识的模式。旧词旧调从人们口中消失了，可思维构架却遗存在意识和潜意识中。惯性思维、潜在心态是可怕的力量，它足以改造、同化任何一种新学说、新理论、新思想。

在未加彻底清理过的庸俗社会学这个"奥吉亚斯的牛圈"上去建立新文化的大厦，终究如画脂镂冰。历史一再提醒与告诫我们，"旧体新用"的中庸之道、权宜之术会使任何伟大的变革流产，会使任何严肃的观念更新化为名词、术语更替迭起的游戏。批判庸俗社会学，今天的着眼点就是从根本上打破旧的思维框架和心态模式。审美戏剧本体的更新，同时意味着我们自身思维与心灵的重新建构。

四、开创审美戏剧的新局面

从审美的高度来把握和表现社会生活，使作品所蕴含的历史价值和审美价值超越题材、故事情节本身的有限时空意义，闪烁出艺术永久魅力的火花。这一最高的艺术境界，已不应仅仅表现为理想，表现为个别人的苦心孤诣，它是时代摆在整个文艺界面前的新课题，是人们普遍追索不息的实践之路。

前景并不等于现实。必须清醒地看到，我们的戏剧艺术还远不是在审美层次内的奋进与变化，而是由庸俗社会学层次向社会学层次的奋进与变化。"话剧十年"成绩斐然，做出了它应有的贡献。但是当政治生活的调节告一段落，时代向艺术提出开拓最高审美境界之时，滞留在社会学层次上的戏剧艺术出现危机，便不足为怪了。我们现在正待做而且必须做的，是向审美层次的转变。只有将我们的反思集中在此处，许多聚讼纷纭、僵持未决的问题才会得出正确的结论。

从社会学层次向审美学层次的拓进，较之从庸俗社会学向社会学的转变，其复杂性和艰难度大得无法想象。后者不必触动思维框架和心态模式，只要经过自我调整、横向转移，就可以驾轻就熟、应付裕如。而前者却超越了我们目前的普遍心智能力，需要对自己的思维和心灵来一番彻底的涤荡和改造。当然，强调认识、考察自我的审美意识和审美能力，并不是说必须等待有了审美能力之后才可以去创作审美的艺术，而是说，我们必须具备这样的自觉，有无这种自觉与反思，必然影响到艺术实践的轩轾。

"话剧十年"是一个分界，审美戏剧的新崛起，必然造就出无愧于时代的伟大的戏剧艺术。

原载《戏剧报》1986年第10期

审美戏剧一二谈
——戏剧艺术的变革

审美戏剧的提出,是戏剧界已然开始的变革的必然产物。在既往的"话剧十年"艰辛探索中,人们分别在戏剧的目的与意义、手段与形式两个方面开辟了自身的解放之路,发展到今天,无论是理论的回答,抑或是创作实践,均把审美提到了议事日程上来。囿于篇幅,这里只能就最紧要的问题略谈一二。

一

审美戏剧弘扬艺术要以人自身为目的。关于这一点,马克思对于"为生产而生产"的思想,可以为我们提供必要的启示。他说:

> 李嘉图"要求为生产而生产",这是正确的。如果像李嘉图的感伤主义的反对者们那样,断言生产不是目的本身,那就是忘却了,为生产而生产不过是意味着发展人类的生产力,也就是发展作为目的本身的人类本性的丰富性。①

---

① 马克思.剩余价值理论[M]//马克思,恩格斯.马克思恩格斯全集:第26卷第2册.中共中央马克思恩格斯列宁斯大林著作编译局,译.北京:人民出版社,1973:124-125.

自人类诞生的那一历史瞬间始，人类便以符号化的劳作创造着自身，这是人区别于动物的根本标志。人们所从事着的实践活动，归根结底是人类不断建构着自身的活动。马克思指出，"整个所谓世界历史不外是人通过人的劳动而诞生的过程，是自然界对人来说的生成过程"。可惜，这在历史上并不表现为不证自明的公理。在现象界，在经验范围内，我们所见、所闻、所感，不是陷于终日为生存而奔忙的个人，就是国家、民族、集体的一致利益活动，根本看不到、把握不到人自身生成的过程，人性不断生成、改变着的历史。可是，作为目的本身的人类本性的丰富性的生产的确存在着，它隐藏在人生喧嚣的舞台后面，在直接生产目的的背后，它仿佛仅仅是历史自行的运动，是历史的无目的的目的。人类生命力的展现被分割为现象与本体两个部分。在现象界，个人与民族追求并满足着自己有限的、琐细的目的；而在本体界，芸芸众生的活动又是另一种更崇高、更广大目的的手段和工具，即人是人自身生成建构目的的手段。这种分裂的矛盾存在，便成为全部神秘之所在，简直是不可理喻的生命之谜团。

人类最高的终极目的——人以自身为目的的自觉的生产，也就是实现人类的自由——既不被上帝、君王当作工具使用，也不沦为自身片面情欲的奴隶，而是把人内在的丰富与完美作为目的本身，创造出一个能让人人都能充分发展与发挥自己才能的合理的社会。但这一目标的实现只是遥远未来的事情，马克思在《资本论》中指出：

> 事实上，自由王国只是在必需和外在目的规定要做的劳动终止的地方才开始；因而按照事物的本性来说，它存在于真正物质生产领域的彼岸……在这个必然王国的彼岸，作为目的本身的人类能力的发展，真正的自由王国，就开始了。[①]

---

① 马克思.资本论：第3卷[M].中共中央马克思恩格斯列宁斯大林著作编译局，译.北京：人民出版社，1975：926-927.

当社会生活还踯躅在此岸，我们就不可能仅以发展人的各种能力为旨归。唯独在审美艺术领域，才能以人自身为目的，用人类的想象力超越性地架起一座桥梁，去沟通由必然王国通向自由王国之路。这形象的深层，人类内在生命的动律，倘若诉诸理性认识，得到的总是一般的、普遍的东西，而那生命运动过程展现出来的人性的无比生动性、多样性、丰富性、复杂性，始终被遮蔽与遗忘在经验与理性都把握不到的地方。唯独审美艺术才可将人性的千殊万类表现出来，将人的生命力的真实面目以感性的形式再现无遗，同时，也只有审美艺术，可以赋予人的多样的统一以完整的生存形态。揭示人类的生命力乃是艺术的一般主题和最终目的，艺术是人类认识自我的一种最有效的方式，是探索人类本性的最有力的工具。人的一切工作、一切业绩都应看成是他的生命力的沉淀，生活中发生的事件、出现的问题，仅仅是外壳，在这层外壳之下，艺术寻找着人的内在生活的激情与行动。古今中外，凡是优秀的艺术作品，莫不达到这一深刻的层次。无论是实用艺术还是非实用艺术，人们从中读解出的是他们的心理动态，那上面凝聚着的正是特定时空下的人的心灵。譬如《荷马史诗》，时隔千年，如果仅就一般社会意义而论，它对于时下的社会又能起什么作用呢？但是，《荷马史诗》所表现出的古希腊人和谐完美的人性，天上的神与地上的人合为一体，神性与人性浑然天成，终日欢闹嬉戏而又任性，情欲奔放而又理性高扬，勇于行动而又耽于心灵，那种人类童年时期无忧无虑、自由自在、烂漫纯真的生活，对后人具有永恒的魅力。莎士比亚所曾生活过的英国社会，正值多事之秋，发生过多少世人瞩目的大事件，哪一件的意义都远胜过王子复仇、摩尔人的忌妒、麦克白斯弑君篡位等；歌德又何尝不像莎士比亚，少年维特只不过为着个人无法实现的爱情而自杀，这算得了什么具有社会重大意义的事情？赫尔曼与窦绿苔之间平凡和美的爱情婚姻，与反封建的政治斗争又有什么相干呢？但是，事件与问题在大师们的笔下，仅仅充当人性的载体。他们的艺术之所以不朽，就在于他们展示了那一时代人的内在本质力量所达到的历史的深度与广度。曹禺于半个多世纪前写的《雷雨》，从表面上看，周、鲁两家人的血亲情孽，似乎与当时轰轰烈烈的民族政治革命没有多大关联，然而《雷雨》揭示了资产阶级一代新人的必然的悲剧命运，用所塑造的具有丰富人性的艺术形象，把中国资产阶级独具的软弱性、妥协性淋漓尽致地表现出来，时至今日仍独步艺苑。通过以上的简明论述不难理解，何以我们那些追踪事件、蹑迹问题的戏剧会如此短命：一部当代戏剧史，几乎就是一部当代社会政治生活真实而详赡的大事记。可以这样说，几十年间在我国曾发生过的大小事件，出现过的诸种社会问题，没有不被戏剧忠实地反映过的，可是，人却被剧作家当成了事件、问题的载体。由此可见，在艺术目的、艺术对象这一最根本的问题上，以往的戏剧显然背离了审美之维。

二

正是鉴于戏剧的疲软，针对戏剧只见事件、问题而不见人的弊端，有识之士屡屡振臂疾呼："文学即人学，艺术要写人。"每当人们对公式化、概念化的顽瘴痼疾痛心疾首之时，批评家们便站出来指责剧作家没有写出活生生的人，理论家们则教导艺术应该写有血有肉的人。而剧作家们在赧颜愧怍之余，往往不免又顿生困惑惶悚之意。实际上，剧作家们何尝忽略过写人，从塑造"社会主义新人""时代英雄"的典型，到刻画"现代青年""改革家"，从高大全式的形象，到多重的性格组合，各行各业的人物几乎都写遍了，剧作家们何尝须臾离开过人而去创作？然而，在很长时间内，围绕"写人"的努力，在实践中并没有多大进展。可见，写人而又蔽于人，恐怕是我国以往戏剧的症结所在。那么，我们的戏剧被遮蔽在何处呢？

在探讨这一问题之前，我们先将论题拉开一些。因为在关于审美戏剧的讨论中，有些同志对政治与社会之间的关系、政治性与社会性之间的关系产生了误解，甚至将社会学理解为社会，把审美与社会对立起来。所以，为了从人的本体这一角度阐明审美戏剧的真正含义，重温马克思主义对政治与社会、人的政治性与社会性这类问题的基本观点，或许有助于这场讨论的深入。

古希腊时，亚里士多德在其名著《政治学》中，给人下过这样一个定义：人是政治的动物。这一定义对古代社会，尤其是对中世纪的封建社会的人的类特征做了准确的概括。然而到了19世纪，马克思却指出，如果德国出现了亚里士多德，并想根据德国的制度写一本他自己的政治学著作，那么他定然会在第一页上写道："人是一种动物，这种动物虽然是社会的，但完全是非政治的。"可见，政治并不等同于社会，人的政治性也不能与人的社会性混为一谈。庸俗社会学的特点就是以政治涵盖社会，将社会丰富多彩的感性生活抽象成冷冰冰的、唯一的政治生活，将人的全面的复杂性抽象为单一的政治性。人的类特征之所以发生了由政治的动物向社会的人这样一种转变，盖缘于社会生活的转变。在古代社会，包括中世纪的封建社会，政治性质渗透于生活的一切领域，不存在脱离政治的个人生活，换言之，政治也是个人生活领域的特性。反映到意识形态领域，政治史观、政治生活观，是中世纪居统治地位的意识形态。以这样的观点来看，显赫的国家的政治行为才是历史上决定性的东西，社会所尊崇的是帝王将相、骑士英雄的丰功伟绩，它的原则"总的说来就是轻视人，蔑视人，使人不成其为人"。直至近代，个人的尊严、个人的价值、个人的命运，才被提到了历史的日程上来。政治史观、政治生活观、英雄史观、英雄生活观，随同那一去不复返的社会，成为过时的、陈旧的观念，代之而起的历史观是把历史看成是人性的不断生成、改变的历史，是人的本质力量发展的过程，"是个人本身发展的历史"（马克思语）。

当前，我国在党的统一领导之下，发展国民生产，同时更加要强调政治对文艺繁荣的巨大保障作用。审美戏剧的弘扬，绝不是要把人提到半空中，而是要拉回到散发着泥土馨香的大地上，把人看作有心灵、有欲望的感性的人、现实的人。审美戏剧反对的是以政治意志、道德理性将人的感性存在予以蔑视、予以泯灭。它非但不会舍弃社会，倒是坚持人的全面的社会性。马克思说："首先应当避免重新把'社会'当作抽象的东西同个人对立起来。"在马克思看来，只有对人的自我异化的扬弃，"通过人并且为了人而对人的本质的真正占有"，才是"人向作为社会的人即合乎人的本性的人的自身的复归"[①]。

人的历史生成，在现实生活中走着一条通过痛苦否定而达到肯定的必然道路。人性的复归是以人性的异化作为中介而发展的，艺术表现了人自我生产的辩证发展过程。对于人性的被割裂、被片面抽象化，艺术总是以无畏的勇气予以批判，撕开表面上的五光十色的遮布，露出人性的真正面目来。我们曾经指出过，中国传统文化的本质特征，就是政治—伦理的特质，由于特殊的历史条件，20世纪以来，这样的文化特性不仅没有被打破，反而演化到了极点，更为甚者，就连人的内在生活也变为政治的一维存在。我们的戏剧艺术倘若站在审美的高度，就应向世人展现我们民族的这种被宰割、被扭曲的心灵，可悲的、内心的贫困。然而，以往的那些写人而又蔽于人的作品，却以肯定的态度，去赞美与讴歌失去丰富的社会性而沦为单一面的政治化、道德化的人。艺术的真实不在于是否写了生活中的真人真事，而在于是否真实再现了人性的本来面目。把人性的片面当作完整来描写，是过去那些假大空的作品最根本的失足之处。我们的某些探索性作品，或多或少地存在这方面的问题。比如《野人》对舞台的外在表现形式的探索是引人注目的，然而，若将舞台上那些声光色的扑朔迷离排除掉，露出来的只是多主题的拼合与各种社会问题的相加。《田野又是青纱帐》虽然受到广泛赞誉，但剧中众多的人物却还是众多社会矛盾、社

---

① 马克思.1844年经济学—哲学手稿[M].刘丕坤，译.北京：人民出版社，1979：73.

会问题的载体。剧作者试图从一种文化的宏观视角去把握生活，却没能真正理解文化的深邃含义。文化是人，是人的自身解放的历程，而不能把文化看成是各种社会现象、观念的总和。《狗儿爷涅槃》是一出从社会心理的角度来写农民与土地关系的好戏，但是，对20世纪50年代农民的理想"楼上楼下，电灯电话"，剧作者持否定、嘲笑的态度，对20世纪80年代农民的梦想，却转变为肯定、赞美，这种创造思维逻辑的阻断，造成了后半部戏的苍白无力。究其原委，问题仍出在剧作者的想象力还囿于真实的政治历史事件的序列之中，滞留在政治革命的关系内开掘农民对土地的心理情感，这必然要受到政治判断、政治评价的强烈影响，致使剧作家的笔力艰涩。

艺术不是不可以写人的政治生活、人的政治性，相反，在艺术面前，生活并不存在禁区。关键在于，艺术不能停留在事件、问题的层次上。艺术所把握与坚持的，是人性的全面与完整性。艺术对于人性任何一方面的被剥夺、被撕裂，都要予以披露与抗议。从巴尔扎克到现代艺术，无一不展示了生命的否定之否定的悲壮历程。这些作品展示了现代人挣脱先前狭隘群体的羁绊，却沦为无边欲望的奴隶，从追求个性解放到个性的沦丧，从向宗教夺回自己的本质力量，走向失去生存的基质。这些艺术所执着的对生活的审美批判态度，是透析生命的，把握着人性生成的状态。譬如巴尔扎克笔下的新兴的各色资产者，尽管他们相对于旧贵族是革命者，但巴尔扎克真实地写出了资产者人性的彻底异化，成为各种被贪欲、野心、金钱所驱遣的奴仆。

总而言之，写人而又蔽于人的另一种致命伤，便是许多剧作家对生活仅仅采取了政治与道德批判态度，远远没有深入审美批判的层次。审美戏剧的高扬，实则是将人的自身的存在问题空前醒目地提出来。寻回艺术本性，实则是人性的复归，对戏剧弊端的探究，便成为对自身生命的追寻。戏剧观念的更新，归根结底，表现为对人的理解、对人的把握上的彻底转变，而这，必然要取决于生活观、历史观的彻底变更。正是在此意义上，这场戏剧革命意味着本体的根本翻转。近年来，已有几个剧目令剧坛耳目一新，带来清新的活力，《黑色的石头》《荒原与人》《桑树坪纪事》，都在写人、写人的命运方面，取得了突破性的进展，使我们看到了中国戏剧创作的前景趋势。

原载《戏剧报》1988 年第 5 期
转载《戏剧研究》1988 年第 7 期

审美，人类生命的阳光

丁涛老师：

　　您好！

　　前不久我在《新剧本》杂志第3期上读到一篇马也所著题为《戏剧的"目的"在哪里》的文章，其中有一个章节对当前戏剧界一些提倡"纯审美戏剧"的人所持的观点提出疑问。我个人认为，这种理论上的阐述与澄清无论对今天还是未来戏剧论艺术的走向都是需要的。说实在的，对于今天我们这支薄弱的戏剧创作队伍来说，提出一个"审美戏剧"的主张，就已经够"玄乎"的了，如果再提什么"纯审美"，那无异于一棒子将戏剧打死。如果说前一种主张经过理论上的指导还能被人接受的话，那么后一种则连理解的程度都难以达到，所以我觉得马也同志的文章很有道理。

　　最近几个同志在一起聊天，我才听说"纯审美戏剧"是您提出来的，这就使我茫然了。作为您的学生，我是知道您的戏剧美学主张的，但殊不知何时又提出了"纯审美"？其意义何在呢？

　　作为戏剧美学研究者，您和马也都是我的老师，要知道你们在理论上的建树或有形、或无形地都会对我们的戏剧创作产生一定的影响。也正因为这样，你们在提出某种主张时肯定在理论上有着严密的依据，否则理论也就失去了其意义。

　　所以我觉得如果您确实提出了"纯审美戏剧"的主张，不妨将其系统化、具体化，也使我们这些搞创作的人弄个明白：审美是怎么回事？"纯"要纯到什么程度？怎么个"纯"法？"纯审美戏剧"又是怎么回事？

盼您回信。

祝

夏安！

学生晓路

1989年6月28日

晓路同学：

你好！

收到你的来信几天了，考虑再三方才动笔。因我除去呼唤"审美戏剧"之外，从来没提过什么"纯审美戏剧"。你听到的传言可能是对我的理论观点的误解。不过我觉得正解也好、误解也好，只要能把问题说清楚，使理论能够真正作用于实践，作为理论工作者也就心安理得了。你问的问题可以从这样几个方面看。

一、疑虑与偏见

审美真是那样不可理喻、那样可怕吗？

当"审美热"泛滥之时，凡有涉艺术种种，不分青红皂白，一股脑儿统统被冠之以"审美"。任何方面、不分彼此地都成为审美，令大家安之若素，而一旦试图澄清此种鱼龙混杂的状态，将审美与非审美区别开来，为审美戏剧张目，却反倒引起疑窦丛生，原来趋之若鹜的，而今变为叶公好龙，何也？

有的人对"审美"的误解如此之深，是一种潜在的畏葸心理在暗中作梗，一提审美戏剧，便认为是在提倡唯美主义。实际上，审美与唯美主义毫不相干。大而化之地讲，唯美主义仅仅特指一种思潮主张，是局限在某一特定的文艺运动范围内的专有名词。而审美，却伴随着人类的诞生而诞生，它根本不是什么"主义"，而是人类最深沉、最本真的生存，是人类延绵不断、奥秘深邃的生命所在。

有人担心，审美与社会性水火不相容，仿佛艺术一旦跃入审美王国，便会脱离大地，飞向那杳无人迹的虚幻太空。这里有必要重提马克思说过的一句话："首先应当避免重新把'社会'当作抽象的东西同个人对立起来。"我们说，审美与艺术，有可能与政治对立，却永远不可能与社会对立，因为社会并不等同于政治。广义地讲，社会是人与人之间的合作（马克思语），政治也仅仅是其中一种合作形式与关系。审美与艺术所揭示与展现的，恰恰是人类全面的、根本的生存关系，它就在社会中。艺术的社会性是不证自明的，即便在常识范围内，人人都会知道。艺术品之被创造，绝不是为着孤芳自赏、藏之名山。艺术的创作动机，恰恰是希望通过艺术作品，把自己的美的体验传达给他人，以期共同享受。何况，只有经过一系列社会环节、社会活动，才能够完成创作—作品—接受这样一个完整的艺术过程。不妨试想一下，生活在自给自足小农经济中的人，与生活在现代化大工业经济中的人，谁的社会性更丰富、更广泛呢？不应忘记，社会与社会性也不是抽象的、一成不变的僵死之物。审美艺术能够超越民族、国界，能够跨越时空，沟通世世代代人民的心灵，成为全人类的共同财富。凭此一点，审美艺术的社会性岂是那一切非审美的、只为一时一地而存活的短命艺术可企及的？！硬要将审美与社会对立起来、割裂开来，说到底，仍是我们多年来习以为常的思维模式在作祟，即只有带着政治色彩与政治性质，才被认为是社会性。却不理解，人的政治性仅仅是人的社会性的一部分，而且，唯有将个性抛在一边，才谈得上政治。审美的功能非但不与社会性相对立，恰恰要纠正将社会当作抽象的东西而与个人对立起来的偏见。审美要通过人类的内在生命，统一自然与社会。

还有人最近提出一个"纯审美"的概念，这本是提出者个人的创造发明，却偏偏把专利权硬栽到他人头上。在此郑重声明，"审美戏剧"不敢掠"纯审美戏剧"之美，因为在我们的词典中，从来不知"纯审美"为何方怪物。既然"纯审美"是提出者的重大理论建树，并且意在对"审美"进行质疑，那么理应阐述一下何为"纯审美"，何为"审美"，二者之间的联系与差别何在？遗憾的是，通观全文，并未见出质疑者进行理论探讨的意图。爬梳开那些不求甚解的引文与论述，便会发现，质疑者之所以独出心裁地抛出一个"纯审美"，在于他急于制造一个公式，即纯=绝对=极端=反辩证法。丝毫不夸大地说，这个可疑的公式就是质疑者全文的推理逻辑。说它可疑，因为这个公式总给人以"棍棒余孽"的意味，不是吗？反辩证法，岂不是死胡同！起码，绝对与极端的东西、纯而又纯的东西，在世界上是不可能存在的。质疑者武断地将"审美戏剧"前加上一个"纯"字，便将"审美"送入了这个套索中，再加以推演，就"纯"到"子虚乌有"国去了。我们说，无知者不怪，浅薄者可谅，但判决式的"公式逻辑"，却令人难以与之对等地、真诚地商榷与探讨学术问题，因为它根本不具备理论的意义与价值。

二、审美——人类生命的阳光

对于我们来说，首要的问题是，为什么需要审美？几千年来，人们殚精竭虑、孜孜不倦地追寻审美，何也？大思想家们几乎在奠定各自的哲学体系之后，必定要端出一部美学专著，目的何在？再者，审美对于我们民族的今天，究竟具有什么样的现实意义？这些，才是应该思考与研究的问题。

可以这样说：人啊，认识你自己。这就是审美学的永恒主题和直接目的。不错，任何一门学科和活动，包括自然科学在内，都是在不同方面、不同层次对人自身的深化认识过程。但是，把认识人自身作为直接目的和对象内容，却不是所有学科与活动的任务，只有在终极目的的意义上才如此。然而，将人性、人的内在生命活动过程作为对象与内容的学科，从古至今，唯独是审美学承担的任务。审美所要寻求的，是人生的最高价值、生命的终极意义、生活的最高境界。

既然如此，审美便与人类的一切知识、一切活动结下不解之缘。审美要将人类创造的一切财富（倘若财富这个词从人的最广泛意义上去理解）汲取过来。因为宇宙万物间，凡是属于人的活动，哪一样不与人性、不与人的生命活动不无关系？但是，除却艺术，迄今为止，尽管人们多种多样的活动与人性相关，可还有哪一样活动是将人性当作直接目的来对待的？不幸的是，为着各自实际的需要和目的，人性反而被丢弃在忘川之中。唯独审美，它不顾一切地、顽强地把一切学科、一切活动的成果转变到人性的生命基质之上，来加以重新审视与把握。一方面，审美学的分支非常之多，几乎任何一门学科都可与审美构成边缘交叉学科，诸如技术美学、劳动美学、伦理美学、社会美学、心理美学等；另一方面，任何一门学科，譬如哲学、宗教、伦理、心理、语言等，只要将立足点转移到人性、人的内在生命活动上来，在新的关系中，它们便获得了审美的意义。依据此特点，便不难理解，与审美关系最紧密、最深厚的，始终是哲学与艺术。

人性是人的生命不断生成、变化、发展的历史过程，随着人的活动领域与范围不断扩大、丰富、改变着自身。这一无法固定而又无限的对象内容，便决定了审美学万难成为一门精确的学科。在一切学科中，最古老而又最年轻、定义最多而又难以得出统一见解的，首推审美学。然而，恰恰缘于此，审美学反而长存不衰、魅力无穷，它与人类的存在共始终。《圣经》上说，阳光下面一切都是新的。而审美，则是生命的阳光。在审美光芒的照耀下，凡属于人所有的一切，无论是伟大、崇高、美，抑或是卑琐、平庸、丑，均熠熠生辉，显示出各自应据的地位与价值。审美的根本观点：世界万物之所以会有意义可言，就在于它们的意义是对于人而产生的。倘若没有人，物质仅仅是死物，它们不会有情感、有灵性。因此，人类所创造出来的一切价值，均会被贮存在审美中。譬如巫术、宗教，这些实体早已崩塌、解体、消亡了，但其中所蕴蓄着的人类财富，却作为审美价值而被继承下来，不会由于曾栖身的载体衰亡而消失。而且，假如某一时空的社会生活将人的某些生命予以蔑视、取缔，审美会奋不顾身地去夺回。审美所捍卫的，是人性的权利，而不是政治的权利。总之，凡是人性的内容，不论它们在实际生活中如何变迁，遭逢何种命途，但在审美中，终会获得生存的合理理由。

真、善、美的统一，是被人们说滥了的一个普遍真理。但是统一在哪儿、如何统一，却不甚了了。善，作为道德，在社会生活中发挥着实际的功利作用，在有阶级的社会中，道德永远具有利害关系。而善一旦与美统一，即道德价值一旦转化为审美价值，则会丧失掉现实生活中的实际利害关系。换言之，审美价值必定是无功利性的。这中间的差别，其奥秘何在呢？简而言之，道德是人与人之间的伦理关系，是人的外在生活，即道德的规范与戒律，根本无须关注与理会个别人的心灵，体现他们的情感与愿望，而仅仅表达共同的意志，它要求人们的是整齐划一的行为。但是如果道德转化为审美，则大不一样了。在这里，道德不再是人必须服从的外在的、强制性的条律，而已变为人的内心思想和情感、人的内在生命欲求的构成。善与美的统一，在中国的古代美学中表现得最为显著。孔子的诗、礼、乐三位一体而达到的"仁"境，奠定了中国几千年审美的基石。本来，君臣父子、忠孝节义，作为伦理关系的道德表达，既是国家封建政治的律法基础，又是人们必须恪守的行为准则。但是，当忠君报国、上孝下悌，安黎民、拯社稷，化为个性化的灵魂，沉浸在民族的血与肉中，成为意志、情感、本能，那么这一人格化了的道德便成为审美。从屈原的《离骚》到杜甫、李白，乃至苏轼，历代的伟大诗人无不以他们脍炙人口的作品表现出这一审美特点。

审美价值的评价完全不同于道德价值的评价。道德价值的评价，是以社会的功利目的、利害关系为基准，以明确的是非标准为尺度；而审美价值的评价，则以人性为基准，以人类生命力的历史发展为标尺。因此，对人言行的裁断，非好即坏、非善即恶，是道德的特点，在道德是非面前，一切都泾渭分明、毫不含混。但是，在人性这把标尺上，"非……即……"

的形而上学不见了，被销蚀了，代之而起的，是生命的辩证法，人们只能用各种审美的范畴去判断。譬如《安娜·卡列尼娜》，依据道德观念，托尔斯泰对安娜是持斥责态度的，但在作品中，伟大的作家却真实地刻画出女主人公灵魂的美、伟大的悲剧命运。又如麦克白斯、培尔·金特，他们的弑君暴行，以及贪婪的无底欲壑，在道德的法庭里，他们永远是有罪的被告，但在人的心路历程中，则无法遮蔽他们作为人的光彩，以及非个人所能左右的历史的命运。

三、审美——生存的充足理由

尼采曾说："只有作为审美现象，人世的生存才有充足理由。""我们不妨这样来看自己：对于艺术世界的真正创造者来说，我们已是图画和艺术投影，我们的最高尊严就在作为艺术作品的价值之中——因为只有作为审美现象，生存和世界才是永远有充分理由的。"[①]

从古至今，任何深刻的美学思想，无不是为着回答每个民族、各个时代，乃至人类普遍的本原的生存课题。审美所要提交给人的回答是，怎样的生存才是最合理的。

在古代，人的生存最高的合理性，在于国家，在于家庭，在于宗教，在于这些外在的群体生活实体中。即柏拉图所鲜明提出的：人的本性应以大写字母写在国家本性之上。因此，在古代中国，道德君子为美；在中世纪的西方，真善美统一在上帝。人的政治—道德的存在方式，人的政治—宗教的生存方式，构成了人内在生命的基质。因此，无论是柏拉图还是孔子，抑或是圣奥古斯丁，他们的美学思想都表现了古代的生存方式、人性的最高价值。个性、个人的生命力，在古代，还远未被提交到历史的日程

---

① 尼采.悲剧的诞生：尼采美学文选[M].周国平,译.北京：生活·读书·新知三联书店，1986：21.

上来，还被理性拒斥在崇高的殿堂之外。

个性与国家、个性与理性之间的矛盾，仅仅作为一种先知先觉的预感，被伟大的思想家敏锐地捕捉到，而以古希腊艺术与柏拉图哲学的对立这样一种形式表达出来。生于古希腊文明解体时的柏拉图，为挽狂澜于既倒，拯希腊于危机，创立国家哲学、理性哲学，要求希腊公民抑制个性，摒弃一切骚动于内心的盲目的情欲、激情。这样，国家理性便与古希腊的神话传说、《荷马史诗》悲喜剧等产生了无法调和的矛盾。为此，柏拉图在其名著《理想国》中，断然下令将诗人从理想国中驱逐出去。这一道冷峻的赦令，竟成为古代世界最重要的美学思想，因为，它将人生最深沉、最本原的生存矛盾与痛苦，第一次揭示出来。

在古代社会，这一生命的不和谐状态，并没有在实际的生活中成为人们普遍的生存境况。因为无论是古希腊的城邦民主制生活，还是古代中国的封建专制政治生活，抑或是中世纪欧洲的宗教生活，人们均在各自的生活方式中，寻求到不同方式的和谐统一的生存形式。除古希腊外，东西方各民族都是以摒除、遏制个性生命为前提条件，将人性融进国家政治本性与宗教本性中去，来达到生存的和谐统一。直到近代，随着现代化社会的到来，在以自由竞争为基本生存方式的西方，这一矛盾才在人们的实际生活中普遍地暴露出来。生存的矛盾、生命的分裂，被康德概括为"人有自由又没有自由（只有自然的必然）"，而黑格尔进一步解释说：

> 自由一方面包括本身就是普遍的、独立自在的东西，例如关于法律、道德、真理等的规律，另一方面也包括人类的种种动力，例如情感、意向、情欲以及一切使个别的人动心的东西。这种对立也在增长，导致斗争，导致矛盾，而一切焦急情绪，最深的痛苦，以及烦恼和失望都是在这场斗争中产生的……人的心灵性却酿成两面性和分裂，他就围困在这种矛盾中。因为人从单纯的内在生活，从纯粹的思考，从规律与普遍性的世界，还不能

得到安身之所，他还需要有感性的存在，要有情感情绪等等。[①]

审美学在近代的新觉醒，就在于认识和表达了这一深刻的人生矛盾，而它的伟大使命与目的，则是要克服与解决这一矛盾。人生与世界的充足理由，蕴含在审美对抗一切形式的人性的异化现象，坚持人性的多样而全面的存在。

四、审美的现实意义

马克思说："不言而喻，异化的扬弃总是从作为统治力量的异化形式出发。"[②]近代，思想界划时代的贡献者是康德。他在完成了两大批判巨著《纯粹理性批判》与《实践理性批判》之后，又写出了不朽的美学名著《判断力批判》，并且声称，这部审美学著作，是一切哲学的入门，是他所建立起来的哲学大厦下面的基石。何也？因为康德发现，科学理性尽管可以"向自然立法"，但在自然的多样性、丰富性、复杂性面前，它只能望而却步。倘若科学理性一定要闯入这个禁区，势必将生动的自然抽象为干巴巴的几个原理，扼杀掉自然的活力。对于人类的生命有着无比重大意义的对于无限的整体的追求与向往，在科学理性的眼中只不过是可怜可笑的虚妄的梦呓。一言以蔽之，理性万能的千年迷误，终于在康德的思想中被击碎。如何认识人性的奥妙？理性无能为力，必定让位于审美。而发展自然的丰富多样、复杂微妙，追求宇宙的和谐统一，则是人类生存的终极目的。将此目的变为人的道德自律和行动的内驱力，就是康德所标举的"最高的善"。康德说：

所以实践的命令宣示将是这样的：你行动时，应该把人性，

---

① 黑格尔.美学：第1卷［M］.朱光潜，译.北京：商务印书馆，1979：125.
② 马克思，恩格斯.马克思恩格斯全集：第42卷［M］.中共中央马克思恩格斯列宁斯大林著作编译局，译.北京：人民出版社，1965.

审美，人类生命的阳光

> 无论是在你自己身上或者是在另一个人身上，总是作为一个目的，而永远不只作为一种手段来使用。[①]

显然，这一至高的善，在有阶级的社会历史中，不可能作为直接目的在经验界、现象界中予以实现。只能诉诸审美，在审美艺术的幻觉天地，向世界显身，予以直观。康德以审美架设一座桥梁，沟通了纯粹理性与实践理性之间的鸿沟。美，一手抓住真，另一手抓住善，将真与善统一于自身。从此，以审美之路，寻求人的全面走向解放之路，便成为西方思想的批判传统，从康德、谢林、席勒、狄尔泰到海德格尔、伽达默尔……

对于我们民族的今天，审美的高扬，首要的、刻不容缓的现实意义，便是对抗庸俗社会学的毒害和严重的后遗症。因为，扼杀人性、剥夺掉人感性的活生生的内在丰富情感的，既不是科学，亦不是理性，更不是人的欲求，而仍然是庸俗社会学。多年来，庸俗社会学不仅仅是社会的强大思潮，更致命的是，庸俗社会学成为民族的生存方式，它变为人的思维模式、人的情感、人的感觉、人的潜意识。庸俗社会学将人的内在生命抽空了，使得民族的内在素质空前低下，生命极端贫困化。人们常说这危机、那危机，但是倘若意识不到民族内在生命的危机，则是危机之中的最大危机，不幸之中的最大不幸。我们曾指出，对庸俗社会学的认识，实则是对我们当前所置身其中的文化的认识；对庸俗社会学的批判，必将变为对自身的批判。固然，庸俗社会学的公开市场已不复存在，但它的后遗症却不是短时期内能消失的。只有重建文化、重新创建民族丰富的性格和个性、感性、灵动的情感生命，方能彻底与庸俗社会学分道扬镳。毫无疑问，审美与审美艺术，责无旁贷，应承担先导与中坚职责。

再则，倘若我们注目于时代的伟大转折，便会看到，以往的以政治—伦理为轴心的国家文化，随着新时代的开始，已开始解体。在这种严峻的

[①] 康德.康德哲学原著选读[M].韦卓民，译.北京：商务印书馆，1987：210.

时刻，需要个性生命的充实、强大，需要个人与个人之间新型的关系、情感的关系，人对他人的理解、同情与爱心。只有审美艺术，可以沟通人与人之间的心灵，将人的内心世界展现出来，把他人的喜怒哀乐变为人们可以理解、寄寓情感共鸣的共通感。

可见，审美戏剧的提出，绝不是为着树立所谓一家之言，更不是为着哗众取宠、故弄玄虚，而是为着完成文化改革的大业。审美戏剧的提出，奠定在对审美学史的考察、对中西文化发展的研究、对现实生活的体验的基础之上。审美戏剧的高扬，实则是将人的自身生存问题空前醒目地提出来。寻回艺术本性，实则是人性的复归。对戏剧目的的探究，便是对自身生命的追寻。

我们的戏剧长期以来，写人而又蔽于人，长于问题、事件，而拙于人心。我们的剧作家，不是不知应该写人、写人的内心世界，也不是缺乏形式技巧，而是缺少写人性的能力。或者干脆说，我们的感觉、心灵已被训练成只对人的外在生活开放，敏感于社会事件，擅长捕捉问题，而对人的情感过程，却变得令人难以置信的迟钝、笨拙。因而，审美戏剧的创造，真正是一场人的深刻改造与创造的现实过程。

为此，我们应该将审美的理想当作现实予以施行，以此目的来创造我们的人生、我们的世界！

祝进步。

丁涛
1989 年 7 月 4 日

原载《新剧本》1989 年第 5 期

一曲命运原型的悲歌
——话剧《桑树坪纪事》观后

话剧《桑树坪纪事》是一出由小说改编的成功的舞台剧，它抓住命运的主题，揭示民族几千年生命的原型，其力度、深度，是多年来当代话剧所不曾见到的。它的演出犹如一首悲壮的交响乐，撼人心魄。农村风俗画卷的抒写、陈规陋习的展示、人物悲欢离合的演绎、意境深远的舞美设计、场面的调度、造型舞蹈、歌队的串联及对剧情的评价，都有着巨大的艺术魅力。

命运的主题曲，随着舞台的转动奏响了。舞台上，丘壑高原，四野寂寥，傍坡而开的寒窑上面，远远蹲伏着几尊佛僧，他们木讷地瞪视着辽阔的黄土高原，任凭人世间悲欢离合的演化。那伸展开去的阴阳两极八卦图符的道路，仿佛就是人生复踏的圆圈，既无始又无终。步履沉重滞涩的麦客们，一步一步艰难跋涉着，他们从蛮荒的历史中走来，因袭着岁月的风尘，踏着祖辈的遗踪，又迈入时间的洪流。他们默默送走了去当童养媳的月娃，又迎来了喜庆的迎亲队伍，而这循着同一条道路一去一来的两个女人，却是被交换、被出卖的。桑树坪，中华民族的缩影，世世代代赖以栖身之所，五千年风云变幻的人生大舞台，就这样随着悠悠的转台，一圈又一圈，周而复始，循环往复。这命运之神不是别的，正是在中华大地上绵亘五千年的民族生存模式：土地—生育。凝重而古老的生命主题，再一次借用桑树坪村民的血与汗、青春与生命、恐惧与希冀，混杂着辛酸的欢悦、悲苦的泪水，强悍地敲击、吹奏出来。

农民与土地的关系，虽然已经经过政治的革命、所有制的改造，但是这些外在关系的变更并未触动农民与土地之间内在生命的关系。迄今为止，土地—生育仍然既是民族生产力的原型基质，又是民族最本原的生存方式，管什么释佛庄老，亦无论朝纲更替，任凭时代变迁，只要农业王国的根基未变，那么农民整个生命的欲求、全部的宗教和道德观，统统集中到一点——生存，即以土地求生存，延续宗嗣。桑树坪人怎么可能逃脱这一命运的钳制？在桑树坪，最高的道德律令是传宗接代，而最终目的还是给土地补充新的强壮劳动力，因为只有这样，农民才得以生存，维持肉体的存在。假如不打破古老而委顿的生存模式，那五千年的命运之神，还会盘旋在黄土地的上空。

为了生存竞争，桑树坪人以最原始、最古老的方式，在黄土地上激烈而残酷地角逐着。他们由李金斗领头，犹如守候着身边猎物的野兽一般，随时准备伺机而动，不惜以各种手段，与前来争食的同类生死相搏。请看，浓云蔽空，桑树坪的村民与陈家塬的村民涌上舞台，边敲锣鼓家什，边望云祈祷，恳求"乌龙"从自己的麦田路过，到别人家的麦田去驻足。这恶毒的诅咒立时又引爆两下里的人相互破口大骂，一下子把人们带入生存竞争的紧张氛围之中。何以人心如此歹毒？贫困教会了他们该怎样保住口边的食物。为了活命，农民就得精明狡黠、工于心计、善于应变，就得学会奉承、周旋、利诱、软硬兼施，而李金斗只是农民中的强悍者、佼佼者。他时时处处保护着桑树坪人的利益，靠着他的才能，才使桑树坪人幸免春荒时出外乞讨度日。"估产"这场戏，写李金斗与公社来的估产干部费尽心机地周旋交锋。他知道自己的责任重大，一旦估高了，全村人的饭碗都将砸掉，他说："为了咱桑树坪今年的口粮，我今天就是豁出老脸、舍下皮肉，也要为大家伙求下这个情！"他并非在表功，这的的确确是实情。当最后拍板，亩产由210斤降为170斤时，村民们难过、激动、沉默，竟致哭出了声,连李金斗都"自己也抹了把眼泪"。让桑树坪人大喜过望的胜利结局是什么呢?就是金财婶彩芳和麦客榆娃说出的话:"这下可好了!定了粮交了麦,咱这一亩地还能剩下个十斤八斤麦,明年,咱也就不用过春荒哩!"可怜的人们呀,卑微的生的欲求怎能不令人心碎?农民的肩头扛着庞大的国家,全民族亿万张嘴都要在黄土地上找饭吃。旧时代的生产方式,却支撑着现代的社会,这无法克服的矛盾,具有着民族命运的悲剧生成因素。

不管怎么说,桑树坪人还能向黄土地讨得个温饱。而那些家乡的土地都养活不了的麦客们,不得不外出帮工。可悲的是,他们求生的唯一对象,却正是光景略强一些的桑树坪,而缺少生产劳力、生产工具的桑树坪,也不得不忍痛从勉强糊口的碗中再分出一份食粮去换工。在"乌龙"面前,桑树坪人是愚昧而渺小的;在估产干部面前,桑树坪人是卑微而可怜的;在麦客们面前,桑树坪人却是强悍而盛气凌人的。但是,倘若我们想一想,桑树坪的成年人全年基本口粮395斤,16岁以下的娃娃200斤,便会油然生悲。李金斗欺行霸市,却也是迫于无奈,桑树坪人是割自己身上的肉去付工钱。竞争的背后是无可遮蔽的、难以想象的贫穷,无论是李金斗,还是麦客们,全都在贫穷的两极挣扎,唯一的区别,只是穷的程度不同而已。同一个目的,同一个欲求,又驱使李金斗为着李姓家族的两孔破窑、一份口粮,将外姓人王志科捆绑入狱。贫穷乃万恶之渊薮。一切陈旧、过时、腐败的东西都会在贫穷中死灰复燃。正是在令人难以置信的普遍赤贫中,蓄童养媳、买卖婚姻、易妹换妻、转房亲等风行在黄土地上。孱弱多病的金财夫妇,不能说不善良,但为给患疯病的儿子娶亲,却把年仅十二岁的女儿卖出去。他们的心地不能说不淳厚,却把俊俏的青女骗进门,只为了传宗接代。彩芳与榆娃被活生生地拆散,并不仅仅是一般的封建意识作祟,而是因为他们的结合,牵动着更深层的"经济命脉":彩芳是李金斗家的"财产",是李家赖以生育子嗣的"工具",榆娃看中彩芳,不啻公然抢劫李金斗的"家业"。《桑树坪纪事》的笔触,没有停留在人心的不古、民俗的落后上，更没有把悲剧的原因简单归罪到某个人的善恶上。它把笔触伸向了个人所无法抗拒并毫无例外受其拨弄的命运，即那无情的社会与自然的法则，深沉的历史感便由此勃发出来。《桑树坪纪事》向人们揭示出，挤在黄土地上竞争，定然产生不了生产力的增殖，反倒是生命力的耗竭；为了土地的生育，也决然不会再是新生命的创造，毋宁说是对已然过去的生命的复制；以中世纪民族生存的基本模式：土地—生育，来奠基新时代的文化大厦，便注定了剧中人物悲剧性的命运。

《桑树坪纪事》一剧的导演，以大家手笔，直触农民千年命运的踪迹，掘出民族生命基质的底蕴，达到了当代话剧所不曾有过的历史深度和时代精神的高度。《桑树坪纪事》演出的成功，无可辩驳地说明了"舞台大于剧本"。导演的功力深化并升华了剧本。比如，月娃被卖走后，她的哥哥"阳疯子"追赶不上，倒地苦痛地翻滚，声声长叫，这种只属于舞台表现传达出的灵魂的号啸，令人莫不动容；其后，"阳疯子"拎着从妻子身上扒下的裤子，当众喊叫："这是俺的婆姨！钱买下的！妹子换下的！"就在围观的群众散开之际，舞台上出乎意料地出现一具肢体残缺的石膏女塑像。它在舞台中央仰卧望着苍穹。"女人—大地—母亲"，这一主题的变调，再次在剧场内冉冉升起。导演把象征寓于形式表现中，其内含的意义远远不是能用话语说出来的，甚至超越了人物的动作与情节的特殊规定。凡是看过演出的人，恐怕都无法忘记耕牛被杀的壮观场面。悲愤而疯狂的桑树坪人因为无力阻止宰牛吃肉的命令，亲手将心爱的牛，全村唯一的生产畜力击毙。导演创造了仪式化的景象，和系列舞蹈的形体动作，赋予了整个舞台一种祭坛般的悲壮和神圣的氛围。受伤的牛发出声声撕心裂肺的哀鸣，它是牛，又是土地，还是桑树坪的男女老少。它不住地翻腾着、滚动着、扭曲着、激抖着，再一次前蹄腾空，站立起来，痛苦地茫然四顾，慢慢地、慢慢地倒下，流尽最后一滴血……我们为牛的死去而悲恸欲绝，但是难道我们还愿意它复活吗？不！就让它这样悲壮地永远死去吧！

《桑树坪纪事》是一曲命运的悲歌，是一曲向旧的生产方式和生活方式告别的悲歌。它不是用笑声，而是用倾盆的泪水去抚平心灵的创口，在灵魂的战栗中，驱走梦魇的阴影，背负着痛苦，送走昨天，走向明天，去开创新生命的源流。

原载《中国文化报》1988 年 2 月 24 日

戏剧艺术的走向
——《桑树坪纪事》一剧对当代戏剧的意义

《桑树坪纪事》(简称"《桑》剧")的成功演出一鸣惊人,随之,"桑树坪现象"一词便应运而生。这表明,《桑树坪纪事》是以一种新颖、成熟的戏剧表现形态立在舞台之上,但作为"桑树坪现象",其意义则超越了一部剧、一件事。它是在新时期文化的整体中被孕育乃至凸显出来的一个现象。

《桑》剧是一个契机,对它的研究,将使对当代戏剧的观照获得一个新的视界。因为在此之前,对新时期戏剧艺术的反思,始终局限在对其缺少力作根由的追寻上。可一旦力作在舞台上放射异彩,被其魅力所震慑的观众,又对它的诞生充满炫惑感。《桑树坪纪事》的出现,证实戏剧创作已经具备克服既往弊病的能力。那么,由"桑树坪现象"所昭示的当代戏剧通向自身解放之路是如何成为可能的?便是我们反思的新的汇聚点。

"桑树坪现象"之谜的解答,既须深入"戏剧十年"艰难历程中去寻幽,又要走进《桑》剧执导者个人艺术创作道路去烛微(对于徐晓钟的导演艺术,当另撰文阐述)。《桑树坪纪事》集新时期戏剧探索之大成,或者说,凡属十年探索中有价值的东西,都在《桑》剧中复活了。从这一意义上说,它宛若耸立在舞台上的当代戏剧艺术丰碑,上面历历镌刻着这十年戏剧探索的功绩。

随着艺术春天的到来,在旧戏剧体系痛苦的解体爆裂声中,腾鸣起三个最强音,响彻戏剧界上空:呐喊着创作主体意识的自由、"形式更新"的鹊起、对"戏剧本体变革"的呼唤。这一切,共同肩负着戏剧观念革命的时代使命。旧体系坍塌了,被肢解成若干个断片,新戏剧在寻求艺术目的的自由与戏剧手段的自由、在寻求形式的创新与意义的深化过程中,目的与手段、形式与意义,它们之间被割裂开来,呈不均衡状态,各自片面地探索着新生之路。失去了原有支撑点的戏剧舞台向着不同方向倾斜。分裂与对立既表现在剧作家们形态迥异的创作实验中,也体现在理论家们各执一端的激烈论争上。就连理论与创作也似乎分了工,激变舞台、搅起轩然大波的,是一大批令人耳目一新的"形式更新"的戏剧演出,而"目的更新"却回荡在理论家们的声声呼唤中,将人们的反思引向深入。新戏剧的诞生,先是在"深刻的片面"之中被孕育、被发展着。这种状况被一位理论家言简意赅地概括为"多方位艰辛探索的新时期戏剧十年"。在《桑树坪纪事》的舞台演出中,人们欣喜地看到,多方位的探索在此分股合流了。《桑》剧的执导者自觉地克服各方的片面性,努力使之趋向统一。恐怕正是仰赖于此,《桑》剧显示出了当代戏剧正在走向成熟,同时这亦构成了"桑树坪现象"的精神,预示着戏剧艺术新的走向。

一、从手段的拓展走向形式的完成

形式问题在戏剧十年中,浸透着强烈的来自剧场的实际思考与感受,发自艺术家们对舞台表现形态的理想追求的内心冲动。他们感到无法忍受的,是以往那种单一的表现方法对心灵的压抑,艺术家们渴望获得更加灵动的手段和时空结构。在创新态度上,他们是开放的,一揽西方现代派、中国传统戏曲等兄弟艺术样式于自己借鉴的视野内。但在戏剧的整体变革中,形式又被他们局限在表现形态这一狭小的范围内,倾全力丰富与拓展戏剧艺术的表现手段和手法,绝口不提内容问题。他们始终坚持认定,形式上的更新就是戏剧观念的改变。这种矛盾现象的产生，是由于形式的创新，其推动力直接来自社会心理的骤变，而不是出自作品内在的需要。从求新思变的时代潮流着眼，许多形式创新剧目，往往从新奇感入手来选择手段与手法。他们忽略了形式更新最本原的需求是必须依据具体作品内在意义表现的需要。而《桑》剧的执导者在创造舞台语言时，紧紧抓住了这一根本。

很多创新者既标举着明确的纲领主张，又端出一系列引人注目的剧作，每一部剧都有一个清晰的实验项目，譬如剧场性，时空处理，内心独白的形象展现，象征性、多声部、多音响的运用，形体动作的舞蹈化、韵律化，等等，均表达了形式创新者们的共同心声和努力。这些大胆的实验、有益的探索，都为《桑》剧提供了充足的可资汲取的实际经验。但在同时，《桑》剧捡回并弥补了被以往形式创新者们所忽略的另外一面，即解决手段、手法的戏剧表现力的问题。因为当代戏剧所存在的缺陷，不仅仅是手段被限制在"说话"中，而且"说话"亦被限制在干巴巴的说教中，淹没在空话、套话的一片汪洋之中。意味深长的现象是，反对易卜生式的"说话"的艺术家们，却让他们笔下的人物，比易卜生剧中人物话说得更多、更直白，也更浅露。可见，拯救"说话"，与拓展和丰富非语言性手段同等重要。《桑》剧中最大的不足，仍然出在人物的语言中，简单化、概念化的弊病历历可辨，这点留待后面分析，在此仅指出，手段与手法是构成形式的要素，而不是形式本身，手段与手法的新，不等于形式的创新。形式真正的完成，必须解决作品的意义问题。形式创新者们避而不谈内容，是因为他们确信，形式即内容，无须再在形式之外特意关注内容。显然，西方现代形式理论给予他们极大的影响。遗憾的是，他们不了解，形式内容一元论的观念正是对传统的古典主义形式内容二元论的摒弃。传统的观念认为，形式所指的是语言构成的诸因素，如节奏、音律、词汇、形象等，而内容所指的是主题思想或道德教训。新形式观念对旧形式观念的取代，从根本上讲，恰恰是内容发生了质的改变，由外在的事件、问题、思想，一变而为人的内在情感生命。形式的完成，必须是形式中蕴含着丰厚的人的心理情态、人生深邃的哲理和命运，而绝不是用形式来进行说教或图解某一观念。因此，若想使形式的理想在艺术实践中实现，就必须从根本上解决作品的意义问题。在《桑》剧中，令人难以忘怀的、给人以强烈震撼力的完美形式，是那些舞台上创造出的一幕幕生动的意象，如塬上月夜"围猎"、"阳疯子"追妹妹、青女当众受辱，以及"杀牛"等，饱含着浓烈的人物内心的欲求、激情、命运。每一幅意象都必须用许多话语才能表达，甚至表达不清，或者无法表达。这些形式的创造，被公认为当代戏剧舞台上最辉煌的杰作。但是还应当指出，《桑》剧中的形式并非全部达到了上乘境界，缺乏表现力的形象展现仍频频可见。因此，从戏剧手段的丰富与拓展，走向戏剧形式的完成，这是今后创作亟待解决的课题。

二、从意义的深化到命运的开掘

《桑》剧是一部农村题材的戏剧。它表现农民的角度是崭新的，对农民与土地关系的开掘，达到了从未触及的深层。

新中国成立后，农村题材的戏剧何止上百部！20世纪50—60年代，叙写政治运动、所有制改造的戏剧俯拾皆是。围绕两个阶级、两条道路的斗争，以及贯彻某项政策而产生的对立，几乎是贯穿所有作品的矛盾冲突主线。而剧中农民形象则不外是不同阶级、阶层抽象品格的图解物。粉碎"四人帮"之后，涌现出一批剧目，着眼于农村的经济体制改革，歌颂党的农业政策。一时间，"发家致富光荣"成为一个新的创作套路。从1983年伊始，陆续出现了以否定的反思态度来表现农村生活的作品，它们试图揭示农村仍然存在的落后与愚昧的生活和精神状态，而这些现象是以往的政治革命与所有制革命并未能予以解决和改变了的。其中，有三部剧赢得了戏剧界的首肯与赞许，分别是《红白喜事》《田野又是青纱帐》《狗儿爷涅槃》。与另外两部相较，就历史感的深沉与生命意义开掘的深刻而言，《桑》剧显得略胜一筹。《红白喜事》是一部风俗喜剧，风趣且充满生活气息。作者力图克服以往人物干瘪、简单的弊病，从多侧面来刻画人物，譬如郑奶奶就是一个老革命、老家长、老封建的组合体。贯穿全剧的矛盾，是新时期经济生活好转之后，新旧伦理观念的冲突。《桑》剧中尽管也有大量伦理道德方面的描写，如买卖婚姻、蓄童养媳、转房亲等陈规陋习，但契领全剧的母题，却不是伦理冲突，而是残酷的生存竞争。正是由于难以想象的赤贫，农民为了活命，为了繁衍子嗣，就必然需要这些不合理的习俗。《桑》剧批判的矛头，与其说是对准扼杀人性的道德，毋宁说是对准那不合理的生存方式。《田野又是青纱帐》展现了社会改革浪潮对各个阶层的冲击，剧作家把每个人物都当作特定社会阶层的代表，通过他们对改革形势的不同态度，剖析所谓"青纱帐文化"。这出戏试图从文化角度把握当前农村的现实生活，但缺陷亦在于未能深入农村文化的底蕴。《狗儿爷涅槃》则从社会心理的角度写农民对土地的感情、对土地的渴求。主人公在土改以后获得土地，沉迷在"地主梦"的幻想与追逐中，终至幻灭。而《桑》剧告诉人们，以往的革命，其悲剧性不是由于没能满足农民千百年来对土地的幻想，而是没能用一种新兴的对土地的关系与感情来取代旧时的关系和情感。另外，《狗儿爷涅槃》被真实发生过的历史事件序列紧紧捆绑住，致使想象力伸展不开自由的翅膀。而《桑》剧中的事件虽然发生在"文化大革命"中，却把当时人为的阶级斗争、政治冲突淡化，推向背景，表现民族深沉的悲剧命运，表现古老的黄土地，以贫瘠的背项，支撑着一个步入现代化的社会。因而，《桑》剧的主题能够超越剧情所界定的狭隘时空，触及千年文化的底蕴："大地—母亲—生育"这样的生命原型。

《桑》剧成功了，但人们在振奋之余，往往又惋惜其不足。此剧的特点是导演大于剧本。导演可以凭其精湛的艺术功力，以非语言性的表现手段，展现与升腾主题意义，却无法补救某些人物内在的缺陷。但是，《桑》

剧毕竟将当代话剧提到了一个新的高度。

《桑》剧在舞台上创立了一种成熟美妙的戏剧表现形态，可展望将会有其他形态的戏剧与之争奇斗艳。但将目的与手段统一起来，用完美的形式去表现深刻的人生意义与价值，是一切有着不同艺术追求的艺术家们共同的努力方向。

原载《光明日报》1988 年 7 月 15 日

转载《戏剧研究》1988 年第 3 期

诗化的舞台语言
——评徐晓钟的导演艺术

　　《培尔·金特》是著名剧作家易卜生创作出的一部地道的"诗剧"。在徐晓钟的理解中，诗的精髓并不仅仅表现在诗的念白形式上，诗的至深蕴含是激情、哲理，是两者的凝聚。徐晓钟从《培尔·金特》这部奇特的戏剧中所深深感悟到的，是在宏大而散漫的结构下喷薄而出的诗性。徐晓钟锐意要在舞台上展现该剧的诗情，强化诗的抒情效果。为此，他第一个冲破一切陈规旧律，大胆地起用了舞队、歌队，并且将舞蹈运用在人物的形体动作中。舞台美术的总体设计也是力求凸显诗的氛围，如用了几重纱幕，自上而下流曳，在灯光的辉映下，造成一种朦胧迷离的优美幻境。舞蹈化的动作，是徐晓钟寻找到的戏剧的诗的表达手段、表现语言，进而他又由此创造出戏剧的诗的更高的表现语言：动作意境和动作意象。

　　人物动作的舞蹈化这一新颖的尝试，在《培尔·金特》一剧中获得了异乎寻常的成功。培尔的台词，大部分是在舞蹈化的动作中讲出的，这在戏的上半部尤为显著。导演的如此构思和追求，绝不仅限于获得赏心悦目的舞台效果，其深刻的意求在于表现隐蔽在动作背后的美好的"诗魂"——培尔蒙垢的灵魂中潜藏着的闪光的金子。徐晓钟赋予人物的舞台表现，始终散发着深深的抒情气息，他要求演员的内心感受一定要轻松活泼、自娱嬉戏。在培尔与山妖公主邂逅调情的一场戏中，这种基调的情绪

诗化的舞台语言

得到了最充分的完美表达。在山妖音乐的伴奏下，演员一边对舞，一边各自大肆炫耀，他们一会儿追逐嬉戏，一会儿翻腾跌打，一会儿跳跃转圈或托举上肩，节奏轻快，气氛热烈。这段对舞给人的感受十分强烈，但这种强烈感受很难找到恰当字眼表述出来，总之，它让人非常舒服。徐晓钟曾经说过，分寸感是导演艺术成熟的标志。这段戏的导演解释和处理，体现了徐晓钟高妙而细腻的分寸感。培尔与绿衣女妖的舞蹈，绝对不是使其念白形体化，它们甚至与每句台词没有直接的关系，更不是去再现爱的动作方式，而是承担了更为艰难的任务——表现无价值的爱中的价值。舞蹈在《培尔·金特》中，被化为表现力极强的戏剧的舞台语言，是因为这些被创造出的舞蹈化动作，是与人物的内在精神价值，人物的灵魂、命运浑然一体的，它们是人物生命意义及悲剧性命运的表现。

20世纪初，英国著名导演戈登·克雷曾大力倡导剧场艺术，他尤为推重"诗的动作"和"散文动作"。他主张，台词在舞台上不仅仅是从文字变为人物口中的话，而且人物口中的话必须在动作中说出来，在"诗的动作"（舞蹈）和"散文动作"（姿势）中说出来。显然，徐晓钟的舞台实践不仅实现了在舞蹈中说，而且更重要的贡献是完成了舞蹈动作在舞台上的戏剧性的转化工作。实际上，徐晓钟创造了一种载歌载舞的戏剧的诗的意境，由说话、舞蹈、音乐、灯光、布景等因素融合为一个意境整体，甚至用动作取得了如同交响乐般的辉煌效果。如在《桑树坪纪事》一剧中，"阳疯子"追妹妹那场戏，心爱的妹妹被卖给别人家当童养媳，"阳疯子"甩着双手，迈着鸭子式的大步，从台右后方斜冲上舞台，回身一眼看到伫立在台右前方的歌队，一个横刺扑向歌队，乞问妹子在哪里，跟着一个"后僵尸"硬摔，他直挺挺地跌翻在地，痛不欲生地呈扇面形来回滚动，继而撑起上身向苍穹哀鸣。急促的节奏，强烈的形体动作，大幅度的舞台调度，爆发出了屈辱、痛楚、愤怒、抗争混杂的情感。

动作意象在徐晓钟执导的戏中，往往是全剧最重要、最强烈的一瞬间，它满载着记忆，过去、现在、未来在刹那间汇集起来，凝聚于意象中。以《桑树坪纪事》为例，徐晓钟以"弱音"的方式来处理个别人物的情感，为高潮的瞬间做铺垫准备。如青女当众受辱这场戏，"阳疯子"在其他青年的揶揄、挥掇下，硬扒下青女的裤子，村民们呈圆圈状围了上去，"阳疯子"冲出人群，一边高高拎着裤子，一边高呼："这是俺的婆姨！钱买下的！妹子换下的！"人群一下子散开，一具塑像仰卧在舞台中央。这样一具肢体残缺不全的女塑像，之所以能够回荡起民族生生不息的本源，就在于她身上凝聚了月娃、彩芳、青女等这些剧中活生生的妇女形象，以及她们的悲剧命运。

尼采曾经认为戏剧大于话剧。他说，戏剧能够达到"话剧所不能企及的最高壮观"。毫无疑问，徐晓钟充分调动和发挥了戏剧作为综合艺术的综合特性，但是，他的舞台魅力绝对不是仅限于"综合"所能成就的。相反，在那些炫目的诗的动作与诗的动作意象中，"综合"隐退了，所有的一切，灯光声色、舞蹈姿态都融为一体。每一个部分，不再隶属于舞蹈、音乐、雕塑、绘画等，也就是说，它们失去了原来所隶属的艺术门类的特性，全部转化为戏剧的特性——动作性。但是，动作性仍然说明不了"最高壮观"的奥妙，因为动作性、剧场性、直观性是戏剧与话剧共有的属性。因此，我们必须从艺术语言的最高层次的特质来探索。徐晓钟舞台语言魅力最深的奥秘所在，即徐晓钟创造出的诗的动作、诗的动作意象，由再现和表现升华为象征。一个个意象，就是一个个象征体和隐喻体。

这些象征体和隐喻体，用徐晓钟本人的话来说，就是"饱含哲理、饱含诗的激情和意境，并找到美的形式的那些瞬间"。象征或隐喻的基本特征是它的超越性和极大的蕴含量，即人们从中直观到了超出形象本身的其他的无穷意蕴。《桑》剧中有个十分简单的动作——"按手印"，李金斗为夺下那点儿微薄的口粮和两孔破窑，便将王志科押入监狱。当他往呈文上按手印时，高举右手，略示停顿，神情十分严肃，全神贯注、用尽全力地往下一按，不料，手一按下去，便出人意料地连人带桌子顺势朝前跌翻过去。这一跌，把人物多少的心理活动、内心的骚动抖落了出来，因为李金斗心中十分清楚，这是昧着良心的做法，而且，它的意义何止于此：这一跌，将那时所处的头足倒置的年月，人们所干的荒谬的事情，尽皆"翻"了出来；这一跌，化严肃为滑稽，观众顿时哗然大笑。如此洗练、自然，而又如此丰富、沓远。仅此一笔，便充分显示了导演的才情逸思。徐晓钟的舞台，没有多余的空白部分，不存在任何"死角"，一切仿佛都是活泼泼的，充满着生命力，灯光、道具、服装、音乐、节奏、歌舞、空间、转台，均向着观众敞开，倾吐着幽幽心曲，传达着导演的整体构思。而在这美的意象瞬间，部分与整体、感情与超感情、情感与哲理、个人的欲求与命运的必然，均和谐地统一起来，呈现于直观，从而达到了"话剧所不能企及的最高壮观"。

徐晓钟是一位自觉追求哲理与激情的艺术家，他总是从哲理与激情的凝聚中成熟自己的演出整体构思，而且徐晓钟还是一位以长于理性思考著称的导演。然而，耐人寻味的是，徐晓钟从来没有用概念解释过什么是哲理，即使浏览遍他撰写的文章，也难以发现，他在何时何处曾为哲理下过定义，甚至连他执导过的剧作的主题思想，徐晓钟也从不用概念阐述。我们能够寻觅到的，首先是剧作内涵在他心中升腾起的"形象种子—整体意象"，如在《培尔·金特》中，是一艘在大海中风雨飘摇的、千疮百孔的船；在《桑树坪纪事》中，是"围猎"的意象。这些"形象种子"尽管不足以涵盖剧作的全部意蕴，但毕竟是导演直觉所寻求到的初步的形象形式。这种具有比喻性质的"形象种子"很容易被图解为"思想、观念＋形象"的僵化公式，但徐晓钟仅仅把"形象种子"作为开解作品的入口处，以便于全体演职人员感性地领悟他对作品的把握。导演的巨大艺术创作主题，实则是哲理与激情的凝聚。徐晓钟心中所领悟与理解的哲理，是根本无法用概念完全描述出来的，因为它们既不是警句格言，也不是道德训诫，更不是与日常普通意识相等同的观念。徐晓钟端出的创作主题，直接表现在舞台的导演语言中，离开他所创作出的辉煌语言，便无从去理解、寻觅主题思想。徐晓钟又善于引导演员进入人物内心世界，他启发演员对剧中所扮演的角色保持一种批判的态度。他既激发演员不断创造形式，又像一位既冷静又苛刻的批评家，不断地修正、肯定、固定、保留那些符合总体构思的部分，而将其中无意义的、缺乏表现力的部分剔除掉。能够让演员在自己的执导中施展出全部的能力，展现出高度的才华，甚至达到自己从未有过的辉煌境地，这正是徐晓钟无愧于作为我国当代第一流导演艺术家的明证。难怪每当徐晓钟导完一台戏，总有人惊呼：中国当代舞台上突然成熟了一大批富有才华的优秀演员！

当《桑树坪纪事》的演出轰动剧坛时，许多人赞叹该剧的成功是集新时期戏剧革新之大成。这固然不错，然而却造成一种误解，似乎徐晓钟在当代戏剧革命的十年中，只充当了一位收获者的角色。其实情况并非如此。若论戏剧舞台形式的革新者，第一把交椅仍非徐晓钟莫属。如果说《桑》剧的出现是在"形式更新"浪潮的尾声，那么，《培尔·金特》在"形式更新"呼声鹊起之前就已在舞台上大放异彩了。当戏剧界还在酝酿着形式的更新时，徐晓钟就端出了成熟且完美的形式革新的舞台以飨观众。徐晓钟每选择一部上演剧目，都蕴含着对旧戏剧体系的爆炸性冲击；徐晓钟每次在舞台上立起一部戏，都是对戏剧艺术重新构建的辉煌贡献，为世人树立起一个典范性作品。对于徐晓钟来说，无论是拓展与丰富演出手段，还是多方兼收并蓄，抑或是解决再现与表现的结合问题，最核心的课题，都是为了保持、发挥剧场艺术的本质特性。徐晓钟奉献给人们诗化的动作、诗化的动作意象，这些当代戏剧舞台最辉煌的杰作，均显示出剧场艺术独具的魅力，它们只属剧场所有，而为电影、小说所不逮。从《麦克白斯》到《桑树坪纪事》，徐晓钟拿出的艺术主题是宏大的，具有强烈的时代气息。

原载《上海艺术家》1990年第3期

戏剧艺术新的一页

——评话剧《黑色的石头》

如果称《黑色的石头》一剧揭开了话剧艺术创作崭新的一页，大概并不为过。在当代戏剧艰难的探索历程中，该剧具有承前启后的显著意义，无论是就创作者的明确创作意念而言，还是就剧作本身所开掘的生活深度而论，都从社会现象、社会问题的层面透入把握人物内在生命律动这个形象的深层。正是在这个意义上，《黑色的石头》的成功演出，标志着我国当代话剧艺术第一个探索阶段的终结，以及第二个探索阶段的开端。它既体现着过去十年戏剧界一步一步开创出的成果，又一指当代戏剧今后必然的发展趋向，因而该剧创作上的成功与缺陷均对我们有着重大的启示作用。既然是一出标志着戏剧本体转换关口的剧作，那么不可避免地，它的身上仍然处处露出从旧躯壳脱胎而来的因袭的痕迹，以及旧的创作思维模式的惯性影响和限制。只要稍加留意，便会发现那种新旧交替的矛盾混糅的特点，在《黑色的石头》中表现得再鲜明不过了，在败笔处能见剧作者富有生机的新意闪光，而在人们交口赞誉的精彩之处，又总是透着剧作者无法从容裕如地加以艺术驾驭的因素。而这种矛盾性，正是《黑色的石头》对于当代话剧的意义和价值所在，其成功感人的一面，开启了艺术创作真正的广阔天地，而它的失败乏味的一面，则从创作实践的角度，把今后戏剧界所要克服与解决的问题，提到了议事日程上来。戏剧界从外在依附的境地中走出来固然不易，但是，一旦寻到通往艺术王国的门径，要想踏进去，独辟蹊径，去摘取艺术的桂冠，那就更加不易。就好比外围战已结束，鹿死谁手则仰赖于剧作家的内力孰强孰弱。《黑色的石头》的价值和意义，是面向着明天、面向着戏剧艺术向更高的阶梯的攀登。它将戏剧引到广阔的生活的怀抱。无论是创作界，还是理论界，今后所要解决与回答的问题，不会再是围绕倾向、意义、题材、问题、手法兜圈，而将是伴随着"生活"理解的根本转变，触及戏剧艺术内在的诸种本质和规律。正是在这一意义上，我们称《黑色的石头》揭开了话剧艺术创作崭新的一页。

在人们的记忆中，但凡属于工业题材的当代戏剧，总离不了战天斗地的英雄人物、顶狂风迎恶浪的坚强战士、勇于改革的企业家，更离不了大开大合的正反方面的强烈冲突，以及如何解决社会矛盾、如何进行改革的讨论。《黑色的石头》脱颖而出，尽管它是一出写石油工人生活的戏，但全剧自始至终没有发生什么重大社会事件，也没有提出什么重大社会问题，简直连一条贯穿全剧的矛盾主线都没有。该剧笔力所到之处，均属个人微小的、平凡的愿望和感情，如老兵的妻子长年在农村，迟迟调不来，为此老兵焦虑苦闷，提着烟酒四处奔波；柳明由于老队长对自己的个人爱好横加干涉而愤怒；大宝子想方设法调离井队；心爱的大雁被杀，庆儿悲恸欲绝；还有大黑和彩凤那令人心碎的恋情……《黑色的石头》感人的艺术魅力就来自这些人物内心世界的展现。以往的戏剧注重于对人物共同意志、普遍情感的把握和表现，往往忽略了只为个人所有的独特的意愿和情感，而该剧所蕴含的社会意义和时代精神，恰恰就体现在每个人都不同于他人的心理欲求上。因为不满于现状、苦闷于生活的单调与枯燥，感到以往那种"禁欲"式的生活已无法忍受，希望实现个人合情合理的愿望，这正表现了今日之人性日趋丰富。我们的工人，身居陋室，脚踏荒原，每天用双手从地下开采出"黑色金子"，这完全是美好的，但是，能够意识到跃动在心中的希冀，并敢于肯定、大胆地去追求，则只有在民族新觉醒的今天才有可能。自我意识的萌动，恰恰是时代精神的开端。只要表现了人性的变化与生成，只要表现了人内在生命的运动，就会有巨大的社会意义和价值。

　　艺术与生活的关系，归根结底，是艺术与人的关系。艺术家是否熟悉生活，是否具有深厚的生活功底，最根本的标尺是看他对人的理解的深浅，对人物心灵洞悉的力度，以及对情感逻辑把握的准确性。倘若离开个性的人，离开人的心理、人的生命的运动，去侈谈生活，那必定使生活本身失却其生存的根基，流为空洞而虚假的东西。《黑色的石头》的剧作者曾长期生活、工作在大庆油田，身为石油工人来写石油工人，这仅仅是创作出好作品的有利条件，并非必然的因果律。同一部剧中的人物形象，艺术水平却显出轩轾，可见，姑且抛开其他因素不论，单对"艺术家有生活"这句老生常谈都应刮目相看。因为在经验中，人们所能把握到的，仅仅是外在生活的种种状况——所发生的事件、各种社会问题、人们的诸多言行等，可是艺术所必须把握的内在生活、人的内心世界，光靠观察是认识不到的，只有通过体验，把生活变成剧作家本人的丰富心灵、深广情愫，凭借想象力，把人物的内心再现、表现出来。彩凤这一形象的塑造，显露出剧作者在这方面大有发展的才华。彩凤是位农村少妇，被迫嫁给一个流氓恶棍，此时丈夫正在服刑。彩凤爱上了钻井工人大黑，她与大黑相爱的那场戏是全剧最精彩的段落。剧作者准确地把握住了彩凤内心独特的情感渴求：

　　　　彩凤　外面滴答雨了，我有点凉……
　　　　大黑　那就把窗子关上。
　　　　彩凤　还是凉……
　　　　大黑　那咋办？
　　　　　　　…………
　　　　彩凤　我有点冷，让我暖和暖和……

这段把一个农村少妇表现情感的大胆率直准确地刻画了出来。她分明在暗示大黑来拥抱、爱抚自己，这的确是彩凤心中当时的强烈冲动和渴求，但在同时，又将潜在的心理意绪和盘托给观众，使人感觉到无形的命运给彩凤造成的压抑与痛苦。三次由彩凤口中道出的"凉"，是她真实的心境、下意识的心灵感受以及生活境遇的真实写照。在爱的欲求下面，隐藏着命运的乖舛和恐惧的阴影，在明显的情欲挑逗的话语中，又包含着如此沉重厚实的生活内涵。在彩凤看来，大黑那强壮有力的双臂、宽厚坚实的胸膛，能够为她遮风避雨，为她驱散冰雪严霜，是她希望之所在、生命之归宿。这场戏可谓达到了很高的艺术境界，相比之下，大黑的心理内涵未免单薄了些，令人好生遗憾。还有庆儿这个形象，写得十分感人。在他的身上，灌注了爱的情感，爱同伴、爱大雁、爱生活，剧作者不仅写庆儿多方面爱的行动，更主要的是写出了庆儿爱的灵魂。他无论做什么，对大黑的顺从与关心也好，为困在凄风苦雨中的伙伴去买烟买酒也好，全都发自庆儿人格的需要，是他内在生命的外化，没有丝毫做给人看的矫情，也没有一点儿为了宣扬某一崇高道德的做作，因此才能够造成大雁被杀那场戏催人泪下的效果。肉体奇痒难熬的痛苦与大雁无辜惨死带来的心灵痛楚，使得庆儿发疯般地在床上滚动哭号，全剧始终隐含着的那种生命被压抑住，可是又蓄积待发的情绪氛围，不安、躁动、抑郁、激愤，此刻一下子喷发出来，打出去的难言的复杂情感弥漫剧场，紧紧攫住观众的心。

剧作者为他的每一个人物都寻找到了在剧中存活的理由，不是为外在的目的，而是人物自己生命的需求。正是这样的创作意识的突破，使得《黑色的石头》一剧能在十年话剧的终端"尾声夺人"。创作思维模式的改变，不仅创作出了几个颇有光彩的艺术形象，就连那些薄弱的人物，也由之增添了几分自然的活气。像林坚，一名党委书记，剧作者没有让他端着舞台上司空见惯的"书记架子"，而是赋予他普通人的行为和言语。该剧还使用了一些在众多作品中用滥了的情节，比如背名人名言，用留长发、穿牛仔裤、专挑世界名画来显示现代文明，但却消除了那种生硬的、令人起厌的感觉，纵然不成功，起码让人感到自然质朴，何也？就是因为剧作者是从每个人的欲求出发而不是为了去宣教。尽管如此，也不能不指出，凡涉笔力薄弱之处，总不免透露出剧作者本人想说出些什么的强烈动机，终未完全摆脱旧的剧作思维模式的羁縻，导致了全剧的失重与不完整。

《黑色的石头》一剧中，还有一位十分值得分析的人物，就是老队长。由于他在全剧占据举足轻重的地位，因而这一形象塑造的成败，牵动着全剧的价值高下。首先值得肯定的是，剧作者从根本上改变了以往剧作将这类人物处理为"反面"的模式，而是将老队长写成与大家一样的普通人，并且突破了简单化的一贯倾向，写出了人物复杂而矛盾的方面。这些，已为评论界人士交口赞誉，评价再高，亦不为过。但是问题在于，老队长的矛盾复杂性格在剧中究竟是被作者"说出来"的，还是由形象本身艺术地表现出来的？不得不痛惜地指出，他更多的是借助于前者，而不是后者。可以做个实验，倘若把从管理员及另一位不知身份者口中介绍的老队长的情况删去，关于老队长的行动在剧中还剩下些什么呢？请看，他阻止工人们休假时坐车进城，害怕年轻人滋事；他看不惯柳明的穿着打扮，撕安格尔的名画《泉》；他责令老兵做检查，认为老兵违反了共产党员的准则；他动辄用大庆会战的光荣传统训导众人，等等。除了给人以固执、僵化、冷漠的印象外，很难再有其他。由于他人的陈述与剖白，老队长的另一面才得以在观众心上打下印痕。然而，陈述性的语言不是艺术的，换言之，是非戏剧性的。因而，尽管剧作者安排了老队长因公死亡，临终时他与大家和解，遗言中说许多事情都没想明白。应当承认，这句独白相当有分量，剧场效果亦强烈，由于整个时代都在对过去进行反思，把这句话单独抽出来，仍然具有格言警句式的深沉感和耐人寻味。但是放在人物身上，缺乏性格充分的表现，失去内在生命自行运动的坚实基础，它除了泛泛的哲理意味外，情感的力量并不浓重。可以这样说，老队长形象塑造的得与失，均在于剧作者本人意念的明晰与否、理性认识的准确与否。以艺术水准衡量，老队长远不如彩凤塑造得成功。老队长仅仅在创作意图中立了起来，却没有在剧作家心灵中活起来，这大概是其失败的根本原因。其次从构思的原则来看，剧作家还未从过去的惯性中挣脱出来。多年以来，当进入创作过程时，剧作家们习惯于围绕事件，按照路线、立场、思想观点的不同来组织剧情，安排人物与人物之间的矛盾冲突，推至戏剧高潮的场面。如今，乍一突破到人的内在生命的层面，如何结构人物与人物之间情感的相互作用、人物自身内在的矛盾冲突，还显得十分生疏，驾驭不了，以往驾轻就熟的老套路便会不自觉地起作用，这些缺陷，是前进中自然会出现的问题。以老套路构思老队长的行动，便把他与其他人物的关系简单化了，剧作者充分意识到这一点，为了补救，便把老队长的"另一面"生生地拼贴上去。

《黑色的石头》一剧在创作上的长足突破，它所取得的成就，不足以使其免受严格的挑剔；而《黑色的石头》一剧在创作上的不足，也不能淹没它在当代话剧艰辛探索中的价值和意义。批评的严肃性，就是既要从与以往创作的对比中，充分看到该剧的贡献，又要从已经具备可能性的更高一层的水准，指出其有待改进的地方。何况《黑色的石头》一剧的意义就在于预告更高一层次的戏剧艺术将在中华大地上涌现。此篇评论文章之所以采取了褒贬同行的手法，就是为了像《黑色的石头》一样，向第一个艰难的十年告别，去迎接那更加艰辛的第二个十年。

原载《戏剧》1988 年第 1 期

历史剧与现代意识的参与
——兼谈湘剧《山鬼》的方向与价值

湘剧《山鬼》演出后，批评界哗然。这叫历史剧吗？这是屈原吗？确实，《山鬼》给人们出了一道棘手的难题。

《山鬼》是历史剧吗？该戏开宗明义，在副标题中申明：这是"屈原先生的一次奇遇"，并非严格遵照古书上的明文记载。哪一位名家不曾在历史剧中倾注自己虚构的成分？罗贯中、莎士比亚莫能例外。因此，《山鬼》的情节纵然纯系作者杜撰，亦有先例可循，无须指责。更何况，《山鬼》的构思还是有案可稽的。史书上说，屈原曾两度被放逐，在近千里的颠沛流离中，披发仗剑，形容憔悴，行吟泽畔。那么据此推断，谁人敢肯定，屈原没有发生过各种奇遇？郭沫若笔下的《屈原》，其中的婵娟、宋玉等人的情节，便出自郭老的虚设。可见，如果将视线仅仅纠缠于历史剧是否符合历史事实的争论上，是很难把握历史剧的实质的。历史剧定然要取材于历史上的真人真事记载，否则便不称其为历史剧；但在艺术创作中又不必拘泥于历史史实，因为它是艺术，这两者皆不言自明。问题的关键在于这种对史实的取舍，便以"虚构"而论，其依据与目的何在？我们说，即在于对历史人物的把握与刻画。事服从于人，而不能将人拘泥于事。这不能不说是历史剧的第一要义。

接踵而来地，人们还会问：《山鬼》一剧中的屈原，是历史上真实存在过的屈原吗？若要回答这个问题，必须先要澄清另外一个问题，即历史上真实的屈原究竟是什么样的？屈原是位伟大的民族巨人，他虽未登上如同孔孟那样的圣贤之尊位，但亦获享世世代代人们的香火祭拜。因此，在每一个人的心目中，早已深深装着一个屈原的形象。应当指出，我们今人心目中的屈原，并不是屈原的原型形象。生活在两千多年前的屈原，他到底什么样，截至目前，只有一个可以依赖的确凿本文，那就是屈原通过自己的诗篇所塑造出的不朽的自我形象，即由流传下来的《天问》《离骚》《九歌》《九章》等作品整体表现出来的诗人形象。毋庸置疑，这一整体形象的内涵远远大于任何一个后人再塑造出的屈原形象。司马迁的浓烈笔墨，侧重于抒写身处逆境中的屈原，他胸怀高远志向，却不遇明主，只能尽情倾吐心中悲愤，眷顾种种复杂的情感。而屈原作为一位伟大的政治家，他的远见卓识、政治才干，以及他曾经参与的政治活动、那些对他的命运具有决定性影响的政治事件，司马迁却极其吝啬笔墨，仅用寥寥数语交代而过。无疑，司马迁的个性融进了屈原的形象中，屈原的身世境遇、襟怀抱负、情感品格，无一不是司马迁一生的写照。而我们今人的心目中，装的则是具有高昂爱国主义精神的屈原，他坚定无畏，勇于向强权、向恶势力进行百折不挠的斗争，而非那个一咏九叹、愁肠百转的屈原。这样一个忧国忧民的悲剧形象的确立，当得力于郭老的历史剧《屈原》。为了配合全民族的抗战，郭老着重再现了屈原的政治活动过程，谱写了一曲抗敌御侮、舍生忘死的爱国主义慷慨悲歌，新中国成立后，学者们亦一致以此作为《楚辞》研究的基调、屈原形象的定论。而充溢于《九歌》绝大部分篇章中的那种人神恋爱、凄迷哀伤的别愁离绪，可求而不可得的爱情失意以及通贯整体的那种上天入地的求索不息的精神，在人们眼中，它们只被看作屈原作品的组成部分，而从来未曾把它们与屈原本人的人格相连，看作屈原生命中的有机构成。之所以如此，盖缘于从古至今，人们是在政治史观的视界中，去理解与解释历史人物的，犹如透过一面滤色镜，唯有泛着政治国家、伦理道德内容色彩的行动，情感才会被凸显出来，而个人的情欲、嗜好，则被遮蔽住，沉没在历史的忘川之中。《山鬼》的创作，不再将历史人物局限在单一的"政治动物"的狭窄天地中，鲜明地企图以"全面的人"的视界，展现屈原生命中被遮蔽住的另外一个层面的意义。这样一种全新的追求和探索，难道不值得肯定吗？难道不令人振奋吗？

《山鬼》力求将"死人"写成"活人"，让历史面对今天说话，这种强烈的具有现代人意识的创作探索方向，正是《山鬼》一剧具有的开拓性贡献的价值所在。那么，何谓历史剧的现代意识？难道硬叫历史人物摇身一变而为现代人，想今人之所想，说今人之所说，做今人才可能做出的事，方算是历史剧对当代社会生活的参与？非也。我们说，现代历史剧既不是"还魂术"，亦不是"轮回投胎法"，如果仅仅一味地借古人之躯壳，吐今人胸中之块垒，那势必将历史剧引向另一歧途。所谓现代意识的参与即是指，用现代意识重新去解释历史，发现以往的生命活动中被遮蔽住的层面，将只有在现代意识的观照下才会显露出来的生命意义，形象地表现出来。历史剧区别于现代剧之处，即在于历史总是在对过去进行解释，但是历史剧必须从自己的时代找到解释的出发点，只有站在这个出发点，才可能真正揭开过去的隐蔽生活，看到被历史长期忽略了的古人的心灵。如尼采所说："我们只有站在现在的顶峰才能解释过去。"《山鬼》一开场，屈原高歌《思美人》踱步而来，而《山鬼》拓宽了对《思美人》传统理解的内涵。《思美人》在传统的解释中，均被理解为对君王的仰慕与眷顾，无论是对《离骚》，还是对《思美人》历来的批评，都是在这一意义上的认可。《山鬼》则把《思美人》拓展为屈原对理想、对爱情等美好事物的执着追求，在"九死而不悔"的追求历程中，展示出屈原内心的矛盾。因此，《山鬼》在演出中才会与剧场观众产生贴近的心理共鸣。

试想，《山鬼》的作者如果将自己的构思拘囿于古籍中记载着的事件，便无法实现自己的创作意图。因为在政治活动中，怎么可能表现出屈原心中情欲的骚动？必须想象出一个虚幻的情境，为人物内心世界的展现提供自由驰骋的天地。为此,《山鬼》的作者才让流离的屈原来到了一个原始部落,开始了一次奇特的遭遇。

凡了解戏曲历史与现状的人,都会体会得出,《山鬼》的创作突进该是何等举步维艰!《山鬼》的启迪作用,以及产生的强大冲击力,是怎样估价都不为过的。万事开头难,关键的一步已然迈出,犹如登高而呼,声应气求者必然顺风回应,更何况已出现一批作品与《山鬼》联袂,将当代戏曲创作在本体的根本变更上,引入揭示人的情感活动的轨道。鉴于此,通过《山鬼》新开创的方向,创作界一方面要继续解决写什么的问题,另一方面,怎样写亦日益紧迫地提交到我们的面前。

《山鬼》的不足之处在于"浅",对人物内心的揭示欠深。如果从作品的创作思路来追踪分析,便会发现作者构思嫌"乱",人物情感逻辑不统一。既然用到情感逻辑这一特定术语,就得对情感一词加以简单界定。日常对情感的理解,无非是认为表达喜怒哀乐的状态,但在艺术理论中,情感内涵的审美意义绝不仅限于此。它的确切的含义,如同尼采所指出的,是"意志的一切可能的追求,激动和表示,人的全部心路历程"。由此可见,情感与人的内在生命活动表达着同一意思。情感逻辑即是人物的内在生命动态轨迹,人的性格无论多么复杂,都是不可割裂开来的有机整体,而情感逻辑便是将性格中的各个不同的侧面结合为整体的统一点。《山鬼》一剧在把握人物方面,好就好在它开掘的是人物的情感层面,无论是剧作者总体的创作意图,还是具体场面的渲染刻画,均立足于人物的性格。屈原与杜若子是《山鬼》中的两个主要人物,剧作者原本立意在屈原对爱情、对尧舜盛世的不息追索,而杜若子既是屈原的爱恋对象,更是屈原所追寻的理想中美的化身。在剧作者的心中,杜若子应当是一朵空谷幽兰,一轮深山明月,一个情真性纯、芳馨丽质、敢欲敢为,不受规矩礼法纤毫尘染的大自然之少女。但人物的具体的人性价值不尽一致,确切些说,创作意图没有在人物身上得到很好的体现。剧作者很懂得剧场、懂得观众,在这方面表现出很高的才能。在创作过程中,剧作者倾注全力的,是几场很能"出戏""抓人"的激情戏。因而,一旦落笔,意图让位于行动,文化环境服从于场面,这样一来,创作出了引人入胜的民俗风情画卷图、浓烈的激情、调侃的喜剧性噱头,但同时也造成某种程度的总体立意与场面、文化环境与行动之间的不统一,而这种不统一又直接损害了人物自身的完整性。譬如杜若子,天真未泯、激情似火,"为我所欲,欲我所为",这样一个少女,只能出现在原始部落中。可是倘若原始部落也实行严格的一夫一妻制,实施残酷的通奸惩罚,那么杜若子的天真烂漫便近于愚。而且戏的下半场,当杜若子劝导屈原时,说的话语那样世故精到,一心只想占有屈原,否则便不惜手刃屈原,且丝毫不顾念前方浴血的将士,在"快快活活生"的炽热生命欲火背后,透着不近人情的自私。而屈原,当大幕一拉开,那为空谷幽兰所醉、为一派上古田园气象所迷的屈原便立在舞台。看得出来,《山鬼》想写屈原一旦在现实中发现了自己追索的理想目标,内心所产生的矛盾斗争过程,但实际上,屈原的心路历程深入不下去,更多的是表现在外在行动的犹豫踟蹰。而为了给屈原瞻前顾后的行为找性格依据,又把儒家的许多心态赋予了屈原,凭空使人物增添了不少迂腐道学气息。当然,笔者并不是指责屈原不该有这些酸儒气,而是想指出,那位穷尽六合、苦苦追索不息的屈原在之后的行动展现中,被极大地削弱了。作者的笔端行到此处,为了突出人物的迂腐、脱离现实,又把高阳变成一个以己之心猜度别人的小人,一个有着浓重夫权、君权意识的野蛮酋长。试想,一个有着偷盗、猜忌、酷刑、严格规矩的部落,怎么会成为屈原的理想憧憬之地呢?甚而,连所谓理想与现实的矛盾能否成立,都值得商榷。

原载《中国文化报》1989 年 1 月 15 日
转载《戏曲研究》1989 年第 3 期

开拓"社会剧"

——《车库》对我国当前戏剧创作的启示

《车库》，这部苏联著名剧作家梁赞诺夫的又一喜剧力作，最近由北京人民艺术剧院（简称"北京人艺"）搬上首都舞台，受到热烈欢迎。

像不久前北京人艺上演的《哗变》一样，《车库》再次令我们大开眼界，惊异不已。全剧场景只有一个：会议室（动物标本陈列室）。内容即开会表决四位被取消分配汽车库房资格的人员名单。从剧始到剧终，"马拉松"式的会议通宵达旦，与会者们精疲力竭、昏昏欲睡，可是观众却兴致愈来愈高，时时爆发出畅快的笑声。如此冗长、乏味、枯燥的会议，竟然使得观众兴趣盎然地参与其中，简直不可思议。剧作家那种浑然自如的大家手笔，令我们叹为观止。

梁赞诺夫的名字，对于我国广大观众并不陌生，他创作的《办公室的故事》《两个人的车站》《命运的拨弄》已先后通过银幕风靡我国。尽管在底蕴的浑厚、人性透析的深沉、情感的丰富雄浑等方面，《车库》逊于《两个人的车站》等片，但是这样的比较其实是欠妥当的，因为《车库》的创作宗旨原本就不在于此。《车库》属于另一类型的戏剧，旨在展示世态习俗、人心风气。故而，《车库》具有另一种意义和功效，它为当代的人们而诞生、存在。密切关注生活中正在发生着的具有普遍性的事情，捕捉现实中各类敏感的问题，然后在剧中直接呈现，切中时弊，及时地针砭社会不良风气，构成了《车库》的显著特点。《车库》的成功上演，对我国当前的戏剧创作具有特殊的重要意义。因为它与我国既往的戏剧传统如此贴近，与我国剧作家的创作视野、心态、路数如此契合，简直如出一辙。《车库》的成功，作为典范向困惑中的戏剧界昭示，紧密贴近当前现实、切中时弊的剧作，仍然大有发展的余地及光辉的前景。尤其在目前，当"社会问题剧"仿佛走入了"山重水复疑无路"的死胡同时，《车库》把人们领入了"柳暗花明又一村"的境地。因此，研究《车库》的成功秘诀，对于我国今后的戏剧创作将大有裨益。

然而，在振奋之余，惶惑之心油然而生。不能不承认，尽管属于同一类型的剧作，但在同一个创作层次上，只要稍加比较，便会发现，《车库》与我国的"社会问题剧"之间存在着实质性的巨大差异。因此，我们理应以《车库》为镜鉴，纠正我们创作上的偏颇。

《车库》是"社会剧"但不是"问题剧"。像我国的戏剧一样，《车库》涉及众多社会问题，如走后门、拉关系、请客送礼、行贿受贿，以及个体户的金钱万能、干部及高干子弟的特权、人们对物质利益的角逐、人的权利等，不一而足。可是，《车库》妙就妙在既不能将其归于某个问题，也不能将其归于若干个问题的总和。一旦我们从问题入手去说明该剧，便会意识到，这样就遗漏了更多的意义。而我们的许多戏剧却十分简单，简单到内涵就等同于问题。如若硬要揭穿《车库》成功的秘诀何在，人们定然会泄气，答案十分乏味，一句老生常谈："写人，而不要写问题本身。"

其实，宇宙万物，最本真的道理往往是最简单的，可恰恰因其是简单的，也就蕴含无穷、变化无穷。可能因为同是社会主义国家，所以，《车库》所展示的社会现象，就像发生在我们身边一样。尽管熟悉的问题能给观众以亲近感，但是，看过《车库》的演出后，久久留在脑海中的，是那些绝对不相混淆、个性极其鲜明的人物形象。只不过，在《车库》这种类型的创作中，作家攫取人物的角度、原则、方法，迥异于《两个人的车站》等片。一般说来，采取"群像""群雕"式的人物写法，均不以个别人物为主角，深刻地挖掘人物的丰富内心世界，表现人物的性格，展现人物的命运，而是好像用镜头对准生活中的某一场面拍摄下来，然后再让其中的人物在这一场面中行动起来；又仿佛是在生活的机体上横切一刀，取下一块切片，放在显微镜下，观看细胞间的相互运动。《车库》所设定的情境，既不必询问人物的过去，亦不必关心人物的未来，只需把握一瞬间人物的动作即可。这里切切注意，《车库》构思的情境是人物生存的情境，而不是问题的情境。人们生活水平提高了，纷纷购置了小汽车，随之而来的车库，便成了人们迫切需要解决的问题，总不能眼睁睁地看着昂贵的小汽车在露天日晒雨淋吧。费尽周折，经过几年的努力，车库即将建成。恰在这时，由于要修建公路，必须占去车库的一小块地，就得减少四间车库。这样，将有四个人失去分配车库的权利，谁应当被除名呢？这就构成了该剧的核心问题、情节、悬念。《车库》的情节发展一波"九"折，有强烈的戏剧效果。开始，除名名单是由修建管理委员会的领导拟定，由全体成员大会表决通过的。这样，"倒霉蛋"必然要由最没地位、最没势力的弱者来担当。于是，被除名者不仅仅受到物质上的损失，同时也感到自身的人格受到了公开的蔑视。名单一经宣布，立时将平时隐蔽着的社会等级、政治等级差异暴露了出来。从此刻开始，戏剧性的动作开始了。牵动着每个人的神经、掀动着每个人的情感的是两个并列的共同问题：一是涉及切身利益的车库分配；二是敏感的问题——人格的尊严与平等。每一个人都渴望分到车库，绝不轻易地高姿态让给他人，但是在客观上却必须有四个人没份儿，于是人们要求有一个公平合理的分配原则。《车库》之所以是出"社会剧"，就在于剧中的所有人物在此瞬间，全都被裹进同一个愿望、需要、情绪之中。于是，剧作家紧紧抓住、突出、表现每个人物对分配进程及分配结果的反应、态度、心理。而每个人的反应、态度心理，又与每个人在分配中的利益所得，与每个人参加会议时的偶然和特殊情况，与每个人的身份、地位、个性、教养有关。如此多的因素决定着人物的行动。试想，循此途径去结构全剧，想象人物的言谈举止，怎么可能不创造出人物行为表现的千姿百态、妙趣横生呢？

《车库》可以称为"社会剧"，亦可以叫作"世情剧"，独独不能名之为"问题剧"。观众看到，剧中人物奋起力争，指陈揭露诸如特权、金钱、走后门等时弊时，是由于这些不良风气侵犯了他们的利益，伤害了他们的情感，剧中人物的每一细微情绪的流露及变化，都是出自内心需要和自身境遇的表现。《车库》中的人物是活在现实中的，而我们的剧中人物往往是活在"问题"中的。殊不知，先有生存，后有问题，问题缘起于生存方式，倘若忘却存在，独留问题，人岂不成了无根之木、无水之鱼？《车库》抓住的是人的生存，表现人物在生存瞬间的心理及变化，所以，《车库》将人性的善与恶放在生存的激烈竞争与人权的捍卫这样两个至深的矛盾层面上展开，摆脱了廉价的道德说教。各种社会不正之风，同样也是放在生存之上予以展露。人们需要求助于特权、金钱，而且往往要以不正当手段去达到目的，可是，恰恰又是这些弊端，直接贬损着人格的尊严。尽管全剧自始至终，从未就任何一个社会问题或现象进行辩论，但是却比任何就问题而发表的慷慨陈词都有力。它使人们意识到，虽然出了问题，病根却在生存方式上。人们无法改变生存，只好乞求于公平的权利，即反对以不正当手段获得权利，让享有同等权利的人们以运气——抓阄儿这样典型的喜剧办法来充当公正的法官。

《车库》这样的上乘"社会剧""世情剧"，其真正的力量和作用，并不是唤醒人们对问题的关注、对现象的了解，而在于促使人们对自身的生活境遇进行反思，增强人与人之间的沟通，增加对他人的同情、关心和爱。恐怕，"社会剧"对现实生活的巨大意义，莫过于此吧。

《车库》的启迪、《车库》的昭示就是，不论什么类型的戏剧，其根本的出路，其别开洞天的辉煌前景，都在于写人、写人性、写人的内心世界！

原载《中国文化报》1989 年 3 月 29 日
转载《戏剧研究》1989 年第 5 期

《车库》的意义及喜剧手法

既熟悉亲切,就像将我们身边的人和事搬上了舞台一样,又充满新鲜感和奇特感;既欢快戏谑、令人捧腹,又回味无穷、发人深省,这就是话剧《车库》所唤起的观众心里的复杂情感。

我国广大观众对《车库》产生的那种认同般的亲切感,是因为舞台上的生活情境、各种困扰人心的社会现象和问题以及人物的诸多心态,与我们当今的生活现实是多么酷似!况且,就"社会剧"这种戏剧类型而言,也与我国戏剧创作传统和习惯十分贴近,多年来始终为戏剧界所推重和偏爱。当那些熟悉的事物出现在《车库》中,人们立时觉得是第一次听到和看到,饶有兴味地关注着事态怎样发展,人物各自的结局如何。对此略加分析便会发现,所谓熟悉的,是那些社会现象和问题,诸如特权、走后门、生活资料紧俏、分配不公等;而那令人产生陌生感与新鲜感的,是每一个具体人物的特殊境遇及其对待生活的态度和心理活动。而《车库》展现的是某一瞬间的生活情境,以及在这一特定情境瞬间下人物的动作,力求更广地揭示生活层面,透析生存境况本身的问题。由此可见,梁赞诺夫的《车库》较之我国相类似的剧作,要深邃得多、高明得多。

美国著名剧作家阿瑟·密勒在谈到"社会剧"时曾有过一段精彩的论述。他说:

《车库》的意义及喜剧手法

> 这一代人的社会剧一定不能只停留在对盘根错节的社会关系的剖析和批评这一步上。它必须去探索人存在的本质，找出他的需要是什么，以便使这些需要在社会中受到重视，得到满足。因而，新型的社会剧作家如果想做好本职工作，必须是比过去更高明的心理学家，必须至少意识到要把人的心理生活世界封闭起来的做法是徒劳无益的……①

尽管《车库》涉及的社会问题面十分广泛，但该剧紧紧抓住并围绕展开戏剧情节的只有两个问题，即分配车库问题及公平权利问题。失去车库的厄运会落到谁的头上？应该落到谁的头上？这构成该剧的核心问题、情节以及悬念。前一个问题是由修建管理委员会的领导解决的。他们私下里先拟定一个名单，然后召开全体成员大会，予以表决通过。当名单一宣布，人们马上意识到，失去车库的这几个人是所里最没地位、最没势力的弱者。于是，被除名者感到不仅仅在物质利益上遭到损失，而且自身的人格也受到了蔑视。公然暴露出来的社会等级、政治等级差异首先激怒了受伤害者，他们奋起抗争，呼吁公道。戏剧性的动作就此开始了。梁赞诺夫像阿瑟·密勒一样，他创作"社会剧"《车库》，其宗旨也在"探索人存在的本质，找到他的需要是什么"。为了生活得更好一些，人们要求提高与改善物质生存的各种条件，这本是无可指责、合情合理的，但同时还需要人自身的平等、人自身的价值受到尊重。像阿瑟·密勒一样，梁赞诺夫在"社会剧"中仍然表明自己是一位高明的心理学家。在《车库》中，剧作家异常巧妙地抓住并突出地表现每个人物对分配进程及分配结果的反应态度、愿望、情绪等心理活动。正因为《车库》切入的是人的生存、人的需要，表现人物在生存瞬间的心理及变化，所以，人性的善与恶放在生存的激烈竞争与人权的捍卫这样两个至深的矛盾层面上展开，摆脱了廉价的道

---

① 密勒.阿瑟·密勒论戏剧［M］.郭继德，等译.北京：文化艺术出版社，1988：53-54.

德说教感。各种社会不正之风,同样也是放在生存之上予以展露。人们对物质生活的需要与追求,本是无可厚非的,但倘若沉溺于其中,变成唯一的愿望,那么人的美好品质也将消损,变得自私、狭隘、不择手段。在修建车库的过程中,大家都知晓其中进行着各种不正当的交易,但人人都缄口不言、漠然置之,因为这些不良的社会风气不但没妨碍个人既得利益,而且还要得力于它们才能实现个人的目的。由于偶然的因素,一下子打破了均衡与默契,隐蔽着的矛盾爆发了。第一个被除名者是古西科夫。古西科夫工作在外,代表他来参加会议的妻子一听到宣布的名字,马上无法遏制地冲动起来,将长期压抑在胸中的愤懑不平之气宣泄出来:丈夫科研成果被剽窃,出国机会被调换,工作上遭排挤,到手的车库又被除名。古西科夫妻子的抗争已从对车库的力争转到对自身权利的呼号。在冗长、反复的讨论、争吵、表决过程中,在场的当事人先后都发生了显著的变化,由"各人自扫门前雪,哪管他人瓦上霜"的态度,逐渐转变为积极要求公平分配、谴责不正之风、维护弱小者的举动,盖缘于唤醒了他们对他人的同情感,走出了仅一味盘算个人所欲所得的封闭心态。梁赞诺夫在这里没有肤浅地塑造一个完美的形象,相反,他笔下的人物都渴望分到车库,绝不轻易地高姿态让给他人。大家共同的要求趋于一致,即应按公平原则来分配。当把靠权势与金钱混得车库的既得利益者除名之后,还剩两个应除名的名额,一旦得知修建管理委员会主席丢失了汽车之后,他们马上毫不留情地也将她剔除。剩下的最后一个名额,人们只好乞灵于运气——抓阄儿。

　　由此可知,"社会剧"至深的意义仍然在于,它旨在启迪人们对自己生存境况、生存方式的反思,唤醒人们对他人的同情、了解与关心。因为,在社会和生活中存在的普遍问题和现象,是人人有目共睹、司空见惯的。但是,人与人之间的内心情感意愿,却是相互隔膜、相互陌生的。所以,"社会剧"尽管必定捕捉住当代现实生活中至关重要的问题现象、事件,但必定得透过这些生活的表层,去开掘人、开掘人性、开掘人的内心世界！

《车库》赢得我国广大观众的喜爱，还由于它的喜剧形式。梁赞诺夫擅长写喜剧，他坚信"通向观众和读者心灵的捷径"是幽默。在《车库》中，剧作家采用了许多可笑性的手法，将结构、情节等予以喜剧化处理。比如强烈反差对比的结构方式：他把情境置于动物研究所的标本陈列室中，人与动物之间便构成了发人深思的对比——研究动物、保护动物的科技人员，反而失去了自我保护的能力。"马拉松"式的令人精疲力竭的会议，和与会者焦虑急迫的心情之间的强烈矛盾，产生了极佳的喜剧效果，如身着盛装的新郎，一次次按捺不住冲到台前，恳求大家让他回家，好与等待了十五年的心上人共度新婚之夜；好不容易抢购到盼望已久的冻鸡、冻鱼的妇女，由刚入场时的得意至极的心情，变为不安、沮丧的情绪，因为会议开个没完没了，肉已变臭。更妙的构思是，大家被关在会议室里，谁也别想出去，这样便形成了各种反差的具有可笑性的情绪、氛围。还有夸张得近乎怪诞的手法的成功使用，为《车库》增添了许多喜剧光彩。一夜之间，冻鸡、冻鱼便臭得让众人捂鼻躲避；古西科夫妻子的突然精神失常与突然恢复；失声者突然会开口说话，等等，都让人忍俊不禁。还有许多近乎闹剧的编排，被除名者为了阻止众人表决，急切之中的感情用事，也造成了许多噱头。当古西科夫的妻子一时迷失心智后，大家为了安慰她，真挚地扮演她的丈夫、儿子、女儿，让观众在笑声中，既感到一丝悲凉，又为人们的同情心而感动。出乎意料也是喜剧中惯用的手法，在《车库》中亦有多处巧妙使用，比如当第三个被除名者宣布后，一个壮实的小伙子在进行曲音乐的伴奏下，气冲冲地绕着圈子从台后走到台前。观众很诧异地看到他只是在胸前挥动双拳，嘴里唔唔呀呀地乱哼哼，等了一会儿才明白，他由于抢救海豚，受寒后失声，是个哑巴，不禁都笑了，在笑声中，充满着对他的尊敬和同情；还有当表决完之后，大家都急不可耐地冲到门口，却发现大门不知被何人锁住了；最后，修建管理委员会主席，一位态度蛮横、不近人情的老太太，突然被她丈夫告知小汽车被盗。凡此种种，均形成了《车库》浓烈的喜剧特色,剧场中时时爆发出欢快的笑声。如剧作家梁赞诺夫指出的,"它嘲笑了令人愤怒的反面现象,我们希望人能看到自己身上丑陋的东西,希望人类能够摆脱禽兽时代留下的沉重遗产,变得纯洁"。

《车库》的翻译及上演,对当前我国戏剧艺术创作的启迪,将是多方面的。"社会剧"有待于提高,而喜剧更有待于开拓。无论是喜剧,抑或是"社会剧",均有着光辉的前景,问题在于能否涌现出像梁赞诺夫那样功力深厚的天才剧作家。

原载《戏剧评论》1989 年第 3 期

长歌当哭

——话剧《老风流镇》断想

话剧《老风流镇》企望通过两个不同文化人格形象的建构，通过二者之间相反相成的矛盾及对立，呼唤民族本原的生命。然而，在概念化的形象展现中，被丢弃掉的，恰恰是原始的民族生命。

倘若意识到，中华民族千年的文化，始终被遮蔽、被遗存在忘川之中的，是以个性为本体的生命意识，那么，以文化反思为旨意的《老风流镇》却又重堕文化的迷雾深渊中，岂能不令人喟然长叹！

一

不论《老风流镇》的命运如何，亦不论世人对其如何褒贬毁誉，有一点是毋庸置疑的，即它的分量是沉甸甸的。

试想，一位青年作家，风尘仆仆，足迹踏遍数个省份，考察了十几个县的民情乡俗，耳闻目睹了改革大潮中城乡的种种变化，之后，从初稿到最后定稿上演，又历时五年之久。且不说近一年的实地漫游，就说作者对文化的沉思、对民俗学的钻研，补习历史与古典文学的功力，在岑寂中反复磨砺、苦苦构思，单凭这份执着与韧性，亦足以令人肃然起敬。

作者因何自寻烦恼，不驾轻就熟，沿着《屋外有热流》《路》《红房间·黑房间·白房间》《街上流行红裙子》的创作道路走下去？因为作者的创作思想发生了一个急骤的转折。在他沉下来之后，实地漫游考察，现实生活中的纷纭现象渐次隐去，心中腾起的朦胧幻觉，却是一个"非历史的历史影像"。作者感受到，在光怪陆离的改革大潮的深层，似乎有股停滞的潜流；在变化着的社会生活下面，似乎安放着一块亘古不变的界碑。于是，他再也无法满足于描写现实生活中的各种事件。他那高亢的创作激情，从社会生活投射到文化追寻，他的目光从现实回溯到历史，试图透过重重迷雾，追踪蹑迹民族性格中迄今为止的恒定的文化人格。

然而，《老风流镇》却命中注定要受到双重的责难：既受文化的责难，又受艺术的责难。

那么，问题究竟在哪里？

二

对《老风流镇》的评论，如果仅仅着眼于创作意图，从剧作者本人所撰写的《演出的几点说明》一文中攫取若干点，加以注释、发挥，那势必陷入《老风流镇》自身创作的不可逃脱的泥淖之中。因为，该剧在创作上的问题，从根本上就出在作者以先行的概念和意图去支配剧中的情节结构、人物的情感和行动。

作者的创作意图及其对作品的解释说明，与作品本身所蕴含的意义并不一致。因为意图及说明的表述，是概念的、推理逻辑的表述，而作品则是感性的、形象的、情感逻辑的表现。在创作过程中，人物一旦确立起来，其在每一瞬间的言语动作，说什么、做什么、怎样说、怎样做，自主权是人物自身特有的，并不在剧作者一方。优秀的作家，其高妙之处就在于能够洞察到人物的内心。他替人物杜撰的台词及动作，与人物自身的情感、意愿、性格逻辑完全一致。而当我们剖析《老风流镇》时，便会发现，情况恰恰相反，剧中人物的情感行为全部跟着作者的意图走，为实现作者的意图服务。

先从背景说起。《老风流镇》本是一座沿海开放城镇，但当时朝廷下了禁海令，盲目排外，不但切断了正常的国际商业贸易往来，而且阻绝了百姓们的生路，由此便惹起民怨鼎沸，招致洋枪洋炮的进攻，最后弹尽粮绝，全城覆没。但很奇特的是，作者并没有紧贴着背景结构故事，而是想象出两大事件："赛花会"与"守城之战"，前者实写，后者虚写，后者消融在前者中。作者避开了背景故事中存在着的矛盾发展线索，譬如民族矛盾、民生矛盾、官民矛盾乃至情感矛盾，而以浓烈笔墨铺陈描写了"赛花会"，使以"花王"为主角的"花会"及花会仪式贯穿全剧始终。《老风流镇》如此构思，意在建构两个相反的文化人格：代表世俗文化的、"非礼教"的贞娘子与代表正统文化的、礼教的范无尘。借用剧作者本人的说明："剧中的男主人公是中国人人格结构系列中正统意识的代表。一切正统文化中的优点，他几乎都具备了。"按此意念，范无尘应是"忠、孝、仁、义、礼、智、信"的化身。为了体现范无尘身上的这些特征，剧作者不得不时时游离于特定的具体情境之外，不断地想象出新的情节，以便为范无尘添够所需要的"优点"。例如除了明显的"忠"外，为了表现他的"义"、他的"信"，在大军压境的危难关头，为了报答贞娘子昔日的救命之恩，他竟"每天儿跪，跪了三个来月"，竟"夜夜不能寐，凭窗独立，独酌独醉，孤眠孤醒"，其动机是"报恩"。不能不指出，情节的屡屡迭起，根本无"合情合理"可言，因为剧作者并不是为着人物内在的情感或需要而构思情节的。结果，范无尘的"忠、义、礼、智、信"都变得空洞，成为抽掉了实在个性和特定生命内容的抽象物。而贞娘子，却忤逆了剧作者的初衷，在世俗中透着"恶俗"，在"野艳"中露着"无耻"。不可否认，剧作者赋予了她太多"非正统"的美德。比如，贞娘子是"开放搞活"的思想代表，她首先结交洋人，成为老风流镇的"财神爷"；她体恤民情，为百姓张目；她是民众的宠儿、军队的魂灵，是士兵眼中的"女神"……然而，贞娘子的身份是个妓女，剧作者之意并不在于挖掘一个妓女的美好心灵（如小仲马的《茶花女》），而是要以贞娘子来表现"性文化"。那么，具体是怎样表现的呢？一方面，贞娘子当众大言不惭地宣讲自己的"浪迹"，亦称自己愿当每个人的"老婆"；另一方面，她侃侃而谈地历数达官贵人们的风流韵事、房中之术。贞娘子据以自豪的，同样是"浪"，但比起统治者礼教下的"玩女人"，她是贞洁的，精神是高尚的。在这里，剧作者混淆了两种不同的文化，即"妓女文化"与远古遗风的"群婚制文化"。由于《老风流镇》用了超过二分之一的篇幅凸显所谓"性文化的仪式"，使贞娘子竟成了"裤头子"文化人格，这可能是剧作者所始料不及的。人们可以看到，倘若抽掉人物具体的内心情感欲求，一味地张扬"招野汉子"，将滑入怎样的文化歧路。

由于剧中人物是抽象的文化特性的人格化组合，所以人物的内心动作是静止的，此弊端在第一幕就暴露无遗。因为在这幕戏中，剧作者顽强的冲动是要表现"饮食文化"，即使牺牲戏剧性的推进节奏亦在所不惜。只是在后几幕戏中，由于情节的出奇制胜，观众还能感觉到戏剧的变化流程。

三

不能不承认，该剧结构宏大，气魄雄浑，想象奇特，氛围怪诞，虚实相合，尽管内在生命情感苍白无力。剧作者想表达的文化问题太多了，儒文化、道文化、世俗文化、性文化、饮食文化、儒道互补文化等，他试图以人物与仪式来体现。不过，该受责备的并不是剧作者的雄思逸想，谁不企盼中国的《神曲》《浮士德》《培尔·金特》式的涵盖时代、涵盖民族整体文化意蕴的作品问世呢？但是，这些史诗般的宏伟作品，哪一部是以文化的人格化来体现生命意识的呢？文化隐含在人物形象的具体生命中，思想深藏在命运的悲壮历程中。而《老风流镇》，就失败在每一个情节构思都要说明一种文化特质。其实，《阿Q正传》不就是一部揭示民族深层文化心理的巨著吗？然而，鲁迅是从具体的感性形象把握中，来创作出阿Q这个不朽的人物形象的，迄今还没有几人对中国文化的思考，达到鲁迅那样犀利和深刻。

剧作者从丰富的感官印象中、从现实生活的感受中，唤起创作的冲动。然而，当他要将朦胧的影像具体化、戏剧化时，却抛开了感性的、直接的生活印象，中断了深刻的生命体验，没有发现真正能够表现历史文化转折期的个性人物的活生生的言语动作，而走上了观念支配创作的死胡同。然而，《老风流镇》仍然可算是剧作者创作道路上一次可贵的新的尝试，它显示了剧作者的才华和潜力。在以文化为主旨的当代戏剧作品中，《老风流镇》是有分量的一部，它的失败给人以多方面的启示。我们的作家，每向前迈出一步，都要克服自身的不足，同时还要超越现实生活和民族文化中的局限。还是让我们自觉地认识过失吧，当我们历数自身创造性的过失时，应是长歌当哭！

原载《中国文化报》1989年7月26日

"南京小剧场戏剧节"概述

全国首届"南京小剧场戏剧节",于1989年4月20日至30日在南京成功举办。在这期间,共调演13台剧目,召开了7次专题报告会和理论研讨会。大江南北的戏剧艺术工作者、理论工作者共济一堂,观摩交流,相切相磋,可谓戏剧界的一次盛会!

一、小剧场戏剧的现实意义

在戏剧节期间,曾多次专题介绍国外小剧场戏剧的开展情况。据悉,小剧场戏剧活动在美国、英国、苏联、西德、瑞典、日本、中国台湾、中国香港等国家和地区十分普遍。而且,假若以剧场之"小"而论,那么美国和西欧的戏剧艺术,几乎已成为"小剧场"的天下了。在他们那儿,剧场的建筑规模趋向小型,一般设座600个以内,很少有超过800个座位的。从与会者所介绍的情况来看,尽管每个国家和地区小剧场戏剧的兴起与发展的背景和状况不尽一致,但共同点是,小剧场戏剧在各地区均有体制与艺术两个方面的意义。在这些国家和地区,很多正规剧院附设有小剧场,供各类非正式的试验性演出用。譬如一出新创作的剧目,由于把握不准演出效果和票房价值,或者由于艺术见解的分歧,经理人拒绝接受剧本、组织演出,在这种情况下,剧作家或导演便可邀集一些合作者,在小剧场试演，听取评论界各方的意见，以期得到首肯，再搬到正规剧院演出。小剧场戏剧还作为一种群众性的业余活动，在校园、工厂、社会上得到广泛开展。一批戏剧爱好者自由组合、筹集资金，觅到一处废置库房，或礼堂，或租小剧场，便可上演自编自导的戏剧。另外，小剧场戏剧便于进行艺术的各种探索和试验，因为与大剧场相比，它更简便易行，经济上的风险也更小。在解决既要在艺术上做不倦探索，又要顾及票房价值的矛盾方面，小剧场更占优势，所以许多戏剧试验放在小剧场进行，便不足为奇了。从这个角度讲，说探索性是小剧场戏剧的特点，亦不无道理。其实，任何一项探索，其根本目的都是戏剧自身的生存与发展。票房价值说到底，还是观众问题。小剧场戏剧的涌现与发展，必定奠基在更加凸显戏剧的本性之上，正是在这一目的与功能中，小剧场戏剧是对大剧场戏剧的补充。前文提到的，美国与西欧之所以罕见像我国那种遍及各地的大剧场，同样证明剧场的空间构造应该与戏剧艺术的规律和法则相吻合。

综上所述，不难看出，小剧场戏剧之所以在世界范围得到普及，盖缘于它有利于戏剧艺术的生存与发展。由于各个国家和地区的现状不同，小剧场兴起时的条件与针对性亦各异，因而使用的名称也不尽一致。但是，无论如何，小剧场与正规剧院相辅相成，共同承担着戏剧艺术的使命。

我国小剧场戏剧同样具有双重意义，它是在拯救戏剧于危机之时应运而生的。我国小剧场戏剧最早的倡导与施行者是北京人艺，林兆华等艺术家将《绝对信号》放到小剧场上演，其宗旨是突出剧场性，强调观众的现场直接参与，增强角色与观众的心理交流。在此次戏剧节上，中国青年艺术剧院奉献了两台戏，并获得很大成功。这是两台很见演员功力的上乘演出。显而易见，张奇虹导演和王蓓导演在排练中倾注了鲜明的探索意图。他们力求解决演员表演的各种原则与方法，以此为核心，体现小剧场观演的特性。而南京市的小剧场戏剧，是有鉴于戏剧艺术的不景气、观众上座率不高的现状，必须审时度势、改换门庭，便毅然以小型剧场为基地，以满足老观众，逐步吸引新观众，并可一场多用，在多种娱乐经营中，维持与发展戏剧事业。近年的实践证实这是一条行之有效的途径。

当代戏剧危机，既源于艺术本性的丧失，又来自戏剧体制上的弊端，无疑，小剧场戏剧在我国，求生存的意义更为突出。克服体制上的臃肿累赘，追寻戏剧艺术的特性，这是充满生机的小剧场戏剧的活力所在。而且，它的显著标志即剧场空间的小型化。所以，不论其他国家和地区取什么样的名字，在我国，实实在在地就是小剧场戏剧艺术。

二、探索、成果、问题

"新时期十年戏剧成果的荟萃"，如果我们以此评价来赞誉此次戏剧节，似乎并不为过，因为它的确展示了当前戏剧发展的概貌和走向。

首要引人瞩目的是多样性。13台上演剧目，无论是题材、主题，抑或是手法、形式，竟然没有给人以一丝一毫雷同之感。但凡了解中国当代戏剧始末的人，均会体会得到，这原本理应如此、平淡无奇的事实，是多么了不起的进步，能够涤除单一化、雷同化的弊端，其意义有多么深远！为此，整整一代人付出了无数的心血与生命。"南京小剧场戏剧节"昭示的信息说明，戏剧艺术多方位的探索、多样化的状态，已然成为定向。这就提示我们：我们的思想和眼光要跟上变化发展了的现实，要为解决与完成更加艰难的新课题而奋斗，即不仅仅为某一种样态的戏剧呐喊，而且应该使各种题材、各种形式、各种样态的戏剧走向成熟、走向完善。

创作意图和创作方向的转折，是此次戏剧节另一令人振奋的显著特点。13台创作剧目，无一例外，均将创作的切入点对准人，人的生存，人的情感、欲求，人的命运。以往那种将人作为图解观念和问题的工具与手段的弊病，明显地被大大克服了。如果尚存在不足的话，亦是另一层面上的不足，即对人的把握与开掘的不足。应该指出，此次戏剧节，之所以能够冲破雷同化的"怪圈"，不能不说与创作意图和创作方向上的重大突破息息相关。因为只有人性、人的生命，才存在着无穷的变化、无限的表现形式，才呈现出千殊万类的形态。试想，戏剧如若仍困顿在社会问题与社会现象的层面上，怎么可能不屡屡发生"撞车""雷同"的情况呢？因为问题与现象是可归纳、可概括为相同分类的，是有限的、可数的。就以此次戏剧节为例，同样以写人的情感为题材，《火神与秋女》《欲望的旅程》《人生不等式》《明天还会多个太阳》《炼》等都大相异趣。

除此之外，在戏剧探索的深化方面，此次戏剧节还出现了应当给予充分重视的两个新动向，就是"个性化"戏剧的初露端倪，以及喜剧意识、荒诞意识的崛起。

"个性化"戏剧是相对于"群体化"戏剧而言的。举几部当代戏剧的力作为例，如《狗儿爷涅槃》《黑色的石头》《桑树坪纪事》，稍加留意便会发现，它们共同的特点，是人物的"群体性"。也就是说，这几部戏表现的是社会、民族的普遍心理、情感与命运，关键在于剧中的个别人物的心理刻画、命运展现，直接就是群体意识、群体境遇的表现。因此，"群体化"戏剧一般多采用"群像"式写法。不客气地讲，凡是"群体化"戏剧，假如一部作品已臻成功，那么，这部作品的"母题"（主题）便随着作品的完成而干涸、耗尽。在同一母题下，很难出现两部风格各异的成功的"群体化"戏剧。如《狗儿爷涅槃》中农民对土地渴求的共同心理，《桑树坪纪事》中以土地为生的千年民族命运的悲剧。但是，只要突破"群体化"，进入"个性化"，任何"母题"（主题），都会获得用之不尽的"永恒性"。此次戏剧节，尽管初露端倪，但"个性化"戏剧已显示出巨大潜在力量和广阔前景。如《火神与秋女》，这部戏原本落入一个俗套，即矿工难找媳妇的问题及舍己救人的英雄事迹，但该剧在演出中，在褚大华、"狗熊大哥"及秋妹三个人的具体感情关系中，重新创造了一个抛开了俗套的戏剧情境，展开了具体而细腻的情感过程。在这个过程中，每个人的内心世界都得到了披露，性格都得到了表现。能够把三人之间的情感关系写得如此具体、真切、细致、动人，在当代剧作中还不多见。由于演员的出色表演，《火神与秋女》成为本次戏剧节上最受观众欢迎的一部戏。再如《欲望的旅程》，写的仍是"文化大革命"期间及粉碎"四人帮"之后的现实生活，但剧作者的眼光投注在个人的情感及命运遭遇上，这样便从惯常以揭露"四人帮"、控诉"文化大革命"的"文革剧"中脱颖而出，在人物所经历的共同的政治生活、政治命运中，力图展示人物独特的心路历程，以及主人公与他人之间的情感关系。又如《明天还会多个太阳》，尽管并不成功，但已不再是"群体化"戏剧。剧作者虽然写的是"群像"，而且四对未婚夫妻的爱情终罹破裂，但却不见共同的群体的情感、心态与现实命运。有情人难成眷属，但将有情人拆散的原因却彼此各不相同。在这里有必要解释一下，写了个性的剧作未必成功，但是从"群体"向"个体"的转变，不但预示着戏剧自身的进步，而且表明了现实生活的巨大变化，况且艺术的根本生命基质就在于个性。如《桑树坪纪事》，导演在舞台作品中创造的辉煌的艺术成就，并非个别人物的个性化塑造，而是舞台艺术本身的景观。甚至可以说，人物在剧本中的先天不足，经导演的二度处理后仍于事无补。《桑》剧舞台夺目的光辉，是由于导演以无懈可击的、简直到了炉火纯青境界的动作语言，表现出了群体的惊天地、泣鬼神的激情，以及民族悲剧命运的深刻蕴含。因此，倘若限定在"群体性"上，那么《桑》剧已臻巅峰，不可超越，但若立足于"个性"，《桑》剧的缺陷便暴露无遗。

随着剧作者普遍将眼光投向对人的生活的观察、思考、感受，自然在剧作中表现出一种力图超越简单的是非判断、泾渭分明的善恶判断的倾向。《欲望的旅程》中的女主人公当年与老师之间的暧昧关系，作者显然有意避免在是否道德的观念上做文章，而打算把人物内心的冲动、情感的渴求写出来。《明天还会多个太阳》一剧，同样没有给人物下简单结论，没有以孰是孰非来组织矛盾，作者的笔，始终向着每个人物内心的愿望和痛苦。在这样一种力求超越政治上的是非、道德上的善恶来审视人生的创作心态下，喜剧意识、荒诞意识崛起了，表现在《天上飞的鸭子》《屋里的猫头鹰》《一课》《亲爱的，你是个谜》几部剧中。乍一看，《天上飞的鸭子》表达了现实生活中对纯粹精神的追求与对纯粹物质的追求之间的矛盾，实际上，该剧对当代戏剧的意义并不在这一主题思想上，而在于它所塑造的两个人物：傅尔与女诗人。这是两个当代剧坛上从未出现过的"幽默"式喜剧人物。剧作者极准确地把握住了傅尔的生命基调，即不从道德角度着眼，去拔高或贬抑人物。傅尔就是这样一类"小人物"，善良、憨厚、富有同情心、乐天知命，与外界日益"开放搞活"的生活环境并不协调，于是显得"缺心眼""笨拙"，常闹笑话。而对女诗人的刻画，更显示出了作者对生活中严肃、崇高激情下的否定面的敏感。不是吗？当西方新思潮、新学说潮涌般冲进中国大地后，当不顾一切地、一股脑地吞咽，而未找到安放它们的根基时，"食洋不化"的现象不就是一种喜剧情势吗？对人生境遇中否定性情态的感悟，使《亲爱的，你是个谜》《屋里的猫头鹰》《一课》蒙上了浓厚的荒诞意味。人的一生被各种相互矛盾、杂乱无章的知识灌输得忽而形而上、忽而形而下地迷失本性。在《一课》中，忽然在人生的某一瞬间，人们连自己挚爱的亲人都不了解了，甚至连是男是女都无从分辨；《亲爱的，你是个谜》表现人跌入黑暗的深渊，困扰在冲不出去的重重矛盾之中，而丧失掉生命的活力，这同时也是《屋里的猫头鹰》中"猫头鹰"的象征意义。

　　创作的视界一旦转向人，便将多年来难以治愈的单一化、雷同化的顽症根除了。但是，若想根治简单化、概念化的痼疾，绝非一件易事。不能不指出，简单化、概念化仍是此次戏剧节创作剧目的通病，只不过程度不同、表现的方面及方式不同而已。如《火神与秋女》中的因袭俗套，尽管经过导演的二度创造，使人物极大地丰满起来，但在这个套子的影响下，该剧仍不完整，从而减弱了戏的力度。《明天还会多个太阳》一剧，由于剧作者游离于人物所处的具体情境之外，按照作者自己的意念来人为地结构人物之间的情感冲突，便使得人物情感失去真实性，难合情理。《欲望的旅程》从根本来说，是跑了题，没有把主人公的内心欲望写出来，仅仅按照真实的生活时空顺序，写了一个女人的四次情感经历。《天上飞的鸭子》一剧，主人公傅尔没有更为复杂的关系、更为广阔的活动天地，故而显得单薄，内在性格不丰富。而女诗人这一角色，则是概念化的味道多了些。《亲爱的，你是个谜》相比而言完整些，但是剧中几个人物是漫画式的俗态勾勒，而深刻的人生感受仅仅是在一种静态情境中"说"出来的，显得失重。《屋里的猫头鹰》是此次戏剧节上最引起争议的一部戏，仁者见仁，智者见智。客观地讲，这部戏比较复杂，蕴含量大，剧作者想表达的东西十分多，问题出在该剧没达到内在的统一。"猫头鹰"，无论是幽禁在森林中的，还是关在黑屋中的，都是失去自身生命力的生灵，这是该剧的基调，但剧作者却下大力气生发哲理。人物歇斯底里的激情爆发、疯狂的宣泄与声光色形构成的"性快感"，以及象征、隐喻手法的使用，使得该剧十分散漫，虽然观念清晰，能够把它的主题思想——说清楚，但是人物每一瞬间的情感爆发却让人无法理解，缺少情感逻辑发展的必然基础。

综上所述，小剧场戏剧节不但展示了当代戏剧前进的步伐和幅度，而且也将迫在眉睫的、普遍存在的共同问题提交在戏剧界面前。说到底，还是写人与如何写人的老生常谈的问题。但是鉴于目前的发展阶段，应当提出康德美学思想中的一条重要原则，即审美判断是不凭借概念而对对象的把握，因为审美的源泉是情感，人的内在生命的运动。

三、观演空间与观演规律

从大剧场到小剧场，空间的缩小是否只具有物理的改变意义？与会者一致认为不仅限于物理意义，但是，分歧也自此而起。焦点在于，是否认为物理空间的改变本身便意味着观演关系、观演规律的改变？质言之，心理意义的改变就寓于物理空间的变化中，两者是不能割裂开来的。倘若离开剧场的"小"而去界定小剧场戏剧的特性，实际上是在阉割小剧场戏剧，不论这些见解表面听来多么激进。

一座剧场，一旦坐满观众，那么这座剧场就已不是一座物理空间的建筑，而是由剧作家、导演、舞美、演员、观众共同进行戏剧艺术创造的场所。中央戏剧学院舞美系研究生徐翔同志曾就此做了精彩的专题发言。戏剧的空间，它的意义的本质取决于活人观看活人表演。因而，空间的大小、舞台的设置、观众的位置、观众与舞台的距离及角度，这些因素受到观演规律的制约，同时，这些因素的改变，会马上使视觉幻象发生某种改变，并直接影响观众的心理感受及参与意识。据徐翔介绍，日本与美国都有学者研究过，究竟在距离多少米之内，才会使观众产生亲近感。毫无疑问，小剧场戏剧的特点，是观众一进剧场立刻产生的贴近感。这种几乎面对面的贴近，使得在大剧场中模糊的演员面部也变得真切起来。观众可以仔细观看演员的眼神、眼中闪动的光芒、额头渗出的汗、脸颊上挂着的泪。总而言之，只为影视所有的"特写"，在小剧场中亦仿佛出现了。观众在小剧场中的参与感比大剧场更为强烈。

小剧场戏剧以"贴近"为特点的观演关系，将使导表演与舞台美术以怎样的创作方式来体现和发挥这一特点的优势呢？此次戏剧节似乎还没提供更多实践与理论的例证。但有一点已很明显，就是演员的表演被强烈地突出出来了。在如此狭小的空间内，演员稍有过火的、矫揉造作的表演，便立刻能给观众以难耐的、无法忍受的感觉，反之则更容易令观众"入戏"。此次戏剧节除极个别的表演过火外，绝大多数表演都让观众感到舒服，这不能不说与声音不必使劲提高、形体不必过分扩大有关。当然，优秀的话剧演员即便站在大剧场舞台上，他的声音与形体也会像生活一样平易亲切，但是，偌大一批演员能够做到这一点，在大剧场演出是难以实现的。

表演有真实感，才会令观众产生亲近感，才会令观众欣然由衷地、自然而然地参与进去。"贴近"造成对真实性的敏感度更加增强。表演的真实性不应局限在外部动作上，绝对不应理解成外部造型姿势对生活的逼真模仿。真实性必定是人物内在情感的真实可信，至于外部的表现形式则既可"写实",亦可"写意"。

观众的参与性是此次戏剧节理论研讨的热点。由于专题介绍了国外"环境戏剧"与"行动戏剧"的理论主张及实践概况,再对应我们历来的戏剧传统、习惯,人们的眼光似乎集中到"形体参与"与"行动参与"之上。比如演员走入观众席中,或把观众邀请到舞台上,演员直接与观众对话,或让观众参与到戏中的动作中来,这就是"形体参与",或者叫"身体参与"。这种参与方式,国外有之,在中国亦不陌生,当代十年探索戏剧做过不少这方面的尝试,此次戏剧节上的一部独角戏《放不进去的棺材》,就使用了"形体参与"与"行动参与"的形式。其实就这一类型的戏剧来说,我国早已有之。诞生于抗日战争时期并风靡一时的《放下你的鞭子》,完全体现了"环境戏剧"与"行动戏剧"的要旨,而对于"情感参与"则很少提及。有待于戏剧界高度重视的是,倘若"形体参与"不在"情感参与"的基础上实现,是否能够真正完成艺术的创造过程?再则,凡是能达到"行动参与"功效的戏剧,必定是观众的情绪被极大地感染了,甚至被鼓动起来,剧中人物的复仇心理、反抗的愤怒情绪转化为观众行动的驱动力。那么,又一个悖论被提出来了,即艺术的情感永远是"间离"的,是种"静观",是种审美的情感,是被升华了的情感。譬如《哈姆雷特》给予观众的情感,绝对不会仅仅是让观众也感染上哈姆雷特的复仇激情,而是极大地超越了复仇心理,在一种更深邃的感悟中,对复仇这种情感进行反思。观众获得的情感,反而是对复仇激情的扬弃。令人忧心忡忡的问题关键在于,这不仅仅是个在理论上争辩孰是孰非的问题,而是个非常实际的实践问题,即我们的戏剧是否还要沿着既往的"战斗传统"走下去?

在以上观点的影响下,模糊生活与戏剧界限的主张被提了出来,所谓"类戏剧"被提了出来。而恰恰是持此种观点的同志,不久前还在提倡破除"生活幻觉",还在拼命尊崇布莱希特的"间离效果"。且不说该怎样弥合前后两种截然对立主张之间的鸿沟,单论"模糊界限"说,就已制造了另一悖论，即艺术永远是幻象，所以艺术不会等同于生活，倘若生活与戏剧之间的界限消除了，那也就不复有戏剧的存在了！

"南京小剧场戏剧节"胜利闭幕了。它令我们振奋，但也带给我们忧虑，前进的印迹历历可数，但未来途程更加艰辛。

原载《戏剧》1989 年第 3 期

小剧场戏剧面面谈

一

小剧场戏剧艺术,生于时代的改革大潮之中,拯救戏剧于危难之时,以求生存、图发展为己任。这样的背景与使命,便注定了中国小剧场戏剧艺术运动的特色与命运。

小剧场戏剧艺术之于今天,其实践意义远远大于理论意义。既然是以求生存、图发展为宗旨,就必须由双重的困境中冲出来,即由体制所造成的困境与艺术质量所造成的困境中冲出来。就国内小剧场戏剧的发轫者们的实际经验来看,都具有这双重的探索意义。

相对于"大剧场"而言,"小剧场"是它的自我调整和补充。由于"小",所以观众容纳量少,并与目前人们对话剧的兴趣和要求状况更为切合;由于"小",所以人力、财力投资量少,可以减轻与缓解目前各剧院(团)经济拮据的窘境,以有限的资金排演更多的剧目,这是其一。小剧场戏剧具有大剧场戏剧所欠缺的灵动方便性,更具一种活力;小剧场的出现,不是对大剧场的背叛,而是补充,它们之间不是对立的关系,而是相辅相成的关系,共同肩负着戏剧革命的使命,这是其二。

小剧场戏剧在我国作为一种新鲜事物的出现,其现实意义,远不只是"实验的性质"。推动小剧场戏剧发展的强大的直接力量,来自它与各地的戏剧艺术团体的生存发展的密切关系。正因如此，可以料想，小剧场戏剧在我国有着普及发展的巨大潜力。

二

全国首届"南京小剧场戏剧节"共演出了 13 台剧目，从形式和内容两个方面展示了以往十年戏剧探索的成果。令人振奋不已的是，剧目虽多，从题材到手法、形式、样态，却丝毫未给人以雷同之感。

此次戏剧节的创作剧目中，有近一半作品是以人们的情感关系为题材，触及的社会生活层面广阔，攫取角度各异，结构形式亦多样。在写情感的剧作中，中国青年艺术剧院的《火神与秋女》较为成功。尽管该剧整体上尚不够统一、欠和谐，前部分略显累赘，但是，从剧情进入褚大华、"狗熊大哥"与秋妹三人之间的友谊与情爱关系开始，一种新的戏剧情境于此重新构造出来：一方面是两个朋友生死与共的友情，另一方面是秋妹进入两个朋友的生活后，以其善良、温柔、体贴而给他们带来从未有过的生气、活力、激情。他们既不愿伤害朋友，亦无法抑制心中的情感，更怕伤了秋妹的心。这一特殊因素增加了朋友间的情感复杂性。《火神与秋女》之所以具有极大的艺术感染力，即在于细腻、真实地表现了人物的内心情愫，运用了大段表现心理活动的独白，将情感的动态活动过程展示了出来。

《人生不等式》一剧，描写夫妻二人之间的思想差异，企图对"不是爱情的婚姻"和"不是婚姻的爱情"这类社会现象进行剖析。可惜的是，该剧把家庭生活及夫妻情感过于简单化、绝对化了，本意在表现人物之间的情感，实际上却只剩下思想的简单对立。《明天还会多个太阳》一剧，写了四对未婚夫妻之间的矛盾，剧中人物设置几乎囊括了社会各个层面，有企业承包者、个体户、研究生、工人、护士、残疾军人、进城谋生的农村姑娘等。该剧企图通过四对人物的情感纠葛，将社会中广泛的问题展示出来，却忽略了由剧本所提供的每对恋人所处的具体情境，由于脱离开具体的情境来结构人物的行动，致使人物之间的矛盾冲突留下了较重的人为痕迹。《炼》一剧，描写新旧两代女性无法彻底挣脱生儿育女的命运链条，缺陷在于旧时代的农村少妇代为他人生儿继嗣的故事太实，与现代女作家的现实家庭生活不能够和谐地融合起来。另外，由于对人物的内心及相互间的情感缺乏细致、微妙的刻画，仅仅靠粗线条的轮廓勾勒，难以让人物的痛苦、人物间的对立得到令人信服的表现。

《屋里的猫头鹰》、《一课》和《亲爱的，你是个谜》，是此次戏剧节引起广泛关注的三部戏。在题材内容上，它们有共同点，即表现生活中某些荒谬的、不合情理的境遇。《屋里的猫头鹰》一剧，因为采用了某些新的演剧观念、新的表现手法，更为引人注目。人们对该剧的众说纷纭，直接产生于该剧的"多义性"。而笔者认为《屋里的猫头鹰》最大的失落，在于内在的不统一。剧中展示的生命——猫头鹰，无论是森林中的，抑或是屋里的，都是失去活力、走向衰败的生灵，反被赋予对生活进行反思、批判、说理的光环；明晰的故事结构与缺乏确定具体的戏剧情境，导致人物情感爆发与情绪宣泄的随意性；观众在思维上"懂戏"，而在情感上无法理解人物在许多瞬间的激情表现。另外，全剧在调动各种综合性手段时，过分强化与实现了"性"，而且是一种性的快感的冲动，不但与该剧的"多义性"不相调和，而且与人物时时"说"出来的性无力、性不满足产生悖谬。凡此种种，并不能淹没与抹杀该剧对当代戏剧的贡献与意义，因为这是在正式舞台上所出现的第一部可称为真正意义上的现代派戏剧。该剧要表现的是对人的生存境遇的感受，以及对人内在生命的体验。

《天上飞的鸭子》是一部通俗性的幽默喜剧，但其透视点，却是对生活中的悖谬现象的感性把握，其中尤显力度的，是对女诗人这一形象的塑造。令人欣慰的是，剧作家将其批判的锋刃，由外在的社会现象转入人的内在生命。

以上对剧作具体的评述，恐怕对不足之处的分析多了些。但笔者的意图并不仅限于此，而是意在透过不足，看到更深远的问题。多年来回荡在戏剧界上空的疾呼——"要写人，不要写问题"，已然从梦想变为现实。在这一变化了的情势下，从作品的不足中可看到，"写人"的任务并没有完成，然而，戏剧界毕竟突进到了一个更深的层次上来解决"写人"的课题。过去，始终是囿于"写什么"的层面来呼唤戏剧本性的回归，而如今，将要在"如何写"的层面来更深刻地寻回戏剧独立的审美品格。以往戏剧界常常以形象图解政策、图解观念，而今，则要警惕以形象图解情感、图解人的命运。在此，有必要呼吁大家重视康德曾提出的一个重要美学思想，即审美是完全不能凭借概念来把握的。因为康德认识到，只有与人的内在情感发生关系，才会有审美的意义可言。康德说："美若没有着对于主体的情感的关系，它本身就一无所有。"他还说，只有从主体的情感这个源泉来的判断才是美的。① 而恰恰在人的内在情感这个领域，是凭借概念所无法把握的。康德之所以对理性进行批判，对理性划定界限，就是因为他认识到，科学、理性、逻辑思维非但不可能去领悟自然的多样性、丰富性、微妙性，而且更加危险的是，它们的功能恰恰是要将自然的多样性、丰富性、微妙性一笔抹杀，化为干巴巴的、单调一律的抽象物。宇宙万物，还有什么比个性的生命本身更为复杂、更为多样、更为微妙呢？所以，艺术的幽微奥义不能在概念的深层中去探寻，而只能蕴含在形象的深层中。康德指出，艺术中尽管具有多重的思想，但却不存在任何一个概念与之相切合。分析古往今来的伟大戏剧作品，便会清楚地看到，在属于古典传统的戏剧中，动作与人物性格必定是具体的、感性的、活生生的体现，达到有机统一；而在属于现代派的戏剧中，动作与情境必定是具体的、感性的、活生生的体现，并且达到有机统一。正是以此为尺度，本文才认为《亲爱的，你是个谜》《天上飞的鸭子》略胜一筹。而《一课》，

---

① 康德.判断力批判：上［M］.宗白华，译.北京：商务印书馆，1964：70.

虽与《亲爱的，你是个谜》同台演出，相比较之下，则显得过于简单化，没能构思出更为恰当的形式。

三

乍一从司空见惯的宽阔大剧场进入如同小会议室般的小剧场，顿觉心理感受大为不同。空间物理量的改变，达到临界点时，便会唤起人的不同空间的心理幻觉。相对于容纳上千人的大剧场，可坐百人左右的小剧场，易于产生接近家般的随便感、真切感和亲切感。

坐在小剧场观剧，最强烈的印象是发现观者与演出者竟然如此贴近。在小剧场，界限分明的、高高的舞台被取消了，演员几乎站在观众的面前演戏，在大剧场舞台上总是模糊不清的演员脸部，此刻变得分外清晰。观众欣喜地发现，类似影视中的特写镜头在戏剧舞台上出现了，只不过，观众感到更自由，因为可以任凭自己随意选择、随意剪辑。演员额上的汗、眼中的泪，甚至眼神、眼光，都可被观众摄入眼帘。物理空间的缩小，随之而来的是视觉形象的放大。观众对小剧场演出的真实自然更为苛求。这里有必要强调，真实自然的深刻含义，是指通过形式表现出的情感是真实的、自然的，是准确而有分寸感的。比如《火神与秋女》中，双腿致残的褚大华在表现他的内心意愿时，在幻想中，演员从轮椅中站了起来，恢复了健康的双腿。这样一种形体的切换，就明明白白地发生在观众眼前，可是观众仍然感到真实自然。再如独角戏《单间浴室》，演员的形体动作极度夸张，漫画式的戏剧化形体造型，仍给人以真实自然的舒畅感。由此可知，外在动作的夸张或者生活经验化，都既可以造成真实的效果，又可以造成虚假的效果，这要视所表现的情感本身的真假或虚实而定。真挚而自然的表演，由于贴近观众，仿佛在促膝交谈，那种亲近感便会油然而生；如若相反，一个人站在你的面前，向着你扭捏作态、装腔作势，会使人顿生厌恶感，唯恐避之不及。

任何艺术种类都需要读者、观众的参与，只有在读者、观众的积极参与过程中，艺术品的生产过程才算最终完成。因此，参与性是所有艺术的特性，而绝非戏剧的专利。但是，在戏剧中，可以邀请观众参与到演出中，或者演员走到观众席中向观众发问等，即其他艺术所不具备的形体动作，乃至行为动作的参与。随着戏剧艺术本性的回归，参与意识也必须寻回它曾失落的本性——情感参与，而且是审美静观的情感参与。

审美静观的情感参与，亦是一切艺术鉴赏的属性。而小剧场戏剧艺术，在坚持这一基本性质之上，其独特的参与方式，是活人与活人之间的交流，即观众与演员之间现实的、直接的、一次性的交流，还包括观众之间的相互感染在内。其实，这也是大剧场所具有的剧场性，但是由于小剧场的贴近，观众与演员的交流更加显明、突出、强化。比如《火神与秋女》，这是体现观众与演员交流的最成功的演出例证。可以明显地感觉到，一种情感的力场在演员与观众间形成了，且只可感觉，而全然无法把握。人物的情感激动了观众，引起观众席的情绪反应，这种情绪是"静观"的，即心灵的反应，完全没有转变成观众的语言动作与形体动作。但这种情绪场却实实在在地存在着，是由观众的神情、坐态、眼光、呼吸，甚至心跳表达出来而汇聚形成的。演员完全可以真真切切地感受到，反馈过来的情感又会影响到演员的心态，激发他们的表演激情。在《火神与秋女》的演出过程中，演员与观众始终保持着这样的情感交流，以至演员在念大段内心独白时，泪往下流，眼中熠熠发光，而观众亦始终报以最热烈的情感反响。

《欲望的旅程》此次在小剧场的演出，剧场效果不错，不少人甚至为女主人公的遭遇落泪。同样一部戏剧，曾在大剧场演出，但由于情感的某种失真、表演的某种过火，显得矫揉造作。此次在小剧场演出，由于做了很多改进与调整，发挥了该剧重激情、重交流的特色，得到了令人满意的效果。剧作者不但让人物在对自身经历、遭遇的评价上与观众交流，而且别出心裁地加入了导表演方面的交流，同样是探索小剧场性质的一次有益尝试。

  在戏剧自身不断解放的进程中，小剧场戏剧由于独具的优势，更宜于发挥探索、试验的功能，更宜于使戏剧艺术普及化、群众化，给专业、业余剧作家、导表演艺术家开辟与提供更加方便易行的广阔艺术天地。

原载《剧影月报》总第 7 期

转载《戏剧研究》1989 年第 9 期

探索性与小剧场戏剧

探索性是小剧场戏剧艺术的重要特征吗？

很多同志的回答是肯定的，并以是否具有探索性作为甄别小剧场戏剧的重要标准。倘若把小剧场戏剧置于我国当代戏剧发展的整体中来考察，我们便会发现，与其说探索性是小剧场戏剧的重要特征，毋宁说它是新时期戏剧的重要特征。断言探索性是小剧场戏剧的重要特征，并将探索性当作鉴定小剧场戏剧的标尺，此观点不乏道理，但是把探索性看成小剧场戏剧的本质规定，势必会引起一系列观点的混乱，而且还将推导出反叛性、实验性、反传统性也是小剧场戏剧的重要特性，这显然割裂了物理空间变化与观演心理空间变化之间的联系，将小剧场与大剧场截然对立起来了。在全国首届"南京小剧场戏剧节"上，有些同志就根据上述观点将戏剧节中的绝大多数剧目拒之小剧场戏剧门外，引起不小的惶惑。

我们肯定探索性是当代戏剧的重要特征，因为它概括了新时期戏剧的创作趋向。作为当代戏剧的一部分，小剧场戏剧当然也在多方位探索中艰苦跋涉着。肯定这一点，与同时肯定小剧场戏剧自身有着区别于大剧场戏剧的特性并不矛盾。

小剧场戏剧的本质特性应从物理空间改变而引起观演关系的变化方面去考察，而探索性则要从戏剧发展的进程中去把握。它们一个是对艺术本性的探讨，另一个是对创作潮流的认识。区分这两个不同的概念是为了更深入地研究、推动戏剧事业的发展。

由于小剧场戏剧之"小"，进行各种探索试验更为简便易行，因此人们强调小剧场戏剧的探索性不无道理，但是现实中却形成了一种偏见：一提到探索则不由自主地将眼光盯在形式结构上，而将内容、体裁方面的探索不自觉地排除在视界之外。这也难免，因为相对于内容来说，形式是外在的，可以直接诉诸感官，所以戏剧的结构、形态发生变化，便足以触目，令人惊觉，而内容意义的变化，则需要深入剖析，需具备更锐利的目光，才能感受到。从戏剧现状来看，这些年来的更新，的确多属于手段、形式方面。由于形式较之内容更易更新，并易见成效，人们便自然地、无意识地将探索拘囿在形式范围内，而对许多剧目显示出来的内容意义方面的深化，则往往视而不见，或轻率地忽略过去。

全国首届"南京小剧场戏剧节"显示出从形式到内容诸方面的探索，但令人遗憾的是，不少与会者只看到《屋里的猫头鹰》一剧的鲜明探索性，而疏忽了其他剧作的探索价值和意义，譬如《火神与秋女》。该剧演出轰动，效果极为热烈。导演张奇虹在挖掘、丰富、强化人物内心情感上下足了功夫，该剧的可贵之处在于真正展开了褚大华、"狗熊大哥"与秋妹三人之间的情感关系和过程，表现得非常细腻、生动、自然。此外，《欲望的旅程》《炼》等剧目在创作上也有新的追求。

戏剧探索的目的是力求创作出无愧于时代的力作。因此探索不是目的，而是手段，小剧场戏剧承担的探索任务是双重的，既有与大剧场戏剧共同的，亦有自身独特的。小剧场戏剧的剧场性必定是在戏剧本性之上的特性，这是发展小剧场戏剧与研究小剧场戏剧的前提。

原载《中国文化报》1990年3月4日

康德主体性美学思潮与新时期戏剧的超越
——对20世纪90年代戏剧艺术发展的瞻望

对20世纪90年代戏剧的展望，依赖于对20世纪80年代戏剧状况的认识深度。因为，戏剧艺术在今后十年的发展趋势，可能达到的高度，可能出现的显著突进，其条件、其因素、其端倪，均已孕育、植根在新时期十年的戏剧艺术现象中。在纷繁的现象中，我们必须抓住那些会给戏剧发展带来决定性影响的因素，提到意识的面前观照，凭借戏剧的自觉意志，将我们对戏剧艺术的理想，作为可能性，实现在90年代的舞台上。卡西尔说："人如果不意识到他现在的状况和他过去的局限，他就不可能塑造未来的形式。"[1]

一、必要的张力——戏剧思潮与主潮之间

回顾既往的戏剧现实，我们会强烈地感受到，曾兴起一股强劲有力的思潮，席卷着新时期戏剧。当激变舞台的"形式更新"热浪冲击而来时，当声声呼唤着"戏剧本体"变革时，可曾意识到，这股势不可当的左右戏剧界走向的思潮，不是别的，恰恰是回归康德主体性美学思想的源头，或者说，正是康德主体性美学思想，统领着新时期文化的思潮。

---

[1] 卡西尔.人论[M].甘阳，译.上海：上海译文出版社，1985：227.

已逝去的十年，人们沉浸在致力于"戏剧观"革命的激情中。但是，尽管时时有"爆炸性"的剧作振聋发聩，尽管戏剧从未停止过变革的步伐，如若面对创作现实，也不得不遗憾地承认，戏剧艺术仍未走出"社会问题剧"的大峡谷。质言之，构成新时期十年戏剧创作主潮的仍然是"社会问题剧"，且不说以《报春花》等为首的那一大批以揭示问题为旨归的剧目，就连"形式更新"作品，仍然是在"社会问题剧"的躯体上，来求得形式上的出奇制胜。

这样在思潮和创作主潮之间，便出现了极不均衡的落差，而由此形成的张力便制约并推动着新时期戏剧艺术的变化及动向。

有不少人曾称此种落差现象为"意识超前"。其实，此说法不尽妥当，不足以正确地描述与确切地把握戏剧艺术发展过程中自身的内在矛盾。因为若从纯粹抽象的理论着眼，那么康德美学思想之于"社会问题剧"，岂止是超前，它们之间简直横亘着一条无法逾越的鸿沟。然而在现实中，这两极却构成了戏剧的现状，它们相互作用、相互渗透、相互转化。一方面，即便创作未能从根本上蜕尽"社会问题剧"的躯壳，但已走上了质的新生之路，即是说，在主体性思潮的催化下，"社会问题剧"从内里开始孕育着新戏剧的因素；另一方面，由于受到人们惯常思维方式的牵制，戏剧思潮难以升华到康德主体性美学的根本高度。在此应当强调指出，正是这种矛盾的产生，标志着戏剧艺术在新时期的觉醒，致使人们感受到如此多的矛盾、如此多的迷惘。张力场的运动，推动戏剧在奋进与踬顿、变化与凝滞、突破与徘徊、繁荣与危机之中，开辟着自身解放之路。

康德主体性美学思想，能够在新时期的开端，成为左右一个运动的思潮，既非出于偶然，亦非出于人们明确的意识，或者自觉地对康德思想的追随与深刻理解，相反，戏剧界几乎没有察觉到腾鸣在戏剧上空的三个最强音——主体性意识、形式更新、戏剧本体的变革，会与康德有什么关联。应该说，主体性戏剧思潮成为人们内心的呼声，完全是出自民族精神的内在需要，不期而然地走向了康德。虽说它的肇兴当推溯到李泽厚，是李泽厚第一次在国内较全面地介绍、评价康德哲学体系，并深入地阐述了康德哲学思想对于新时期文化建构的巨大现实意义，鲜明地提出人的主体性问题。1979年，李泽厚出版了他撰写的《批判哲学的批判》一书；1981年，李泽厚又在纪念康德《纯粹理性批判》出版200周年和黑格尔逝世150周年学术讨论会上，做了以《康德哲学与建立主体性论纲》为题的演讲。随之，这一思想便声势浩大地波及文学界，并迅疾播散开来。如果我们将思索的时空再放得高远一些，可能会追问：近百年来，国门曾几度向世界敞开，中华民族曾经历几次伟大的觉醒，但何以直到20世纪80年代康德的思想才在中华大地上回荡？这是因为粉碎"四人帮"之后开始的新时期，出现了迥异于以往的觉醒特点，即我们民族有史以来第一次将眼光转向自我，从外在的世界转向人的内在世界，转向对自身力量的重新认识和倚重。这一切萌生与躁动在民族心灵中的强烈欲求，恰恰在主体性审美意识中找到了表达的形式。因此，在历史的一个新的伟大转折关头，民族内在生命汇入主体性的思想洪流之中，势属必然。在人类的精神历程中，主体性的生命意识在康德那里获得了最高的哲学形态的完成。作为一位伟大的、具有划时代意义的哲学家，康德思想在两个世纪的岁月中，对西方近现代文化所产生影响之幽远绵长，作用之强烈巨大，任凭哪一位哲学家都无法与之相匹敌。于今，我们的心灵归向于主体性思潮，这深刻的生发引导因素，不仅仅是康德思想的启迪，而是发展到今天所达到的某种程度的精神类同与生命的相似。这表明，我们民族的内在生命终于跨入现代世界的历史精神的同步发展当中，而康德主体性思想，则成了民族心灵的自觉回声。它将那潜在的激情、新生命意识的勃发，凝聚而化为一股所向披靡的潮流，引导并参与着新时期戏剧文化的建构。

二、开端与终结

主体性思想，作为一种现实的思想潮流刚刚兴起，它理应也必将在未来的生活中深化，发挥出更为巨大的导引驱动作用，真正把我们的精神提到时代的历史高度。然而，这当中需要理论的热切关注，变盲目为自觉，正确地把握住张力的运动变化，推波助澜，将已然开创的戏剧的变革推进纵深。

"社会问题剧"构成新时期戏剧创作的主潮，这是历史的延续，是对以往戏剧创作基本模式的继承。因为一部现代戏剧史，其主脉就是"社会问题剧"的兴盛发展史。

"社会问题剧"这一术语并非我们创造，但在我们的惯常用法上，有诸多混淆之处，最严重的便是遮蔽了艺术的本性问题。在我们的心目中，以易卜生为代表的戏剧家的作品，就是"社会问题剧"的同义语，而中国现代戏剧，恰恰是在易卜生戏剧这一源流上发展起来的，当然归属于"社会问题剧"。若论及二者之间存在什么本质的不同，结论则是，较之易卜生，我们的戏剧对旧社会的批判来得更猛烈、更彻底，也就是我们经常阐述的，革命现实主义对批判现实主义的进步作用。我们现在应做的工作，是不要把分析的笔触停留于此，而是以此为分析的起点。

以今天的眼光来审度，不能不承认，我们所认同的中国现代戏剧缘起的鼻祖易卜生戏剧，实际上与我们的戏剧有着极大的差异，甚至是本体意义层次上的距离。"社会问题剧"转手到我们的语汇中，全部的内涵就仅仅旨归在社会问题的揭示，而把人充当负载问题的工具和手段。可易卜生恰恰相反，他历来都是把人的内在生命、人的命运当作创作的直接目的，无论在他的批判现实主义剧作中，如《玩偶之家》《人民公敌》等，还是在他的象征主义剧作《野鸭》中，抑或是在诗化哲理剧《培尔·金特》中，均展现出人性的历史变化底蕴，而绝对不是问题的直接弘扬。然而，令我们深思的是，从把易卜生介绍到中国来的开端起，对易卜生戏剧的解释与理解，就是只见问题不见人。譬如《玩偶之家》，这是一部我国人民广为熟悉的、产生过巨大影响的易卜生剧作，我们历来将其定义为一部反映妇女解放问题的优秀社会问题剧，并在妇女解放的普遍社会现象上大加发挥，而对主人公娜拉的独特心灵路程则始终兴趣不大。且不去说易卜生本人对把《玩偶之家》武断为妇女解放问题剧颇为不悦，如果单就剧本本身而言，将其平心而论，硬拔高到妇女解放问题确嫌简单化、牵强附会。娜拉是位有头脑、有魄力、敢作敢为的女子，但她的这些本性，直到戏的后半部才逐渐显露出来。多年来，娜拉在他人眼中，只是一个纯真未泯、活泼可爱、柔顺贤惠的娇小妻子。娜拉之所以前后性格表现迥异，是因为在娜拉的生命中有一最重要的素质，即娜拉的生命根本欲求——爱情。娜拉为爱而活，为心爱的人可以不顾一切、牺牲一切。眼看丈夫垂危，明知触犯法律，娜拉也毫不踌躇地签假姓名，只求救丈夫的性命。在其后的岁月中，娜拉不辞辛劳，偷偷地赚钱还债，并为此感到自豪、自信、充实。同时，娜拉始终深信不疑，她的丈夫也会为她牺牲一切。可是，随着事态的发展，娜拉发现自己做了一场梦，海尔茂的灵魂竟然如此自私、渺小。尽管从社会的法律立场、道德观念来审度，海尔茂的行为无可指责，但娜拉看清了在他堂而皇之的外表之下，骨子里却是在竭力维护自己的地位、名誉、体面，甚至为此不惜践踏最纯真的情感，牺牲爱人。整部戏透过外部事件的纠葛，其至深的矛盾冲突在于两个人之间灵魂的对比，即娜拉的爱与奉献的无私，海尔茂的情感的卑琐和虚伪。通观全剧，也寻觅不出一处直接涉及妇女解放问题的痕迹。而且，纵然《玩偶之家》一剧给观众以思考妇女出路的启迪，也丝毫感觉不出将问题摆在剧中耳提面命的意味。相反，该剧给人们以多重意义的震撼，其中包括妇女自身价值何在的问题，都是由对人物内心世界的层层剖析，不同灵魂之间的强烈对比，以及娜拉的悲剧命运中自然而然地流露出来。所以，断定《玩偶之家》就是一部表现妇女解放问题的戏剧，未免过于简单化、绝对化了。综上所述，不能不承认我们对易卜生戏剧始终存在误解。但是，关键不在于此，我们所要探寻的，恰恰是这种误解所蕴含着的深意。

整个现代文学史的发展，就是伴随着革命战争、革命政治的发展而发展。自觉地为人民的斗争而服务，是一个时代文学艺术的抉择。因为，中华民族在近一个世纪中，其面临着的伟大使命就是政治革命。深重的历史责任感，驱动着文学艺术家奋勇地投身到群众运动的洪流之中，义无反顾地以文艺作为武器去打击敌人、宣传群众，昂扬的战斗精神贯穿现代文学的始终。在各种门类的艺术中，以戏剧艺术尤为突出，战斗精神成其为光荣传统，这是由戏剧艺术的特殊表现形态决定的。它的剧场性、直观性和口语化的对白，非常利于发挥"宣传群众、鼓动群众、组织群众"的作用。不妨回顾一下，戏剧作为一种外来艺术形式，是随着新文化运动而进入我国的。在五四运动前后那种新觉醒的社会氛围中，西方戏剧的各种流派、风格、方法，都被介绍到中国。20世纪20—30年代，现实、浪漫、象征、表现等各种创作方法、原则、形式并陈。但自从胡适先生大力倡导并推重易卜生戏剧之后，便很快形成主流态势。中国现代戏剧之所以选择易卜生戏剧作为楷模，因为批判现实主义的剧作最能投合战斗精神的意向。与其他创作原则相比，批判现实主义的剧作中总有社会事件，并以事件的发展结构全剧，总会明显地涉猎社会现象及问题。它对人的刻画，对人深层心理的开掘，是透过剧情、通过事件的来龙去脉达到的，而不像其他现代派戏剧那样，将表层的社会现象、事件、问题抛开，直接展示人的深层心理活动，反倒将剖析社会的锋刃隐蔽在心理活动的后面。战斗精神既然要求"警世""醒世"的目的，就必须将问题在生命流之中凸显出来。它选择了易卜生戏剧，但仅仅选择了问题，并且是夸大了的问题。因为社会需要呐喊各种问题，而不是个性的内心情愫。

社会问题剧的创作主潮以战斗精神为传统，以革命现实主义的创作方法为原则，与易卜生戏剧呈现极大的不同。我们的戏剧直接参与政治斗争，作为手段为其服务，而西方戏剧则以间接的方式与政治斗争发生联系；我们的戏剧以批判社会本身为宗旨，而批判现实主义则以批判人性的被扭曲、被压抑、被异化为根本。一言以蔽之，究竟是以问题为戏剧主体，还是以人为戏剧主体，构成了泾渭分明的分界线。应该指出，在中国现代戏剧史上，唯独曹禺先生的创作得到易卜生传统精髓神韵。但在"社会问题剧"的主潮中,曹禺戏剧可称得上是"孤星独曜"。曹禺戏剧是在五四运动伟大的时代精神解放氛围中被孕育出来的民族诗魂。他的出现,得益于中国戏剧发轫时期不拘一格、广撷博采的宽广眼界与襟怀,天才的心灵自由地在丰饶的艺术天地中徜徉,悟民族之心声,达戏剧之真谛。但半个多世纪以来,尽管天生丽质难自弃,却时时遭受战斗精神传统的非难。

中国现代戏剧发源,是从浩瀚奥妙的世界戏剧艺术汪洋中流出,曲曲折折奔流向前,但在流经社会所提供的狭窄浅近的河床时,艺术至深的本性被阻断了。狭流涓水孕育不出天才的艺术,中国戏剧唯有改道而奔回源头,寻找并汇入那深邃广袤的生命之源,才是艺术灿烂辉煌的希望所在。新时期十年戏剧已经开始了这一壮观的历程。

粉碎"四人帮"之后,戏剧界出现的第一个创作繁荣局面,是"战斗精神传统"在新形势下的回光返照。《于无声处》《报春花》《权与法》《救救她》等一大批社会问题剧控诉"四人帮"的罪行,指陈时弊,抒发人们心中积郁已久的愤懑不平之气,向戏剧舞台吹进阵阵清风。这是戏剧在政治生活中再度发挥尖兵队伍作用的一次壮观景象,台上台下强烈共鸣、群情沸腾的场面仿佛将人们的心思又带回到当年的革命战争岁月。但是,随着政治生活走上正轨,我们民族开始步入伟大文化创建的新时期,危机便迅疾爆发。以阶级斗争、政治斗争为主导的时代结束了,战斗精神便失去必要的现实性,尽管不会销声匿迹,但是再也不会成为戏剧今后发展的精髓。继而,一大批艺术家以令人耳目一新的"形式更新"剧目,使"社会问题剧"的创作主潮出现了第一道大裂隙。他们循着戏剧表现手段与样态的途径,立意要向传统的戏剧观发起挑战。"形式更新"浸透着强烈的来自剧场的实际思考与感受,发自艺术家对舞台表现形态的理想追求的内心冲动,不仅仅是以往那种虚假的戏令他们无法忍受,而且以往那种单一凝滞的表现方法也使心灵感到压抑和窒息,艺术家渴望获得更加灵动的手段和时空结构。他们的勇气和努力,使得戏剧艺术在"社会问题剧"的主潮中鲜明地显示出种种前所未有的征兆。从形式到内容，戏剧呈现多样化、多方位的发展趋向，在内在意义的深化方面亦坚定地开拓探索着。如《一个死者对生者的访问》《双人浪漫曲》等剧作，渗透着人物心理分析的主旨；《红白喜事》等剧作，力求在伦理领域中写人的复杂侧面；《小井胡同》《田野又是青纱帐》等剧作，试图从文化的宏观角度来俯视生活；《狗儿爷涅槃》以更深的历史观照去表现农民的普遍社会心理。仰赖于新时期十年中不断出现的新的活力因素的奠基，才于十年的尾端出现了以《黑色的石头》为转机，以人的内心欲求为主题的生命意识的新觉醒；而《桑树坪纪事》的成功演出，将当代戏剧推进到了前所未有的高度，可以说，中国当代戏剧艺术大跨度地跃入了一个崭新的层面，《桑》剧是当代戏剧艺术成熟的标志。《黑色的石头》《桑树坪纪事》《荒原与人》，交织成了新时期十年戏剧乐章的辉煌尾声。它们虽说尚存不少缺陷，但毕竟摆脱了"问题"的躯壳，力图去把握人的内在世界的感性和丰富性，在对人的本体感性发现和更深沉的体验中，以求戏剧的进取。

《桑》剧等的出现，昭示着一个重要的信息，即现代戏剧发展史上的一个阶段过去了，作为主潮，"社会问题剧"已经终结。

三、未来戏剧之展望

展望20世纪90年代戏剧艺术的前景，从形式、题材、方法、风格，乃至形态上，均将呈现多元化发展的趋势，这对未来戏剧来说并非难事，因为此种令人可喜的格局已由以往戏剧多方位的探索实践所奠定。我们关注与探讨的，是今天的戏剧艺术再向前迈进一步，这一步该从哪儿迈出，迈向何处？

十年前，戏剧的起飞是踩在一片凋敝荒芜的园地上，它所要超越的是"社会问题剧"。如今，《黑色的石头》《桑树坪纪事》《荒原与人》成了戏剧今后发展的起点。这意味着戏剧艺术进入了更深层次的变革与突进，即当戏剧已经走过了以人取代问题的阶段，并且从写人的外部行动转变到写人的内心动作，那么，怎样写人的问题便凸显了出来。实际上，写什么与怎样写是无法割裂开的，只不过在某一时期，其中的一个问题显得更为重要而紧迫罢了。戏剧的对象、内容从根本上改变了，必然要求结构、方法、技巧等随之相应改变。不仅如此，更为艰巨得多和重要得多的问题是，要求艺术家的创作途径必须为之一变，否则便会出现创作意图与人物的实际形象体现之间的落差。概观《桑》剧等三部剧，如果抛开《桑》剧的导演艺术不谈（该剧的导演艺术另当别论），仅就文学剧本而言，尽管各有千秋，但共同的毛病亦出在此：以太多的意念写人，往往用自己主观的情感去代替人物自身的情感发展逻辑。因此，我们就应该明确，戏剧艺术必须写人，但不能是观念化了的人，而是情感的人，或者说人的情感；创作者的创作意图不能仅仅停留在理智认识的阶段，而必须冲出认识，走向生命的体验。由此可见，解决怎样写的实质问题，仍然是解决写什么的问题。但是与既往不同，深化写人，不是在戏剧与政治、戏剧与社会的关系中，而是在解决戏剧艺术内在的自身规律中真正认识艺术的本性，回归艺术的本性。

展望未来十年的戏剧，如果仅仅冀求涌现一批与《桑》剧等同样力度的作品，恐怕已是胜券在握了，但进而超越它们，则要大费一番气力。然而，唯独超越，才是20世纪90年代戏剧界同人应进取的。

四、主体意识的新觉醒——情感的觉醒

中国当代戏剧艺术的真正希望，其原始的、本真的基质，就是情感的觉醒。岂止是戏剧艺术，中国整个文学艺术能取得多大成就，均取决于主体性情感意识觉醒的程度。

不久前进行"戏剧观"大讨论时，曾有过关于理智与情感孰轻孰重的争论。有一派意见是强烈呼吁戏剧应当以理智取代情感。在此有必要郑

重说明，本文的立意绝对不是针对上述争议，因为尽管术语相同，但我们所阐发的却是截然不同的另外一个层次上的问题，既不以理智为依据去反对、贬低情感，也不用情感去排斥理智，或者力主两者的统一。我们所要做的，是阐述情感至深的本真意义。

中华民族的觉醒，概而言之，在近百年的历史上，经历了两个阶段的变化。粉碎"四人帮"以前，包括五四运动、新文化运动在内的所有解放运动，实际上是民族的整体阶段意识的新觉醒，包括政治意识、革命意识、民主意识等在内的新觉醒。这就不难解释，何以个性的自由、情感的奔涌，即使在人性最狂放恣肆的五四运动时期，也仅仅发出几声微弱的回音。从整体的群体意识觉醒到个性意识的觉醒，标志着时代的伟大转折。认真说来，我们今天尚处在主体性意识觉醒的初级阶段，有待于包括科学理性、道德理性在内的诸种内在能力的重新建构，而对于艺术，则是主体情感生命的生成。

情感一词，在日常习惯语中，其含义是指人的喜怒哀乐等情绪状态，但在艺术理论与审美学中，情感具有自己特定的更深刻的意义，它与人的内在生命几乎是同义词。尼采曾确切地将情感的含义描述出来，他说：

> 意志的一切可能的追求、激动和表示，人的全部内心历程，理性把它们划入情感这个宽泛的反面概念之中。①

近代，卢梭对艺术开创性的贡献，即他在人们的意识中，第一次明确了艺术并不是对经验世界的模仿和再现，而是情感的表现。但确立情感在哲学与美学中的作用与地位的是康德。康德指出：

---

① 尼采.悲剧的诞生：尼采美学文选［M］.周国平，译.北京：生活·读书·新知三联书店，1986：68.

> 美若没有着对于主体的情感的关系，它本身就一无所有。

他还说：

> 因为一切从下面这个源泉来的判断才是审美的，那就是说，是主体的情感而不是客体的概念成为它的规定根据。①

而且，康德在他的著名美学论著《判断力批判》中开宗明义地把审美判断力当作他的批判哲学体系的根基，将哲学结合为整体的手段，因此康德开启了生命哲学之先河。审美判断力之所以具有如此巨大的功能，盖缘于其源泉——情感的伟大力量。情感，在康德的思想中被界定为人的全部心意诸机能的和谐一致的运动。从此，情感一词，无论是在叔本华、尼采、柏格森那里，还是在其后的卡西尔、苏珊·朗格、科林伍德等人那里，总之，在近现代文化思想中，情感都是在康德所界定的含义中被使用着。或者说，情感只有在人的内在生命整体运动的层次与意义上，才是审美的、艺术的。

西方世界从中世纪转变为现代化社会的最重要的精神标志，即从上帝向人的回归。人自身的伟大发现，揭开了几百年来西方各民族共同的心路历程。可是，人对自身的觉醒，恰恰将人类引上了一条空前悲壮的生命二律背反的创世之路。理性击溃了中世纪的蒙昧，科学技术以所向披靡的力量创造着奇迹，推动着社会迅猛地前进。理性在人间建立起井然有序的社会，有效地调节制约着各种复杂关系；另外，人的感性的欲望从旧时代禁欲主义的枷锁下冲决出来，在社会所提供的自由竞争的天地中汪洋恣肆，凝聚成社会不断进步的根本生命动力。理性的人、感性欲望的人，是人文主义时期到启蒙主义时期对人的自我发现，是时代精神的具体内涵。批判

---

① 康德.判断力批判：上[M].宗白华,译.北京：商务印书馆，1964：70.

哲学的崛起，之所以划时代，就在于康德将批判的矛头对准了新时代的大纛，现代社会赖以生存发展的实际的伟大现实力量：理性与人的感性的欲求。从康德伊始，西方内在精神迈上了第二次自我解放的历程，即从理性向情感的回归，从感性欲求向情感的回归。因为，康德在执着地向着人类整体生命的追寻中，深沉地感受到，理性根本不可能把握自然的丰富性、多样性、独特性，非但不可能，而且理性的肆意泛滥，侵入一切领域，反而将自然的丰富多彩扼杀掉，人被抽象化、简单化，人的情感日益干瘪、贫乏；而欲海横流，导致人向动物性退化。理性的局限、欲望的片面，只有立足于情感，在对人类全面的生命活动的体验中，才会暴露出来。倘若仅仅着眼于社会，那么举目放眼处，处处只见理性与人的直接需要的巨大而无可替代的作用。在人们所有现实活动中，只有艺术活动可以抵御理性的长驱直入，维护人的情感的千姿百态的权利，并且将理性包容在生命的整体中，将人的官能享受升华到更高的境界。在康德以前，启蒙主义者们曾将理性树立为最高的尺度，将一切现存的事物都放到理性的法庭予以审判。从康德以后，则将人的全面的内在能力的发展标举为衡量生活价值的最终尺度。从理性走向非理性的现代意识，其本真的基质即在于此。这在实质上意味着将一向被贬为不能登大雅之堂的情感提高到理性所占据着的崇高地位，与理性分庭抗礼、平分秋色，进入人们自觉的反思意识中。

必须强调指出，情感在西方精神中的这次伟大觉醒，是发生在头脑里的，是发生在理性认识中的。在人类文化史上，情感如此堂而皇之地登入哲学这一庄严肃穆的殿堂，这是第一次。但是，情感在人的心灵中的觉醒，是随着人文主义的世纪曙光冉冉腾起的，这就是伟大的文艺复兴。文学艺术创作实践，远远走在了观念意识的前面。亦只有在此刻，文学艺术对于人自身解放所具有的巨大力量，才在一片混沌遮蔽之中显现出来。

回顾我国明清之际，当从社会内部自行孕育出式微的新时代萌芽之时，穿透坚固厚硬的封建意识形态壁垒冲决而出的，从民族心底发出的呼号，便是情感。汤显祖、李贽、曹雪芹这寥若晨星的时代先觉者、未来民族精神的早产儿，凭借敏锐、灵动、丰饶的心，感悟到了萌动着的新生命的气息，心中充溢着对情感的渴求。这几位民族心灵的巨人，将被压抑欲焚的生命、梦里萦回的情感，凝练熔铸为不朽的伟大作品。但在闭关锁国的年月，孤寂落寞，空谷足音，终无法燃遍情感之火，将那覆盖沃野、虬根盘结、丑陋颓败的荆棘烧尽。他们的著作，前无古人，虽可与日月争辉，但亦是"孤星独曜"。当侵略者的大炮野蛮地将国门炸开，民族的整体革命意识成为时代精神。无法避免地，文学艺术亦随之卷入。

当理性是统治西方几代人的时代精神时，文学艺术仍然顽强地、傲岸地以情感为自己的领地，并且以自身伟大的力量导引着哲学，导引着美学，走出迷津，返回生命之源。为实现人的自身全面的、高度的发展，文学艺术实实在在地充当了中流砥柱。而我们的不幸，则是文学艺术放弃了自己的本性，延续到解放以后，尤其在"文化大革命"期间，情感之于艺术，形同陌路。长年的畸形政治生活，炼就了人们格外敏感的政治神经和政治嗅觉，却独独麻痹与泯灭了人们哲理的思辨与审美的直觉，失去了健全的心智情感。从同一个角度去观察事物，用同一个标尺去衡量事物，以同一种方式、循着一个轨迹去思想，甚至按同一个模式去爱、去恨，用规范一律的名词、术语、句式、情调、语境，千篇一律地重复那些教条、偏见、昏话、呓语。我们的感官迟钝了，头脑枯寂了，心灵干涸了。当我们的民族从现代的蒙昧中睁开眼时，经济的停滞、物质的贫困、科学技术的落后，令人们触目惊心！然而，最严重、最可怕的，恰恰是人自身的贫困，全面的贫困！当主体性思潮涌起时，如此彻底赤贫化的人，负载着伟大的文化复兴重任，可想而知它的举步维艰！我们曾经指出，庸俗社会学戕害着艺术的生命，为此不断呼吁冲破庸俗社会学的思维模式，从认识上改变观念。但现在，到了该振臂高呼"情感回归"的时刻了！殊不知，彻底摆脱庸俗社会学的梦魇，不仅仅是认识问题，还是人的存在问题，是人的内在生命的丰饶或瘠薄的问题。戏剧写"问题"、写"现象"，它所要求于创作者的，只要观照、熟悉人们的外部生活即可，这样便使剧作家善于捕捉事件，而陋于知人心。多年来，频繁地反对作品中的公式化、概念化，而屡屡不生效，原因即在于，作品生命的危机只不过是人的内在生命公式化、概念化的折射罢了。显而易见，艺术中的顽瘴痼疾，其疗治的根本出路就是人的生存问题。艺术的大敌，是情感的干涸，而庸俗社会学所造成的最深重、最致命的灾难，就是民族生命力的孱弱。值此关头，我们明确提出"情感复归"，不仅仅针对戏剧作品的本体变革而言，而且具有戏剧主体——人自身的本体革命的现实伟大意义。新时期的文化建构，说到底，是人的自我生成、丰富、完美的伟大事业。而在这一伟大事业中，艺术责无旁贷地要扮演解放者的重要角色。康定斯基说得好："任何艺术作品都是其时代的产儿，同时也是孕育我们感情的母亲。"[①] 中国现代戏剧有着敢于反映现实的传统，那么今天，面对着新的时代任务，戏剧理应走在前面，在完成自身革命的同时，完成全民族的情感教育。

《黑色的石头》《桑树坪纪事》《荒原与人》这三部戏的出现，昭示着我们民族情感意识的觉醒，促进戏剧在更高阶段的觉醒时刻终于到了。

五、从戏剧观的改变走向体验

情感，是艺术的唯一再现与表现对象，这一观念必将被越来越多的艺术家所接受，变为明确的创作意识。然而，仅仅停留在认识的转变、观念的突破上，是远远不够的，我们在几部当代最优秀的剧作中看到的正是这种情况。抛开各自的特色姑且不论，它们都表现出一种失调、一种不均衡的现象，即创作意图的深刻、复杂、宏大，而相应地，是戏剧形象刻画与情感展现的薄弱。当剧作者难以得心应手地驾驭人物自身的情感逻辑发展时，便将观念性的、直白的语言和动作赋予人物，不是再现与表现，而是

[①] 康定斯基.论艺术的精神[M].查立，译.北京：中国社会科学出版社，1987：11.

让人物"说"出创作者的意图。譬如《黑色的石头》中的秦队长，这是一个把自己的一生都毫无保留地献给石油事业的基层干部，也就是人们头脑中仍记忆犹新的"老黄牛"式的人物形象。作者显然想写出秦队长在社会变动时的心理变化，陡然而生的失意、感伤、困惑等情感，但遗憾的是，在秦队长与周围人物的种种关系与纠葛中，这种心理并没有得到展现，仅仅在人物临终前，不无惆怅地说了一句"很多事情都没弄明白"。由于这句话对当前现实生活中的人来说有着切肤之痛，因而观众完全能接受，并且以自己的联想、共鸣去补充、生发具体的内涵、意蕴。作者捕捉到了具有共性的心理感受，却没有化成秦队长个性的、独特的生命动态过程。《桑树坪纪事》的主题揭示了民族生存几千年来根深蒂固的原始形态，以及这种形态延续到现代社会中所产生的悲剧性命运。因而，《桑》剧的力度、深度在当代话剧中达到了空前的状态。而实现这一主题，《桑》剧的文本是靠"群像"，靠桑树坪人整体的命运体现出来的，是由剧作矛盾焦点的选择及把握与展开表现出来的。倘若我们将分析的笔锋对准每一个具体人物，便会发现不尽如人意，尤其是青女、彩芳这两个重要的妇女形象。作者在她们身上不乏神来之笔，有十分精彩的内心激情的揭示，如彩芳与榆娃的月夜相会，青女向丈夫劝酒挑动情欲等几场戏，但亦有败笔，彩芳和青女的生命活动在戏的下半部暗淡无光，游离于人物自身的情感发展轨迹之外，处于一种表达作者对人生不平态度的传声筒的状态，急于把作者自己对人的觉醒意识强加在人物身上。比如，彩芳投井前那种上天无路、入地无门的内心绝望；青女在忍受了"嫁鸡随鸡，嫁狗随狗"的传统命运之后，等待她的是连生儿育女的希望都彻底破灭的现实。一个女人在那样的生存环境中，不要说个人微末的欲求无法实现，就连传统所要求于她的当传宗接代的工具亦当不成，于是青女疯了是其必然归宿。试想，彩芳的绝望与青女的失常，该给创作者的想象开辟多么广大的天地，可恰恰在这里，她们的内心情感终止了，变成了单纯地表达"我是人，不是牛不是马"这一观念的形象图解。在《荒原与人》一剧中，作者力求赋予"于大个子"复杂的、多侧面的性格，每当需要展现人物的某一侧面性格时，作者就构思"于大个子"与某个人物的一种关系，结果便给人们以很奇特的印象。剧中人物的性格不能说不多样化，因为剧本中都写到了，但是在观众脑中却仍然留下单薄的强烈感觉。之所以出现如此大的反差，原因很简单：人的内在生命是不可分割的有机整体，绝不是性格各个侧面的加法算术。当代戏剧一时难以长驱直入情感的腹地，亦造成当代戏剧的第二个共同特点，即群像式、群雕式的戏剧人物形象，缺少个性式的戏，由此而来的结构也形成了共同的特点，即缺少以个人独特的命运发展为贯穿的主线。普遍的结构方式是众多人物呈散文状，各自平行发展，而以一种共同的东西作为结构贯穿主线：或是共同命运，如《桑树坪纪事》；或是共同欲望情绪，如《黑色的石头》；或以事件（十五年后的马志新重新回落马湖追寻往昔的生活）统领，如《荒原与人》，不一而足。群像式人物形象也好，散文式结构也好，如果脱离当代戏剧自身的局限，孤立地议论、品评它们的得失利弊，恐怕难以切中要害，因为这些表现在当代戏剧中的普遍特点，具有十足的中国独特性，它们是与戏剧自身发展到现阶段状况相吻合的，即受到现阶段戏剧自身局限的制约。关于这一点，本文不打算详述，我们所关注的，只是戏剧今后如何超越自身。

艺术要再现与表现情感，这一根本变革的完成，不仅仅是认识领域的课题，还是存在领域的问题；不仅仅需要观念的改变，而且还需要体验，审美的体验、对生命的体验。只有当人的内在生命力及其生命运动成为艺术唯一的对象和主题时，体验才会被提到主体意识面前。

人们恐怕会接踵追问："什么叫体验？"我们说，关键不在于给体验下个明确的定义，倘若体验不能逐渐成为艺术的存在方式，成为人们的生命活动，那么无论定义如何精妙，终将流于概念的变化、名词术语的游戏。情感—体验，当然需要理论的回答，但它首先是个实践问题，要化为艺术家深入生活、感受生活，进行创作构思、创作过程的现实活动。本文在此重在将体验彰明昭著地提出，全面地阐述，非有限篇幅所能包容，仅就几个问题谈谈意见。

卡西尔曾说过这样一段话：

> 有些事物由于它们的微妙性和无限多样性，使得对之进行逻辑分析的一切尝试都会落空。而如果世界上有什么东西我们不得不用这第二种方法来处理的话，这种东西就是人的心灵。人之为人的特性就在于他的本性的丰富性、微妙性、多样性和多面性。①

而理论思维、逻辑推理、科学分析的目的，恰恰是要将这无限多样性抽象掉、蒸发掉，得出普遍的、概括的结论，寻找到事物确定的属性。倘若我们再求助于日常思维呢？仍然无济于事。因为尽管在日常生活中，我们也需要经常表达情感，但是不能不承认，人们在生活中运用语言表情达意，其功用在于求得思想的一致、行为的一致，而并非情感的一致。何况像柏格森曾指出的，日常语言受社会普遍政治、道德等内涵的制约，而个人生命中的激情、欲求，则成为日常语言中的忘川。正如卡西尔所说（不止卡西尔，康德以来的美学家无一不认识到），只有艺术，才能够走向、接近人的心灵世界，将其微妙、丰富、千姿百态的人性表达出来。然而，对于当代人而言，极其尴尬、极其困难的恰恰是，我们的艺术走不进人的内在生命的运动中，难以接近人的心灵。过去，我们的艺术意识尚处于冻结状态，而如今，解放的意识觉醒了，可一下子还无法获得自主独立的必需的能力。人们会告诫说，使用你的想象，使用你的直觉，使用你的直观。艺术觉醒者站在那儿，虔心聆听、频频颔首，然而却满面苦涩、举步维艰，因为他们缺少的恰恰是想象、直觉。昔时，正是由于被剥夺了心灵、想象、情感、直觉，艺术方能做稳了奴隶。所以，仅仅懂得了应该做什么、应该如何做，只能算作在解放之路上迈出的第一步，尽管是非常重要的一

---

① 卡西尔.人论[M].甘阳,译.上海：上海译文出版社,1985：15.

步，但离解放仍相距甚远。艺术的彻底解放只有靠自己，因为靠学习、靠认识、靠启蒙可以使艺术观猛醒，可能力却是靠任何外力也教不会、借助不来的。正是鉴于这种两难的困境，我们才提出体验的问题。

体验，首先是一种存在方式，是生命的活动。只有在体验的生活中，曾被弃置、被遗忘的能力才会被派上用场，发挥重要的功能，退化了的官能才会逐渐敏感，人的生命力才会日渐康复、增强。在认识中，主体与客体总要清晰地区分开来。客体被分离，成为对象，这是认识得以进行的前提。也就是说，打破原初的混沌不分的生命—生活一体化的整体状态，斩断主体与客体的情感关系，才能抑制住主体的幻觉、感情、心境、欲望、嗜好等对认识的干扰，让理性升腾，得以对世界进行冷静的观察、思考，分门别类地研究，由个别的属性、特征到系统化的体系，从普遍的一般概念再去把握个别的事物，于是科学发展起来了。而在体验中，那种生命—生活一体化的状态始终保留着，主体的情感活动处于强烈的活动状态，而理性则服从、配合着情感运动，因为体验不是要对客体的属性进行分析研究，而是要令自然与主体的情感关系活跃起来，要把民族、时代、人类、无数个别人的内在生命过程展现出来，因此，调动强化主体的全部心意机能，持存体验者与被体验者之间的情缘，这是复活人的心路历程的前提条件。

在体验的根基上，艺术家与生活之间的关系会呈现另一番崭新的面貌。在体验的存在方式中，体验与生活完全融为一体，生活即体验，体验即生活。像普通人一样，艺术家过着个人生活和普通的生活。而异于常人之处，即在于艺术家不但时时生活在个人的内心之中，而且还时时生活在他人的内心之中。个人内心生活的体验之所以重要，仅仅在于只有在个人内心体验的沃土上，才能容纳他人的生命。个人内心生活的体验若不以宇宙万物为内容，永远不会达到丰富、多样、复杂、深刻的境地。因为体验的目的及功能，是对生命自身的理解与解释，是对人自身内在生命的存在过程的再现与表现。

一个民族的生命历程应该打上永恒的印记，而永恒性即人类性。一个民族如若不提升到人类的高度，它只能获得时间上的存在，而不是历史的存在。艺术必须以最高的目标，把将民族提升到历史的生命永恒存在作为自己自觉的奋斗目标。

佛偈云：取法乎上，方得其中；取法乎中，方得其下。展望20世纪90年代戏剧艺术发展前景，我们纵然没有取法上乘的能力，但还应该有勇气与自觉！

原载《戏剧文学》1989年第8期

布朗德与培尔·金特：人生的两极
——话剧《布朗德》观后

继《培尔·金特》之后，中央戏剧学院1986级综合班的全体师生再度将易卜生的另一著名哲理诗剧《布朗德》搬上舞台，使我国观众得以一睹易卜生戏剧多姿多彩的魅力，更加深刻地认识与领悟易卜生对戏剧艺术的多方面开拓与贡献。

有人称《布朗德》与《培尔·金特》是姊妹篇，这不仅仅是就这两部剧都是鸿篇巨制的史诗剧而言，更主要的是道出了《布朗德》与《培尔·金特》的内在联系——它们互为正反、相辅相成、相映生辉。当年舞台上的培尔·金特仍在观众脑海中栩栩如生，陡然见到布朗德的形象，不禁惊异于易卜生何以塑造了如此站在两个极端上的人物：一个终身为理想献身，另一个以全部的生命追逐自我的永不餍足的欲望；布朗德所要摒弃的，正是培尔的生活，布朗德所要拯救的，正是培尔的灵魂。乍看起来，他们两人似乎有天壤之别，水火不相容，可发人深思的是，易卜生恰恰将二人写成了孪生兄弟一般，就仿佛是浮士德与梅菲斯特。布朗德与培尔·金特都有着美好的灵魂、丰富而深沉的内心，他们都不满足于平庸、闭塞、滞缓的现实生活，渴望进取、渴望创造，但是培尔跌入的是一个权势与金钱织就的人间地狱，而布朗德建造的却是冰冷、严酷、虚幻的天国。在培尔与布朗德之间，易卜生开掘了一条无法沟通的鸿沟。其实，这条鸿沟既将布朗德一分为二，也将培

布朗德与培尔·金特：人生的两极

尔一分为二。正是在这个意义上，我们在培尔的身上看到了布朗德的影子，在布朗德的身上也看到了培尔的影子。

在创作的顺序上，《布朗德》在先，《培尔·金特》在后。从表面看来，似乎《布朗德》集中体现了易卜生的理想，而《培尔·金特》则表达了易卜生的批判，因为布朗德是一位毫无私心、自我牺牲的崇高的理想主义者，而培尔恰恰相反，是一个极端个人主义的人。但耐人寻味的是，同样在年迈的母亲弥留之际，布朗德的冷酷与培尔手持马鞭，赶着想象中的马车送老母亲安详地进入天堂的热烈，形成了强烈的对比。两个同样美丽善良的姑娘，索尔维格终其一生，在故乡一直等待着培尔，最后将垂死的培尔拥在怀中。而毅然弃绝俗世生活、虔诚追随布朗德的阿格奈斯，却在中途身心交瘁，离布朗德而去。在戏剧的结尾，培尔在故乡被当作传奇英雄，得到人们的竞相颂扬，可布朗德却被众信徒所唾弃。易卜生如此刻画布朗德与培尔，绝无褒一贬一之意，但又毫无例外地描述出他们的悲剧命运。

布朗德是位牧师，但他绝对不是基督教本义上的牧师，他实质上是以拯救堕落中的人类为使命，因而布朗德实际上是位思想家、哲学家、诗人。布朗德非但不是传统宗教的传教士，相反，布朗德是宗教的叛逆者，他反对既存的一切，包括大众的上帝。像培尔一样，布朗德也崇尚自我。培尔觊觎山妖大王的宝座，为此他什么都肯舍弃，但独独要捍卫与保全自我。然而，培尔的自我是"欲望"，布朗德的自我则是"道德"。布朗德的宗教不是建构在天上，而是在人心中，他要让上帝居住在每个人的灵魂之中，成为自觉的最高律令。每个人都成为自己的真正上帝，只有这样，患病、堕落的人类才能被拯救。其中标举的最高律令就是"全有或者全无"。其实，这一信条难道不同样是培尔的律令吗？只不过培尔尊奉的是"全有"，而布朗德尊奉的是"全无"。可以这么说，人世间的一切，培尔都想占有，可布朗德恰恰要剔除干净。当爱子夭折，妻子也随之长眠后，布朗德却说："胜利之中最大的胜利是失去一切。失去一切便赢得一切，只有失去的才永远归我所有。"

易卜生揭示出的悲剧即在于，无论是布朗德还是培尔，他们沉迷于

193

其中的，最终仍然是自我，他们最后失去的，还是自我。培尔称霸世界的"黄金梦"破灭之后，他迷惘了，竭力寻找自我的答案。培尔到过埃及金字塔，误入过"疯人院"，他对着夜空中转瞬即逝的流星，看到自己只不过是颗没有孔眼的纽扣，是个没有心的葱头，是那长夜的流星。而布朗德，这个拯救人类的救世主，在深重的痛苦中反思道："我！我这个连自己的灵魂也不知道该怎样拯救的人！"他渴望道："现在让我抓住您的救世主的袍子的一角，用我的真诚悔罪的眼泪来润湿它吧！"那么，以"全有或者全无"建构起来的"自我王国"为什么会坍塌？它们失落在何处？一言以蔽之，失落在人性的泯灭之上。

《布朗德》的主题意义绝非仅限于灵与肉、精神与物质、理想与现实的矛盾，不，比这要深远广博得多！易卜生以艺术家的敏感心灵，直觉现代文化的矛盾与困境，他提出的，是最根本的、最尖锐的时代课题。西方几百年来的哲人、诗人所要解决与回答的，无非也就是《布朗德》与《培尔·金特》的悲剧命运。上帝死了，随着上帝的死去，一切价值、信仰、道德均发生动摇，如何重整破碎的世界，还人类一个和谐完整的新世界，是所有思想先驱者自觉的历史使命。然而，每当人们为自己建造一个信仰的、心灵的、思维的理想王国时，如马克思所指出的，人类不过又以另一种异化的形式存在。马克思说，理想王国愈完美，它所面对的现实世界便愈破碎，这时人们便要打碎这个王国，将它丢入脑后。布朗德这个形象，也不能仅仅看作"寓言"式的，与其看作"寓言"，莫如说是"象征"。布朗德也像培尔一样，如徐晓钟先生所指出的，是个世界公民，具有时代的概括性和人类的普遍性。人不能没有尘世，也不能没有天国。只不过，在古代，天国建造在自我之外的某一实体上，而在近代，天国构筑在人的内心中。天国使人升腾，然而也使人远离大地。这一二律背反，是历史的必然，是生命的辩证法。

原载《中国文化报》1990 年 2 月 18 日

剧坛上强劲的"东北风"

——东北地区话剧晋京演出有感

前不久，东北地区各剧团的数部话剧在首都舞台上竞相上演，人们无不高兴地将其称为"戏剧界刮来了一股强劲的'东北风'"。

外地剧团晋京，本是习以为常的事，但此次尤其令人瞩目、令人振奋。其不寻常之处在于，给首都增添了新景象，吹来了春的气息。令人振奋的是，仅仅一个地区，便能够一下子就端出五六部大型剧目，以齐整的阵容和厚实的功力席卷首都剧坛。它展示了当代话剧的实力与水平，难怪有的理论家大声疾呼，应当重新确立戏剧创作的心态，即自强与自信。密切关注社会的新动向，善于捕捉现实中出现的重大事物，及时反映具有普遍性的现象，这是中国话剧固有的传统。城市个体户、农村承包户，这是改革开放中涌现出的新事物，而反对偷税漏税，反对官商官倒、腐化堕落，则是全党全民的一致心愿，这些当代社会中牵动人心的现象，组成了东北地区话剧调演的主基调。辽宁人民艺术剧院的《富有的女人》、沈阳话剧团的《喧闹的夏天》、本溪市话剧团的《疾风劲草》、大连话剧团的《祸》等，向人们展示了现代话剧传统在现实中的生命力。而且，话剧在题材的选择上与时事贴近，并起着明显的形势导向作用，这便是我们的戏剧始终倡导的主旋律。然而，传统如若能够在新的时期继续保持生机，那么必定被灌注了时代的精神于其中，这表现在话剧创作为传统寻找到了与现实的新的契合点。唯有如此，传统在变化了的生活中才能获得坚实的根基。强劲的"东北风"吹奏的戏剧主旋律，丰富多彩，调式复杂，有像《祸》这样固守传统模式的剧作，也有像《富有的女人》《喧闹的夏天》这样突破传统创作模式，在表现现实方面锐意进取，开拓出一条新的创作路数的剧作，在首都的演出获得成功，赢得交口赞誉。

《富有的女人》一剧让观众看到，随着农村土地承包制的推行，农村中出现的新现象、新问题。一方面是经济搞活了，农民开始富裕了，另一方面是人与人之间的关系开始发生了倾斜，如果林承包者之间的关系。同时，该剧还涉及法治问题，某些干部的不轨行为，以及金钱与道德之间的冲突悖谬，然而它的笔触并没有滞留于此，而是向人的心灵深处探寻。剧作者并没有回避何玉英与乌老师父子之间的残酷竞争，也没有回避何玉英与其意中人张汉杰之间在人生追求、道德信念上所存在的难以抹平的分歧，却没有像某些戏那样，以其作为结构全剧的主线索。相反，《富有的女人》一剧紧紧抓住的是主人公何玉英的内心世界，她在事业上所表现出的魄力、勇气和精明才干，以及她婚姻的不幸、爱情的挫折，还着意刻画了她内心的孤独与恐惧。这部戏以人物的内心轨迹作为情节发展线，因此，多方面地展示人物的性格、人物在追求中的欢乐与迷惘，在反映现实的深度与力度上颇有建树。

《喧闹的夏天》则载歌载舞，以新颖别致的形式引起戏剧界的兴趣和关注。该剧塑造了以夏兰为核心的一群城市个体户青年，他们从一无所有起家，成为万元户，最后破产，又一无所有，再次去奋斗。《喧闹的夏天》着意刻画了夏兰这一形象，表现她除了金钱与物质之外的更高的精神追求与向往。《喧闹的夏天》的取胜之处在于以歌舞创造出意境，外化与升华人物的内心情感。歌舞之于该剧，不仅仅是作为动作手段，而且构成了该剧重要的戏剧环节——歌舞场面。歌舞与全剧融为一体，与每一瞬间人物动作、情节的展现交相织就，充满抒情性，充满意韵，优美和谐，雅俗共赏，深受观众的欢迎。手段的丰富多样性，在《少年周恩来》一剧中简直到了令人目不暇接的程度。导演除了运用歌与舞的手段外，还调动了木偶、皮影等手法，多方面展现周恩来少年时期的家庭、生活、学习，表现人物的成长历程。少年周恩来在没落衰败的家庭中所经受的苦难磨砺，继母与乳母无微不至的爱的抚慰，使得少年周恩来稚嫩的心灵逐渐感悟到世事的艰难、社会的不公，培养起对他人的同情与深厚的爱，为日后投身革命、成为一代民族伟人，铸就了强烈的时代忧患意识和可贵的品质。导演对多种手段与形式的调动和创造，极大地增强了该剧的形象直观性，丰富了人物的情感表现。

总而言之，反映时代的改革大潮，在"开放搞活"中开拓民族的未来，构成了此次东北话剧的主题和主旋律。在这一总的前提之下，如何谱写主旋律，如何表达主题，此次戏剧会演无论是在创作视界上，还是在手段方式上，抑或是形式样态上，都取得了显著的进步，获得了可贵的艺术经验，为全民族的改革大业做出了贡献。《富有的女人》《喧闹的夏天》体现出现实主义的原则和精神，而《喧闹的夏天》一剧，为寻找一种大众喜闻乐见的通俗话剧形态做了有益的探索；《少年周恩来》一剧的内心直观外化手法，达到较为和谐完整的状态，给人以美的享受。这些反映当前生活与时代精神的戏剧，在刻画人物、揭示人物的心灵及命运方面，亦取得了长足的进步，甚至关键性的突破。赖于此，它们才深深地打动了人们的心扉，使人们振奋、奋斗，去创造新的生活！恰值岁末年初，"东北风"徐徐吹来了浓浓的喜庆气氛，凛洌寒流亦仿佛化解在这股融融的"暖风"之中。这股从黑色的沃野上刮来的风，欢快地回旋在首都的舞台上，东北地区在向全国的话剧艺术同行们挑战，因为它走在了前列。

原载《人民日报》1990年2月

歌舞在当代话剧舞台上

在演出中运用载歌载舞的形式，并非始于今日。但在我国几十年的话剧发展中，歌舞作为一种表现手段被普遍运用，还是近些年戏剧改革的结果。经过艰苦的实践探索，在如何把歌舞转化为话剧的有机构成方面，艺术家们积累了丰富的经验；由于运用歌舞的具体方式不同，在剧中发挥的作用不同，导致了在形态样式上也呈现出不同的发展趋向，所以探讨歌舞在话剧中的构成法则是很有必要的。

戏剧是动作的艺术，它区别于舞剧，根本点在于戏剧最主要的特征是语言动作的艺术，这一特征也将它与歌剧区别开来。对白是剧本的基本构成与形式，搬演到舞台上，绝对不可仅限于把对白"说"出来。导表演所要完成的，是将蕴含在对白中的情感与思想予以直观展露，并把那些隐蔽着的产生对白的因素，诸如社会的、心理的种种复杂的动因变为视觉的及听觉的动作形象。为此，导演将人物的某些外部形体姿势与造型予以舞蹈化，或者让对白在舞蹈动作中表达无言的内心激情。动作姿态的舞蹈化，无论表现方式如何，它们所承担的职责总是对对白的补充。换句话说，是对对白直接意义之外的某种意义的表现。当某种激情使得语言显得暗淡无光、表现无力时，只有舞蹈化的形体动作能够完美地传达出来。易卜生的名剧《培尔·金特》在我国上演时，其中有一场培尔与绿衣女妖谈情说爱的戏。他们两人一面相互调情求爱，一面又在大吹其牛，各自炫耀自己的出身门第，这两个人之间并无真挚纯洁的感情可言，但亦绝不丑恶可憎。导演让扮演者边说边舞，结果口中说出的是满嘴荒唐，而舞蹈动作却轻松欢快，形成自娱自嘲的氛围，把这一场爱情戏化为开玩笑、做游戏。如果仅从对白的直接内容来看，确乎与舞蹈外形动作无甚关碍，在此，舞蹈动作不是配合"说话"的姿态，而是为着展示这一场人妖相恋的悲喜剧属性而设，以自娱自嘲的喜剧性形式表现悲剧性的蕴含。

在有些舞台演出中，人物动作的舞蹈化起着表达导演对原剧作主题意义的重新阐释的作用。我们还记得《初恋时，我们不懂爱情》上演时，剧中的一对父母坚决阻挠女儿与清洁工人相爱，这个情节，导演让人物以简单的带有滑稽色彩的舞步完成，观众在会心的笑声中领悟到，这不过是一段好事多磨的小插曲。该剧是一出反映清洁工人生活问题的戏，由于工作又脏又累，社会地位"低下"，谈恋爱、找对象便成为老大难问题。剧中人物不断地抱怨、发牢骚，然而在舞台上，人物边说边舞，迪斯科化的优美动人的舞姿，顿时为人物增添了一股豪气与自信、愉悦与爽朗，那些怨气与牢骚也因而转化成自嘲，那些对白中的市井粗话也充满了欢快戏谑的气息，一扫痞子味儿，舞台上清洁工人的表演深化了该剧的内涵。《海峡情祭》一剧，原本是出悲剧，表现由于历史和社会因素，海峡两岸的旷夫怨女悲欢离合的命运，但导演却运用舞蹈的语言，为该剧灌注了强烈的喜剧意识，意在揭示妇女们身上那种忍受、贞节、麻木的保守心态。如"杀鸡"那场戏，守活寡的女人目睹公鸡母鸡之间的亲昵，压抑在心底的欲望及痛苦奔突而出，面对眼前的一个男人，舞起了一把偌大的砍刀。这个男人一抹脸，变成了一只大公鸡，用手装成鸡毛掸伸在屁股后面，模仿鸡的种种动作，然后他在大砍刀的挥动下，一伸脖倒地，这种喜剧性的处理引起了全场的笑声。

歌队与舞队的起用，也是近年来导演们喜爱尝试的一种手法。在《桑树坪纪事》中，身着当代服装的青年组成的歌队起着"说明"的作用，而麦客们组成的舞队，迈着沉重的步伐，艰难地跋涉在转动不停的舞台上，令人感觉到岁月流淌、历史的凝滞,一种深邃、悠远的人生感慨油然而生。《海峡情祭》最后有场"探戈"群舞,想以强烈的节奏、人头的涌动、人的位置变换来表现海峡两岸人民势不可当的交流与融合的历史大潮。

在舞台上,导演还创造出"动作意象"。如《桑树坪纪事》中的"杀牛"意象,它由舞蹈动作组合而成,具有高度的抽象性,既是情节的自然展现,又超越了特定的情节,因为这意象所要表现的是该剧的总体蕴含。杀牛,本是《桑》剧中的一个重要情节、重要事件,牵动着桑树坪村民的命运和该剧的主题。试想,全村仅有的一头畜力,竟然要拿去慰劳头头脑脑们的口腹!因此,如果仅仅再现如何杀牛,或者模仿牛如何被杀,均与表现命运、揭示主题无多大关系,必须通过杀牛这一意象,让观众直观贯通全剧的重大主题。两个演员扮演耕牛,头顶一个硕大的牛头面具,借用中国民间狮子舞的语汇进行再创造,展现出一幅仪式化的图像:在村民们的包围下,耕牛受伤,演员托举腾跃,牛的前蹄腾空,痛苦地茫然四顾,不住地哞哞哀号,继而倒地毙命。牛的翻腾、滚动、扭曲、战栗,像条鞭子抽打着观众的心,令其紧缩,令其痛苦。人们从中感受到的,不仅仅是牛之死,还是全体桑树坪村民曾经有过的、以黄土地为生的沉重而痛苦的历史命运。

在戏剧舞台上,无论是人物动作的舞蹈化,抑或是运用歌队、舞队,还是创造出意蕴生动的意象,一定要能表达人物内心的情感思想与全剧的主题,增强、深化戏剧的表现力,以达到蕴含深刻与形式优美相统一的境界。值得指出的是,舞蹈一旦脱离剧情,不但会失去内含的意义,而且连形式也不具备独立观赏的价值。与此相对地,舞台上还出现了另一类型的戏剧,即歌舞在剧中获得了某种程度上的独立性,代表作品当推沈阳话剧团的《搭错车》和《喧闹的夏天》,后者是他们新近推出的戏,与前者相比,削弱了声光色的作用和比重,加强了戏剧性因素,在进一步提高歌舞质量的同时,发挥歌舞表现剧中人物情感的作用。因此,《喧闹的夏天》中的歌舞既赏心悦目,又与每一瞬间的情境、人物的心态融为一体,抒情性与意向性极强，颇具感染力。由于《喧闹的夏天》这类戏剧表露出来的特点，批评界已感到形态上的变异，便使用各种术语来称呼它，如"流行戏剧""通俗戏剧""音乐剧""轻戏剧"等。不论怎样称呼，歌舞这种手段在当代戏剧舞台上，已显示出自身的活力，值得理论界关注与研究，推动它们的进一步发展。

原载《中国文化报》1990 年 4 月 18 日

情感的力量

——谈话剧《野草》的新视野

　　齐齐哈尔市话剧团来京演出的《野草》，是一出很引人注目、受到戏剧界好评的话剧。

　　一群"山东客"，在改革大潮的冲击下，怀着发大财的梦，从农村闯入城市，干起了建筑包工队的营生。这样一群带有山民"野性"的工人一进城，眼花缭乱的大城市便给他们上了第一课，那就是受到黑包工头——新型掮客们的盘剥与欺诈。《野草》展现的正是一幅新出现于经济改革大潮中的个体工人无产者的生活图景。他们身上既有山东大汉的剽悍、憨直、善良、耐劳，又有逐渐被金钱熏染而滋生出的野心，以及狡诈和不择手段的习气。剧作者生动地描述了这样一支赤手空拳闯世界、满嘴粗野话的城市包工队。然而，只要稍加品味，人们便会欣然悟到《野草》出自一位女性作者的那种特有气质，即抒写人物内心情感时的细腻与真切。可以说，《野草》是以情感的力量令首都戏剧人士赞誉不止，剧作者张明媛也正是以展现人物情感过程的创作功力脱颖而出的。

　　《野草》取材于我国经济改革大潮中涌现出来的过去从未见过的人与事。按照以往的创作经验，这样题材的戏剧总难免流于新闻性、时事性的剧场效应，总难免裹挟到莫衷一是的各种现实政策问题的争执之中去。然而，《野草》却恰恰回避了这些创作的旋涡，在当代题材话剧创作的方向与路数上，不能不说是独辟蹊径。这就是，剧作者在众多的流民中，敏锐地把握住了老四这样更富野心、更强有力、不择手段的竞争者形象，把老四作为主要的戏剧形象进行深入刻画。但接下来的问题是，如何刻画老四呢？从哪种社会关系入手来揭示老四的心路历程呢？剧作者抓住了老四的情感生活，以老四与二芹之间的爱情为主要情节线，深入人物的灵魂，写出他们的内心变化，从而揭示出经济改革大潮对当代中国人生活的巨大影响，对人们心灵世界的莫大冲击。

《野草》的创作取向，相对于当代话剧创作，无疑具有新颖的开放意义，但只要将参照系扩大开来，便会发现，以男女情爱纠葛为主线的创作，早就是一种经久不衰的模式，只不过对于我国当代戏剧创作来说较为陌生罢了。从男女情爱入手来揭示当代正在发生着的社会生活现象与问题，甚至触及更深层的底蕴，这便是马克思所指出的："男女之间的关系是人与人之间的直接的、自然的、必然的关系。""这种关系可以表现出人的自然的行为在何种程度上成了人的行为……人之需要在何种程度上成了人的需要。"[①]《野草》中的二芹因家贫，家里图彩礼，被逼嫁给一个疯子，而老四之所以离乡背井、闯荡城市，就是为了能赚笔钱，将他所爱的二芹赎出来，两人结婚成家。但是，他在城里干了两年苦力，却被包工头骗了，只能身无分文地卷铺盖回家，此时的老四绝望了。为了二芹，他铤而走险，只身一人，手持菜刀，拦路截住包工头，硬是以拼命三郎的姿态把伙伴们的血汗钱要了回来。之后，当二芹从农村跑出来，投奔到老四的身边时，老四却为了能够在城市扎下根，为了能够实现发大财的梦，与一个他根本不爱的瘸女人结了婚，只因这个女人的舅舅是市建委的一位处长。如果说，先前二芹嫁人是迫不得已，老四也不得不屈从认命，因为那时根本无个人意志可言，那么这一次老四抛弃二芹，却是个人意志的明确抉择。在爱情与权势、地位、金钱、前途之间的选择面前，老四尽管痛苦万

---

① 马克思.1844年经济学—哲学手稿［M］.刘丕坤，译.北京：人民出版社，1979：72.

分，但最终还是选择了后者。老四娶不了二芹，却又舍不下二芹，他给不了二芹所希望得到的幸福生活，却又忌妒秋子对二芹真挚的爱。老四与二芹这一对青梅竹马的恋人，两度遭遇爱情悲剧，虽然均是迫于生计，但却有质的不同。两次爱情悲剧，使人们看到了两种不同的生存方式，而正是生存方式的改变才带给了老四人格与心灵的巨大扭曲。这样，便从最深层触及了商品经济大潮对社会观念、社会价值的巨大冲击，它动摇了小农经济的凝重根基，把一批人从土地的束缚中解放出来，可是如果这批人投身的是金钱织就的网罗，那必定是更加野蛮、更加扭曲人性，同样获得不了真正的幸福。所以，《野草》的蕴含实际上已超越了城市包工队的生活与心理，具有更大的时空的概括性。

不难看出，《野草》能否成功，取决于剧作者能否将人物之间的情感过程、人物各自的心灵痛苦，细致入微、真切动人地写出来。事实证明，张明媛具有写人的内心情感的功力。如二芹风尘仆仆地千里寻觅而来，疲惫不堪地坐着便睡着了。老四轻轻地将二芹抱起，那样怜爱，那样小心翼翼，生怕惊醒了她。他拉起被子，看到肮脏的被里，又放下，脱下自己的衣服，轻轻盖在二芹身上。他始终不敢碰也不愿碰二芹一下。这一系列舞台动作将老四此刻既爱又悔的复杂心态和矛盾层次分明地表现出来。再如婚礼后脚手架旁的那场戏，二芹痛不欲生，老四苦苦尾随而来。他自责自怨，哀求二芹谅解他，并好好活下去，二芹却向老四讲述自己的婆家待自己怎样怎样好，她可以重新回到丈夫身边过下去。二芹的话像针一样，越发刺痛了老四的心，因为他清楚地知道二芹在婆家过着非人的生活。观众的心也被二芹深深攫住了，人们感受到二芹内心的痛苦挣扎和疯狂般的绝望情感。二芹不是不理解老四抛弃她的原委，她知道老四没有变心，只是她无法生存下去，无法接受命运的安排，想一死了之。可是一旦她看见老四伤心欲绝，就更加忍受不了。她非但不忍心责备老四一句，相反，她竟然忘掉了自己，只想着去安慰老四，让他别为自己担忧。这就是二芹，这就是一个女人的爱。这里，剧作者将一个女人欲爱不能、欲舍不忍、生死两难的心理刻画得淋漓尽致、感人至深。二芹的人格与灵魂的美，使得观众意识到，老四抛弃的是人世间最珍贵的宝贝，这是任何权势、金钱都买不来的。

《野草》的缺陷在于，从这场戏之后，二芹与老四的感情及关系没有再向纵深处开掘，基本上是前半场戏的重复和延续。这样便造成两方面的损伤：一是戏的发展越到尾声越弱，越没有力量；二是人物灵魂得不到进一步开掘与塑造，削弱了全剧主题意蕴的深刻性。但从总体上看，《野草》确实令人耳目一新，为取材于当代生活的戏剧创作打开了新的视野。

原载《文艺报》1990 年 6 月 30 日

《孔子》一剧的现实精神与意义

　　超越千古"圣人"与"罪人"的视界,跳出"尊孔"与"批孔"的纷争,真正以"人"的眼光来重新审视孔子,力图再现既是伟人又是凡人形象的孔子,展示孔子创建儒家学说、推行儒家思想、实施儒家教化的极其艰难坎坷而伟大的一生。这,就是由山东电视台、济南电视台联合摄制的多集电视剧《孔子》的主题立意。

　　以往,孔子通常以两种面目、两种作为活跃在中国历史舞台上,即"圣人"与"罪人"。在"独尊儒术"的千年悠悠岁月中,孔子的思想规范着、造就着中华民族世世代代的生存方式与灵魂风貌。而当第一声"打倒孔家店"的怒吼震颤了中华大地之时,新时代的序幕便由此被揭开,不将"孔圣人"打翻在地,便难以挣脱封建的镣铐锁链。今天,当我们民族终于以"人"的眼光将孔子看作一个"人"时,则标志着一个不同于既往的新的伟大的文化时代的到来。这,便是《孔子》一剧所具有的深刻的社会的历史与现实意义。

　　当人们能够以"人"的眼光审视孔子时,忽然发现,从孔子身上,认出了自己;忽然发现,重新审视孔子,实则是重新审视自己。当孔子不再以"偶像"或"革命的对象"之面目出现在人们面前时,人们才意识到,自己与孔子之间存在着多么复杂的千丝万缕的联系;在决定自己对其取舍抉择的态度时,人们才会感受到从未有过的彷徨、犹豫、举棋不定,陷于

《孔子》一剧的现实精神与意义

进退维谷的尴尬境地。孔子所创立的儒家文化并不是外在于我们的他物，而是对象化了的我们民族的生命本身。全盘否定？当然不行！这就等于将自身的生命全盘否定；全盘肯定？当然也不行！当代中国人的生存命运怎么可能完全由儒学来规范？当代民族的思想、情感、意志怎么可能完全纳入儒家学说的框架之中？电视剧《孔子》一扫既往那种或膜拜、或鄙弃的单一情感、单一态度，传达出当代人对待孔子的难以说清的、混同诸多情绪在内的复杂心态。观众在观看播映时，不能不为孔子的高风亮节所打动，不能不为孔子百折不挠的献身精神所感动，不能不为孔子一生的困顿而唏嘘，但同时又被淹没在酸涩、压抑、沉闷的心绪之中。

《孔子》以传记体的形式结构，描述了从少年到耄耋之年的孔子的一生。编导者殚精竭虑地想告诉人们孔子是个什么样的人，力求还原孔子的历史真实面目。不能不说，他们塑造的孔子，得到了各方人士的首肯与认可。一位著名的史学界老前辈认为，《孔子》一剧基本上反映了孔子的精神风貌。

电视剧《孔子》所展示的，并得到各方人士认可的孔子的精神风貌，一言以蔽之，是一位匡时济世的伟大政治家，怀抱着道德家的情怀与操守。

孔子所生活的春秋时代，距今约两千五百年了。如此久远的一个时代的特征，在编导者的视野中，凸显出四个大字："礼崩乐坏。"盛极一时的周朝已名存实亡，天子被架空，群雄并起，四分五裂，井然有序的社会生活解体了，代之以征战、兼并、动荡不宁的局面，以往的等级、秩序、礼仪、名分、职守均被打破。总之，一切都混乱了、颠倒了。而在这所有的混乱之中，编导者集中强调并再现的是"以下犯上"的社会现象：家臣反叛家主，臣子僭位君上，奏《韶》乐于宫廷，原本唯天子才有权享用的"八佾舞"却出现在贵族家的祭祖仪式中，这样的乱象比比皆是，不一而足。对此，孔子绝对不能容忍，他要拨乱反正。《孔子》的编导者选取了"阳虎作乱"这一事件，以"堕三都"为斗争焦点，来表现集权与分权的生死角逐。孔子的立场与原则就是协助家主降伏家臣，协助君王削弱贵族势力，恢复君君臣臣世袭的秩序名分。凡是忤逆此道的，孔子一律痛加呵斥，严厉摒弃；而对于事件进展过程中真实发生着的诸多是是非非、曲曲直直，孔子则一概不予理会。如魏国的重臣公孙戍，受君夫人南子的迫害而避居匡地，当他心生谋反之意时，在孔子的眼中，公孙戍与南子便是一丘之貉，同样是"乱臣贼子"。为了维护昏聩、徒有其名的魏灵公的权位，孔子甚至不惜向公孙戍发假誓。可想而知，当分裂之乱象不但成为那一特定历史时期的普遍现象，而且成为大势所趋时，偏偏孔子逆流而行，失败便是不可避免的了。

剧中的孔子，一生基本分为前后两大时期。前期表现孔子习六艺，广收弟子，兴办"私学"，建立以礼、仁、中庸为主的儒家学说；后期则表现孔子一心一意借出仕做官的途径，来推行、实现自己的以礼教、仁爱治天下的安邦济世的理想抱负。就每一个个人而言，儒家思想所倡导和铺就的人生最有价值、最有意义的路途即"入世"——出仕。这样一种人生命运、人生境遇、人生途程，既是剧中孔子的写照，也是中华民族一代又一代知识分子不可更改的写照与模式。可以说，两千多年来，舍此命运模式，既不曾存在过，也梦想不出还会有另外样态的命运。

然而，今天，人们终于对这千古不变的人生模式产生了深刻的怀疑与动摇。《孔子》一剧的编导者在择选历史史料并加以再创造方面，倾注了当今时代的普遍心理。他们一方面突出了孔子在经国济世上的政治及外交的实际才干，另一方面突出了孔子由于屡屡见弃于当时，失意潦倒而造成的内心痛苦和矛盾。如在第八集中，通过鲁国与齐国会盟事件过程的前后展开，充分表现了孔子政治家的智慧与眼光、思想家的辩舌口才、外交家的机便灵活。仰赖于孔子的作用，鲁国才挫败了齐国的当众侮慢，保全了尊严，击退了齐国妄图使鲁国臣服的阴谋，保全了鲁国的独立自主，同时还不费吹灰之力，迫使齐国为挽回面子而归还了早先侵占的鲁国的三块土地。之后，孔子率领众弟子周游列国，企盼遇明主、展宏图，结果却是在匡地被围，于宋国遭难，又困于陈蔡，屡遭挫折，处处碰壁，狼狈之状，

《孔子》一剧的现实精神与意义

如丧家之犬。在讲述"孔子见南子"的第十一集、第十二集中，编导者除了揭示南子恃宠擅权、扰乱朝纲的"非礼"一面外，还表现她于爱情失意之后的失态，以及不被人理解的寂寞痛苦。正是在见弃于众、不被人理解这一点上，她与孔子达成了惺惺相惜的心灵沟通，以此来强调孔子的惆怅和孤独感。而且，在表现落寞的情绪之余，编导者还赋予了孔子对自己一生作为深深的怀疑与绝望的情感。如在第十五集有一场景，孔子与几名弟子席地而坐，孔子询问各人的志向，有的回答愿意辅佐君王治理国家，使贫弱的小国强盛起来；有的希望去教化小民；有的打算去搞外交事务；唯独曾点的志向与众不同，他表示喜欢在暮春时节，戴着高高的冠，披着长长的衣衫，领着朋友及小童，来到大自然中，沐浴着春风，亦歌亦舞，尽兴而返。出人意料的是，孔子居然喟然长叹，说自己的志向与曾点相同，话一说完，便疲惫不堪地横卧在地。一名弟子难以置信，复又追问孔子，此话可当真？孔子回答道："我也不知道。"最后，历经十四年的艰辛困苦、颠沛流离，编导者让孔子以一副老态龙钟、身心交瘁、老泪纵横的形象回归故里。

该电视剧的节奏缓慢，使用大量延长了的镜头画面，除去不少属于艺术处理上的不当欠缺外，应当承认，这是导演的刻意追求，使观众感到几乎难以忍受的沉闷单调，并重重地压抑在心头难以化解。但是，这种慢节奏，再加上过多的缺少动作性的"说话""论辩"，以及过多的民俗风情礼仪的展现，不能不说大大地减弱了对观众兴趣和注意力的吸引。

孔子，作为中国文化创建的奠基人，后代是无法回避他的。无论是"圣人"还是"罪人"，民族的每一历史阶段都会有一个"孔子"，即为该阶段所需要、所理解的"孔子"。因而，从孔子面目的变化，便可窥到时代的某种变革信息。电视剧《孔子》中的孔子，自然是由改革开放以来的今人对现实生活的某种体验，凝聚着某种强烈的时代感而塑造出来的"这一个"孔子。本文所着重剖析的，恰恰是该剧中蕴含着的潜在的现实社会心理及意义。

原载《电影电视艺术研究》1992年第4期

麦克白斯艺术形象"巨人"析
——重读"名剧"续列

引 言

　　本篇批评文字，实则是个"续篇"，是笔者曾写的《让心灵的情感向着生活开放——论对世界名剧的重新阅读》一文的下篇。①

　　另外，尽管本文独立成篇，但对于笔者来说，其兴趣及重要性还远不在于具体批评本身。驱迫笔者花费如此之大的精力，几乎可谓竭尽心智写出这样一篇文字的，实乃出于理论思想的需要。它是笔者想要说出，想和他人交流、对话的思想的重要有机部分；甚至是当笔者感到"语言贫困"，即概念语汇、理论的论辩均难以让别人领悟到包含在"思想""概念"中的那些活生生的、实实在在的生存体验之时，不得不转而为之的求助。借助于批评，来传达出理论语言所难以传达出的那份领悟、那份体验。

　　因而，当笔者面对本文进行批评时，理论、方法、模式，统统在笔者的脑海中隐退而去，仅仅凭着笔者的领悟力，以及内心的某种说不出的渴求、希冀、冲动。如果说笔者还有所遵循的话，那便是深印在脑中的维特根斯坦的一句话：

---

① 注：该拙作发表在《剧作家》1991年第2—3期。

麦克白斯艺术形象"巨人"析

> 我们觉得，即使一切可能的科学问题都已得到解答，也还完全没有触及人生问题。当然那时不再有问题留下来，而这也就正是解答。①

在笔者看来，方法不过是种手段和工具，是为解放人的头脑与心灵服务的。所以，尽管笔者不十分清楚，该把这篇文字，以及以往写出的批评文字纳入哪种方法、模式之中，但有一点十分清楚，即拒绝充当方法的奴隶。在此，笔者应该承认，笔者曾潜心研究、学习过诸种批评，并深受影响，但是，真正令笔者仰慕不已、心醉神迷的，不是什么方法，而是大师们那不露方法痕迹、无拘无束、天马行空般的旷世才情，以及隐在批评背面的某种具有历史时代规定性的阅读视界。笔者从中顿悟到，真正的批评之"道"，不在于方法，而是批评者的才情与具有时代规定性的阅读视界的结合。批评中的"匠人"由方法造就，批评中的"艺术家"由"道"造就。而笔者，在时时惶悚于志大才疏之余，所敢奢望的，就只希冀以批评语言来表达笔者力陈的阅读视界。

一、"英雄"篇？"巨人"篇？

麦克白斯，一个弑君篡位者，一个滥杀无辜的暴君，在罪恶的道路上执迷不悟，直至毁灭，在莎士比亚的笔下，却被描绘成一个震撼灵魂的悲剧人物。

在我们民族千年的传统中，麦克白斯之辈是十恶不赦的罪人，充其量亦不过是一代奸雄。

车尔尼雪夫斯基曾经说过，凡是有价值的东西被毁灭，才是悲剧。照此裁夺，麦克白斯何价值之有？

---

① 维特根斯坦.逻辑哲学论[M].贺绍甲，译.北京：商务印书馆，1996：104.

211

在我们民族的悲剧形象的画廊中，哪一位不是谦谦君子、铮铮好汉？只有那些爱国志士、人伦典范，以及为民族造福、怀抱高洁志向、虽九死而不悔者，才能够跻身于悲剧人物之列。上溯神话传说中的人物故事，如鲧禹治水、后羿射日、精卫填海等，下至脍炙人口的著名历史人物，如比干、屈原、苏武、文天祥、岳飞、王昭君等，还有戏剧作品中的艺术形象，如《赵氏孤儿》中的程婴、《清忠谱》中的爱国志士们、《桃花扇》中的李香君等，无不令人敬仰感佩、可歌可泣。以我们民族传统的悲剧视野，断然无法理解与解释麦克白斯的悲剧价值与意义。

由于《麦克白斯》是一部举世公认的伟大悲剧作品，麦克白斯是一个塑造得极为成功的悲剧艺术形象，我们可以承认并接受这一事实。但是，认同不能等同于理解，也不能取代理解，而最为重要的，恰恰在于理解。不理解，便无法沟通彼此的心灵，无从去体验更为广博的生命，也就通达不了人类的共通感。

倘若我们放眼去看世界，就会发现在西方存在着迥异于我们民族的另一脉悲剧传统。为了说明问题，在此只举一个最简单的例子。赫拉克勒斯是希腊神话中著名的大英雄，他曾经完成过十二个赫赫有名的任务，其中的两件，一件是清扫干净奥吉亚斯三十年未曾清扫过的牛圈，另一件是他于一夜之间奸淫了五十位公主。有人一定会惊呼，这算得上什么英雄呀！他都干了些什么？若以社会的尺度、道德的准则来评价，赫拉克勒斯像麦克白斯一样令我们无法接受和理解。清扫牛圈一事，只有在下述情况下，才可能获得我们能理解并认可的意义，即牛圈的污浊危及公众与社会生活的某一方面，此时赫拉克勒斯挺身而出，为民众消除了这一祸患。可是在希腊神话故事中，清扫牛圈并无任何实际的社会功用与目的，即与公众的利益无关。至于另一个任务完成的过程，非但不足挂齿，简直不齿于人类。但冷峻的事实是，不论我们的心态如何，时至今日，在世界范围，赫拉克勒斯仍然是一位古代的大英雄。

为说明问题，在此引用恩格斯的一段著名的言论。他在论及资产阶级

麦克白斯艺术形象"巨人"析

人文主义时代时说：

> 这是一次人类从来没有经历的最伟大的、进步的变革，是一个需要巨人而且产生了巨人——在思维能力、热情和性格方面，在多才多艺和学识渊博方面的巨人的时代。给现代资产阶级统治打下基础的人物，决不受资产阶级的局限。①

恩格斯在评价人文主义时代那些伟大的文化精英时，独独使用"巨人"一词来称呼他们，而没有用惯常的"英雄"等词语。显然，"巨人"是从神话故事中借来的。神话故事中的巨人，首先是高大异常的，无论是身高还是体魄，都远远强壮于凡人，相应地，巨人的气力与体能亦是凡人所无法相比的。恩格斯借用"巨人"，则特指在历史中涌现出的在内在生命方面发育成长得超乎于常人的那些真实人物，也就是表现为禀赋、才能、素质、学识诸方面超常的人物。用恩格斯的话说，所谓"巨人"，就是"在思维能力、热情和性格方面，在多才多艺和学识渊博方面的巨人"。

值得我们注意及深思的是，文艺复兴时期的"巨人"们在文化的各个领域均颇多建树，具有划时代的伟大作用，而恩格斯偏偏不是从外在事功，即不是从他们的事业、成就，以及对社会、历史、人类的贡献方面来评价他们，不是以卓尔不群的事功来作为"巨人"的特质，相反，恩格斯是从内在生命的博大丰饶来规定"巨人"这一词的含义。

在"巨人"的视界中，赫拉克勒斯的英雄本色便可得到合理的读解。无论是清扫奥吉亚斯的牛圈，还是与五十位公主发生关系，都充分显示出赫拉克勒斯神奇的气力与精力，以及不可思议的、过人的生命力。当然，在后一种行为中，遗存着先民对人类生殖力的崇拜。

可见，恩格斯秉承的是源自古希腊的西方传统的英雄观，即"巨人

---

① 马克思，恩格斯.马克思恩格斯选集：第3卷[M].中共中央马克思恩格斯列宁斯大林著作编译局，编.北京：人民出版社，1972：445.着重号乃引者所加。

型"的英雄观，与我们民族所独具的"功德型"的英雄观形成鲜明对照。归根结底，"功德型"与"巨人型"英雄观的根本分野在于各自内在生命构成的基质的不同。为着醒目，不妨表达如下：

"功德型"——道德化的生命构成基质范式
"巨人型"——禀赋才学化的生命构成基质范式

我们民族的英雄人格由道德品性所构成，如崇高的理想、坚定的信仰、高风亮节、忠贞不渝、忍辱负重、自我牺牲、勇于奉献等。这两种范式的人格之间不存在可逆关系，也就是说，属于"巨人型"的英雄，不见得符合"功德型"英雄的标尺，反之亦然，甚至在某种情况下，两者相互敌对，一种生命范式的英雄，在另外一种生命范式的视界中，反倒成为遭贬抑、被唾弃的对象。以此类推，两种根本不同的生命范式也构成了两种根本不同的悲剧及悲剧观。我们民族传统中的悲剧人物，往往是某种信仰的化身、某种道德思想的楷模。而"巨人型"的悲剧形象往往是人类自我认识的镜子，是人类自我建构、自我塑造的典范。

综上所述，不难看出，两种泾渭分明的不同生命范式，将《麦克白斯》与我们对其的理解与领悟阻隔在鸿沟的两岸。所以，本文试图彻底转换一下我们素常的"功德型"阅读视界，以"巨人型"的视野，来读解麦克白斯的悲剧之谜。

二、恐怖——对未来的洞悉

恐怖，是麦克白斯从产生杀人妄念的那一瞬间，就随之产生的心理情绪状态。巨大的恐怖一直伴随着他行刺凶杀的全部行动过程。恐怖导致麦克白斯焦虑、瞻前顾后、畏葸不前，并引发他数度出现幻觉、幻象这样严重的精神疾患。

在麦克白斯的内心世界中，最神秘、最不可理喻的情结就是恐怖。因为按照常情常理推断，像麦克白斯这样的人，终其一生不应当知道害怕二字为何滋味。在战场上，面对着强大于自己几倍的敌人，麦克白斯面不改色，践踏着横陈遍野的尸骨，连眉头都不皱一下。谁会料到，麦克白斯刚刚还是个杀人不眨眼的"魔头"，转眼间，一个陡然浮上脑海的杀人妄念，却令他失魂落魄、胆战心惊，岂不是咄咄怪事？！举世公认，论胆气、论勇气，几乎无人能与麦克白斯相匹敌，可就是这样一位没有什么事不敢干的猛士，却在刺中邓肯王之后，恐怖万端，不等事情处理好，便惊骇而仓皇地奔逃了……

有人会说，谋杀邓肯王，这是麦克白斯第一次干伤天害理的事，所以他害怕了，恐惧、犹豫恰恰证明麦克白斯良心未泯。这种意见与麦克白斯夫人的见地不谋而合。她认为丈夫之所以不敢干，完全在于丈夫的天性太仁慈、太忧虑，充满了太多人情的乳臭。总之，纯良的天性与非分攫夺的野心之间的矛盾，才是症结所在。对于夫人的判断，麦克白斯不以为然，他觉得自己并非如此，既不是怕干凶杀之事，也不是缺少足够的决心与勇气，但是究竟为什么恐惧至此呢？麦克白斯自己也不明白。他将恐惧心理的产生归咎于想象，认为是胡思乱想搅乱了自己的心智，就像人们害怕鬼怪一样，心灵在想象中失去定持，才会陷入虚幻出的巨大恐怖之中。有时，麦克白斯又觉得这是由于自己没经验、不习惯，恐惧像影子般追迫着他，缠绕着他，拘束着他，折磨着他，使他的心灵时刻处于不得安宁的状态。麦克白斯无力挣脱，因为他同样无法摆脱弑君篡位的念头，只要存有这一恶念，麦克白斯就会陷入巨大恐怖的阴影笼罩之中。麦克白斯亦无法用语言分析清楚造成恐惧心理的缘由，如同麦克白斯夫人那样。尽管夫人的论断言之凿凿、通达透彻，但是明显缺乏说服力。试想，纵然麦克白斯心慈手软，不忍下手，但是绝不至于出于心慈手软而为了一个杀人妄念陷入万分惊骇的恐怖之中。请听麦克白斯的一段内心独白：

> 为什么那句话会在我脑中引起可怕的印象，使我毛发悚然，使我的心全然失去常态，卜卜地跳个不住呢？想象中的恐怖远过于实际上的恐怖；我的思想中不过偶然浮起了杀人妄念，就已经使我全身震撼，心灵在胡思乱想中丧失了作用，把虚无的幻影认为真实了。
>
> ——《麦克白斯》第一幕第七场

情感，他内心中的其他精神情感状态，如焦灼、烦乱、疑惑、顾虑、幻视、幻听，无不与之有关。因此，麦克白斯究竟害怕什么？或者说，究竟是什么令麦克白斯惧怕？对这一隐秘的揭晓，将是解答麦克白斯生命之谜的关键。

麦克白斯有一段表达内心矛盾、顾忌的独白，他说：

> 要是干了以后（指暗杀邓肯王——引者）就没事了，那么还是快一点儿干；要是凭着暗杀的手段，可以攫取美满的结果，又可以排除了一切后患；要是这一刀砍下去，就可以完成一切，终结一切，解决一切……在这人世上，仅仅在这人世上，在时间这大海的浅滩上；那么来生我也就顾不到了。可是在这种事情上，我们往往逃不过现世的裁判；我们树立下血的榜样，教会别人杀人，结果反而自己被人所杀，把毒药投入酒杯里的人，结果也会自己饮鸩而死，这就是一丝不爽的报应。
>
> ——《麦克白斯》第一幕第七场

这段独白最清楚不过地表明，麦克白斯所顾忌的，是凶杀这件事干完之后的"后患"。也就是说，凭着暗杀手段去攫夺王冠，这对于麦克白斯而言，算不上什么难以逾越的阻碍，令他畏惧不已的，是由谋杀而引起的后患无穷的现实，即可预见到的不祥的未来。他清醒地意识到，一场谋杀绝不是事情的终结,而是连锁反应式的血流成河的肇始。对未来不祥的预感与洞见,才是导致麦克白斯恐怖万分的真实渊薮。

仁慈的邓肯王,于国家政务从未犯过什么过失。要铲除这样一位君主,令麦克白斯难以下手的真正原因,不仅仅是师出无名,更重要的是必然引发的后果。麦克白斯绝对不像其夫人所判断的那样,是什么纯良的天性,或者如我们很多人所认定的,是什么未泯的道德良知,在动摇着他去干的决心与意志。假若邓肯王昏聩无道、政务腐败,那么事情就简单多了,因为这样的君王被杀,人民只会额手相庆;麦克白斯顾虑邓肯王的美德与政绩,并非顾虑自己的行为是否正当,而是意识到,死于非命,会加倍使存留在世上的邓肯王的美德与政绩复活起来。麦克白斯这样描绘自己内心的预感:

> (邓肯王)他的生前的美德,将要像天使一般发出喇叭一样清澈的声音,向世人昭告我的杀君重罪;"怜悯"像一个赤身裸体在狂风中飘游的婴儿,又像一个御气而行的天婴,将要把这可憎的行为揭露在每一个人的眼中,使眼泪淹没叹息。
> ——《麦克白斯》第一幕第七场

试想,当一个人为满足自己的某种欲望和决心去干一件事,倘若于行动之前,他已清晰地看到行动的结局,而这结局恰恰是无法避免的灭顶之灾,他能不魂飞魄散吗?况且,他同时又意识到,无论前景怎样黯淡、怎样可怕,自己也无法控制住自己不去干。麦克白斯完全明白自己内在的矛盾,明白自己的困境。他说:

> 没有一种力量可以鞭策我实现自己的意图,可是我的跃跃欲试的野心,却不顾一切地驱赶着我去冒颠踬的危险。
> ——《麦克白斯》第一幕第七场

以不义的手段篡夺王位，对于麦克白斯来说，不啻是用自己的手，为自己敲开了地狱之门。凝视着清晰可辨的来自未来的磷磷鬼火，再有胆气的人，也不能不惊恐万状。

三、动机——野心与欲望

野心，也就是以攫取王位为目的的欲望，无疑是将麦克白斯一步一步推向深渊的情欲力量。然而，我们必须进一步追问，究竟是些什么欲望，驱动着麦克白斯非要向往王位不可呢？

莎士比亚的天才之笔创造出若干位阴谋家、暴君、弑君者、篡位者，如伊阿古、爱德蒙、理查三世、克劳狄斯等，他们胸中都燃烧着熊熊的野心欲火，但是驱使他们杀人越货的目的、欲求却迥然各异。恩格斯说过，使人物相互区别开来的不仅仅在于人物做什么，还取决于他们怎样做。我们在此再增补一条，即还要看人物为什么做，也就是驱使人物做什么及怎样做的动机。譬如，同样是弑君篡位，克劳狄斯的欲望说来既不复杂也不怎么重大，甚至琐细可笑。他犯下如此滔天大罪，只为着垂涎两样猎物：他想占有自己的嫂子——美貌的皇后，另外，他极度羡慕饮宴时鸣炮助兴的奢侈排场，而那是只有君王才可享有的一种特权。仅仅对这两样东西的狂热渴望，促使克劳狄斯残忍地毒死了自己的哥哥——老王哈姆雷特。理查三世则是一个十足的暴君，他竭尽机诈、权谋、诡谲、毁谤、舌辩之能事，毫不留情地铲除所有阻碍他通向君王之位的人。理查三世由于天生的畸形丑陋，无法享受王公贵族骄奢风流的生活，于是产生刻毒仇视的心理，从肆虐淫威中寻求快乐，从残酷杀戮中感到满足。这两个例子说明，野心与欲望不能完全等同，我们不应将两者混淆。金灿灿的皇冠与宝座不过是个象征，是个符号，占据了它，则意味着攀上了人世间社会阶梯的最高一级。一方面，皇权集世间一切之大成，如地位、财富、权势、荣耀、美色、欢娱，总之，世上人们一切的俗愿，均可在此处得到充分满足；另一方面，治理一个国家，乃至称雄于天下，又是一个渴望一展宏图、渴望登上功名与事业顶峰的人的真正用武之地及唯一的人生机遇。所以，世人觊觎王位，必定在内心中向往着只有凭借王位才可以获得的某些东西。野心不过是指人们对某种权力的非分之想，野心所标明的，仅仅是欲求的对象，却不是欲求本身。许多人都可以逐猎一个目标，具有同样的野心，但内心的动机，也就是欲望，却往往彼此大相径庭。莎士比亚塑造出诸多野心家的形象，却找不出彼此雷同之处，每一个形象都是鲜明的"这一个"，其奥妙即在于此。

相对于克劳狄斯等人，麦克白斯的人格则要复杂得多。导致人物犯罪的内心欲念，在理查三世、克劳狄斯身上都表现得既简单又明了，可麦克白斯的内心却是那么扑朔迷离，令人难以把捉。综观全剧，亦找不出一处直截了当的表白，因何故，人物非铤而走险不可？读者能够看到的，只是他时时出现的巨大恐惧。这既造成了理解的难度，但在实际上，又揭开了麦克白斯内心欲求的隐秘。从一个人的"所怕"中，我们虽然无法了解他想要的是什么，却可以知道他不想要的是什么，而不想要的恰恰指示着所想要的；一个人所顾忌的，正是他所不愿失去的。麦克白斯于动手谋杀前又犹豫了，他对夫人说：

> 我们还是不要进行这一件事情吧。他最近给我极大的尊荣；我也好容易从各种人的嘴里博得了无上的荣誉，我的名声现在正在发射最灿烂的光彩，不能这么快就把它丢弃了。
> ——《麦克白斯》第一幕第七场

对尊荣、荣誉、名声的渴慕与珍视，不能不说是阻碍与动摇麦克白斯行动决心的重要因素。反过来说，对尊荣、荣誉、名声的追求，亦是诱导他产生觊觎王位的野心的重要动因。这样就不难理解，何以邓肯王的美德与政绩于死后所产生的反响，会令麦克白斯如此忌惮。在麦克白斯的内视觉中，甚至出现了"赤婴"这样鲜明的意象，人们对无辜受害者的怜悯化为御气而行的天婴，使自己成为人人唾骂的千古罪人。然而，做一位留美名于青史、永享世人爱戴与敬仰的人，恰恰是麦克白斯真心实意所渴求的，因此他才忌惮由一次的谋杀而为世人树立起永久的血的榜样。麦克白斯还清晰地看到，此举引发的后果并不止步于此，随之而来的则是冤冤相报、血流成河、动乱不已、民不聊生的前景，而这，同样是他无论如何都不愿面对和接受的。总之，麦克白斯惧怕成为一个暴君，惧怕双手沾满无辜者的鲜血，因为，做一代明君，天下清平，社会富足，民众安居乐业，才是麦克白斯人生最大的愿望和志向。当他杀死邓肯王之后，他望着自己的手，说道：

> 这是什么手！嘿！它们要挖出我的眼睛。大洋里所有的水，能够洗净我手上的血迹吗？不，恐怕我这一手的血，倒要把一碧无垠的海水染成一片殷红呢。
>
> ——《麦克白斯》第二幕第二场

也就是说，麦克白斯渴望成为有史以来最伟大而英明的君主，他渴望给人民以前所未有的和平与福泽的生活。正是在这一点上，麦克白斯与理查三世形成鲜明的对照，暴君的形象令麦克白斯颤抖不已，却令理查三世志得意满。每当一个计谋得逞，每当一个无辜者银铛入狱，理查三世都感到欣喜。看到流血，哪怕是自己至亲手足的血，他都体会到一种快感，甚至当母亲指着他的鼻子痛斥之时，理查三世不但不感到羞惭，反而十分舒畅。可是麦克白斯在杀死邓肯王之后，便哀叹自己生命的意义已荡然无存。他说：

> 要是我在这件变故发生以前一小时死去，我就可以说是活过了一段幸福的时光；因为从这一刻起，人生已经失去它的严肃的意义，一切都不过是儿戏；荣名和美德已经死了，生命的美酒已

经喝完，剩下来的只是一些无味的渣滓，当作酒窖里的珍宝。

——《麦克白斯》第二幕第三场

麦克白斯意识到，不义的手段与非法的行动，已经彻底摧垮了他的整个生活。在此请注意，荣名与美德之于麦克白斯，绝对不是外在的东西，质言之，绝对不是由外界、由他人、由社会所确证了的东西，而是他自身生命中的东西。此时此刻，凶杀这一行为尚完全避人耳目，在公众的心目中，麦克白斯的荣名与美德还没有受到任何怀疑与损伤，但是，在麦克白斯自己看来，它们已经死去了，于是，人生严肃的意义已然沦丧，生命的美酒被喝光。社会裁决一个人的凶杀有罪，是以社会的正义之名义与伸张律法的威严为目的。与社会的判决不同，麦克白斯是以自身生命为尺度、为目的，对自己生命的意义判处了死刑。嗣后，麦克白斯陷入众叛亲离、四面楚歌的危境。对此，他似乎并不大放在心上，或者确切地说，危境还不是困扰着麦克白斯最主要的原因，他的心在为另外一些因素而悲鸣：

我已经活得够长久了；我的生命已经日就枯萎，像一片凋谢的黄叶；凡是老年人所应该享有的尊荣、敬爱、服从和一大群的朋友，我是没有希望再得到的了；代替这一切的，只有低声而深刻的咒诅，口头上的恭维和一些违心的假话。

——《麦克白斯》第五幕第三场

忠臣和亲信们的公开背叛，并没有让麦克白斯怎样沮丧伤心，他只是无可奈何地吼叫几句："不要再告诉我什么消息；让他们一个个逃走吧……那么逃走吧，不忠的爵士们，去跟那些饕餮的英国人在一起吧。"既然自己是战无不胜的，难道还怕他们不成？啮咬着他的心的，是永久地失去了朋友，以及作为一个老年人本应享有的尊荣、敬爱、服从；令他最难以接受的，是包围着自己的暗中的咒诅及公开的恭维、假话。一言以蔽之，凡是一个高尚而卓越的人所渴望的一切，都是麦克白斯所欲求的；凡是一个高尚而卓越的人所鄙夷不屑的，都是麦克白斯所不欲的。

无论是克劳狄斯还是理查三世，一旦夺得王位、野心实现的同时，欲望也得到了满足。独独麦克白斯踏上了生命的悖论之途：野心的实现之日，便是欲望陨灭之时，反之，倘若不去冒险、去实现野心，生命的欲望同样会湮灭。但是，两者相较，前者毕竟是明天，是未来，尚有一线可与命运抗争的希望；而后者，则是已成定局的现在，若选择这一条路，安于现状，满足于既得的恩宠与名声，对于麦克白斯来说，不啻自戕自毁。王位是他欲求的目标，却不是他的人生终极目的，毋宁说，是他实现终极目的的不可或缺的跳板，然而以不义的方式占有王位，只会导致麦克白斯彻底背离自己的人生目的。

追寻与揭示麦克白斯的内心动机，其困难与复杂之处在于，必须追寻与揭示造成动作的自相矛盾的动机，即"不能干—必须干"如此矛盾着的动作的动机，而麦克白斯博大的生命之流亦蕴蓄于此。

我们应以此为枢机，去理解《麦克白斯》一剧的各个构成因素。譬如莎士比亚对征战沙场的描写。剧作家向读者充分展示了当时苏格兰危如累卵的险恶局势：一天之内，遭逢两方面战祸，内有与外国勾结的叛军，外有与内奸策应的侵略军。在内乱外扰、腹背受敌、寡不敌众的情势下，除非出现奇迹，否则将很难有挽狂澜于既倒的回天之力。而这一奇迹，就是麦克白斯。在莎士比亚笔下，鲜明地凸显出这一人物的盖世神勇，以及不可思议的超人的勇敢与力量，令人难以置信这是一具血肉之躯，倒仿佛是一架发了狂的杀人机器。只有"半人半神"式的巨人才可能成就的业绩，麦克白斯实现了。倘若这样一位人物有朝一日会惧怕杀人流血，岂不令人难以置信？还有，麦克白斯是不可战胜的，这不已经由他自己证实了吗？女巫们嗣后的预言只不过道出了一个既定的事实。再者，征战沙场的描写还为接下来麦克白斯的一句台词做了心理表现的注脚。在凯旋的途中，麦克白斯说道：

> 像这样又好又坏的天气我还从来没有见过。
> ——《麦克白斯》第一幕第三场

朱生豪先生将这句台词译为：

> 我从来没有见过这样阴郁而又光明的日子。

这是开场后麦克白斯说出的第一句话语。从第一句台词起，麦克白斯就表现出如此多的反常，或者说，几乎处处都表现得反常，违背常情常理推断的逻辑。试想，一天之内，麦克白斯历经两场恶战，立下天大奇功，此时此刻，他正率大军走在凯旋的路上，身心两方面都该处于极度兴奋与激动的状态。在这种极度欣喜若狂的心情中，谁还会有心去关注天气呢？即使天气真个彤云密布、阴霾满天，此时此刻，呈现于麦克白斯眼中的，也该会让他觉得这是自己一生中最明丽的一天。况且，天气的"又好又坏"亦不通，天气可以有好有坏，也可以忽好忽坏，还可以东边日出西边雨，独独没有这种"又好又坏""阴郁而又光明"的天气。显然，这分明是麦克白斯本人内心紊乱、情感纷杂的外化与投射。如此辉煌、如此显赫的功业，以及唾手可得的如日中天的声名与荣耀，都没有带给他真正的满足与最大的快乐。而这时的麦克白斯，恐怕尚不明白，何以当渴慕已久的功名到手之时，内心反倒如此烦乱与失落呢？麦克白斯这种反常的心态，又为即将出现的三女巫及女巫的预言提供了理解的心理依据。

四、神秘的女巫——野心在意识中的确证

将女巫看作麦克白斯内心中的一种力量，这样的见解几乎已为人们普遍认可，但是，至于这种力量属于何种性质，则大有推究与商榷的余地。

不少人认为，女巫的形象象征着诱导人们堕落、犯罪的邪恶力量。不

是吗？是女巫们的预言，促发了麦克白斯野心的萌生；又是女巫们模棱两可、含混暧昧的预言，使得麦克白斯执迷不悟、一意孤行，直至彻底毁灭。但是，为什么女巫们不早不晚，偏偏恭候在麦克白斯凯旋的时刻？偏偏趁麦克白斯处于"反常"的心理状态之下道出关于未来命运的预言？如果女巫仅仅是恶的化身，那么这种时空上的结构排列顺序便没有任何意义可言。然而，它们是有意义的。

　　莎士比亚赋予女巫们的笔墨可谓不少，前后共有四场戏是写她们及与她们有关系的情节。不难发现，女巫们出现在麦克白斯的面前，总是在这样的时刻，即正当麦克白斯处于命运转折的重大关头，或者说，恰逢麦克白斯要对命运做出重大抉择的当口。这种非偶然性、非随意性说明什么呢？在此，我们应追问一个关键问题，即觊觎王位的野心，是由女巫们安放在麦克白斯心中的，还是被女巫们唤醒的？显然，更加切合本文意义的解释是后一种。麦克白斯的野心早已萌生，只不过，长期以来它是作为一种无意识潜伏在心底，麦克白斯从来没有在头脑中对此做过非分之想。而当麦克白斯发展到了再也无法回避潜在的欲望之时，女巫们便恰逢其时地道出了这一隐蔽已久的愿望。如果说在征战沙场之前，麦克白斯的心情出现落寞与郁闷，他可能会认为是由对功业与英名的渴望却尚未达成所致，这一理由完全能够将他对王位的渴求遮蔽住。一旦夙愿得以实现，仍然抚慰不平他心中的饥渴，这时，麦克白斯便不得不面对自己隐蔽着的欲望。所以，女巫们的一声道贺：

　　　　恭喜，麦克白斯！未来的君王！
　　　　　　　　　　——《麦克白斯》第一幕第二场

听后，麦克白斯如梦方醒，他震惊、出神、害怕……如果女巫们仅仅是将美妙的预言放进麦克白斯的心中，那么麦克白斯的反应不会如此复杂。女巫们的预言，无非是将人物压抑在潜意识中的欲望释放出来，成为意识中的、被理智所清醒观照到的野心与行动的目标。另外，将女巫当作麦克白斯内心中的欲望力量，也是不准确的，与其如此，毋宁说是欲望的释放力量，是确认、观照的力量。

当麦克白斯再度见到女巫时，他的精神正陷入极度的迷乱之中。在大宴群臣之际，麦克白斯出现幻视，看见了浑身血污的班柯鬼魂。严重的谵妄使得他当众失去正常的精神状态，完全被幻觉支配，几乎将秘密暴露于众。鉴于此，麦克白斯决定立即去拜访女巫：

> 非得从最妖邪的恶魔口中知道我的最悲惨的命运不可。
> ——《麦克白斯》第三幕第四场

> 使确定的事实加倍确定，从命运的手里接受切实的保证。
> ——《麦克白斯》第四幕第一场

又是与众不同。别人去找女巫，希望从她们口中掏出有关自己未来好运的消息，可麦克白斯却非要确证自己最悲惨的命运不可。再者，女巫们到底给了他什么样的切实保证呢？"当心麦克德夫"只不过道出了麦克白斯内心中的一个隐忧而已，但是这样一个事实的加倍确定，意味着麦克白斯必须继续大开杀戒，从此涉血前进，直至生命的尽头；她们预言麦克白斯是不可战胜的，除非出现这样两个奇迹：或勃南的森林向邓西嫩移动，或遇见一位不是妇人生下的人。显然这两种情况都是不可能发生的，意味着麦克白斯尽可放大胆子在血河中一往直前。其实，麦克白斯不可战胜也是个事实，而且，是麦克白斯本人对自我的确信，在这里，得到了女巫们的加倍确定。最后，在麦克白斯的强烈要求下，女巫们确定无疑地演示给麦克白斯看，王冠将落到班柯的子孙们的头上。总之，麦克白斯从女巫们口中得到的是没有比这更悲惨的未来景象了。况且，除了王冠旁落之外，哪一件预言之事是麦克白斯本人于行动前没有洞见到的？

在此之前，不祥的未来仅仅作为一种预感折磨着麦克白斯的心灵。杀死邓肯王之后，两名卫士被麦克白斯灭口，邓肯王的两个儿子逃到国外。在舆论中，这四个人都蒙受着弑君的不白名声，情势似乎对麦克白斯很有利，只有两个人对他构成威胁：班柯对麦克白斯的怀疑，班柯的儿子是被女巫预言接替王权的人。于是，麦克白斯瞒着夫人，独自精心安排了刺杀班柯父子的阴谋。他之所以果决地走出这一步，满心以为这样便可以了结一切，使流血到此为止，便可以将不祥的预感从心中抹去，不必再顾虑什么，也不必再惧怕什么。万万没料到，刺客们只杀死了班柯，却让他的儿子逃跑了。麦克白斯对此消息的反应是：

> 我的心病本来可以痊愈，现在它又要发作了；我本来可以像大理石一样完整，像岩石一样坚固，像空气一样广大自由，现在我却被恼人的疑惑和恐惧拘束。
>
> ——《麦克白斯》第三幕第四场

此次谋杀的失利，顿时令麦克白斯毛骨悚然。他清晰地意识到，班柯儿子的逃跑，将使他整个的殚精竭虑的努力化为东流水，不祥的预感即将变为现实。麦克白斯内心的防线完全崩溃了，他再度陷入无比黑暗的深渊之中。正是这样的情境与心态，导致麦克白斯的神志完全迷失在幻觉之中，班柯的鬼魂以无比的震慑力，令麦克白斯惊骇得失魂落魄、肝胆俱裂。

麦克白斯明白自己既无力改变也无法回避这样的一个事实，即自己的双足已深陷血泊之中，即使不再涉血前进，回头的路也同样是使人厌倦的，干脆说是走不通的。归根结底，必须继续涉血前进，这就是麦克白斯一定要从女巫们口中得到的确切保证与最悲惨的命运。

以往，尽管麦克白斯预感到、直觉到未来的不祥，但他却始终不敢面对，竭力要回避开、排斥掉，使自己的心身笼罩在恐怖的巨大阴影下，这样，一旦遇到触发的契机，便诱导麦克白斯出现幻视、幻听，产生严重的精神疾患。所谓女巫们的预言"使确定的事实加倍确定，从命运的手里接受切实的保证"，其实就是麦克白斯要以自己的意识与意志来确认这一必然的命运。以往，不祥的前景仅仅对麦克白斯的情感发生作用，女巫的话语使得自此以后，不祥的未来开始听命于麦克白斯的理智与意志。从这一刻起，麦克白斯再没有出现过幻觉，也不再疑虑，甚至克服了内心的恐惧，他的妄想症被治愈了。熟悉现代弗洛伊德精神分析科学的人一定会备感惊异，女巫的作用，也就是通过自我意识达到自我治愈，与弗洛伊德的精神分析疗法何其相似乃尔。所谓分析，就是意识，通过分析，使病人认清一向被压抑与隐蔽在潜意识中的"情结"，而"情结"恰恰是病人从来不敢正视、竭力回避的潜意识。使用诸种手段方式引导病人将潜意识提交到意识中，从而达到克服精神疾患的效果。

综上所述，最贴近与切合作品本文的解释应当是，女巫们代表着麦克白斯的意识与意志的力量，或者说，女巫们象征着麦克白斯生命中意识化了的与意志化了的情欲力量。

认识自己的个性生命，确证自己的个性生命，实现自己的个性生命，是人文主义时代的时代精神。所以，以女巫这样的超人类化的形象来体现时代的激情与需求，能够更好地表现出历史的必然性。她们是个人的力量所根本无法左右与抗拒的，是大自然安放在人性中的东西。

五、幻觉——多重生命力的冲突

"没有一种力量可以鞭策我实现自己的意图"，显然，麦克白斯的这句话是指自身内在的力量。因为外界存在着鞭策他去行动的各种力量，如女巫、麦克白斯夫人，还有邓肯王的长子马尔康被宣布立为王位继承人这一事件的发生，甚至可以说，外界的时机及条件均有利于麦克白斯去实现自己的意图。阻止人物行动的力量则来自麦克白斯自身，来自他的思维、直觉、情感、想象、意志、追求、愿望，这些人体官能机制，在麦克白斯的行动过程中，都是作为内在的力量在发挥着作用，即本质的力量参与着行动。

麦克白斯置身于个性觉醒，同时又是崇尚知识、崇尚理性、反对蒙昧的伟大的人文主义时代，这样的时代所孕育、造就出来的巨人，均有着一个突出的共同特点，即他们无不具有高度发展了的理智及深刻的直觉。麦克白斯高度的思维力表现在他对自己的认识，表现在他对自身内在情感生命的意识及对自身未来命运的洞悉。因此，麦克白斯的内心欲求、情感、意志、想象，无不受着思维的作用与影响。质言之，麦克白斯要将一切放在清醒的理智的烛照之下，加以观照与确证。生活中的常人，总是将自己内心出现了的、存在着的，却又为自己所鄙弃、所羞惭、所厌恶的欲念、情感等压抑到或驱遣到黑洞洞的潜意识中去；生活中的常人，之所以能够信心百倍地去干这干那，盖缘于他们对行动的结果抱有乐观的期待，对未来有着美妙的憧憬。实在说来，对于违背自己心愿的真实，人们既缺少勇气去直面，也缺少思维能力去认识，同时不得不承认，用虚幻的、一厢情愿的假象来遮蔽真实，也是人们出于自我保护的本能。回避痛苦是活下去的不得不为之的生存方式，所以，自欺是世俗世界人们心灵生活的庇护所。倘若一旦失去了这一庇护所，那么情形会是怎样的呢？就像麦克白斯，他要面对真实，他不能自欺。麦克白斯既要确知自己心中的恶念，又要清晰地看到杀人引发的灾难性后果；他既清清楚楚地了解非要实现野心不可，又明白这将使自己的全部追求与向往毁于一旦；他一方面悲叹生命的美酒已经喝光，另一方面又义无反顾地涉血前进；邓肯王是麦克白斯野心的目标，可在决心铲除他的同时，麦克白斯仍然推崇邓肯王的美德与政绩；他敬佩班柯过人的才华与智谋，可这才华与智谋恰恰正是他所深深畏惧的……高度的理智就这样置麦克白斯于巨大的矛盾之中，带给他无限的焦灼、疑虑、顾忌、恐怖和不眠之夜。

在麦克白斯行动的整个过程中，他的理智与意志曾起过两种截然相反的作用：在弑君篡权的行动过程中，理智与意志起着阻挠、动摇行动的作用；而在继续涉血前进时，理智与意志排除了顾虑与恐惧，直到最后的毁灭。

麦克白斯艺术形象"巨人"析

在剧作中我们看到，麦克白斯几经犹豫、动摇、踟蹰不前，在夫人的一再激励、责备、策动下，随着情势的发展，他一步步踏上了动手干的运行轨道，已经到了不干也得干的关头，但是麦克白斯能否举起凶器，能否一下子刺下去，则要看他是否能排除掉内心中阻碍自己行动的力量。莎士比亚以洞悉人心的慧眼，凭着身临其境的感觉，让麦克白斯在行将动手的前一刻，出现了幻象——一柄滴血的刀。下面是这段著名的独白：

> 在我面前摇晃着、它的柄对着我的手的，不是一把刀子吗？来，让我抓住你。我抓不到你，可是仍旧看见你。不祥的幻象，你只是一件可视不可能的东西吗？或者你只不过是一把想象中的刀子，从狂热的脑筋里发出来的虚妄的意匠？我仍旧看见你，你的形状正像我现在拔出的这一把刀子一样明显。你指示着我所要去的方向，告诉我应当用什么利器。我的眼睛倘不是上了当，受其他知觉的嘲弄，就是兼领了一切感官的机能。我仍旧看见你；你的刃上和柄上还流着一滴一滴刚才所没有的血。没有这样的事；杀人的恶念使我看见这种异象。现在在半个世界上，一切生命仿佛已经死去，罪恶的梦景扰乱着平和的睡眠……坚固结实的大地啊，不要听见我的脚步声音是向什么地方去的，我怕路上的砖石会泄露了我的行踪……我去，就这么干；钟声在招引我。不要听它，邓肯，这是召唤你上天堂或下地狱的丧钟。
>
> ——《麦克白斯》第二幕第一场

让我们看一看麦克白斯在这一瞬间的心理发展特点：尽管麦克白斯处于一种失常的精神状态，身心被幻视所攫住，但是他仍然始终保持着分析、判断的能力。麦克白斯一再地向自己证实，自己眼睛看见的物象的真切性，但却抓不住、触不到。据此，他又一再告诉自己，自己所看到的是想象中的刀子，是从狂热的头脑中生发的虚妄的意象，是杀人的恶念的结果。也就是说，在神经谵妄的同时，他尚未泯灭理智的功能。然而，此时的理智已退居第二位，占上风的是内心的欲求。即使麦克白斯确知眼前悬在空中的刀是虚幻的，但他的意识与意志已服从于幻觉，跟着幻象的指引走，认为这柄滴血的刀指示着行刺的方向，指示着用何种利器去行刺。不祥的幻象，那柄淌着一滴滴鲜血的刀，不再令麦克白斯感到恐怖，反而鞭策他朝着刺杀邓肯王的方向前行，因为此刻的麦克白斯整个身心都被一种欲火燃烧着。在反常的精神状态下，欲念不再受头脑的控制与管束，而是挣脱掉任何理性、界限，亦不受地狱鬼火恫吓的被释放出来的本能力量。正是这冲破一切防线、来自情感生命中的欲念，产生出那把滴血的刀的幻象，也是促使麦克白斯克服巨大的恐惧而去行凶的唯一力量。

焦虑、恐惧、幻视、幻听，这一系列的反常心灵症候与心理现象，不断地出现在麦克白斯弑君篡位的行动过程中，这是麦克白斯心灵中多种力量综合作用的结果，只不过，在不同的心理状态中，由不同的心灵力量据主宰地位罢了。莎士比亚不愧为探索人类灵魂的大师，在揭示人物内心动机及人物性格方面，他的如椽巨笔探查并烛照到无意识的幽深之处，从人类本性的两重构成方面——意识领域与无意识领域，同时追寻着在人的灵魂中存在着的相互作用与相互冲突着的各种力量。

刺杀班柯父子，这是麦克白斯的第二次谋杀。这次行动，自始至终他都表现得十分镇定果决，独自精心策划并予以实施。麦克白斯认为靠着这次缜密周详的再度犯罪，完全可以战胜对未来不祥的预感。在这段时间内，他使智性与意志约制住恐惧、疑虑，以及因失眠而导致的极度紧张与焦躁。与谋杀邓肯王时相反，这一次麦克白斯根本没想过"失败"，只一心追求着成功。他使尽各种狡诈残忍的手段，万无一失的布置使麦克白斯感到自己像块岩石一般坚固完整。因为麦克白斯明白，第二次的谋杀行动，实际上可能是自己的唯一一次机遇，以此次的血腥事件来截流住、阻断住未来可怕的血河。他决心向命运发起搏斗，用自己的手将命运逆转！

可是，天不遂人愿，万万没料到，班柯的儿子逃脱了，他失败了。这一结果犹如一道洪流，冲决开麦克白斯为自己筑起的理智的薄弱防线。他又被那未来的、难以预料的、不祥的恐怖感牢牢地攫住了。在这种情势之下，当大宴群臣、觥筹交错之际，麦克白斯第二次出现幻象，他清清楚楚地看见了班柯的鬼魂。

这次，麦克白斯的精神失常症状比上次严重得多。当幻觉出现时，他完全失去了正常的分辨力与判断力，将幻象当作真实。班柯的鬼魂使麦克白斯经历了前所未有的恐惧，世上几乎寻不到什么字眼能恰当地描述出这份恐惧，魂飞魄散似乎亦难表达。麦克白斯在极度迷乱中，仍然自信任凭妖魔鬼怪也吓不住自己，只要不是这眼前的满身血污的鬼魂。当班柯的幻象第一次消失时，麦克白斯随之出现短暂的清醒；可当班柯幻象第二次出现又消失后，麦克白斯仍然坚信那幻象不是幻象，而是真的，他反倒奇怪其他人怎能视而不见，怎能还保持着镇静自若的常态。

在麦克白斯的生命中，他无法面对与接受的只有两个：杀人的妄念与不祥的预感。当妄念终于从想象变为实际施为后，麦克白斯将这不祥的预感压制住。只有压制住，他才能果敢地行动。而且，在刺杀班柯父子行动失利之前，不祥的未来、血流成河的前景、生命目的的全部落空，仅仅是种预感而已，并未变成现实。也就是说，麦克白斯尚有机会使预感不致兑现，而班柯儿子的逃跑，标志着不祥的预感已从主体的想象变为现实，摆在麦克白斯面前的，只有一条通往地狱之门的路：涉血前进。然而，此刻的麦克白斯方寸大乱，身心再度受到恐惧的强大袭击，况且群臣正在大厅中等候着他，不容他有片刻的余暇梳理一下思绪，平缓一下紊乱的心境。因此，压抑已久的恐惧感，趁着人物精神出现崩溃之机，冲破理智的管辖，引发麦克白斯进入谵妄的状态，产生幻象。

为了更进一步揭示幻觉所表现出的麦克白斯生命的意义，不妨将其与麦克白斯夫人的梦游做一番比较。同样是反常的精神状态，为何麦克白斯出现幻象，而其夫人却出现梦游呢？

我们先来看一看幻觉与梦游的区别：梦游是发生在睡眠时的行为，而幻觉则出现在清醒着的时候。这便意味着，当头脑的思维与意识完全被抑制住时，所做的与所说的、所发生过的一切，梦游者不但当时不知道，事后醒来时也茫然无知；可幻觉者的思维与意识却处于半抑制状态，甚至于出现幻视、幻听的同时，还能做出客观、准确的分析判断，他能够知道并回忆起当时所发生的事情。

由此，我们可以说，尽管幻觉与梦游都是在潜意识支配下出现的精神行为，但是，麦克白斯的潜意识与意识紧密相关联，而麦克白斯夫人的潜意识与意识无关。正是在这一点上，我们才能真正看清楚麦克白斯与其夫人之间在人格方面的根本差异所在。

中外许多评论家都曾众口一词地认为麦克白斯性格懦弱，而麦克白斯夫人则坚毅、刚强、残忍。从表象上看，事实的确如此，因为麦克白斯夫人从未像其丈夫那样，表现出些微的犹豫、动摇、恐慌。一提起麦克白斯夫人，人们马上会联想到一个鲜明的形象：一位母亲，望着怀中向自己微笑的婴儿，将乳头从柔软的嫩嘴里抽出，然后砸碎爱子的脑袋。假如这是真实发生的景象，该多么令人毛骨悚然！这就是许多人心目中的麦克白斯夫人的形象。但是，请不要忘记，这样一种印象出自麦克白斯夫人之口，而不是她的行动。也就是说，这完全是麦克白斯夫人对自我的想象。然而，在真正动手干时，当麦克白斯夫人看见熟睡着的邓肯王，却说：

倘不是我看他睡着的样子活像我的父亲，我早就自己动手了。
——《麦克白斯》第二幕第二场

所以，麦克白斯夫人远非像她自我感觉与描画的那样残忍、刚强。嗣后，麦克白斯夫人终因承受不住极度的烦扰不宁、重负折磨而精神崩溃，导致死亡。与其相反，麦克白斯一直与命运不懈抗争到最后一刻。麦克白斯在杀死邓肯王之后就哀叹，倾尽所有海水，也难以洗尽自己双手上的鲜血；而麦克白斯夫人在梦游中，每次都出现反复洗手的动作，只有在睡梦中，她才会发出撕心裂肺的叹息：

> 这儿还是有一股血腥气；所有阿拉伯的香料都不能叫这只小手变得香一点。啊！啊！啊！
>
> ——《麦克白斯》第五幕第一场

对于未来的真实境况，麦克白斯早于行动之前便已面对，而麦克白斯夫人却直到身临其境时，才感受到。她才意识到：

> 费尽了一切，结果还是一无所得，我们的目的虽然达到，却一点不感觉满足。要是用毁灭他人的手段，使自己置身在充满着疑虑的欢娱里，那么还不如那被我们所害的人，倒落得无忧无虑。
>
> ——《麦克白斯》第三幕第三场

因此，麦克白斯与其夫人的区别，还不在于孰比孰坚强或懦弱，而是思维能力、认识能力高下的区别。无论是对自己、对他人还是对命运，麦克白斯夫人都不能将其真实面目呈现出来。她误以为麦克白斯不敢动手是出自天性的仁慈，所以她才竭力在想象中将自己夸张成如此骇人听闻的残忍狠毒，以此作为榜样来帮助与激励自己的丈夫。与麦克白斯相比，其夫人生命中的各种构成力量要简单、薄弱得多。在麦克白斯夫人的头脑中，只充溢着一个意念——野心；在她的心中，只激荡着一种感情——对成功的狂热期待。其余与此相悖的思想感情，她几乎没有，即使产生了，麦克白斯夫人也要让它们停留在无意识之中，绝对不会在思维中来意识、来观照。

幻觉，无疑是种非理性的精神现象，但发生在麦克白斯身上，却见出诸多生命力量活动的轨迹：他的复杂的欲求、直觉、思维判断、情感，丰富的想象力，发达的感官机能，等等。当麦克白斯在"空中滴血的刀子"的指引下，来到邓肯王的寝室，听到嘈杂的声音，如果说其中的笑声、"杀人啦"的喊声、祈祷声，可以认定是卫士们的梦话呓语，那么另外一个声音——"不要再睡了！麦克白斯已经杀死了睡眠！"肯定是麦克白斯所出现的严重幻听。最大的罪恶，莫过于杀死了人们宁和的睡眠；最大的惩罚，也莫过于杀死了自己的睡眠：

> 那清白的睡眠，把忧虑的乱丝编织起来的睡眠，那日常的死亡，疲劳者的沐浴，受伤的心灵的油膏，大自然的最丰盛的菜肴，生命的盛筵上的主要的营养——
>
> ——《麦克白斯》第二幕第二场

由思虑、情感交织成的深深的焦虑，在凶杀之际以一个鲜明的声音形象震响在麦克白斯的耳畔，骇得他手持两把刀奔逃而出。

麦克白斯内在生命的构成既丰富又强大，每一种力量都拼命要实现自己，这多种生命力量的相互作用、相互冲突，便造成他的多种生命活动表现形态，即多种精神—心理状态，当斗争达到白炽化的时刻，便以幻觉的精神形式表现出了。

六、信仰——源于时代精神的驱动力

至此，仍有一个至关重要的谜底未被揭开，即为何麦克白斯定然要一意孤行到底？在麦克白斯整个行动的过程中，其行为动机与行为方式的性质之间存在着极为鲜明的不均衡反差现象。为清晰起见，用以下两条线来表示，一条为心理动机线，另一条为行为方式线：

麦克白斯艺术形象"巨人"析

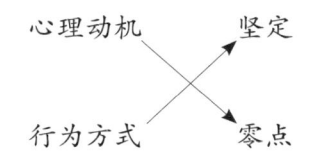

```
心理动机       坚定
        ╲ ╱
        ╱ ╲
行为方式       零点
```

心理动机线呈下降趋势，而行为方式线呈上升趋势。即是说，当动机由丰富而复杂的状态变得愈来愈贫乏，甚至化为乌有的同时，麦克白斯的行动却由犹豫、顾忌、恐惧、幻觉而变得愈来愈决绝、果断、坚定、义无反顾。质言之，当野心、功业、荣名、伟大等这些欲望、渴求逐一从麦克白斯的生命中摒弃之后，当行动失去了目的、价值、意义之后，总而言之，当已然不再有心理动机可言时，他反而以无与伦比的勇气、坚毅，毫不动摇地前行到底。这岂不是麦克白斯行为反常表现中的最大怪事，是麦克白斯生命之谜中最令人困惑的秘密吗？

有人会问，这样不可理喻的行为是否来自人物的心智迷乱、丧心病狂？非也。因为此时的麦克白斯不仅排除了恐惧心理，而且控制住了妄想幻觉的精神疾患。他无比清醒地认识到自己的行为，乃至生活的无意义，并且冷峻而无情地批判自身行为的无价值，甚至产生严重的厌世情绪，无论生或死，对他都已无所谓。

还有一种可能，即由于欲求与目的落空之后产生的阴暗心理与褊狭感情，譬如怨毒忌恨之类。这在莎翁塑造的数位阴谋家、凶犯、暴君身上都屡见不鲜。麦克白斯雇用的两名刺客也是在憎恨怨诽的情感驱动下去杀人的，请听二人的自白：

> 甲　我久受世界无情的打击和虐待，为了向这个世界发泄我的怨恨起见，我什么事都愿意干。
>
> 乙　我也这样，一次次的灾祸逆运，使我厌倦于人世，愿意拿我的生命去赌博。
>
> ——《麦克白斯》第三幕第一场

问路集——重构一种新阅读—批评视界（上）

尽管麦克白斯在极度困扰的情境之下（用他自己的话说"头脑里充满着蝎子"），曾经也说过：

> 让一切秩序完全解体，让活人、死人都去受罪吧，为什么我们要在忧虑中进餐，在每夜使我们惊恐的噩梦的谑弄中睡眠呢？
> ——《麦克白斯》第三幕第二场

但是，这种一时的情绪并没有变成他内心重要而持久的感情，更没有形成驱策他去行动的动机构成因素。其他的人则正好相反，如伊阿古的妒忌、埃德蒙的怨诽、理查三世的恨世，均成为人物行动的主要动因。

麦克白斯执意到底的不仅仅是个人的毁灭之路，而且是造成生灵涂炭、尸横遍野的灾难之路。莎士比亚并没有回避麦克白斯在滥杀无辜时所表现出的残忍、狂暴、狡诈的天性，但是，单凭这一点并不能断言麦克白斯的本性就是残忍的，因为，为着杀人而必须残忍与出于残忍而去杀人，这两者有着本质的区别。在前者，残忍充当着必要的手段，而在后者，残忍本身就是需要，就是目的，杀人反倒成为手段。麦克白斯与理查三世等人的分野即在于此。

以千千万万无辜者的生命为代价去进行一场失去目的性的搏斗，其动因何在？既然人物的内心已丧失行动的心理依据，我们转而从人物的人格方面来探寻。但在这方面，我们仍然找不到充足而合理的解答，而且，麦克白斯的人格特质亦与他的行动相抵牾。

综观全剧，麦克白斯的人格表现出两个最基本的特质，即不自欺及与世界的和解性。

所谓不自欺，就是要直面自身内在生命的真实，直面命运的真实，直面他人的真实，哪怕真实是残酷的、卑劣的、可怕的，也绝不回避、遮掩、矫饰。在弑君篡位的前前后后，麦克白斯倾尽心力让自己看清楚的，仅仅是自己的野心与杀人恶念，他从不为自己开脱、找借口。所以，他无论是杀邓肯王，还是杀班柯，直到动手的那一刻，仍然称道邓肯王"秉性仁慈","处理国政,从来没有过错",称道班柯过人的智虑与无畏的勇气,麦克白斯绝不为自己的目的而诋毁对方、扭曲真相;对待未来,他不用心造的、虚幻的希望来蒙蔽自己,麦克白斯清楚地知道,他是在面对死亡,面对失败,走向地狱之火,去承担自己行动的一切后果。

终其一生,麦克白斯在内心的情感上,与他人、与整个世界,不曾有过芥蒂、纠葛、矛盾、冲突。他杀人,但被杀者在他的心目中从来不曾是仇家与敌人。立下天大奇功的麦克白斯,从不居功自傲、骄矜凌人。邓肯王将王位传给自己的长子,麦克白斯没有产生丝毫不满与怨诽。要知道,他原本也有法定的继承权,况且,他刚刚为国家和人民立下了丰功伟绩,可以说,没有麦克白斯,国将不国,何来邓肯王父子的王位传承?然而,麦克白斯非但没有丝毫怨言,还始终非常珍惜邓肯王对自己的恩宠。班柯的鬼魂,不过是个身受致命伤、血染霜鬓的可怜老人,既非索命,也非复仇,仅仅摇着头,根本构不成对麦克白斯的丝毫威胁,然而,麦克白斯最惧怕看到的,恰恰是这幅悲惨的图像。正是自己一手造成的惨不忍睹的景象,才令麦克白斯魂飞魄散。当麦克白斯认定麦克德夫又要做自己的刀下鬼时,他觉得自己滥杀了对方一家老小,欠对方太多,决心放麦克德夫一条生路。凡此种种,都表明麦克白斯对他人、对这个世界无憎无忌、无悔无怨,充满着和解的精神。也就是说,与外在世界,与他人的恩怨情仇、是非纠葛均构不成麦克白斯的行动动机。

麦克白斯唯一的对手,唯一的矛盾对象、较量的力量,都是他自身。徜徉在人生的十字路口,定夺自己的人生方位、命运进退之时,审时度势,在一般人的心目中,乃是最睿智的态度。所谓"识时务者为俊杰",即指尽量从客观的情势与诸种条件出发,来决定、选择、变通自己的行动。中国文人历来推崇"穷则独善其身,达则兼济天下",认为能够根据环境的顺厄变化而伸屈者,乃大丈夫也。而麦克白斯自始至终凝注于自身,即使陷于烽烟四起、四面楚歌的境况之中,他依然关注自身内在情感与思想的趋向,苦苦执着于对生命意义的追索,形势的变化、险峻引不起他积极的反响与应对。麦克白斯不关心他人的怨怒，不担忧谁在算计自己，也不顾忌谁在背叛自己，麦克白斯的痛苦与焦灼，似乎全然与此无关。

　　探究至此，只是为了解答一个问题：那支撑并推动着麦克白斯涉血前行的力量究竟是什么？来自何处？回答曰：信仰，或者说是信念，即对自身的绝对信念，对人类的绝对信念。这是人文主义时代的时代精神，是这一历史阶段人类本性中的神性。

　　人们经常喜欢这样讲：当新时代的地平线上透出第一道曙光时，人类发现了一个崭新的世界，这个新世界不是别的，正是人自己。人们还经常喜欢这样讲："个性解放"是人文主义时代的伟大时代精神之一。然而，在我们很多人的心目中，却很少将"个性解放"与"新世界的发现"联系在一起，更有甚者，误将"个性解放"曲解为"私欲解放"。实际上，"个性解放"的本真意义即在于个人的自我发现、自我认识、自我实现。在人类历史上，在世界范围内将个人提升到与上帝、与皇帝、与国家同等尊严的地位，这还是第一次。

　　麦克白斯曾对自己的行为、对生活产生过深刻的怀疑，甚至绝望的情绪，但是，他从来没有对整个人类产生过怀疑，从来没有从对人类否定的高度来否定自己，如同哈姆雷特那样。麦克白斯唾弃生死，藐视命运，超越一切的情理，排斥一切的疑虑，执着于他的不可能的希望，其根基，即深扎于对自身的确信之中。对于麦克白斯而言，自身的生命就是整个世界，就是整个宇宙。他把自身的微观世界扩大为整个宏观的人类世界，或者说，他把人类世界缩纳进自己的世界。所以，当麦克白斯双足深陷于血泊之中时，他不能回头，只有涉血前进，因为他是不可战胜的，并且，只有前进，才能确证他是不能被战胜的。当女巫预言中那唯一能杀死自己的人出现在眼前时，麦克白斯说：

　　　　虽然勃南森林已经到了邓西嫩，虽然今天和你狭路相逢，你偏偏不是妇人所生下的，可是我还要擎起我的雄壮的盾牌，尽我最后的力量。来，麦克德夫，谁先喊"住手，够了"的，让他永远在地狱里沉沦。

——《麦克白斯》第五幕第七场

但是，他对人类至高的信念的根基已经动摇。试想，在麦克白斯涉血前进的历程中，除了这一被掏空了的神性信仰外，还有什么呢？生命只剩下美酒喝光后的渣滓，人生的舞台已找不到一点儿意义。如果以暴行、流血、走向毁灭、步入地狱来维持并证实这种神性的信仰，那么这信仰本身的真实性又何在呢？这才是发生在麦克白斯身上的人类所面对的困境与悲剧性，是造成麦克白斯内心中无法缕析、无法言明、无法表白的困扰、疑虑、焦灼、痛苦的最深沉、最根本的渊源。

没有任何理由与力量，但只要尚存这一神圣的人类自信，麦克白斯就必然要行动，哪怕毫无意义可言；可是，一旦丧失这一信仰，纵然有千百条理由要求哈姆雷特去复仇，他亦无法去行动。麦克白斯与哈姆雷特，恰似一枚金币的两面。十分显然，麦克白斯已经踩到了哈姆雷特的脚踵。

在前文中曾提出两种不同的生命构成基质范式，即道德化的与禀赋才学化的。而后一种范式形成本文的阅读视界。黑格尔曾说：

> 残暴、灾祸、严酷的暴力以及横暴的强权如果是和意蕴丰富的伟大的性格和目的连系在一起，因而得到支持和提高的，在想象中还可以了解和忍受。[①]

"意蕴丰富的伟大性格和目的"丝毫不会美化残暴的行为本身，丝毫不会减弱严酷的暴力带给人民的灾难，而仅仅揭示出行为发出者的"巨人型"的生命特征。与此相反，由道德化的范式形成的阅读视界，则强调行为

---

① 黑格尔.美学：第1卷[M].朱光潜，译.北京：商务印书馆，1979：281-282.

本身的价值与意义，由此行为所具有并引发的社会后果来解析行为发出者的生命特征。也就是说，对于个性生命意义的判断与评价，道德化的范式是以行动的社会性质与意义为基准尺度，而禀赋才学化的范式则以行动者的内在动机及由动机显示出的人格性质为基准尺度。这样便造成一个极其严重的现实，即在道德化范式的阅读视界中，个性生命的构成及性质消失了、泯灭了，仅仅突现出行为的道德性质与社会意义。

归根结底，这两种"阅读视界"的本体分野在于，究竟是认为"人类个性是一切事物的核心，在人类个性里面生活着大自然、社会和历史，重复着世界生活的一切过程，也就是大自然和历史的过程"[①]，还是认为"家国"是一切事物的核心，个性必须置于"家国"之中，才会获得社会及历史的价值与意义。

麦克白斯之所以是"巨人"，是伟大的"悲剧人物"，盖缘于他的人格体现着"人性生成的历史"特性；他的欲求是人文主义时代精神所造就；他的信仰正是整个新时代人类的"神意"，而他内心中无时无刻不在进行着的冲突、搏斗，正恰恰预示着一个历史时代的人类的生存矛盾与困境。

从将个性置于社会之中，以社会的普遍价值与意义为本源，来揭示个性、塑造个性，转变到以个性为本源，从个性生命中来表现人类、历史、社会、自然，这恰恰是我们这一代人所面临的重大课题与重大挑战。实实在在说来，我们艺术的真正复兴，其希望就在于谁能够完成这一转变。

本篇对麦克白斯的"巨人析"，乞灵于大师们的旷世创造，妄图以此给他人以"悟性"层面上的启迪，以置换阅读视界为枢机，推动"生命范式"的翻转进程。

原载《戏剧》1993年第2期

转载《戏剧研究》1993年第7期

---

① 别林斯基.别林斯基选集：第3卷[M].满涛,译.上海：上海译文出版社，1979：101.

探索的新方位

——幽默喜剧

一

探索性戏剧是当代戏剧发展的一个十分重要的组成方面，是戏剧为谋求自身的解放而必不可少的手段。对探索性戏剧的高度重视与肯定，是理论批评界既期望过殷又宽容求实的一种态度。话剧《天上飞的鸭子》（赵家捷编剧）以其鲜明的探索性，引起笔者浓厚的兴趣。

写戏难，写喜剧更难。不然，为何泱泱当代剧目中，喜剧作品简直如凤毛麟角？十年过去了，留在人们印象中的，也不过是寥寥几出讽刺喜剧《枫叶红了的时候》《可口可笑》等。而且，这些喜剧所嘲讽、鞭笞的对象，全是"四人帮"以及社会上的种种不良风气和现象，也就是说，具有喜剧性的人物，均是那些所谓"反面形象"。在我们的戏剧观念中，很难设想，"好人"怎能充当喜剧角色？如今，令人十分振奋的是，这样一个"好人"已出现在幽默喜剧《天上飞的鸭子》（简称"《鸭》剧"）中。

《鸭》剧塑造了一个可爱的喜剧人物——傅尔，这是一个心地善良纯朴的青年，他的事迹上过电视、报刊，但在生活中，他的言行又处处显得被动、窘迫，很不顺当。这个形象令人蓦然想起世界喜剧大师卓别林所扮演的小人物夏洛，以及日本的著名喜剧形象——那个四处游荡的寅次郎。尽管傅尔远不及夏洛、寅次郎塑造得成功，但他们是同一种类型的喜剧人物：普普通通的小人物，心灵美好，对人、对世界充满善意和温情，但总是与周围环境不协调。他们本是生活的主人，但他们的好心往往招致相反的结局，善良的愿望亦常常受挫。我们说，但凡美好的、有价值的东西，以一种反常的、扭曲的、悖谬的、颠倒的形式表现出来，便获得了一种审美的属性——幽默，即喜剧性中的一种类型。

二

《鸭》剧的幽默，表现在它摆脱了道德评价的创作思维，而代之以审美的判断。《鸭》剧中，人与人之间不存在那种人为的剑拔弩张的关系，相反，他们相处得很友善，尽管各自的职业不同、性格不同、追求不同。剧中没有展现傅尔那些惊世骇俗之举，写的只不过是傅尔认为应该如此做的事。傅尔心里不怎么喜欢小白，但碍于小白曾与自己在一个单位工作过，不愿驳她的面子。因此，当小白写信约傅尔时，傅尔还是赴约了；听着小白信口开河、胡诌胡吹，傅尔不以为然，但又十分客气地容忍了。傅尔为找寻小王，邂逅了女诗人，被她一大堆文不对题的哲学宏论搞得莫名其妙、啼笑皆非，但还是慷慨解囊，招待女诗人大嚼一顿。是呀，一个饥肠辘辘的姑娘，虽说神经不怎么健全，但提出请你为她掏钱买饭的请求，怎好拒绝？傅尔这个人，恐怕一辈子都做不出伤别人面子、令他人伤心难堪的事情。小王是傅尔四处寻觅的意中人，但当他知道小王另有所爱时，却甘愿为澄清小王与男友间的误会而倾尽心力。值得一提的是，剧作者丝毫没有把傅尔的思想品格加以拔高，除了写他出于性格心理的利人言行外，还写了他在生活中并不是个没血性的窝囊人。他刚勇好斗，甚至冲动鲁莽，如对"小胡子"等不法分子的斗争、见义勇为等；傅尔宽容小白，但当他知道小白在利用自己时，也立即表示出不满和愤怒；当小白欲和他套近乎时，傅尔却一定要为他与小白的一般同志关系正名……傅尔的简单、不谙世事的特点几乎处处可见。

总之，傅尔的性格是复杂的，仅用是与非、正确与错误、进步与保守这样一些非此即彼的准则去分析，就会使他丰富的性格简单化、绝对化。正是他人生境遇的复杂，才使他一方面能与周围的人和睦相处，大家对他亦有好感，信赖他，向他求助，愿意向他吐露心曲，而另一方面，他又是生活中颇为失意的倒霉蛋。他爱上了小王，可追求的结果是发现小王已有心上人；他挺身而出勇斗"小胡子"，却被警察误会，一块儿抓到公安局受审。正如剧作者本人所说，有着美好心灵的傅尔，他的思维方法和行为方式，偏偏与别人、与环境之间呈现某种不协调。恰是这种不协调造成了喜剧的情势，使处于这种情势中的傅尔显示出喜剧人物的特性。

比起傅尔，女诗人的形象显然单薄得多，甚至不如小白、小王写得生动、有血有肉。小白追求物质享受，可又是个热情、爽朗、快人快语的姑娘，她和小王都不失为心地善良、本性淳厚的人。而女诗人则缺少她们身上的那种"活气"，更多地散发着一种哲学见解的意味，似乎为了说明精神与物质、天上与地下两者是不可分割的。然而，即便如此，在女诗人身上，仍然透露出剧作者善于捕捉矛盾、反常、悖谬的喜剧感受力。

三

写喜剧所需要的不仅仅是勇气，更加重要的是创作者需要具备一种超越性的心态。这种心态来自对历史更深层的反思、对人性更深邃的理解、对生活更透彻的洞悉。因为人生的辩证法，就是经历对立、矛盾和解决矛盾的过程。黑格尔曾说：

> 凡是始终都只是肯定的东西，就会始终都没有生命。生命是

向否定以及否定的痛苦前进的。[1]

《鸭》剧的作者试图揭示我国近年来出现的新生活中的矛盾、某种价值的失落、代之而起的另一些价值的走红，以及人对自身的困惑与孤独做出的无奈的自我嘲讽和调侃。于肯定中见出否定，于否定中见出肯定，却不羁留于现实生活的利害关系之中，而是深入人的内在生活的过程，显示了生命的辩证运动。构成喜剧的价值，既可以是肯定的，也可以是否定的，但这些价值都要以颠倒、悖谬的方式表现出来。肯定价值的喜剧叫作幽默喜剧，我们熟悉的除了前文提到的卓别林的喜剧、日本寅次郎的系列喜剧外，还有塞万提斯的《堂吉诃德》、古希腊阿里斯托芬的诸多喜剧。它们的共同特点是于调侃嘲讽和幽默轻松中将隐藏在历史深层的矛盾揭示出来。《鸭》剧亦属此列。

敢于自我剖析的民族，是一个神经健全、心态平衡的民族；富于幽默感的民族，必定是善解人意的民族。有勇气自我嘲讽，因为它充满自信。

原载《文艺报》1989 年 8 月 26 日

---

[1] 黑格尔.美学：第 1 卷［M］.朱光潜，译.北京：商务印书馆，1979：124.

傅尔形象的喜剧性漫评

写戏难，写喜剧更难；不然，何以泱泱当代戏剧创作中，喜剧剧目简直如凤毛麟角？由于喜剧能逗人开心，能令人捧腹，所以历来是最为人们所喜闻乐见的一种艺术样态。在喜剧创作远远不能满足广大群众需求的今天，能够致力于喜剧的创作，并且以系列喜剧一飨观众耳目的剧作家，尤其显得难能可贵，南京市话剧团的赵家捷便是这样一位值得瞩目的喜剧剧作家。1991年，香港金陵书社出版公司出版了《赵家捷喜剧选》，里面选收了他于十年间先后创作的三部剧作，即"傅尔的故事三部曲"，它们分别是，于1980年创作的《傅尔外传》，于1988年上演的《天上飞的鸭子》，于1991年创作的《别人的房子》。可以肯定的是，对于当代戏剧的探索，赵家捷的喜剧有着独到的作用与贡献，在当代剧坛占有不容忽略的一席之地。

一

众所周知，当代戏剧，尤其是新时期十年中，其最突出的特色，或者说构成它的主流的，是对社会现象的剖析、对社会问题的揭示，以此来达到某种振聋发聩、警钟长鸣的社会效应。而赵家捷的思考着眼点则不同，他更关注对人生意义、生活价值的思索，敏感于改革大潮下的世态起伏，善于捕捉人心的变化，体察人们对生活所持的态度、信念追求的分化。正是如此热切的思索与探求，使剧作家在心中孕育出傅尔这一可爱的喜剧形象。以傅尔为核心，几种不同类型的价值观念与人生追求之间形成张力，构成"傅尔的故事三部曲"所独具的喜剧基本情境与格调。而且，十分难能可贵的是，无论哪一类型的人生态度，剧作家都没有以道德批判的眼光使之简单化。他曾这样披露过自己创作的宗旨："我的目标，就是轻松有趣，结尾有点淡淡的哀愁。至于揭露点什么，歌颂点什么，或者叫作肯定什么，否定什么，包括人生哲理之类，我都觉得有点腻味，我想追求一种很纯净的喜剧形式。"由于剧作家在创作上独辟蹊径，超越了道德的评价尺度以及直接的、急功近利式的政治目的，可以说，他的创作眼光与心态在当时实属超前，这样也就使得"傅尔的故事三部曲"在社会问题剧的主流中，显得卓尔不群。

倘若在道德与政治的评价之下写喜剧，那必然要有"好人"与"坏人"的分野，而且，还会油然生出一条不成文的律法，即"好人"是不能充当喜剧角色的。新时期十年中，留在人们印象中较为深刻的几部喜剧，如《枫叶红了的时候》《可口可笑》等，均是讽刺性喜剧，它们嘲讽、鞭笞"四人帮"以及社会上的种种不良风气与现象，剧中的喜剧人物均是那些所谓的"反面形象"。与之相反，赵家捷笔下所塑造出的喜剧人物，如傅尔、女诗人等，却是些可爱的"好人"。剧中众多人物，他们的性格各异，对人生的理解与追求不同，在他们身上，体现着当代社会生活中涌现出的不同类型的生活理想，但都不是善恶的代表或某种思想的符号。剧作家力求给人们留有更复杂的、难以说清的思考的余地。概括来说，带有传统意味的道德美，偏重于精神方面的价值追求，偏重于物质方面的价值追求，这三个方面构成了"傅尔的故事三部曲"系列剧作的情境张力。剧作家考虑到当代社会价值观的趋向，寄寓着自己某种深深的忧患与热切的希望，他曾说：

傅尔形象的喜剧性漫评

我始终相信,不论在过去,现在还是将来,在普普通通的中国老百姓的身上,都可以找到傅尔的性格基因。善良、纯朴之美和其他的道德规范一样,都是历史的范畴,随着时代的变迁,都会有不同的含义。但我相信,不论社会生活变成什么样子,善良、纯朴一类的道德美不会成为陈旧的、过时的,甚至于遭人唾弃的东西。

剧作家将自己的思索、憧憬,甚至潜在的迷惘均熔铸在傅尔这一人物形象之中,赋予人物突出的善良、纯朴的品性。然而,如果说傅尔就是善良美德的化身或代表,那就言不符实了,因为剧作家笔下的青年男女,绝大多数都具备这样的品性。更为主要的、引人深思的还不在于傅尔身上的传统美德,而在于构成傅尔人格中的理想与信念的因素,即发自人物内心的对世界的善意和对他人的爱心。傅尔经常急他人之所急,把方便让给别人,助人为乐,富于自我牺牲精神。不少人据此便断言傅尔身上带有雷锋的影子,其实此言差矣。在此我们且不去评论雷锋精神的实质为何,只想指出一点,傅尔就是傅尔,他不是张三,也不是李四,因为,同样一个行动,若目的和动机不同,其行动的意义与本质就会大相径庭。倘若不追问动机,就会把行动抽象化、一律化。傅尔的确像雷锋一样做了好事,但傅尔所不同于雷锋之处,在于傅尔心中缺乏雷锋那样伟大崇高而神圣的豪情壮志。傅尔所执着的理想与信念,回归到了最朴素、最本原的基质,既没有宗教色彩,也没有乌托邦意味,更不是来自某一种思想体系。应该说,相信世界终归是美好的,尽管也有邪恶存在,希望人与人之间充满互助与友爱,这在任何时代、在任何民族当中,都是深藏于民众心底的最素朴、最本原的普遍理想与信念。执着于如此素朴的人生信念,傅尔才能不受外界的诱惑,在剧烈变化的社会大潮之中,始终按照自己的心愿与思想去生活,即使不被别人理解,并被讥笑为"傻瓜",也不改其志向。然而,我们分明又能感受到剧作家内心的伤感与无奈,这种伤感与无奈的情感不是来自对傅尔所执着的信念的迷惘，而是由于这种信念缺乏回天之力而感到的无奈与自嘲，以及由此产生的何处是归宿的迷惘。不能不说，剧作家主体的这种强烈意识与情感，深深影响并制约着"傅尔的故事三部曲"的创作走向。

在笔者看来，"傅尔的故事三部曲"中最佳之作当推《天上飞的鸭子》。尽管素朴的人生理想与信念构成傅尔人格的基调，但在三部系列剧作中有着明显的变化。就傅尔的人物性格方面来说，在最早创作的《傅尔外传》中，人物的喜剧性偏重于所谓"性格缺陷"；在最后一部戏《别人的房子》中，傅尔变成一个有思想、有头脑的人；可在《天上飞的鸭子》一剧中，傅尔既显得聪明又不失其喜剧性的性格。早期的傅尔，在憨厚、耿直、笃诚、与人为善、疾恶如仇的同时，常常又表现得傻里傻气，俗称"死心眼""不开窍""一根筋"，在言谈举止、处事待人方面显得木讷、笨拙、鲁钝。如在试演一段小品时，由于内容是关于送礼走门路以求解决结婚无房子的燃眉之急，这恰恰是为傅尔所嫌恶而不能为的事，于是，傅尔总是忘记"角色"，将"角色"与真人相混淆，并且老是"出戏"，一本正经、严肃认真地批评戏中的不正之风，使得表演进行不下去。又如傅尔无意间当着一位首长的面，讲述这位首长在一次作报告时当众出了洋相的事，结果使得首长恼羞成怒，场面十分尴尬。虽说傅尔不认识这位首长，可他对周围的气氛、他人的暗示、首长的神情变化的感受也是迟钝得可以。最后的傅尔，眼见得成熟了，对人对己都有着犀利的批判与反思的眼光。杨辛是一位富于进取心的、有才华的女性，她经历坎坷，几经沉浮而变得有点玩世不恭、嘲弄人生，傅尔真诚地关心她，几番语重心长的肺腑之言，令杨辛不无感动，并对傅尔刮目相看。傅尔指出杨辛身上有着当代青年的通病：自以为看透一切，于是一切事情都变得无所谓、无关紧要、十分可笑，其实这种人生态度是一种十分幼稚的表现。傅尔动情地说：

> 你是受过苦，可是别人也同样有过艰辛，包括我们这个民族，遭受了那么多磨难，正因为这样，我们才希望这个世界变得更美好一点。你说我傻，说我是个谢了顶的孩子，可是我仍然认为，人总是得相信一点儿什么，人生不能成为虚无。

对于善良，傅尔亦有着更加深邃的认识。他回应杨辛对自己的赞誉时这样说道：

> 善良不等于是性格懦弱。许多事，本来很简单的，由于我性格上的软弱，才变得复杂起来；本来我是可以得到爱的，可是一次又一次，终于失之交臂。我想改变生活，我想改变自己！

这一次，傅尔把握住了命运的时机，大胆地向杨辛表露了热烈的爱慕之心，以真挚的、奉献式的、无私的爱，赢得了杨辛的芳心，他们决定结婚。与之相伴随的，是剧作家削弱了人物性格的喜剧性特征。在《天上飞的鸭子》一剧中，剧作家淡化了傅尔身上的"性格缺陷"，使他变得聪明起来，在憨直中透着机敏，质朴而不失心计，反应敏捷、应答机智而幽默。比如傅尔忍受不了小白姑娘的纠缠不休，借机假装走开，等小白信以为真也走开后，傅尔又回到原处；不法分子"小胡子"误以为傅尔是某公司副经理，上前欲与他做倒卖黄金和美钞的生意，"小胡子"满口黑话，称此类生意为"做白的、做黄的、做花的"，傅尔佯装不解地奚落对方：

> 傅　尔　我那儿白的花的都没有，黄的有的是！
> 小胡子　什么成色儿？
> 傅　尔　成色倒是不坏，就是稀点儿。
> 小胡子　稀点儿是什么意思？
> 傅　尔　稀点儿你都不懂？化粪池的玩意儿，水多！

傅尔总做一些违背自己心愿的事，并不是因为脸皮薄、碍于情面，而是由于他不忍伤对方的心，生怕对方不愉快。傅尔不喜欢小白，但他与小白旧相识，为了不驳她的面子，当小白写信约傅尔时，傅尔还是赴约了。听着小白信口开河，傅尔不以为然，但又十分客气地容忍了。为寻找小王，傅尔邂逅女诗人，被她一大堆文不对题的哲学宏论搞得莫名其妙、啼笑皆非，但还是慷慨解囊，招待女诗人大嚼一顿。是呀，一个饥肠辘辘的姑娘，虽说神经不怎么健全，但提出请你为她掏钱买饭的请求，怎好拒绝？结果落得自己饥肠辘辘、囊空如洗。傅尔这个人，恐怕一辈子都做不出伤别人的心、令他人难堪的事情。小王是傅尔四处寻觅的意中人，当他得知小王另有所爱时，却甘愿为澄清小王与男友之间的误会而倾尽心力。当然，傅尔在生活中并不是个没血性的窝囊人，傅尔宽容小白，当发现小白明目张胆地利用自己时，立即向对方表示不满与愤怒。傅尔甚至刚勇好斗、冲动鲁莽，只要是遇到歹徒和坏人。

　　剧作家在献给世人一片真挚的爱心的同时，亦深重地感到仅仅执着于这样一种素朴的道德信念，面对着复杂多变、日新月异的社会，是多么孱弱无力，一股伤感之情油然而生。所以在生活中，傅尔的好心往往招致相反的结局，善良的愿望常常受挫，言行处处显得被动、窘迫，与周围环境不甚协调，这样，便获得了一种喜剧的美学属性与效果——幽默。我们说，但凡美好的、有价值的东西，以一种反常的、扭曲的、悖谬的、颠倒的形式表现出来，便进入了幽默喜剧的范畴。但是，剧作家强烈的主体意识不甘心于让傅尔总是处于如此窘境，他要让傅尔对此有自觉而明晰的认识，同时剧作家还要让善良的美德赢得上风，在生活中予以实现。于是，《别人的房子》终以大团圆的完满结局而告终。

二

　　"傅尔的故事三部曲"显示出剧作家熟练的喜剧写作技巧。他擅长运用各种可笑性的手法，譬如夸张、误会、重复、出人意料、答非所问、阴错阳差、张冠李戴、谐音打岔等，创造出逗乐的情节、场面、关系、氛围。其中最精彩的场面当推《天上飞的鸭子》一剧中有关傅尔与女诗人邂逅的一段戏，写得情趣盎然、饶有兴味，充分展现出剧作家的喜剧才情。女诗人是位十足的喜剧性人物，她不同于傅尔之处，在于她是位被剧作家有意夸张甚至漫画化了的人物，是名副其实的"天上飞的鸭子"，可爱异常。傅尔四处寻找意中人小王，来到女诗人的住所。岂料，女诗人正处于搜索枯肠觅佳句而不得的时候。说来真巧，傅尔的问话竟然激发出女诗人的灵感，使她原本枯涩的诗句喷涌而出，可是傅尔却以为那些冲口而出的诗句是对自己问话的回答，被搞得丈二和尚摸不着头脑，只恐怕眼前这位好端端的姑娘精神出了问题；好不容易女诗人的诗情冷却下来，却又沉醉在自己头脑中那些杂乱的、只言片语的当代西方哲学的堆积之中。于是，这一位是颠颠倒倒、口若悬河、答非所问、不知所云，那一位则是莫名其妙、不解其意、欲问不成、欲走不能……而且，傅尔居然还能就现代诗作和现代哲学与女诗人对侃几句，表现得颇为不凡，让女诗人对他刮目相看，并顿生爱意。

应该指出，在前两部戏中，剧作家将各种逗乐的手法与人物性格的喜剧性结合起来，尤以《天上飞的鸭子》一剧结合得最为完美，而在《别人的房子》中，则是以整体的情境构置来达到令人发笑的喜剧效果。一套待分配的房子，成为若干人解决燃眉之急的"临时住所"，这些临时房客中，既有申请这套住房的待分配的人，也有与分配住房不相干的人，都是出于某种目的，或谈情说爱，或由于集体宿舍太吵而不得休息，或无处可过夜，不得已才偷偷摸摸设法打开房门溜了进来。这样一来，阴错阳差，便屡屡发生些"意外""险情""误会"。幽会的情人忽听敲门声，立时惊慌失措的窘态；深夜男男女女不期而遇的惊吓与尴尬；一扇门忽关忽开，突然出现的一瓶花；每个人除自己外，都并不清楚到底还有哪些人手中握有偷配的钥匙，不断进出该住所，于是一系列笑料由此而生。但是，偏离了人物自身喜剧性的继续探索，所带来的既是大团圆的完美结局，同时亦是系列喜剧的终结。

三

傅尔这一形象的塑造令人蓦然想起世界喜剧大师卓别林所创造的小人物夏洛，以及日本的著名喜剧形象——那个四处游荡的寅次郎，尽管傅尔不及夏洛、寅次郎塑造得成功，但他们是同一类型的喜剧人物：普普通通的小人物，心灵美好，对世界充满温情与善意，但与现实生活的实际又总是不相协调。"傅尔的故事三部曲"明显地存在着一个结构，一个情节上的模式。其实，有模式并不奇怪，也无可厚非，因为许多优秀作品同样存在模式，像《寅次郎的故事》，据说拍了66集之多，就故事发生发展而言，几乎每一集均雷同，寅次郎永远身穿格子西装，戴顶旧帽子，浪迹天涯，不断变幻着他的白日梦。每一集总要发生一次一厢情愿的恋爱，最后又以失恋、出走告终。但是情节结构的相似并不影响其剧作及人物的丰富性与生动性，多达66集的《寅次郎的故事》仍然能吸引广大观众的兴趣与喜爱，其奥秘在于生活领域的广阔、人性的丰富多彩。

"傅尔的故事三部曲"的创作显示出了剧作家超越道德评价的心态与眼光，但遗憾的是，剧作家未能超越道德领域的束缚与限制，伸展到全方位的辽阔的生活中去进行创作。所以，深重的矛盾在赵家捷的身上大概比别人表现得更加突出与深刻。超前的心态和眼光与滞后狭隘的创作领域导致了剧作家创作过程的艰涩与困窘。试想一下，无论是哪种类型的人生态度，剧作家无一不是将其放置在道德领域中加以处理，这样无疑像剪断了想象的翅膀，除了低回在所谓的善良纯朴这样太单一化的美德上之外，再也无力去领略人生无尽的风光。即使是美德，也绝不仅限于善良纯朴一种，在人类的性格中，所蕴藏着的美德要丰富得多、绚丽得多。

写喜剧所需要的不仅仅是勇气，更加重要的是创作者需要具备一种超越性的心态。笔者期待于剧作家的是，他能够将自己丰富的人生阅历、复杂的人生体验、内心生活的深邃细腻化为自己取之不竭的创作源泉。

乍看起来，赵家捷内向、沉稳的性格不太像写喜剧的，可他偏偏钟爱喜剧创作，何也？推究起来，最深刻的根源来自他对生活那种独到的感受。对于迅速变化着的事物，他的见地与情感从来不会非此即彼、非白即黑，获得简单明快的结论。事物在他的眼中，永远是无法用肯定或否定来推断、用好与坏来下结论的。于荒谬中见出严肃，于崇高中见出可笑，于庸俗中看出意义，于信念中体会出无奈，凡此种种矛盾的感受，促使他出人意料地搞起喜剧创作来，甚至出乎自己的意料。马克思曾称喜剧是最富激情、最深刻的戏剧，不无道理，因为喜剧感源自对人性的自相矛盾、自相悖谬最深刻的体察与认识。黑格尔曾说：

> 凡是始终都只是肯定的东西，就会始终都没有生命。生命是向否定以及否定的痛苦前进的。①

剧作家试图揭示我国近年来社会生活中出现的价值观的剧烈变化、某种价值的失落、某种价值的走红，表达当代人的某种困惑与孤独，并对此做出无奈的自我嘲讽与调侃，但这种主题的高扬，并未将剧作者内心丰富的感受表达出一二。因为综观全部剧作，傅尔和其他人物的塑造，其潜在的矛盾性往往不是主题所能涵盖得了的。总之，赵家捷创作中的矛盾与不足，并不是剧作家个人的个别问题，而是当代剧作家所面临的共同问题。而在冲破以往僵化的创作思维模式的禁锢方面，赵家捷无疑是位勇于探索的先行者。

恩斯特·卡西尔在《人论》中曾说："伟大的喜剧艺术自来就是某种颂扬愚行的艺术。从喜剧的角度来看，所有的东西都开始呈现出一副新

---

① 黑格尔.美学：第1卷[M].朱光潜，译.北京：商务印书馆，1996：124.

面貌。"[1] 敢于自我剖析的民族，是一个神经健全的民族；富于幽默感的民族，必定心态平衡、善解人意的民族。有勇气自我嘲讽，因为它充满自信。

原载《艺术百家》1993年第1期

---

[1] 卡西尔.人论［M］.甘阳,译.上海：上海译文出版社,1985:191.

贺中国国家话剧院成立暨首演成功
—— 兼谈经典剧作内在的丰富性

中国国家话剧院的成立，是戏剧界值得庆贺的一件大事。

同我国的各行各业一样，戏剧事业也面临着如何从计划经济的行政管理模式，向着遵循艺术规律的艺术生产经营模式转型的时代任务。当然，对于这样一个艰巨的系统工程，个人能做的也仅仅是期待而已。在期待中，我们迎来了由中央实验话剧院和中国青年艺术剧院合并而成立的中国国家话剧院。

中国国家话剧院在成立之际首次亮相于首都舞台，便以三部世界经典名剧的隆重推出而获满堂彩，令人为之一振。这三部剧——《这里的黎明静悄悄》《萨勒姆的女巫》《老妇还乡》——的成功演出，充分显示出中国国家话剧院现有的实力与水准。笔者认为，中国国家话剧院是全国戏剧事业的龙头，肩负的责任非同一般，它的演出宗旨应以经典剧目为常演剧目，并辅以实验性剧目的演出。一方面，有计划地选择中外不同时期的名剧，通过演出赋予它们新的生命，为观众提供高雅的欣赏对象，同时也为剧院的导演、演员、舞台艺术创作人员提供极为充分的用武之地；另一方面，中国国家话剧院又是一座戏剧"实验室"，应以探索的勇气，精心挑选一些具有开拓性的新剧作进行演出，对不同的风格形态和各种潜能的表现媒介进行实验。而中国国家话剧院确实不负众望，一出手便尽显其大家风范。

中国国家话剧院首演的这三部剧中,《老妇还乡》曾于20世纪80年代初由北京人艺公演过,老观众难免会对先后两次演出进行比较。而《这里的黎明静悄悄》,许多人早已从电影银幕上熟悉了这个苏联的故事,这无形中增加了舞台创作者们的创作难度,因为观众的期待值大大提高了。只有《萨勒姆的女巫》在北京是首次公演。这是美国当代著名剧作家阿瑟·密勒的代表作,是部很有深度的社会剧,对于执导、演出人员来说极具挑战性。三部戏的参演人员,均为改革开放后成长起来的中青年艺术家,他们的演出水准应当说是国内一流的,演出充分展示了他们的才华,不愧是当今戏剧舞台上的生力军。中国国家话剧院人才济济,后浪推前浪,我们为戏剧事业后继有人而备感欣慰。

这三部戏的导演都是在改革开放的新时期中成长起来的,学养深厚,功力纯熟,于今,他们早已是当代戏剧舞台上的顶梁柱。导演查明哲此前成功地执导了《死无葬身之地》《纪念碑》,大获好评。剧场演出时留给笔者强烈的印象是,这是一位以激情见长的导演。他执导的那两部戏,情感饱满、浓烈、酣畅、撼人心魄。从故事情节来说,这三部戏都与战争相关,《这里的黎明静悄悄》更是直接表现敌我双方短兵相接的战斗,实际上,从真正意义上讲,只有这出戏才称得上是战争题材的戏剧。导演准确地把握住了该剧的内涵,赋予了全剧一缕绵远而隽永的抒情意蕴。舞台在展现激烈残酷的搏杀过程的时候,总会刻意凸显出一种壮丽的美,这就是舞台上所塑造的女兵的群体形象带给观众的观感冲击。而那不绝如缕的抒情性正是发自女兵生命深处永不泯灭的人性之美,在舞台上也被展现得十分清晰。舞台设置与舞台调度浑然一体,两种基调——战争的残酷与抒情之美交迭起伏,相互映衬、相互激化。导演着意表现女兵们对生活的渴望、对爱的眷恋,强烈诅咒战争对美的毁灭。

在笔者的印象中,导演王晓鹰以冷峻见长,他常常喜欢逼近观众思考。阿瑟·密勒的《萨勒姆的女巫》(又名《严峻的考验》)创作于1953

年，在美国初演时连演200场；1959年再度公演，又连演623场之多；在欧洲也曾多次被搬上舞台，深受欢迎，并由萨特改编成电影，足见该剧影响之大。如今，中国的观众也在剧场感受到了这部戏的强烈震撼力，并唤起了内心巨大的共鸣，仿佛写的就是我们历史上曾发生过的事，是特意为我们而写。剧中由张秋歌扮演的约翰·普罗克托这一形象，久久萦绕在笔者心中。

《老妇还乡》的演出表明，导演吴晓江对于此剧风格形态的把握总体上是比较准确的，人物行动及心理的逻辑也基本清晰，遗憾之处在于，对全剧某些重点场面的处理显得拘谨，缺少灵动的亮点。

以下简略谈谈有待商榷的方面，仅是笔者的一孔之见。

强化导演的作用，并在戏剧舞台上呈现出只为导演所独立创作出的形式、意象等，这是新时期话剧的一大新特点、新趋向。但是，在凸显导演个性化独立创作的同时，却出现了普遍的导演趋强而演员趋弱的现象，这种现象仍然可在《这里的黎明静悄悄》和《萨勒姆的女巫》两剧中看出。这种现象的产生，部分来自演员自身素养及功力的欠缺，比如这次参演的不少演员台词不过关，令观众听着吃力。《萨勒姆的女巫》中只有张秋歌等几位演员演得很有力度和光彩。除了上述问题外，演员表演不到位是否与导演也有关系？新时期有过一种论调，即所谓的"演员符号论"，就曾在舞台上造成了某种混乱。笔者提起此论，并非对号入座于这三部戏，而仅仅想引起人们的认真关注。笔者只想指出：在舞台上，演员就是人物形象。一部戏好不好、成功不成功，全在于演员将人物塑造得如何。说了半天，笔者只不过说出了一句最基本的常识，然而却不能不说。人们往往忽略的，就是这个人人都耳熟能详的常识。这二十多年来，笔者常常感到，导演倾注心力更多的，是如何在舞台上创作出能够表现导演个人独特诠释思想的意象、形式、氛围，人们也往往更多地从这一方面来评价导演。而演员的表演，则更多地由演员本人承担了，很少有人从导演方面来考虑。这是不是值得我们深思？

任何一部经典剧作，从思想意义上来说，都是多义的，而非单一的；从人物形象和人物关系上来说，都是丰富的，性格丰富、内心丰富。戏剧作品的深刻性就是建立在丰富性（多义性）之上的，没有了丰富性，就谈不上深刻性。如何尽量保存和表现剧作文本中的丰富性（多义性），是一位成熟的导演要以毕生精力去努力探索的问题。《这里的黎明静悄悄》独特的魅力在于，它所表现的是一场力量对比悬殊的特殊战斗，力量的悬殊不仅仅表现在人数、装备上，更表现在兵员构成上，即这群参战的女兵根本称不上是"兵"，她们中几乎没有人受过正规的、严格的军事训练，不具备任何必要的军事常识和军事技能，只是一个个普通百姓穿上军装就直接走上了战场。在舞台上，观众所看到的正是这样一群女兵：她们叽叽喳喳、嘻嘻哈哈，所说所想的还是和平年月中普通女孩的所说所想，在她们身上，很难看到一点"兵样"。因此，观众不由得想，她们能打仗吗？当一位准尉率领五位女兵与一群正规军周旋较量时，观众不能不为她们捏一把汗。在剧中，那位准尉居于十分特殊而重要的位置，他观看女兵们的视角也正是观众的视角。随着情节的展开，他对女兵的印象和看法逐渐发生了巨大的改变，女兵在准尉及观众的心目中逐渐升华，形象越来越高大，终成英雄的群像，令人尊敬感佩。就是这五位平日里不像兵的女兵，就是这五个柔弱的、平日里还需要别人扶助的女人，在关键时刻为了祖国、为了人民，表现出大无畏的英雄精神，勇敢顽强地与敌人斗智斗勇，直至奉献出自己年轻的生命，赢得了难以想象的战斗胜利。另外，准尉绝对不同于观众，他不是旁观者，他是女兵中的一员，他与女兵们朝夕相处、生死与共。在这种特殊的生存环境中，他与女兵们逐渐形成了多重关系，既丰富又微妙。依笔者看来，这种丰富性没有很好地演出来。总之，《这里的黎明静悄悄》让人们看到战争毁灭了美，扼杀了每一个女人在和平年代都可能享有的正常生活：爱情、母爱，但是，也成就了她们非凡而壮丽的人生。《这里的黎明静悄悄》除了表现战争对美的摧残外，还以无比激越的情感讴歌了苏联的妇女——真正意义上的女人和母亲。牺牲自己年轻的生命,她们既遗憾又无憾。然而,导演过于强调某一方面,就会损伤剧作原本的丰富性,这就是有些动作,如"死而复生"处理得给观众以重复之感的根源所在。

这三部戏中,最复杂的要数《萨勒姆的女巫》。它描述了一桩令人发指的、骇人听闻的冤假错案——"抓女巫"。该剧撼人心魄之处不在于向观众展示冤案的惨烈景象,而在于竭力挖掘出冤案得以发生的深层社会根由。阿瑟·密勒没有简单地将卷入事件中的人物分为冤案的制造者(迫害者)一方与被迫害一方,没有幼稚地构想让双方力量对立冲突的情节,更没有将冤案的罪过完全推到某一邪恶势力的身上,仅由他们来承担政治上的讨伐和道德上的谴责。阿瑟·密勒所揭示出的社会根由非常复杂,可以说,社会有多复杂,人性有多复杂,造成冤案的根由就有多复杂。也就是说,如果一桩冤案不是个别人的冤案,而是牵涉范围广泛、波及人数众多的社会大案,那么它的成因就是由多方因素合力造成的,并非某一个人或某一势力单独能够造就的。阿瑟·密勒是一位社会剧作家,但他认为仅仅从盘根错节的社会关系中提出一般的社会问题是远远不够的,而应当深入当代人的精神世界,提示人的心理动因,去探索人存在的本质。阿瑟·密勒十分清楚,促使人们去行动的"主要冲动不是社会问题而是心理问题"。该剧人物众多,剧作家着力于展现在制造冤案的合力中,每个个体自身内在的特殊逻辑,从而使得那场贯穿全剧的吞没萨勒姆的人为制造的恐怖"抓女巫"一案,直接冲击每个人的灵魂。正是在此处,方显示出该剧内在的丰富性。

阿瑟·密勒告诉我们,如果一个社会能够出现一桩大规模的集体冤案,这个社会必定出了问题,这个社会必定被某一种信仰、偏见、迷信所左右。因为,当某一信仰被整个社会奉为至高无上的绝对真理,并为其所控制时,它便会成为一种全社会专制的、偏激的思想,便会演变成一种集体的、狂热的、宗教般的情感。在该剧中,事情起因于一则谣言:一群青春少女(还有未成年的孩子在内)于深夜跑到树林里跳舞嬉戏,有的还脱光了衣服，恰巧被帕里斯牧师当场发现，帕里斯的女儿也在其中，并由此受惊，神态反常。于是就有谣言传出来，说帕里斯的女儿被女巫附体，被妖魔攫住灵魂。女巫的现世，直接威胁到基督教的神权政治，于是，以副总督丹福思、哈桑法官、帕里斯牧师、黑尔牧师为代表的神权统治者介入此案，开始大规模地追查、审理及抓获女巫，"抓女巫"一案就此掀起轩然大波。

所谓冤案，就是将莫须有的罪名强加在无辜者的头上。这里的关键在于，这罪名怎么就那么轻易地加到无辜者头上去了呢？而且多到以成百上千计。从《萨勒姆的女巫》一剧中，我们清楚地看到，当一个社会以信仰的崇高名义对某一种异类学说进行讨伐，并逐渐演化成一场大规模的驱巫运动时，便提供了制造冤案的大环境条件。因为在这样的宗教气候、社会氛围之中，信仰便是一切，社会的公正、正义、法律、道德等都被纳入对信仰的捍卫、对异己的讨伐这唯一的狭路上来，其他的一切，包括个人的各种合法权益在内，统统都要退避三舍，如此一来，这个社会在实际上已经没有了任何正义、公正、律法、公民权益可言。失去了律法公正的社会，势必沉渣泛起，社会上的各种利益之争、人们之间的恩怨情仇，都被搅动起来，都被驱遣到"抓女巫"的运动中来。因为社会在本质上是功利性的，其间充满着利益之争、情感纠葛，人与人之间的恩恩怨怨、是是非非盘根错节，这就注定了人的复杂性。在剧作家的笔下，卷入这场政治旋涡中的形形色色的人可分为这样几类：一类人或对信仰并不真诚，或从一开始就明知所谓"女巫"是假的，而"抓女巫"只不过给了他们一个机会、一个口实，可以打着正义的旗号，冠冕堂皇地利用政治诬陷作为手段，不惜置他人于死地，去满足自己平时无法满足的私欲，去达到自己平时无法达到的目的。这类人有一个共同特点，即为人一贯表里不一、极端自私、居心叵测。这样的人在执法者中存在，在平民中也有不少。阿瑟·密勒刻画出了数个形象鲜明的此类人物，如帕里斯牧师、富人普特南夫妇、艾比盖尔、副总督丹福思等，他们的心思各异，但都出于私欲，或为了保全自己，或为了侵吞他人的财产，或为了一己的情欲，或为了捍卫神权政治不容置疑的神圣性、权威性，都参与了冤案的制造。还有一类人，他们的性格、信仰、人生道路并不一样，但在关键时刻却都做出了自己真诚的抉择。如黑尔牧师，他是"抓女巫"一案的执法者和积极参与者之一，曾在72名无辜者的死亡判决书上签字，但是，黑尔的信仰是笃诚的、纯粹的，不掺杂一己私念。当他在实践中发现存在着错判，把正常人错当成女巫并施以极刑时，他的良心受到深深的谴责，并毫不犹豫地面对事实真相，承认错误，勇敢地说出来，要求纠正。但是，黑尔的信仰并没有因为发生了错判而受到丝毫动摇，他仍然坚信女巫的存在，仍然坚持抓女巫的行动。贾尔斯是个糊涂的老头儿，他的老婆被当作女巫，直接起因于他的愚蠢，但是当他终于明白过来时，为了别人的生命安全，贾尔斯宁肯被大石块压死，也始终不开口；丽贝卡与普罗克托是少有的不相信女巫作祟的人，丽贝卡在道德上近乎完美，但剧作家花在她身上的笔墨不多；而在普罗克托身上，阿瑟·密勒则倾注了满腔心血，这个人物才是剧作家心目中的"自觉的英雄人物"。普罗克托是个有独立见解、有责任感、意志坚强、有魅力的男子汉，他曾与艾比盖尔有染，并因此而招致艾比盖尔对自己妻子的陷害。在面对个人名誉与社会正义的两难抉择时，普罗克托毅然选择了后者；当面对保全自己生命与伸张社会正义的两难抉择时，他再度选择了后者，宁肯牺牲自己，尽管他曾经犹豫动摇过。该剧导演很好地把握了普罗克托这个人物，把这一场狂暴浪潮的生成和发展进程与普罗克托灵魂的自我搏斗以及自我意识提升的心路历程层次清晰地呈现出来，从而强化了情感的冲击力。

依笔者之见，该剧在舞台呈现上有一处硬伤，即开始时少女们深夜在树林中跳舞嬉戏的那一场景，导演刻意渲染的那种神秘的、怪兮兮的"巫气"，显然从根本上有悖于全剧的宗旨。不要忘记，女巫是莫须有的！还有，该剧人物心理的丰富性，有待于进一步在舞台上得以充分表现。阿瑟·密勒将所有人物置于一个失去理性的狂暴的环境中心，剧作家锋利的笔锋毫不留情地深深地刺入每个卷入者的灵魂之中，探查每个人内心秘不示人的欲望动机，不论他是执法者还是平民百姓，不论他是迫害者还是被迫害者，没有一个灵魂不被剧作家解剖得裸露于天下。而每个人到底是个怎样的人，他的真实面目，也就是每个真实的自己，是高尚还是卑劣，是真诚还是虚伪，是勇者还是懦夫，都在剧作家犀利的笔锋之下无所遁形，展露得一清二楚。《萨勒姆的女巫》对我们最大的教益，就在于它不但从社会政治层面、社会道德层面，而且还从人性的社会层面揭示了一桩冤案形成的深层动因，就在于阿瑟·密勒让我们真正见识到了什么是"真实"！而这一点，是满剧场突然吊下来的"绞索"所远远无力表现的。

原载《剧院》2003年第1期

20世纪中国戏剧研究现状的几个基本问题

进入新时期以来，关于20世纪中国戏剧的研究，无论从哪个方面看，都获得了前所未有的长足进展。其研究者人数之众、研究课题范围之广泛，尤其是所发表的论文及出版的专著之多，都是以往远不能比的。尽管取得如此可观的研究成果，但对既往的研究工作进行反思，仍属必要。有的学者从量的层面上提出问题，如哪些方面倾注的研究力量多些，哪些方面关注研究得不够，等等，即几多几少之类的问题。这固然必要，但更应该从质的层面上去做深入的思考，将审视的目光投向那些关系到大方向、根基、源头根本性的问题上去，以期发现研究中的误区和盲区。

一、关于20世纪中国戏剧的"去正统化"问题

20世纪中国戏剧有主流与非主流之分。社会问题剧或曰现实主义戏剧是20世纪中国的主流戏剧。尽管几乎没有人使用主流这一词语去称谓，但在实际上认同社会问题剧为主流，这是不争的事实。纵览有关20世纪中国戏剧研究的著述，便会发现，除了极个别的，几乎所有的研究者都在描述和论证着社会问题剧（现实主义戏剧）是20世纪中国最重要、最具价值的戏剧形态。20世纪中国剧坛既然有主流戏剧，与之相对的，自然有非主流戏剧，即指那些不具有社会问题剧特征的戏剧类型，概称之为非

社会问题剧，其中典型的如田汉早期创作的唯美主义剧作等。笔者将主流及非主流作为问题郑重地提出来，为的是在历史的视野中凸显出主流戏剧与非主流戏剧曾经有过截然不同的两种境遇。按照常理，构成主流与非主流的标识，仅限于以量的差异为根据，并不涉及艺术存在的合理性与合法性等问题，而在有关生存权利诸方面，主流与非主流二者是平等的。但在20世纪的中国，二者绝无平等可言。社会问题剧或现实主义戏剧，不仅仅是20世纪中国的主流戏剧，而且还被赋予了正统的地位和身份。与之相应的，非社会问题剧则被赋予了另类（异己）的地位和身份。在"极左"的时期甚至还被彻底地予以妖魔化。

那么，在20世纪中国戏剧的研究中，研究者是怎样对待上述历史情况的呢？让我们先回到几个历史事实上来。第一个事实是关于曹禺的。曹禺，这位20世纪中国戏剧史上最伟大的戏剧家，被公认为一位现实主义戏剧家，他的作品代表着20世纪中国戏剧的最高水平，被公认为社会问题剧的典范。然而，曹禺却对此一直不以为然，始终持有异议。

早在1935年春天，留日中国学生准备在东京上演《雷雨》，导演吴天等人给曹禺写了一封信。在信中，他们认为《雷雨》是一出社会问题剧，是对于现实的一个极好的暴露，对于没落者的一个极好的讥嘲。对此，曹禺明确表示不能苟同。他在回信中写道："我写的是一首诗，一首叙事诗，这固然有些实际的东西在内（如罢工等），但决非一个社会问题剧。"[①]其后，国内也开始上演《雷雨》，受到观众的热烈欢迎，很快形成一股"曹禺热"。评论界好评如潮，赞誉之声不绝于耳，但其基本观点与吴天等人的如出一辙，都认为《雷雨》抨击了传统的婚姻制度，暴露了旧式大家庭的罪恶，具有反封建家庭的主题，等等。面对如此赞誉的声浪，曹禺写下一篇文章，名为《我如何写〈雷雨〉》，发表在1936年1月19日天津《大公报·文艺》的星期特刊上。这篇文章作为《雷雨》一剧的序言，后被

---

① 田本相，刘一军.曹禺全集：第5卷［M］.石家庄：花山文艺出版社，1996：9.

收入上海文化生活出版社出版的单行本中。在这篇序言中，曹禺明确地坦诚，自己在创作时，并没有明显地意识着要匡正、讽刺或攻击什么，而仅仅受着自己内心情感的驱遣。他说："写《雷雨》是一种情感的迫切需要。"①"《雷雨》的降生，是一种心情在作祟，一种情感的发酵，代表个人一时性情的趋止。"②"总之，一种急迫的情感的积郁，使我执笔写了《雷雨》。"③曹禺反复强调，是情感，是源于自己内心的情感，而不是社会现象及问题，才是自己戏剧创作的原动力，是自己所要着意表达的主题。显而易见，曹禺本人的想法与批评界的观点是截然对立的。

创作《原野》一剧以后，由于政治局势及政治环境的缘故，曹禺沉默了，直待粉碎"四人帮"之后，曹禺才重获开口说话的机会。曹禺指出：

> 社会问题剧，是针对着当前社会上存在着的某些问题、某些现象而写的。研究一下文学发展的历史，研究一下建国以来的文学历史，研究一下一些伟大作家的创作道路，如果就是这样按照社会上有什么问题，就写一个什么问题，有哪些问题就解决哪些问题，只是这样写下去行不行？恐怕这样的文学道路反而变得狭窄了。④

"我们的戏剧天地绝不仅仅只是社会问题剧。"⑤曹禺的这番意见是在20世

---

① 田本相，刘一军.曹禺全集：第5卷［M］.石家庄：花山文艺出版社，1996：14.
② 田本相，刘一军.曹禺全集：第5卷［M］.石家庄：花山文艺出版社，1996：15.
③ 田本相，刘一军.曹禺全集：第5卷［M］.石家庄：花山文艺出版社，1996：24.
④ 田本相，刘一军.曹禺全集：第5卷［M］.石家庄：花山文艺出版社，1996：105.
⑤ 田本相，刘一军.苦闷的灵魂：曹禺访谈录［M］.南京：江苏教育出版社，2001：295.

纪80年代初公开说的,那时正值我国话剧史上社会问题剧再度繁盛之际,况且刚刚粉碎"四人帮"不久,能够说出这一番话,得需要多么大的勇气和胆识!亲身经历过那一时期社会问题剧中兴的人,至今仍会记得当年那些红极一时的剧作,如《于无声处》《报春花》《权与法》《救救她》等的演出盛况。而曹禺却直言不讳地批评道:

《报春花》《救救她》都是社会问题剧。但我觉得这好像是在赶着一群羊,向着一条很窄很窄的路走,走到天黑,走到最后。①

这不是在剧情枝节上的批评,而是从方向上的否定。尽管社会问题剧是一个世纪的主流戏剧,是正统戏剧,当时,这类剧作正如日中天、方兴未艾,但是在曹禺的眼中,社会问题剧是行走在一条狭窄的路上,已到了穷途末路的境地。对待社会问题剧的态度,老年的曹禺与年轻时的曹禺是一致的,若说有变化,只不过是老年的曹禺认识得更加深刻而成熟。他从中国戏剧的前途出发,对社会问题剧进行尖锐的批评,这种忧虑是半个世纪的深思熟虑的积淀。

关于自己的戏剧创作意图和主题,晚年曹禺仍然抱守着年轻时的信念,没有丝毫改变。关于《雷雨》一剧,曹禺仍在重复年轻时说过的话,"我写《雷雨》时,并没有明确要通过这个戏去反封建,评论家后来说这里有反封建的深刻主题,我承认他们说得很对,但我写作时不是从反封建主题出发的。"②过去,由于诸多因素,曹禺没能对《原野》和《北京人》的创作初衷说些什么,直待新时期到来,他才说:"《原野》是讲人与人极爱和极恨的感情,它是抒发一个青年作者情感的一首诗(当时我才

---

① 田本相,刘一军.苦闷的灵魂:曹禺访谈录[M].南京:江苏教育出版社,2001:31.
② 曹禺.和剧作家们谈读书和写作:在中青年话剧作者读书会上的讲话[J].剧本,1982(10):4-15.

二十六岁,十分幼稚!),它没有那样多的政治思想。"[①] "我写《北京人》也是这样,开始只有江泰等几个人物,后来我写出袁任敢说的那两句话:'那时候的人,要喊就喊,要爱就爱',我才觉得这是戏的主题了。"[②] 不能不说,曹禺的确太个别了,整个20世纪中国戏剧界,找不出第二个人能够说出相同的话来。他坦言自己的创作意图和主题源自自己个人内心的情感,而且是幻想性的情感,这在20世纪中国戏剧的主流话语中,绝对属于另类。

曹禺在两个方面对抗着社会问题剧:一是根本不承认自己的戏剧是社会问题剧;二是从根本上否定社会问题剧,这里包含着深刻而严峻的历史意义。

第二个事实关乎欧阳予倩及春柳社。欧阳予倩及春柳社在20世纪中国戏剧史上的地位非同一般,因为一部中国话剧史就是以他所参与的春柳社在日本的演剧活动为开端的。春柳社的戏剧宗旨及演剧活动,是非社会问题剧(非现实主义戏剧)性质的,其发展方向与20世纪中国主流戏剧大相径庭。当年,春柳社在日本发展的同时,国内本土也发展起了新型的话剧——文明新戏。春柳社的同人们一回国便发现了两者之间的深刻分歧,欧阳予倩指出:

> 我们回国表演的时候,文明新戏已经很鲜明地和春柳派对抗着。镜若从文艺协会运回来的莎士比亚、托尔斯泰、易卜生等等,丝毫没拿得出来。[③]

这里有两点值得我们特别注意,一是欧阳予倩用了"对抗着"一词来描述春柳社与国内文明新戏的关系;二是春柳社所欲施行的,是将西方

---

① 田本相.曹禺传[M].北京:十月文艺出版社,1988:464.
② 田本相.曹禺传[M].北京:十月文艺出版社,1988:464.
③ 欧阳予倩.欧阳予倩全集:第6卷[M].上海:上海文艺出版社,1990:21.

问路集——重构一种新阅读—批评视界（上）

戏剧大师及其经典剧目系统地移介到国内来，以此为楷模来发展中国的戏剧。但他们却从一开头就碰了壁，不但在当时行不通，在以后的岁月中也没能实施。对此，欧阳予倩说：

> 我们只是想演正式的悲剧，正式的喜剧。依镜若的想法把团体巩固起来，介绍一些世界名作，这不但是在那个时候行不通，后来一直也没行通。中国的话剧是按照另外一条道路发展的。①

真实的情况是，从中国戏剧发轫之时起，便出现了两个不同方向、不同性质的戏剧活动。欧阳予倩说：

> 所以我想把文明戏也就是中国的初期话剧分成两个系统，也可以说是两个派别：一个就是任天知所领导的进化团；一个就是陆镜若所领导的新剧同志会，也就是春柳剧场。②
>
> 春柳在三年之中所演的剧目，据现在所能查到的有八十一个，但反映中国当时政治时事的除掉《运动力》《黄花岗》，就没有别的了（两个戏都只演了一、二场）。③

从欧阳予倩的叙述中，我们清楚地看到，从一开始，春柳社所主张和从事的戏剧，就被置于非主流戏剧边缘地位，而同时又被定性为以社会问题剧为主流特征的20世纪中国戏剧的开端。这一悖论，真可谓20世纪中国戏剧独具的特色。同样的悖论也发生在曹禺的身上。作为20世纪中国最伟大的戏剧家，他和他的剧作受到了人们的崇敬和欢迎，但人们却是按照社会问题剧来接受曹禺的。人们给予了曹禺及其戏剧以最高的荣耀和褒奖，

---

① 欧阳予倩.欧阳予倩全集：第6卷[M].上海：上海文艺出版社，1990：174.
② 欧阳予倩.欧阳予倩全集：第6卷[M].上海：上海文艺出版社，1990：187.
③ 欧阳予倩.欧阳予倩全集：第6卷[M].上海：上海文艺出版社，1990：195.

但却是按照社会问题剧给予的。曹禺却至死拒不认同，执意将自己的创作置于非社会问题剧的行列。

在对曹禺戏剧特征、性质的认定上，曹禺与批评理论研究界之间出现了巨大的意见分歧，按说这将会引发激烈的争论，尤其是曹禺这样一位不可忽视的人物。但历史事实却十分耐人寻味，在曹禺的有生之年，没有人去理睬他的"胡说"。青年时的曹禺满怀被人理解的期待之情向世人倾诉，剖白着自己的内心，然而没人回应他的诉说；时隔近半个世纪，年已古稀的曹禺，为着中国戏剧事业未来的命运，再度说出另类的话语，但仍然没有得到回应。曹禺关于社会问题剧的反叛的话语，不啻一粒小石子抛入汪洋大海。假如我们用冷漠二字对此来加以描述的话，亦未尝不可，但这仅是表象，并不准确。实际上，大家对曹禺始终喜爱有加、推崇备至，至今热情不减。之所以冷漠，是因为人们认为根本就没有理会的必要。准确地讲，这不仅仅是冷漠，而是蔑视。不是对曹禺本人的蔑视，而是对"另类"的蔑视，对非社会问题剧话语的蔑视。在这种态度的背后，隐伏着意识形态的话语霸权。

在20世纪的中国剧坛，社会问题剧早已超越了形态、体裁、流派、方法等艺术范畴，被高度政治化、意识形态化了，它的正统地位即植根于此。所谓正统，就是被当时的社会意识形态赋予了绝对的真理性，以及由此而获得的合法性、合理性、权威性。话语霸权便由此而产生。相对于正统，非正统首先失去的就是真理性，被目为异端邪说，其身份就是另类、异己，成为妖魔。在严苛的政治环境中，曹禺只能以沉默待之；在可以说话的宽松时代，曹禺说了，但是没有对话者。主流话语以傲慢、蔑视、不屑的态度，充耳不闻，视而不见，将曹禺置于自言自语、自说自话的绝对孤立状态。多少年来，我们的史、论、评（也就是对20世纪中国戏剧的研究），鲜有不是以主流、以正统而自居，将解释权一手垄断起来的。"曹评"即是典型例证。

在"正统"话语的构成中，真理性与唯一性是其核心。社会问题剧之所以被尊为"正统",就是因为它具有真理的唯一性,也就是说,社会问题剧所具有的特殊的价值意义是唯一的真理。这种唯一性必然导致排斥异己的行动,因为除此而外再无真理可言。这样排斥异己的行动便具有正当性和神圣性,因为这是在捍卫真理的名义下发生的,是一场圣战。与之相反,不具有积极的价值意义、没有真理性可言的非社会问题剧,也就因此失去了合理合法性,沦落为谬见、异己,甚至被妖魔化,亦是情理之中的事了。新中国成立后,欧阳予倩曾为春柳社所犯的过错做过检讨,春柳社的另类戏剧活动也受到过严厉的批评。在葛一虹先生主编的《中国话剧通史》中,是这样评价的:

> 春柳派的剧目远离了中国的现实,没有关心时政的紧迫感,总希图滞留在西方艺术的花瓶里,而淡远了时代和革命的要求。①

而在笔者所读过的其他著者所编撰的史论版本中,却一反否定的态度,改为否认,即否认春柳社的非社会问题剧倾向,将春柳社的另类性抹杀掉,这样一来,春柳社便被收编到社会问题剧系统中去了。否定也好,否认也罢,其所持的,都是以社会问题剧为"正统"的态度意识,在这一基质上,二者是一样的,但否定的态度更尊重历史事实。

上述的情况同样发生在田汉身上。自20世纪30年代初田汉做了自我批判后,他的早期唯美主义剧作便开始了妖魔化的进程,直至"文化大革命"达到极致。粉碎"四人帮"之后,田汉的早期剧作唤起了诸多研究者极大的兴趣和热情,重新被给予了充分的正面肯定和推崇。但是,纵览一下有关田汉的研究著述,不能不说,绝大多数的研究仅仅完成了去妖魔化的工作,但在同时却秉承了"正统"意识和"正统"思维,仍然以社会问题剧的价值意义作为唯一的真理。只不过新时期的唯一性不是表现在排斥

---

① 葛一虹.中国话剧通史[M].北京:文化艺术出版社,1990:17.

上，而是表现在包容上，也就是将过去视为异己、另类的，都改变为同类的一员。这就不难理解，为何新时期的"曹评"要将曹禺戏剧朝着更加完美的社会问题剧上推进，而丝毫不去顾及曹禺说些什么；对田汉的早期剧作、对春柳社，也都进行了社会问题剧化，即"正统化"的改造收编工作。究其原委，关键在于我们的研究者没有对其固有的、以社会问题剧的价值意义为核心构建的思维框架进行反思和重构，仍然以社会问题剧的眼光来对曹禺、田汉、春柳社等非社会问题剧进行解释和评价。

综上所述，"去正统化"恐怕是现在关于20世纪中国戏剧研究中最迫切的问题。如果说到颠覆、解构的话，唯有立足于"去正统化"，才是根本要义。

二、20世纪中国戏剧的根基移位问题

20世纪中国戏剧最具本土特色的样态——社会问题剧，一脉相承于19世纪挪威的伟大戏剧家易卜生，这是共识。1918年6月，五四运动爆发的前夕，《新青年》出版了一期"易卜生专号"，刊载了胡适先生的一篇大作《易卜生主义》。该文首次提出对中国20世纪戏剧影响深远的"易卜生主义"这一口号。胡适说："易卜生的文学，易卜生的人生观，只是一个写实主义。"[1]"易卜生的长处，只是他肯说老实话，只是他能把社会种种腐败龌龊的实在情形写出来叫大家仔细看。"[2]易卜生以及易卜生主义对20世纪中国话剧的进程产生过巨大的影响，这些都在我们的各类史、论中得到翔实的阐述和定评，在此不再赘言。笔者要强调指出的是，胡适的易卜生主义，无疑是对易卜生戏剧的误读。易卜生不是如同胡适所说的那

---

[1] 胡适.易卜生主义[M]//胡适.胡适文集：第2册.北京：北京大学出版社，1998：475.

[2] 胡适.易卜生主义[M]//胡适.胡适文集：第2册.北京：北京大学出版社，1998：476.

样，只是一个写实主义和社会问题剧作家。在西方，易卜生是一位被尊崇为现代戏剧之父的伟大戏剧家，他的早期剧作有《布朗德》《培尔·金特》等哲理诗剧；真正代表易卜生成就的是他晚期的象征主义戏剧，如《罗斯莫庄》《野鸭》《海上夫人》等；只有中期的那些剧作，如《群鬼》《人民公敌》《玩偶之家》等才是社会剧。而且，在此有必要强调指出，易卜生所创作的社会剧与我们的社会问题剧不是同质戏剧。曹禺曾经说过，

  《娜拉》演出后，轰动挪威和整个欧洲，一位妇女解放运动者十分热情地找到易卜生，请他解释《娜拉》的主题与思想，易卜生只简单地说了一句话："夫人，我写的是诗。"

曹禺认为，易卜生的这个答复是有道理的。他说：

  我想，他是说不能简单地用一种社会问题（如妇女解放），来箍住他对如此复杂多变的人生的深沉的理解。①

胡适先生对易卜生及易卜生戏剧进行诠释，得出一个易卜生主义的论断，让人们相信易卜生戏剧整个就是社会问题剧和写实主义，并将易卜生主义的易卜生树立为我国戏剧的大宗师和仿效的楷模。这样，便为我国本土的社会问题剧找到了一个伟大的源头，为奠定社会问题剧及写实主义在我国的"正统"地位打下了坚实的基础。但是，如果这一切都是建立在误读之上的，易卜生戏剧并不是我们所谓的社会问题剧与所谓的写实主义，那么20世纪中国主流戏剧就失去了公认的源头。

  对于20世纪中国戏剧来说，除了社会问题剧的源头问题之外，还有一个非社会问题剧的源头问题。源头问题，实则就是根源问题、根基问

---

① 田本相，刘一军.曹禺全集：第5卷［M］.石家庄：花山文艺出版社，1996：297-298.

题，也就是哲学上所说的本体问题。对20世纪中国戏剧进行研究，绝对不可能脱离根源问题，根源问题贯穿在20世纪中国戏剧研究的方方面面和大大小小的问题之中。也就是说，我们不能不去追问社会问题剧与非社会问题剧的根源。

社会问题剧在20世纪的中国显赫一时、声名卓著，反之，如果没有被批评界认定是社会问题剧（现实主义），就会被视为异己、另类，轻则遭冷遇，重则遭批判，甚至会受到更严厉的惩罚和制裁。这是在过去的"极左"年月中经常发生的现象。但是，历经50年风风雨雨岁月的磨炼，曹禺却坚守自己的信念不改。这是为什么？因为曹禺明白自己所面临的分歧和选择，不是流派的、风格的、手段的、方法的等一般意义上的分歧和选择。曹禺认为自己的戏剧创作与风行于我国的社会问题剧之间的不同，是根源的不同、根基的不同。

笔者认为，20世纪中国的主流戏剧社会问题剧的根基是政治，它的特征是泛政治化的时事性。由此，必然出现一个根基移位的问题。今天，当我们重新研究曹禺戏剧、田汉戏剧、春柳社时，首先要从既往的社会问题剧的根基之上，移到另一个新的根基之上。只有立足于此，我们才有可能真正走近曹禺、田汉、春柳社，甚至走进他们的内在生命，才有可能真正地理解和解释他们，从而驱散重重的历史迷雾，还他们一个历史的真实面目，让他们各自的独特的艺术魅力重放异彩，光耀世界。因为，这一根基既是易卜生戏剧的根基，也是曹禺戏剧、田汉戏剧、春柳社所赖以生存发展的根基。可以说，对根基的研究是当今20世纪中国戏剧研究必不可少的课题。

三、关于20世纪中国戏剧研究的历史性问题

20世纪中国戏剧的话题，本身就是一个历史话题，因为这是在特定时空中发生过的具体的现象和事物。20世纪中国戏剧过去了，但中国戏

剧还在延续着、发展着。中国话剧尽管开端于20世纪初，但是由于话剧是从西方移植过来的，自然就与西方数千年的戏剧历史产生了割不断的联系。因此，任何有关20世纪中国戏剧的研究，如果离开历史意识的观照，其研究的合理性都将是可疑的。当然，历史指的是过去，只有已经发生过的、已经成为过去的才称为历史。但是，由于时间的流动延展性，每一个过去都曾经是现在和未来，而每一个现在都包含着过去和未来，每一个未来也终将成为现在和过去，因此，历史必然包容着过去、现在、未来于一身。历史性的全部问题便由此而生发。

历史，作为过去的既成事实，我们只能被动地接受，不可能再对事实做什么改变。在这一意义层面上，研究者只能对历史事实如实地加以叙述和盖棺定论。那么，在历史领域，我们还有获得主动权和自主权的可能吗？质言之，在历史领域，我们的自由精神何在？笔者认为，可能性的条件存在于现在和未来之中，即所谓"往者不可谏，来者犹可追"。就20世纪中国戏剧来说，社会问题剧构成了它的主流样态，这一切，都是历史事实。我们的史、论，对其生成和发展的过程加以描述，对其成因、特征、价值、意义等诸方面加以阐述，这些都是必要的历史叙述。但是，问题首先在于，社会问题剧作为20世纪中国主流戏剧，已属过去，而未来的21世纪中国戏剧是否要延续这一态势呢？也就是说，社会问题剧是否也将成为21世纪中国戏剧的主流样态呢？这里就出现一个历史的转型问题，即，中国的话剧发展到今天，需不需要来个彻底转变？这是任何一位20世纪中国戏剧的研究者都无法回避的一个问题。不管研究者本人有意识或无意识，自觉回应或没有回应上述问题，都不影响每一位研究者在其著述中给出了自己明确的答案。笔者所阅读到的关于20世纪中国戏剧的研究成果中，几乎不约而同地，都没有将20世纪中国的主流戏剧社会问题剧看成是特殊的、暂时的，反而给予了永恒的、不变的属性，继续以社会问题剧所具有的价值意义来构成研究者的思维框架与历史视界以及判断评价的尺度体系。因而，在这类林林总总的研究著述中，充斥着强烈的社会问题剧万岁、易卜生主义万岁的声音，便不足为奇了。这就是笔者所见到的面向过去的历史。

笔者认为，中国的社会问题剧的出现，乃至发展成一个世纪的主流戏剧，并获得"正统"戏剧的地位和话语权，是由特殊的时代、社会及文化历史因素造就的，也可以说是在非正常的文化历史时代条件下生成的特殊产物，它充分展示了20世纪中国整个戏剧（甚至文化）的特质。有人一看到烙有中国特性、中国特色印记的东西就欢呼雀跃，而不去追问这一特性的历史性本质究竟如何。概括地说，戏剧是一门艺术类型，而社会问题剧的根基却是政治的，泛政治化就是社会问题剧的根本特征。笔者认为，曹禺以一人之力对抗着几乎所有的人，对抗着一个时代，至死守望着非社会问题剧，实际上是在守望着被社会问题剧毁弃的艺术生命家园，也就是人的鲜活的生命家园。就这一历史事实，便足可以颠覆一切历史的谬见。

历史性的问题，必然牵涉到一个眼光的问题、一个时代感的问题、一个理解和解释的问题、一个历史选择的问题。当我们以现在及未来的时代精神为基质，重新展开对历史的解释，以及对历史进行取舍选择时，我们就是以主动而自主的态度来研究历史。若如此，研究者就必须对时代、对社会进行深入而全面的研判，把握大势，领悟时代精神，聆听时代的心声和未来的召唤，全方位地重新审视我们自己，重新建构我们的阅读视界。总之，这是一项艰难而巨大的工作，但又是必须进行的工作。因为，历史性的转折点已经出现。在这一转折点上的每一次迸发，就是一次返回历史，即重新返回到曹禺、田汉、欧阳予倩、春柳社，返回到易卜生，而在返回家园的同时，我们已然行进在未来之路上。这就是转型期的特征和意义，打通中外，贯通今古，在历史真实的交汇点上寻求真正的戏剧艺术的意义。

原载《厦门大学学报》2004年第4期

他无罪，却为何要认罪？为何要自杀？
——写在《夜色迷人》观后

《夜色迷人》是中国国家话剧院近日推出的一部新戏。

该剧由迪伦马特的小说《抛锚》改编而来。改编是成功的，编剧龚应恬把握住原小说的精髓要义，并予以戏剧化，充分体现出迪伦马特戏剧一贯的怪诞风格。值得称道的是，该剧导演手法洗练，吴晓江并没有动用除演员外的任何其他手段，整个舞台突出的是演员及其表演，也就是剧中人物自身的行动动作。不消说，该剧导表演是国内一流水准，很传神，很抓人，感情浓烈，剧场效果极好，再一次展现了中国国家话剧院的整体实力。

秉承迪伦马特的一贯风格，《夜色迷人》的情节构思出人意表——表现的内容是一场游戏，而且这不是普通的游戏，而是一场法庭审判的游戏。审判，这是关乎社会犯罪、救赎、正义、公正等极其严肃而神圣的事物；而游戏，只不过是人们自娱自乐的消遣性事情罢了。游戏与司法审判，这本是两个互不相干的事物，但在这里，却被放在了一起，并结合在一起。怪诞，便缘此而起。这是其一。其二，法庭审判却不遵照法律的严格诉讼程序，随心所欲；量刑定罪也不依据证据，仅凭着一己的猜度及推测，甚至想象，便得出被告曾犯下谋杀罪的结论，并宣判处以死刑，且不顾现实社会已废除死刑这一事实。这场游戏处处透着古怪、荒诞。其三，

他无罪，却为何要认罪？为何要自杀？

作为被审判者的特雷斯，尽管他从未杀过人，但对于这明显背离法律的庭审和荒谬的判决，他却不仅不辩解，还甘愿认罪，而且居然大受感动，甚至热泪盈眶，不能自已。这已够诡异的了，更匪夷所思的是，最后，被审判者出人意料地自杀了。一场欢乐的游戏，却以这样的结果而结束，任凭谁听了，都会觉得这是多么荒诞不经！

整个事件的关键在于，被审判者明明没有杀人，为什么会认罪？再者，他为什么会自杀？他明明知道，这不过是场游戏而已。况且，这是一个已废除死刑的国家。可以说，《夜色迷人》整个情节就是围绕着上述的关键点展开，逐层渐进地深入揭示人物精神变化的心路历程。

发起审判游戏的三位老人是司法界早已退休的耄耋老人，他们按照过去各自的职业，分别在游戏中担任检察官、法官、律师。而被告则是前来投宿的客人，他叫特雷斯，是一家纺织企业的营销经理，因为汽车抛锚，不得已借宿在律师家中。最初，为着打发晚上无聊的时光，也是好奇，特雷斯同意加入游戏。游戏开始时，律师劝说他应该勇敢地、如实地承认自己曾犯下的罪行，唯有这样，自己才好为他做无罪或减轻罪责的辩护。特雷斯听了觉得非常好笑，他坚定地表白：自己无罪。随着游戏的进程，特雷斯的情感精神也随之发生着巨大变化，他从最初的好奇，到逐渐被游戏吸引，一步一步地全身心投入游戏中。那么，是什么对特雷斯产生了如此巨大的诱惑呢？可以说，是由于这场游戏带给了他全新的人生体验，带给了他对自己全新的认识，以及从未有过的快乐和幸福。

这几位老人都已年过八旬，在司法界干了一辈子，和人们的犯罪行为打了一辈子的交道。他们洞悉犯罪心理，深谙人性卑劣的一面，因而，在审判游戏中，他们善于抓住被告人自我陈述中的若干现象和事件，紧追不舍；透过一些细节，展开丰富的想象和联想，运用逻辑推理，将当事人之间的微妙关系及各位当事人内心隐秘的，甚至连自己都未曾意识到的，或者不愿正视的动机——道破。在此处，老人们偏离了法律，而滑向了艺术。众所周知，法律只追究行为的事实和结果，而绝不问行为的动机。只有艺术,尤其是戏剧艺术,才将关心和探究人们的动机及其命运视为己任。老人们没有复制他们为之效力了一辈子的现实法庭,而是彻底颠覆了它。"一个不依据法律条款的法庭"重塑了审判者与被审判者之间的崭新关系。检察官说,以前,当"被告站在我们对面,从来不是朋友,而是敌人。我们可以拥抱谁呢,我们只有推开对方。然而现在如何呢?我们可以拥抱他","是什么把一切改变了呢?从前我们匆匆忙忙、疲惫不堪地从案件到案件,从罪行到罪行,从判决到判决,不断评议、反驳、论争和争执,如今才有闲情逸致相互进行对话和讨论,才感到亲切和愉快,才学会了尊重被告,爱他,懂得同情被告,双方间产生了情同手足的交情。唯有建立这种关系之后,一切便可变得轻松,罪行推动了沉重感,判决也轻松快活"。一言以蔽之,当游戏使人们真正摆脱了现实功利的羁绊,回归到对人性的认知及对命运的探究这一基质之上时,才能够实现上述的伟大改变。也正是这一点,才真正诱惑了特雷斯。

再说特雷斯。他45岁,出身于一个产业工人家庭,由于贫困,只读到初级中学便辍学了,日后的谋生生涯非常艰难。他从一家纺织企业的小推销员做起,多年来四处奔波劳顿,备尝艰辛。直到一年前,特雷斯才彻底翻了身,过上了好日子。命运的转折,全因他的顶头上司古加克斯的突然死亡,特雷斯才有机会接替死者的职位,当上营销部主任。从特雷斯的自我介绍中,检察官抓住死者生前患有严重的心脏病这一事实,继而追问出特雷斯的一桩隐私,即特雷斯与死者的妻子通奸。于是,检察官认为,心脏病—通奸—死亡,这三个事实表面上看来互不相干,实际上存在着不同寻常的联系。他再对其加以逻辑的推理分析,马上推断出,这是一起精心策划的完美谋杀案,案犯就是特雷斯。初始,当特雷斯听到检察官不容置疑的推断时,吓了一跳,继而他被从检察官口中说出来的"一件接一件的惊人揭发吓得愕然不知所措"。但渐渐地,特雷斯的情感发生了巨大变化。从检察官滔滔不绝、绘声绘色的描述中,特雷斯惊异地发现,检察官居然对自己的生活经历能够有如此真切的了解,就好像他在一旁亲眼看着

他无罪，却为何要认罪？为何要自杀？

自己一样。检察官描述出了特雷斯以往生活的困窘，作为一个小推销员，他所度过的无比艰辛的日子。这种毫无乐趣可言的生活，一过就是许多年。检察官的话语深深地打动了特雷斯。检察官还描绘出了特雷斯的顶头上司古加克斯这个人。检察官的判断立即赢得了特雷斯的强烈共鸣。"就是这样的。"特雷斯激动地附和着。古加克斯冷漠、无情、刚愎自用，他待特雷斯极不公平，剥削他，处处刁难他、压制他。是啊，在这个世界上，除了检察官，还会有谁如此关注并了解自己那微不足道的生活呢？！有生以来，特雷斯第一次见到有人如此了解自己，况且这个人是个高贵而高尚的人。

检察官慷慨陈词过后，律师开始为特雷斯辩护。同检察官一样，律师也是口若悬河、滔滔不绝。不能不说，律师的辩护词十分精彩，并且对特雷斯非常有利。但出乎意料的是，律师辩护的过程中，却遭到特雷斯数次激烈的反对和抗议。特雷斯坚定地表示，自己认同检察官的有罪陈述，而不认同律师的无罪辩护。为什么？关键之处不在于犯罪与否，而在于特雷斯这个人，即他究竟是个什么样的人。无疑，从检察官口中描述出的特雷斯，与律师所描述出的特雷斯，是本质上完全不一样的人。也就是说，特雷斯实际上选择并认同的不是有罪或无罪，而是哪一面镜子里的自己。在检察官那里，特雷斯尽管犯了罪，但却是个有野心、不甘心于现状的人。在精心策划和百无一漏地实施犯罪的全过程中，充分表现出特雷斯这个人具有聪明的头脑、非凡的想象力，对事物有极强的判断力和理解力，富于激情，胆大心细，做事果决，为人冷酷，为达目的不择手段；律师辩护的要旨就在于，像特雷斯这样的人，根本不可能精心策划并实施这样一场完美的谋杀案。律师口中的特雷斯尽管无罪，却是个极普通的凡夫俗子，他谨小慎微，麻木，浑浑噩噩，不好不坏，随波逐流。律师指出："出于上述原因，他不可能犯下伟大、纯粹、令人震惊的罪行，不可能干出有决断的行动，干出臭名昭著的犯罪行为。即使他犯过什么过失，那也不是出于他的本意，而是由外界的偶然因素所致。归根结底，他不可能是犯罪的人，而仅仅是一个牺牲品，是我们时代、我们欧洲、我们西方文明的牺牲品。既然是牺牲品，就没有理由受到惩罚。"特雷斯不能接受律师把他的罪行纳入简直有点平凡的、小市民气息的日常生活中去，最后化为乌有。在此之前的真实的特雷斯，实际上属于律师所描述的那种人，但此刻，检察官所描述的那个人却令特雷斯为之心仪，他认同这个人。他感觉自己变了一个人，他也能够像检察官那样看清自己的处境，像检察官那样开始想象着，并理解着自己当时的诸种思想、感情及行为。自己曾憎恨可恶的古加克斯，总在寻找机会来发展自己，为改变现状不遗余力，尤其是所谓的谋杀，被检察官描述得那样惊心动魄。特雷斯兴奋地告诉大家："我感觉自己开始有了理解力，并开始对自己有所理解，好似我自己新认识了一个人，这个人恰巧就是我自己，而我从前只是模模糊糊地知道自己是一个驾驶一辆奔驰汽车的纺织界的主任，在某个地方有自己的妻子儿女而已。"这一切，令特雷斯感到震撼、感到心醉。他为能够亲耳听到对自己那些勇敢、自豪、孤独的真实生活的描述而感到幸福。不是吗？自己的父母妻儿对自己也不可能有这样的了解，就连自己对自己也从未有过如此这般的审视。在真实的生活中，他是被忽略、被边缘化了的人；而在现时，他却成了中心，占据着生活的舞台。这是一种全新的人生体验。

《夜色迷人》中还有一部分内容不容忽略，就是与游戏相伴随始终的豪华晚餐。游戏是虚拟的，而晚宴则是实实在在的。他们一边玩着"审判"的游戏，一边大吃大喝。这顿晚餐可谓丰盛精美至极，一道又一道有着名字的美味佳肴，有着时间标签的一瓶比一瓶窖藏年代长久的美酒，堪比国王的盛宴。更令人咋舌的是，别看这些老人都已是近九十岁的人了，却个个如饕餮一般，胃口好极了。特雷斯也不甘示弱，与他们比着吃、比着喝。美酒佳肴与游戏，两者相互助兴，口腹之欲与精神的愉悦交相辉映，达到了人间盛境。极度心满意足的人们，在酒精的作用下，更是飘飘欲仙。盛宴与游戏组成的狂欢，越来越使现实世界消退，仿佛置身于一个极乐圣地，在这里，在此刻，人们相亲相爱。特雷斯发现，他的每句话都带给老人们狂喜，在他的生活中，还从未与这样一群有知识的、理解人的同伴共处，而且，在他们面前，自己是透明的，已没有任何秘密可言，更令他喜悦的是，自己也受到了他们的尊重、爱护、理解。特雷斯感觉自己很安全、很幸福。这些都是前所未有的，这是多么美满的盛宴游戏呀！

出人意料地，特雷斯自杀了。这是极其沉重的一笔，也是疑窦丛生的一笔。特雷斯曾说："这种游戏威胁到现实生活，使人们不禁询问你究竟是不是一个杀人犯，你究竟有没有杀死古加克斯。"当然，还有特雷斯未说出的更为重要的一面，即游戏迫使人们追问生与死的意义问题。在游戏中所认识和体验到的生活，使得特雷斯与现实生活产生了深刻的分裂。特雷斯是在替天行道惩罚自己，还是在沉醉的状况下，去追求人生的永恒至境？无人说得清，从而给观众留下了回味无穷的思索与遐想的余地。就笔者的个人浅见而言，更倾向于后一种情况。

显然，《夜色迷人》不是一部社会批判方面的戏，而是一部关乎人们对自我进行反思的戏。而且，这种反思绝对不是仅仅在道德层面上展开，而是基于人性之上的对生与死价值的反思。《夜色迷人》是一出哲理意味浓重的戏剧。

接下来，笔者要问，这样一出戏，它的现实意义何在？更通俗地说，它贴近我们中国当代的现实生活吗？不消说，这样的提问符合我们多年来一贯的思维。但是，今天若想真正回答这一问题，就必须跳出惯性思维，变换一个视点，因为，上述的提问实际上涉及了两个方面的问题。首先，它涉及"戏剧何为"这一普遍性的问题；其次，它涉及我们如何认识我们民族所谓软实力的问题。当然，这是绝大的理论问题，绝非只言片语所能说得清的。但也可以长话短说，毕竟，探讨现实问题，应该将我们的视野放置在上述大问题的背景之上，或者说，大问题是我们探讨现实问题的前置条件。改革开放以来，在不断宽松的社会环境中，及时反映社会现象及问题渐渐不再被认为是戏剧最重要的使命。这样一来，一个迫切的问题摆在面前，即消亡必然带来虚空，当其时，我们该以什么样的新内容来填充？在举国倾全力打造经济强国、创建和谐社会的今天，当追求小康生活成为亿万人民狂热的行动力时，戏剧该有如何作为呢？总而言之，尽管存在着诸多困扰，我们的心中困惑重重，但戏剧隶属于国家软实力却是不争的共识。戏剧理应对现实发出另一种声音，这就是超越社会层面、直面终极意义来拷问生与死的本质。所谓软实力，无论有多少种定义，依笔者陋见，说到底，它指称的是这个民族或国家的人是怎样的人，他们的内在生命达到了怎样的历史高度。参与到民族软实力的建构中，这是戏剧的现实使命。《夜色迷人》一剧的现实意义，即在于此。

以上述观点来衡量的话，《夜色迷人》的演出在某些方面对原著的理解和表现还有欠缺。如黑色调系的舞台显得过于压抑、过于沉闷，一进剧场便给人以沉重感，而没有体现出剧作本有的亮色。那种狂欢气息，那种对自我、对人生有了崭新的认识与领悟之后的喜悦及幸福感，还有主人公特雷斯的心路历程，精神情感的那种变化的层次感，没有更为出色地呈现出来。但是瑕不掩瑜，《夜色迷人》的演出仍是很成功的。

原载《剧院》2006 年第 1 期

孙维世在中国现代演剧史上的历史定位及意义

一

《唯有赤子心》是第一本系统介绍研究孙维世戏剧人生的书，是为纪念孙维世91周年诞辰而作，读来令人感动而唏嘘，无论是就其颇具传奇色彩而坎坷的一生，还是就其对新中国戏剧事业所做出的巨大贡献。编著者们为中国现代戏剧的研究和发展，做了一件填补空白的大好事，在某些方面亦做了一件时不我待的抢救性工作。

孙维世离世至今已近45年。今天，我们重新研究她、讨论她，不仅仅是对孙维世个人的怀念与致敬，更是对历史传承的尊重。孙维世在戏剧史上的定位及意义究竟如何？依笔者之见，首先，在中国现代戏剧百年史上，孙维世主要的戏剧活动以及对戏剧的贡献，是在新中国成立之后直到"文化大革命"爆发，即新中国成立之后的前十七年这一阶段，她是这一历史阶段中国戏剧最重要的领军人物之一。其次，孙维世是中国国家话剧院的创建、奠基人之一。于今的中国国家话剧院是在2001年由其前身中央实验话剧院和中国青年艺术剧院合并而建。中国青年艺术剧院成立于1950年，是新中国建立的第一个专业话剧院，孙维世任总导演。中央戏剧学院实验话剧院于1956年建立，1962年独立建制为中央实验话剧院，孙维世是筹建者之一，并任总导演。作为戏剧导演艺术家，孙维世对中国现代戏剧演剧事业的独特贡献表现在，她自觉地、旗帜鲜明地将斯坦尼斯拉夫斯基的演剧体系运用在我国的戏剧舞台上，以至于在戏剧界，只要一提孙维世，便让人联想起一个伟大的名字——斯坦尼斯拉夫斯基，因为孙维世是第一位在苏联系统而正规地学习了斯氏演剧体系的人。

孙维世与戏剧结缘很早，1935年，当她只有14岁时，便开始参加进步文艺团体的戏剧和电影的演出活动，但真正给予了孙维世领军新中国戏剧机遇的，是她留学苏联的经历。1940年，孙维世进入莫斯科东方大学学习，其后，她转而投考莫斯科国立戏剧学院。应该说，正是早年与戏剧、电影的结缘，促发了孙维世转学戏剧的决心。从1941年到1946年9月学成归国，恰逢第二次世界大战中苏联所经历的艰苦卓绝的卫国战争时期，在这样异常艰难困苦的环境条件下，孙维世完成了五年的严格而正规的学业学习。在学习期间，她曾有幸师从苏联人民艺术家米·达尔汉诺夫和苏联功勋艺术家尼·米·戈尔卡柯夫。在学成归来的最初三年多的时光中，国内全面展开的如火如荼的解放战争没有给孙维世提供施展所学的空间，直到新中国成立后，孙维世才开始了她人生中最辉煌的戏剧艺术历程。

1950年3月，孙维世开始了《保尔·柯察金》舞台演出的创作，9月份成功上演。这部戏的排演使孙维世第一次得以大展身手，将其所学呈现在国人面前。这出戏是中国青年艺术剧院（中国国家话剧院）的开山之作，也是新中国成立后的第一台专业戏剧演出。1950年，这是一个不同寻常的年份——新中国成立不久，而中国青年艺术剧院亦刚组建。《保尔·柯察金》的成功上演在这一特殊的时间节点上，其深远的意义便格外耀眼地凸显出来。人们公认，该剧的排演是一部自觉地、系统地、规范地将斯氏演剧思想运用到新中国戏剧舞台上的成功之作。在大家的心目中，孙维世是得斯氏演剧体系真传的中国戏剧人。《保尔·柯察金》的上演，让人们亲自领略了正宗的斯氏演剧体系的精髓与魅力。于个人来讲，孙维世凭借此剧奠定了她在中国戏剧史上的地位，跻身于著名导演行列；于新中国话剧事业的创建而言，这是旗帜鲜明地、全面地将斯氏演剧体系引入中国的戏剧舞台上来，由此，新中国戏剧事业的开篇，在高扬着的革命战斗精神及传统旗帜之旁，又举起另一种色彩的旗子。这，无论是对当年，还是对现在，抑或是对未来所发挥的作用和影响，都是不容低估的。

二

粉碎"四人帮"后的1981年，金山先生撰写了《杰出的导演艺术家孙维世同志》一文，对孙维世的导演艺术做了精辟的论述。意味深长的是，在该文中，金山仅仅选取了《保尔·柯察金》这一排演剧目，而不是其后排演的《万尼亚舅舅》或者其他剧目。倘若从作品的经典性、剧作家的地位来论，契诃夫的《万尼亚舅舅》当然远超《保尔·柯察金》，况且金山所塑造的"万尼亚舅舅"的舞台形象堪称经典。从中可以看到，金山深深懂得《保尔·柯察金》一剧对于孙维世戏剧生涯所独具的分量。

尽管《保尔·柯察金》是孙维世第一次执导的大戏，但亮相在世人面前的却是一位成熟的导演艺术家的风范。伴随着《保尔·柯察金》的排演，一整套深思熟虑的演剧理念及导演工作程序、方法为人们知晓和接受。其后执导的剧目，不论风格、体裁、题材如何不同，都是对已然成熟的导演思想方法的贯彻运用。金山指出，尽管师出斯氏演剧体系，并得其真传，但孙维世却从未教条主义地照搬，甚至很少使用斯氏的名词术语。孙维世所运用的斯氏演剧理念方法，是经过她自己理解、吃透，并针对中国戏剧现状而进行深入思考，最终在心中形成的一套自己的排演思想、程序、方法、手段。《保尔·柯察金》的成功，证明了这在中国舞台实践中是行之有效的。

在该文中，金山从两个方面阐述了孙维世导演艺术的特色。一方面是有关导演创作过程的必要阶段和程序，概括起来说，建立所谓"幕后生活"为首要创作阶段，也就是寻求和建立角色的生活依据，为艺术真实建立生活真实的根据。接下来，要为角色寻求并建立心理依据，其方法就是写角色自传。实际上，生活真实与艺术真实的统一，就要统一在角色的心理真实上。笔者想，若没有孙维世对演员的严格要求，恐怕难有金山的那本堪称"角色自传"的典范——著名的《一个角色的创造》的问世。再接下来，要解决的就是孙维世所说的"但是怎样表现呢？""这时我们就得借助于动作"，这是另一方面的内容。孙维世说，"语言是剧作者给我们的，我们不是朗诵语言，而是要去了解为什么要说这句话，要去了解这句话的潜在语"，"动作是根据内心的要求而来的，但是为了表明内心的要求，就要使一些我们不熟悉的动作成为生活的习惯"。孙维世指出，"我们所说的动作，实际上是内心要求与外部动作的统一，也就是内心活动（内心动作）与言语动作、形体动作的统一"。

金山特别强调，孙维世关于动作的精辟阐述是在1950年新中国成立之初提出来的，这不但在戏剧实践上，而且在戏剧理论的建树上，都具有开创性的功绩。

三

笔者认为，有待于日后深入研究的尚有以下几点。

首先，对斯氏演剧体系的深入学习和研究，仍是我们要继续努力进行的工作。我们要沿着孙维世开拓的道路走下去。《万尼亚舅舅》的成功排演，具有里程碑式的意义。作为导演的孙维世与作为男主角扮演者的金山在这部戏中的合作可谓珠联璧合，他们的创造使这部剧的舞台演出达到极高的艺术境地。显然，对此，我们了解、研究得太不够了。

其次，值得深入研究的还有《桃花扇》的排演，这是中央实验话剧院建院伊始的剧目之一。在中国演剧史上，如何将中国传统戏曲的演剧体系引入西方传统的话剧中，历来是摆在中国戏剧人面前的重大课题，而《桃花扇》成功地回应了这一挑战，做出了大胆而成功的探索。虽然该剧是由欧阳予倩执导，但其探索路向和思想也是孙维世的。应该指出，在探索的深度上，在真正把握住两种不同传统戏剧艺术各自的精髓，并将两者融会贯通上，《桃花扇》是领先者，也是迄今无人超越的。

最后，当人们思索并追问中国国家话剧院的历史传承时，就不能不正视孙维世以及其他重要开创者、奠基者，如欧阳予倩、金山等人的贡献。他们的意义会在中国国家话剧院的历史时空中延展，会在中国现代戏剧历史的时空中延展。

过往，笔者曾与人谈起孙维世，并多次慨叹。可以想见，有她参与的新时期戏剧舞台，将会给人以怎样的惊喜！假如再加上焦菊隐……孙维世心中还有许多未实现的梦，沈玲曾在访谈中说："当时在孙维世领导下还制订了三年演出计划，中外古今名著都列入其中，演员可自选喜爱的角色做充分准备，只可惜，后来被批判未能实现。"尽管逝者不可重生，但他们曾有过的戏剧梦想、精神、实践却会因后人的承续而获得生命。这，才是我们对故人真正的怀念和礼敬。

原载《国话研究》2013 年第 1 期

一出悲剧是怎样被炼成"闹剧"的
——六问北京人艺的《雷雨》演出者们

今年,是曹禺的名剧《雷雨》发表80周年的日子;今夏,北京人民艺术剧院再度排演了《雷雨》,先后在京沪两地公演。显然,这是饱含着特殊意义的演出。但是,在剧场内却发生了令人意想不到的尴尬场景——观众席上连连发出本不该出现的笑声。其实,这并不是什么新鲜事,早在20世纪50年代,北京人艺的《雷雨》演出就遭遇过"笑场";90年代的演出又遭遇过"笑场";据说,在其后的演出中,观众也曾发出过笑声……不同的是,独独今夏的"笑场"引起了人们热烈的关注和议论。

《雷雨》是出经典悲剧,北京人艺的几代演出者们始终是以极其认真、严肃、虔诚的态度将《雷雨》作为悲剧来演给观众看的,本应催人泪下、令人唏嘘不已,观众却忍俊不禁、笑声连连。试想,一部悲剧的演出,却出现了只有在喜剧、闹剧的演出现场才会出现的阵阵笑声,能不让人备感荒谬吗?这太不正常了!原本以悲剧开场,结果却以闹剧收场,这是为什么呢?问题出在哪儿呢?是出在观众身上,尤其出在今天的年轻观众身上?还是应该由演出者负责,尤其应当由当今的演出者负责?或许,剧作家曹禺本人也要担点儿责,不一而足。许多人开始思考并纷纷发声。

在此,不妨略回顾一下历史:1933年,23岁的曹禺写成了自己的处女作《雷雨》,1934年发表,1935年被搬上舞台,很快红遍大江南北,并被改编成多种戏曲曲种演出。"《雷雨》热"现象的出现，以至1935年在史上被称为"雷雨年"。在中国现代戏剧的演出史上，无疑，《雷雨》是演出场次最多的剧目，不知从什么时候还形成了一条不成文的标准，即每一个剧院或每一位演员都要演一演《雷雨》，以此来验证自身表演的实力和才华。

对于北京人民艺术剧院来说，曹禺及其《雷雨》更有着特殊的重要性：首先，北京人艺成立于1952年，曹禺是首任院长；其次，新中国成立后，北京人艺是第一个将《雷雨》搬上舞台的演出团体；最后，其后的几十年间，尽管各地的许多剧院团都曾排演过《雷雨》，但将排演《雷雨》作为保留剧目，并形成传承的院团，可能只有北京人艺。按北京人艺的说明，从1954年第一次公演《雷雨》到今夏的演出整整历经60年，60年间呈现了三个不同的演出版本。所谓"三个版本"不仅仅着眼于演职人员"老中青"的变动，更重要且关键的是对《雷雨》演出主题的三种不同的诠释。20世纪50年代的演出主题定位在"阶级、阶级斗争、阶级分析"，这是第一版；90年代的演出主题为"社会问题"，这是第二版；今夏的演出则是第三版，主题为"人性的挣扎与呼唤"。在笔者的印象中，北京人民艺术剧院十分注重对自身历史发展的辉煌、传承及形象的传扬，此次的"三个版本说"，又是一次对自身历史的梳理和肯定。

社会在变，对《雷雨》的诠释也相应地在变，这很正常，无可厚非。况且，但凡称得上经典的作品，必定具有超越一时一地的长久生命力，而常青的生命力就体现在它能够不断给予后人以新的感悟、新的启迪、新的诠释。

综上所述，便不难理解，北京人艺于今夏推出第三版的《雷雨》以飨观众时的自信和自得。确实，起码这三个版本充分表现了北京人民艺术剧院的与时俱进。

那么，笔者为何要对"三个版本说"进行质疑呢？

人们不难看出，虽说这三个版本对《雷雨》主题做出了三个不同的诠释，但它们之间却有着惊人的共同点，即都对应着诠释者身处其中的当时中国社会的主流政治与社会思潮；都是对当时社会流行话语的忠实遵从。从"阶级、阶级斗争、阶级分析"转变到"社会问题"，再转变到"人性的挣扎与呼唤"，真实地展现了我国当代社会政治生活的沿革，却独独见不到艺术家本应有的发自心灵的对剧作独到的领悟和诠释。这，就是问题的根本症结所在。

也就是说，笔者并不质疑对《雷雨》的诠释究竟是立足于"阶级"还是"社会"，抑或是"人类"，也不在意不同的诠释中究竟哪个新潮、哪个守旧，哪个正确、哪个错误，笔者所关注和反对的是三种诠释共有的通病——"空泛""普泛""大而空"；质疑的是三种诠释中独特性与个性的缺位。

迄今，北京人艺演绎《雷雨》的历史是60年，而《雷雨》的演出史是79年。再次提及，是想强调，北京人艺对《雷雨》的诠释，无论哪一版，都不是原创。1935年《雷雨》的首演就被自觉地、明确地演绎为"社会问题"主题；至于以鲜明的"阶级、阶级斗争、阶级分析"论点来为《雷雨》定位的，最早的应是张庚先生，最具权威性的当属周扬先生，他们两人的观点分别发表于1936年和1937年。所以，北京人艺版不过是随波逐流罢了；笔者要提醒大家关注的是，对于第一版和第二版的《雷雨》诠释，曹禺本人从来没有认同过。虽说曹禺在特殊的政治生态中迫于压力也说过、写过不少违心话，但在有关自己戏剧作品的诠释上，却始终遵从自己的心，坚持自己的观点，倘若不能说真话，便选择沉默，绝不随波逐流。当年《雷雨》首演时，远在日本的导演吴天曾给曹禺写过一封信，谈了对《雷雨》的理解，认为这是一部"社会问题剧"，"是对于现实的一个极好的暴露，对于没落者的一个极好的讥嘲"。而曹禺的回应则是：

> 我写的是一首诗，一首叙事诗……这固然有些实际的东西在内（如罢工……），但决非一个社会问题剧。

半个世纪后，72岁的曹禺又说：

> 我写《雷雨》时，并没有明确要通过这个戏去反封建，评论家后来说这里有反封建的深刻主题，我承认他们说得很对，但我写作时不是从反封建主题出发的。

对待自己的创作实践，曹禺同样如此，虽然其后期作品比不上前期作品，但都发自自己内心的真实意愿。20世纪60年代，曹禺曾语重心长地说，作家"必须真知道了，才可以写，必须深有所感，才可以写。真知道，要深有所感，却必须下很大的劳动"。曹禺写过广为人知的悲剧，也曾转向写过社会剧，但从来没写过问题剧（或称社会问题剧）。粉碎"四人帮"后，戏剧创作出现了复兴繁荣的局面，正当人们为此欢欣鼓舞时，曹禺却发出了忧心忡忡的质疑之声。他甚至对访谈者说出了如下的话：

> 《报春花》《救救她》都是社会问题剧。但我觉得这好像是在赶着一群羊，向着一条很窄很窄的路走，走到天黑，走到最后。
> 这里有一个极可怕的现象，我说这是一条很狭窄的路，如果一个国家把文学看成仅仅是表现政治，政治需要什么就表现什么，需要解决什么就写什么问题……这样一种创作倾向，我是不敢苟同的。

这些话虽然多年后才公开，但同样尖锐的意思和观点，曹禺曾在多个场合、在多篇发表的文章中毫不含糊地、明确地表达出来。曹禺是少有的深思着中国现代戏剧何去何从的戏剧家。他从中国戏剧的历史发展及未来走向这一基质上，向我们发出警示：社会问题剧的路，走错了，再走下去，死路一条。我们必须要"转型"。请问北京人艺，当你们以再度排演《雷雨》来表达对曹禺的纪念和敬意时，是否认真思考过曹禺的观点呢？这是一问。

确实，与前两版相比，第三版《雷雨》的主题诠释的视野更宏大、更新潮。但是，不能不说，这种改变太容易了，举手之劳就能完成。于此，笔者要二问北京人艺：主题变了，观念"潮"了，可剧中人物该怎么随之转型？人物之间的关系该怎么随之转型？因为，"人性的挣扎与呼唤"的概括性太广、太宽泛，就是一个抽象性概念，数不清的中外剧作都可以用此观念来说事。曹禺说过，主题观念"应该渗透在人物的塑造里，情节的安排里，以及丰富多样的语言里"。也就是说，任何一种主题演绎，都必须落实和体现在舞台上的一个个具体的剧中人物身上。以周朴园为例，在第一版和第二版的演绎中，周朴园均被定位为反面角色，或者是专制的封建家长，或者是集资本家与封建家长于一身，除了阶级成分的划定有所不同外，两版中的周朴园压迫欺凌弱小者，镇压工人罢工，双手沾满工人的鲜血，是个十恶不赦的坏人。被定性为坏人的还有周萍，他像自己的父亲周朴园一样冷酷残忍，一样玩弄女性、喜新厌旧、始乱终弃。那么，第三版中的"人性的挣扎与呼唤"是否也适用于周朴园、周萍？如果适用，周朴园父子该怎样完成"华丽转身"？具体地说，在剧场里，舞台上的周朴园、周萍是怎样表现出"人性的挣扎"的？是在哪些具体言行中表现出的？无疑，周朴园和周萍被定位为压迫者、欺凌者的坏人形象是出于主题思想诠释的需要，而侍萍、蘩漪、四凤、鲁大海则被定位为被压迫者、被欺凌者，同样是出于主题思想诠释的需要。如此一来，周朴园与蘩漪之间的关系，周朴园与侍萍之间的关系，必然成为相互对立甚至敌对的不同阶级、不同阶层之间的关系。譬如，剧中"喝药"一场戏，舞台表演者们竭力要表现出周朴园作为封建家长的说一不二的专制嘴脸，表现出他对蘩漪身心的摧残；又如，侍萍与周朴园重逢的那场戏，要表现周朴园的虚伪，要控诉他的罪恶；再如，在周萍与蘩漪的对手戏中，必定要揭露周萍对蘩漪的欺骗和欺侮，等等。应该承认，当人物和人物关系成为主题思想的承载者时，第一版、第二版的《雷雨》的演出达到了主题思想与人物、人物关系之间的一致和统一，但是，必须指出，这是以牺牲剧中人物和人物关系的内在丰富性与复杂性为代价的。

　　此文是针对今夏第三版《雷雨》演出的评述，为何总是提及第一版、第二版的演绎？这是因为，今夏执导《雷雨》的导演也是第二版演出的导演，不少出演过第二版的演员也在此次的演出中扮演着角色。再者，也不应忽略北京人艺自己刻意渲染的"一、二、三版""老中青三代"的一脉传承。笔者要强调，从第一版、第二版转变到第三版，除了面临上述不可回避的挑战外，还面临着其他几个重要的、无法回避的问题：其一，《雷雨》是部典型的悲剧，那么，在诠释者的演绎中，哪一位（或几位）剧中人物算得上是悲剧人物？悲剧意义是什么？在前两版的《雷雨》演出中，蘩漪、侍萍、四凤是悲剧人物，而周朴园、周萍是造成悲剧的罪魁祸首，悲剧的意义则表现在对不公不义社会的暴露和批判。"阶级、阶级斗争、阶级分析"版的诠释则更推进一步，不再满足于对社会的暴露和批判，而是要求正面呈现被压迫者、被欺凌者对压迫者、欺凌者的顽强抗争和坚决斗争，让观众从中获得鼓舞，获得昂扬的斗志。具体来说，就是要揭露周朴园、周萍的罪行，表现出侍萍、蘩漪对他们的反抗。笔者不禁要问，这还是曹禺心目中和曹禺笔下的悲剧吗？那么，在第三版《雷雨》的演出中，周朴园该怎么重新诠释？周萍该怎么重新诠释？他们是悲剧人物吗？如果是，他们的"悲剧性"又体现在哪儿呢？悲剧意义何在？这，关涉到演出者能否让观众看到真真正正的悲剧版的《雷雨》，而不是其他。这是三问。

　　其二，还有一个问题是绕不过去的，也是笔者四问北京人艺的：《雷雨》是现实主义（写实主义）的吗？这不仅仅是个理论问题，更是个实践问题。不客气地讲，倘若仍然一如既往地将《雷雨》看作现实主义（写实主义）的剧作，必然使得剧作中的很多重要节点得不到合理的解释。在此仅举一例，蘩漪这个人物，她的生活圈子非常狭窄，除了周公馆里面的人，既没有亲人往来，也没有朋友交往，仿佛与世隔绝。在她的生活中，除了周萍，没有第二个男人可以让蘩漪去爱、去寄托生的希望。请问，这是"写实""现实"意义上的"真实"吗？可以肯定地说，倘若周家不是囚禁蘩漪的"活死人墓"，那么，她与继子周萍的不伦关系，以及她拼死抓住周萍不放手，甚至不惜同归于尽的疯狂举动，都很难让人理解与接受。正因为在曹禺笔下，周公馆不是一个现实意义上的"家"，而是一座与人世隔绝的"活死人墓"，才为囚禁于此的蘩漪的疯狂举动提供了合理性的前提条件，同时还可以回答很多人的疑惑：蘩漪为何不离家出走呢？

《雷雨》的情节离奇曲折，而且不是一般的离奇曲折，其中，有"三角恋"——兄弟二人同时爱上一个女人；有"四角恋"——周朴园、侍萍、蘩漪、周萍之间复杂的情感交织；有"双重的乱伦"——继母与继子之间、同母异父的兄妹之间；有两个不同的情爱故事，跨越30年的往事与当下，演绎着爱恋与背叛；还有那么多血缘关系和巧合……最终，死的死，疯的疯。然而，在离奇曲折的表层结构下面，曹禺写出了深层次的人物及人物关系的复杂多样，人物个性的鲜活，丰富的内心世界，情感发展合乎情理的逻辑，是命运的必然走向。否则，《雷雨》便不会被称为经典之作。试想，倘若舞台演出没有把深层次的情感及其内在逻辑演出来，没有引领观众进入人物的内心世界，留给观众深刻印象的仅仅是那些情节的离奇曲折，将会出现怎样的效果？质言之，演不出人物及人物关系的深层心理内涵，表层的故事情节便会失去根基，失去合乎情理的逻辑，势必会让人感觉匪夷所思、荒诞不经。可以想见，坐在剧场中的观众，看着舞台上的人物走马灯似的上来下去，爱呀恨呀，要死要活，频频爆发激情，却搞不懂为什么要爱得死去活来，为什么会恨得死去活来，那会是怎样的感受？借用一段评论的话说，今夏的演出让"很多观众表示看不懂那个时代，不懂他们为什么要爱，又为什么注定要死，'我们只看到一个悲剧的皮囊和一张张僵化了好几十年的脸谱'"。当观众看到周萍要抛弃的旧情人是自己父亲的妻子，而新欢竟然是自己同母异父的妹妹时，不禁要想，乱伦一次不够，还要两次。而且，亲妹妹怀上了他的孩子，都3个月了，周萍竟然不知道，这太搞笑了吧？当观众看到蘩漪紧紧抓住已变心的继子周萍不放手,并且不依不饶、步步紧逼,听着她几次三番声讨周萍"引诱了自己",害得自己"母亲不像母亲、情妇不像情妇",能不觉得可笑吗?到底谁"引诱"谁?能说得清吗?毕竟当初蘩漪已为人妻、为人母,而当年的周萍却像现在的周冲一样是个毛头小伙儿、热血青年。再说,执意继续维持这种乱伦关系,难道就有道理了?就有正果了?这也太离谱了吧!发生在周朴园身上的种种更让人摸不着头脑。三十年前他将侍萍母子赶出家门,其后却一直怀念着侍萍,而当侍萍出现在他面前时,他却无情地再次断绝与侍萍的关系。可不知为什么,他又突然改变心意,当众说出真相,还硬要周萍认母,致使惨剧的发生。更搞笑的是,自己的妻子与自己的儿子早就勾搭到一起了,他却浑然不觉,还老是摆出一副家长的架势,口口声声宣称自己的家庭是"最健全"的家庭。看到周萍不愿认母,周朴园义正词严地教训周萍,"不要以为你跟四凤同母,觉得脸上不好看,你就忘了人伦天性",尽管此时观众已经看出,一场悲剧即将发生,但还是忍俊不禁。对喜剧、闹剧有所了解的人都知道,一本正经地"犯傻",过火的"激情",逻辑错乱的言行,过度的巧合、夸张,都是可笑性的特征,是制造笑声的构件。于此,闹剧就这样被炼成了,想让观众不笑都难上加难。创作意图与演出效果之间如此错位、背离,请问,愤怒的"板砖"该砸向谁?这是五问。

综上所述,从第一版、第二版到第三版,其间要完成的是改弦更张、脱胎换骨,而绝不是沾沾自喜的所谓传承中的出新。举一个现实的例子,如果有哪一位经济学家说,新时期中国经济的市场化改革是在传承既往计划经济中的出新,一定让人笑掉大牙。没有深刻的反思,就不会有中国的改革开放。

这一例子,对北京人艺能有所警醒吗?这是六问。

原载《广东艺术》2014 年第 5 期

他山之石，可以攻玉
——感于阿瑟·密勒百年诞辰

阿瑟·密勒，这位美国当代著名的剧作家及其剧作与中国的交情非同一般。早在1978年，阿瑟·密勒就来到中国进行访问。众所周知，彼时的中国，距"文化大革命"的结束刚刚过去两年，改革开放的大时代刚刚拉开序幕，通向外界的大门亦再次打开不久，在这个非同寻常的时间节点，阿瑟·密勒自掏腰包，携夫人踏上来华的旅程，历时近一个月，先后造访了北京、上海、广州、桂林等地，观摩各地的舞台演出，与中国同行进行晤谈。第二年（1979年）3月，阿瑟·密勒在《大西洋月刊》上发表长文《在中国》，谈访华观感。其后若干年，阿瑟·勒密在美国各地的演讲中多次谈及他对中国的访问观感。

我国民众（包括绝大多数戏剧界人士在内），也是在阿瑟·密勒本人踏上国土时，才开始知道、开始熟悉阿瑟·密勒和他的剧作。虽说此前国内也曾对阿瑟·密勒有过零星译介，但其影响微乎其微。追随着阿瑟·密勒访华的脚步，转年的《外国戏剧资料》第1期便刊登出梅绍武撰写的长文《阿瑟·密勒的六个剧本》，并发表了数篇介绍美国当代戏剧的译介评论，还刊载了由陈良廷翻译的《推销员之死》剧本。第2期又刊登了阿瑟·密勒的三部剧作。1980年，陈良廷翻译的《阿瑟·密勒剧作选》由上海译文出版社出版。1981年，上海人民艺术剧院将阿瑟·密勒的名剧

《萨勒姆的女巫》搬上舞台，一连上演了五十多场，非常受欢迎。据说，这出戏是阿瑟·密勒向导演黄佐临先生推荐的。将这股"阿瑟·密勒热浪"推向高潮的则是1983年北京人民艺术剧院上演的《推销员之死》。应中国之邀，阿瑟·密勒于是年再度踏上中国的国土，这次访华的重要内容是亲自为北京人艺执导排演《推销员之死》。该剧由北京人艺的著名演员英若诚、朱琳、朱旭担纲主演，演出大为轰动，极为成功。朱琳后来说，"大都认为演一个月也就差不多了，没想到观众面很广，演到七十多场还不能满足"（《国际春秋》1985年第1期）。

时光荏苒，2005年，90岁的阿瑟·密勒辞别人世。他当年两度访华期间上演的两部剧作《推销员之死》和《萨勒姆的女巫》还在上演；时至今年（2015年），阿瑟·密勒100周年诞辰，这两部剧作仍不时地上演。《推销员之死》已成为北京人民艺术剧院的"看家戏"，自1983年由剧作家本人执导首演后传承至今；而《萨勒姆的女巫》也已成为中国国家话剧院的经典保留剧目，2002年王晓鹰执导排演了该剧，广受欢迎和好评；今年年初，中国国家话剧院版的《萨勒姆的女巫》又上演了，仍广受观众欢迎。阿瑟·密勒在中国的影响无论是过去30年还是现在乃至未来都绵远流长。然而，不能不说，我们对阿瑟·密勒及其戏剧的了解还是相当不够的。就剧目演出而言，时至今日，各地上演的阿瑟·密勒的戏剧作品仅此两部，不是《推销员之死》，就是《萨勒姆的女巫》；我国出版发行的阿瑟·密勒的各类剧作译本，共计6部剧目，而阿瑟·密勒一生创作的剧本是21部。他还创作了多部长短篇小说剧，发表了多种评论。相应地，对阿瑟·密勒及其戏剧创作的研究也远远不足。因之，可以说，我们对于阿瑟·密勒及其戏剧既熟悉又陌生，既亲近又疏远。

当年，随着"四人帮"的粉碎和"文化大革命"的结束，曾经被相互隔绝着的中国和外部世界，此时彼此都急欲了解对方、认识对方，中国想了解世界，世界同样想了解中国。阿瑟·密勒就是这样一位先行者，他要亲眼看看中国，否则，阿瑟·密勒不会于1978年以私人身份作为旅游团中的一名普通游客来到中国，而没有惊动任何媒体和官方。要知道，他可是个大名人，与尤金·奥尼尔、田纳西·威廉斯并称美国20世纪最伟大的三大戏剧家，是世界著名的当代戏剧家。阿瑟·密勒身份的暴露纯属偶然。当时，英若诚从一份美国来华旅游团成员名单中意外发现了"阿瑟·密勒"这个名字，还看到了职业一栏中标明着"剧作家"，顿时一惊，这个人难道就是那个大名鼎鼎的阿瑟·密勒？经确认后，英若诚与曹禺前去拜访，就此开始了双方的亲密交往。可以想见，归国后，阿瑟·密勒的中国之行该引起多大的兴趣和受到多大的关注。阿瑟·密勒撰文、演讲，大谈他在中国的观感。甚至，这些文章被公认为阿瑟·密勒的重要著述，在有关他生平传记的大事年表中，1979年出版的 Chinese Encounters 赫然在列，有的翻译成《中国见闻录》，有的翻译成《遭遇中国》，或许，译成《邂逅中国》更妥。1983年，阿瑟·密勒为北京人民艺术剧院执导排演《推销员之死》时，将排练期间的点点滴滴写下来，后整理成书，第二年（1984年），这本手记以《"推销员"在北京》为书名出版。该书直到2010年才有了中译本，名为《阿瑟·米勒手记："推销员"在北京》[①]，由新星出版社出版，译者王小英。

　　阿瑟·密勒两度访华，是中美交流史上的一件大事，从某种意义上说，其重要性并不亚于当年的"乒乓外交"，这是一次重要的、地地道道的文化艺术的交流和碰撞。在与中国人面对面地接触、坦诚地交谈中，阿瑟·密勒以一位卓越戏剧家的独到眼光，力求不带先入为主的偏见，不受意识形态的影响，去看、去听、去领悟、去思索，尤其在执导《推销员之死》的过程中，与艺术家们愉快而亲密地合作、真诚地相互切磋，阿瑟·密勒有了更深刻的领悟。阿瑟·密勒访华一事已过去三十多年，参与者已有多位谢世，然而这桩往事还在延续。这不仅仅就其深远影响而言，还因为我们对当年事件中的诸多情况仍处于了解和理解的阶段。阿瑟·密

---

① Arthur Miller 又译作阿瑟·米勒。

他山之石，可以攻玉

勒于1979年出版的那本影响极大，记述着他在华所见所闻、所感所思的书，我们只翻译介绍了其中很少一部分。30余年的时光，中国天翻地覆的变化令世人瞠目。今日中国与世界的关系、相互之间的了解远非昔日可比，交流日益广泛深入，我们愈来愈渴望世界了解和认识我们，不论是现在还是历史。因而，阿瑟·密勒对中国的近距离观察和看法，是多么弥足珍贵！

阿瑟·密勒以艺术家特有的眼光和细腻的笔触，将人和事描述得活灵活现、饶有兴味。如，阿瑟·密勒由曹禺陪同观看了北京人艺上演的《蔡文姬》，这是郭沫若先生于新中国成立后创作的一部重要的历史剧，该剧自首演后便成为北京人民艺术剧院的"看家戏"。随着剧情的演进，坐在观众席中的阿瑟·密勒却愈来愈感觉"很闷"，同时，他还敏锐地觉察到微妙的剧场氛围所传达出的观众情绪，这意味着现场的很多观众也感觉"很闷"。演出后与演职人员座谈，开始时，阿瑟·密勒仅就华丽的布景和服装、演员异国情调的演技随便说了一下，并没有说出自己的真实感受。阿瑟·密勒说，"他怕的就是这个"，因为他知道，《蔡文姬》被中国人认为是"伟大的杰作"，但曹禺坚持要求他详细谈谈对演出的意见，阿瑟·密勒于是便坦诚地批评起这部戏："我告诉你们，这个剧本本身使我感到沉闷。""在头一个小时内，故事就讲了四遍，可能是五遍。每次都有另外一批角色讲一遍，但每次都没有增添什么新内容。"对于自己的这番话，阿瑟·密勒称之为"大胆得近乎发疯"。现场的反应是，曹禺与其他人员都被惊得"张大眼睛"；而接下来，"曹禺跳起来高叫'好啊！'""全体演员都鼓起掌来，向我拼命点头"。曹禺说："我们在这里苦苦思索了六个月，要想明白为什么这个戏这么沉闷，可是他看了一遍就能告诉我们！""演员们高兴已极，七嘴八舌地怪起作者来。"曹禺还向阿瑟·密勒建议："你是不是在这里待一个星期把它改编一下？"而"演员们又鼓掌，点头表示赞同"。这件颇具戏剧性的趣事，让笔者感慨万端。实话实说，自《蔡文姬》1959年上演以来，感到"沉闷"的观众绝不仅阿瑟·密勒一人，就拿曹禺来说，他怎么可能不感到"沉闷"？剧本中存在着的"反复地重复"，曹禺怎么可能看不出来？问题在于，没人说出来。是碍于当年郭沫若的名声和势位？笔者认为，不能不考虑这一因素，但这并不是主要的。换个角度来看，作为排名仅次于鲁迅的文坛巨匠，郭沫若绝非浪得虚名，《蔡文姬》一剧中"反复地重复"，是剧作家有意而为之，目的很明确，就是要凸显剧作的主题思想和渲染主题情感。蔡文姬为了民族和国家的文化大业，忍痛别夫离子，尽管痛苦万端，仍义无反顾。因而，不"反复地重复"，就不足以充分表达出蔡文姬如此崇高的精神境界、如此痛彻心扉的情怀。在阿瑟·密勒眼中的瑕疵，在郭沫若的创作中却是必不可少的表达手段。而这分歧，仅仅触及表层。郭沫若一生笃信并身体力行的原则：艺术（戏剧艺术）是政治革命的工具，是表达作者主观政治革命思想和情感的载体。而这，恰恰是阿瑟·密勒绝不认同的。这，才是深层的分歧所在。试想，倘若一味地将剧场当作宣传的前沿阵地，观众进剧场就是接受宣教，那么，观演双方所要沟通、交流、共鸣的便是剧作的主题思想，人物的精神境界、至高至大的情怀，至于个人的独特的观剧感受又算得了什么呢？谁会在意呢？甚至，如果个人的观感游离于主题思想之外，那简直就是大逆不道。所以，《蔡文姬》即使让不少人产生"沉闷感"，也会被忽略、被漠视，处于被抑制的"沉睡"状态。阿瑟·密勒的一番话唤醒了人们心中蛰伏已久的感受。在此，还要提一提"政治标准第一，艺术标准第二"的问题，这是我国奉行多年的准则，乍看之下，好像存在着两套评判标准，只不过排序的先后和地位的高低不同而已。其实，这是误区。因为，无论第一与第二，孰先孰后，孰高孰下，各自都是独立与自主的。但在我们这儿，艺术是附属于政治的，艺术标准同样从属于政治标准，并不存在着独立于政治之外的一套艺术标准。大家不会那么快地忘记，"三突出""高大全"曾是我们必须遵循的艺术标准。所以，阿瑟·密勒眼中的瑕疵，长期以来在我们这儿则是引以为傲的"艺术特色"。而在《蔡文姬》演出后的交流现场，谁事先都没想到，在阿瑟·密勒说出心里话的瞬间，长年形成的惯性戛然而止，阿瑟·密勒让大家不由自主地直面了自己内心的真实感受，或者说，意识到自己内心的真实感受。大家发现，阿瑟·密勒的观感，其实正是自己的看法。这，大概就叫作"觉醒"吧。说到底，真正促使人们觉醒的是时代的转型，当年尽管百废待兴，但思想解放已成为举国上下的共识。

阿瑟·密勒在华还观看了《丹心谱》《彼岸》等剧作的演出。阿瑟·密勒观看《丹心谱》时，剧作者苏叔阳坐在一旁，阿瑟·密勒注意到苏叔阳"似乎深受感动"，他很能理解"任何一个新剧作家都会是这样的"。阿瑟·密勒说，《丹心谱》是粉碎"四人帮"后"最著名的一个剧本，也是暴露那个时期一些情况的第一个剧本"。他认为，"显然，《丹心谱》是作为一种武器来使用的。作为社会文件，它的力量似乎不可否认，观众到剧终时深受感动。如果说它也属于如今已成为平淡乏味的那一种现实主义，这并不否认它作为一个剧本的价值，因为它的样式适合主题和作者的意图"。1983年为北京人艺执导排练《推销员之死》时，恰好林兆华正在排演《绝对信号》，阿瑟·密勒就近观看了该剧。他认为《绝对信号》"天真而粗糙"。毋庸置疑，阿瑟·密勒的评语即使放在今天中国的语境中，也显得另类而刺耳。阿瑟·密勒还对演员的表演提出了尖锐的批评。他说："不能不注意到演技过火，这显然是中国人的一种通病。一句本来要引起对方微笑的话，却使听者哈哈哈大笑；轻轻一笑变成了拼命点头的狂笑。碰到熟人时表示相识的动作，成了猛拍一下对方的肩膀，外加哈哈大笑。而且还有一种倾向，开始说话时面对着对象，结束时却面对着观众，似乎每个中国演员都害怕观众马上走似的……"在执导《推销员之死》时，阿瑟·密勒说："我发现他们又回到表演过于直白的老习惯：表现高尚时，他们就直对着观众，现出一副高尚的表情；表现悲伤或痛苦，他们就使劲地眨眼睛。"即使英若诚和朱琳这样的一流演员也同样难以摆脱简单化、模式化的直白表演套路。阿瑟·密勒认为，"英若诚是很棒的演员了，但他开始扮演查利时，仍然掩饰不住他对这个角色居高临下的优越感","这种优越感会导致一种危险的讥讽的表现形式,让英若诚无法把威利演到最后",而"朱琳扮演威利的妻子,最开始似乎总是流泪","我要跟她缠到底。她这么好这么有魅力,不应当把精力浪费在流眼泪上"。令阿瑟·密勒欣喜的是,当他指出后,"演员都能迅速领会并改过来",并不费力。很快,演员们的表演让他十分满意。阿瑟·密勒给予英若诚等人极高的评价。

20世纪70年代末80年代初,是中国当代戏剧从一片凋敝状态中复苏并迅速繁荣的时期。可以说,"形式更新"的探索与直面现实问题的社会问题剧的复兴,是这一时期中国戏剧最主要的特质。阿瑟·密勒观看的《绝对信号》就是那股"形式更新"热浪中涌现的代表剧作之一,该剧由于在舞台时空的转换处理、人物心理活动的外化展现方面的探索而受到极大的关注。但在阿瑟·密勒的眼中,《绝对信号》"天真而粗糙"。说此话时,阿瑟·密勒正在毗邻排练《推销员之死》。凡是看过这两部剧的人,就不难理解阿瑟·密勒何以要如此评价《绝对信号》。在很多人的眼中,这两部剧有着惊人的共同之处:直面社会现实问题,"形式更新"。所不同的是,《推销员之死》是部经典之作,阿瑟·密勒成功地将表现主义戏剧的一些方式运用到现实主义的创作中,实现了再现与表现的完美融合。可以说,《推销员之死》为我们新时期戏剧的发展立起了一个前行的标杆。如果放平心态,便会感到阿瑟·密勒的坦率批评实则是对我们的鞭策。不能不承认,我们仅仅朝着我们追求的目标迈出了一步,尽管是难能可贵的一步,但未来的路仍很漫长。所以,我们需要阿瑟·密勒,需要《推销员之死》,需要他的苦口良言。

北京人艺从阿瑟·密勒诸多剧作中选中《推销员之死》,是应英若诚之要求。没有更多的理由,他对《推销员之死》一剧更熟悉。排练从1983年3月21日开始,在4月6日的手记中,阿瑟·密勒说:"今天我更加认识到,对《推销员之死》的解释体现了艺术界不同层次之间的争执。"显然,他听到了对剧作不同的解释声音。其中,政治的意识形态的解释很强势,如"新华社发布的消息说：它批判了资本主义的垄断"。但阿瑟·密勒发现，"演员和工作人员都没有把它放在心上"，"剧组和剧务人员都想使观众把这出戏当作一部适合于中国的、表达人性的作品来接受"。中国的变化，或曰变化中的中国使阿瑟·密勒真切地感受到，"无论如何，我感到自己置身于意识形态的冲突之外"。从人性的视角来解释、理解剧本，这一大前提的达成，这一共同基础的奠定，使得双方的交流和磨合进行得异常顺畅。比如，剧中的主人公威利是个推销员，但当年的中国还没有产生这个职业；威利买过人寿保险，为了给儿子留下一笔保险金，威利选择了自杀，可当年的中国人普遍欠缺保险常识和意识；主人公威利曾经有一个情人，与她约会时被儿子直接撞见，并对儿子造成了很坏的影响，中国人会因此觉得威利是个道德败坏的人吗？当年还处于物质贫乏状态中的中国观众，看到一个下层的普通美国家庭，却拥有住房、汽车、电视、冰箱，会怎么想呢？主人公威利可以在意识流中与任何人对话，包括并不在他眼前的哥哥本，这会不会造成中国观众的困扰？事实证明，以上的一切都不在话下。1983年5月7日《推销员之死》首演，大获成功，观众反应非常热烈，阿瑟·密勒在手记中写道："看着台上，我能感到演员的表演十分有力……我们下对了赌注，中国观众懂得《推销员之死》。他们和西方观众会在同一个地方发笑，并为威利流泪。"一个推销员家庭的命运竟这样打动中国观众，在舞台这个想象的空间，中国人和美国人可以如此单纯地分享彼此的所有。在华的经历，让阿瑟·密勒坚信，中国"像一艘轮船正大胆地开向公海"。

到了20世纪90年代，阿瑟·密勒再次写道："中国人在剧场里的喜怒哀乐，同我们是一样的。东西方文化固然很不相同，但是产生这种文化的心却完全是一样的。"相通的心让中国人接受并喜爱阿瑟·密勒的戏剧。然而，在中国所看到的戏剧却没有打动阿瑟·密勒的心。阿瑟·密勒除了对具体剧作进行批评外，还对中国现代戏剧做过总体评价，他说，"中国没有现代戏剧可言"。1980年的春天，也就是阿瑟·密勒第一次访华的第

问路集——重构一种新阅读—批评视界（上）

二年，曹禺便到美国进行访问。3月25日晚，在哥伦比亚大学国际事务学院的一座礼堂内，举办了"现代中国戏剧"论坛，阿瑟·密勒和曹禺双双出席并发表了重要演讲。这是一件很轰动的大事，当晚礼堂座无虚席，连后排都站满了听众。想一想，一位是美国著名的剧作家，另一位是中国顶级的剧作家，他们就像明星一样闪亮。有人用"站在两种文化上的眺望"来界定阿瑟·密勒与曹禺的发言，他们两人都是透过剧作家的眼光，来探讨彼此的异同。十分遗憾的是，此等大事却几乎没有反馈回国内。但是，赴美回国后的曹禺却做出了一件惊天大事，即他打破了近五十年的沉默，向访谈者敞开心扉，说出了以往压在心底的话。其中，最敏感的话题是对中国社会问题剧的尖锐批评。曹禺从方向上彻底否定了中国现代戏剧的所谓"现实主义"的创作道路。要知道，当时整个戏剧界正沉浸在社会问题剧大繁荣的喜庆振奋之中，而曹禺指出，这不是一条发展中国戏剧事业的康庄大道，而是"一条狭窄的路"，中国现代戏剧若仍热衷并执迷于社会问题剧，不啻走着一条自我毁灭之路。曹禺说："《报春花》《救救她》都是社会问题剧。但我觉得这好像是在赶着一群羊，向着一条很窄很窄的路走，走到天黑，走到最后。"访谈的部分内容以《我的生活和创作道路——同田本相的谈话》为题，于第二年（1981年）公开发表。从踏上戏剧艺术创作之路的那一刻起，曹禺就不认同社会问题剧。此前，曹禺与戏剧界的分歧和争议还仅集中在对自己剧作的认知上。曹禺不能认同将《雷雨》《日出》《北京人》等归属于社会问题剧，理由很简单，他的戏剧创作所要表现的是自己的内心情感，而不是社会的现象或问题。如今，他反对流行的社会问题剧，根本的理由还是这些剧作本末倒置，只注重写社会现象或问题，人的内心情感世界（人心）却遭到严重漠视。应该说，与阿瑟·密勒的密切交往，深化了曹禺沉积心中多年的想法，强化了曹禺对中国戏剧前途命运的使命感。曹禺深知，只有写出中国人内心情感和真实命运的剧作，才会不但能感动中国人，还能感动外国人，能让世界上的其他人理解和接受。"心有灵犀一点通"，唯有"相通的人心"才能打通不同历史背景、不同社会制度、不同文化语言所造成的彼此隔膜。只可惜，曹禺当年本应振聋发聩的呐喊，并没有激起点点水花，更不要说层层波澜。

《萨勒姆的女巫》是在中国上演多年的阿瑟·密勒的另一部剧作。笔者第一次观看该剧是在2002年，由王晓鹰执导，在中国国家话剧院演出。当时的观剧体验至今记忆犹新：随着剧情一步步地推进，"文化大革命"闯入笔者心中，而且愈来愈强烈，笔者甚至猜度，作者莫非经历过"文革"？或者是以"文革"为现实摹本写的？回家赶紧补课，才知《萨勒姆的女巫》早在1953年就创作出来了。The Crucibie一名原意为"坩埚"，是一种用陶土或石墨制成的耐火容器，可以将金属或其他物质放入其中高温加热，寓意严酷的考验。中文有翻译为《炼狱》的，也有翻译为《严峻的考验》的，1981年上海人民艺术剧院演出时用的是《萨勒姆的女巫》，该名一直在中国沿用至今。该剧取材于美国本土17世纪发生过的一件真实冤案，而现实社会的动因，则来自当年由参议员约瑟夫·麦卡锡牵头发起的大规模的对共产党所谓"颠覆罪"的清查，剧作家本人也曾受牵连。在观演后的《萨勒姆的女巫》座谈会上，与会者一开口，几乎都谈到"文化大革命"。笔者很诧异，也很困惑，阿瑟·密勒不过写了发生在三百多年前美国历史上的一桩"公案"，即使"影射现实"，也影射的是美国50年代初那场"麦卡锡主义"运动，它怎么可能会让我们产生了如此强烈的"现实认同感"呢？再怎么说，"抓女巫"也好，"麦卡锡主义"也好，与"文化大革命"怎能相提并论呢？但阿瑟·密勒就是做到了。那么，他成功创作的秘诀到底在哪儿？最基本的有哪几点？社会剧是阿瑟·密勒戏剧创作的类型。"米勒的创作方法之一，就是从历史或自身生活中提取情节和人物。可能除了米勒的小说《焦点》（Focus）和剧本《创世纪和其他》（The Creation of the World and Other Business）外，他的全部剧作都以不同的方式隐喻真实的人和事。"[1]"反映生活的现实"和"客观真实"是社

---

[1] 莫斯.阿瑟·米勒评传［M］.田路一，王春丽，译.北京：中国戏剧出版社，1991：1.

会剧所秉承的创作宗旨。对此，我国最熟悉不过了，这不正是我国现代戏剧一以贯之的主张吗？不能不说，将易卜生以来包括阿瑟·密勒在内的社会剧与在我国长期踞主流态势的社会问题剧混为一谈，是极大的危害。当然，用三言两语或一篇短文将二者的区别说清楚，是很难办到的。但是若单刀直入，或可一刀切中要害。

　　首先要说"事件"。在进入具体的剧作创作过程时，无论这件事多么重大，剧作家殚精竭虑要做的，就是将这个事件处理成戏剧情境的构成要素①，通俗点说，就是使这件大事与剧中的每个个人发生直接关系，这件大事怎样影响或改变了每个个人的人生轨迹或命运。这里的关键点就是，同一个事件，但每个个人与之遭遇时，却一人一个样，绝不雷同。也就是说，每个人都会以各自不同的行为方式与该事件扯上关系。"抓女巫"是贯穿《萨勒姆的女巫》一剧的事件，之所以称为"大事"，缘于它涉及时代信仰、社会意识形态、道德价值等大是大非问题。在那个特殊的年代，"女巫""巫师""巫术"被认定为"邪魔外道"，是基督教的大敌。而且问题还在于，"邪教"在现实生活中处处存在，蛊惑人心，腐蚀人的精神灵魂，并时时侵害、颠覆着社会，因此，基督徒与"巫"之间的斗争便是无法避免的全民"圣战"，凡涉嫌与"巫"有染的人与事，都不能放过，都要追查、要声讨、要镇压。这，便构成了全剧所有人物的共同生存环境。萨勒姆小镇"抓女巫"事件起因于一起偶发的事情：十几位少女深夜在树林中跳舞，被牧师帕里斯当场撞破，有的女孩受惊吓得了病，其中就有帕里斯10岁的女儿。然而，这件事却渐渐演化成一场"抓女巫"的"圣战"。阿瑟·密勒由此写起，让观众逐渐明了，这件事之所以与"女巫"扯上关系，其必然性就在于当时大的时代社会生存环境。因为在这样的环境中，深夜、树林、少女跳舞，还有人裸体、喝血、生怪病……凡此种种，在世人眼中都是令人生疑的、透着诡异的异类行为，完全与基督徒

---

① 参见谭霈生先生的著作《论戏剧性》《戏剧本体论》。

的行为相悖。于是，原本只是一场年轻女孩的玩乐、恶作剧，却被风传为与"女巫"有关的诸多形迹。同时，越来越多的人卷入该事件中，像滚雪球一般，越滚越大，当公权力介入之后，便形成了势不可当的抓捕女巫、审判女巫、处决女巫的政治风暴，制造出了冤案。

其次要说"人物"。《萨勒姆的女巫》一剧人物众多，有名有姓的男女老幼共计21人，每个人的行为与命运均受到"抓女巫"的制约和决定。但是，在阿瑟·密勒看来，共同经历的"抓女巫"事件仅仅是其中第一个因素，而第二个制约和决定的因素则是每个人不同的出身背景，个人与他人、与其他家族、与其他派别的利害纠葛，还有纯属私人间的情感纠葛。总之，平日里结下的或沿袭下来的与切身利害相关的种种恩怨，都借着这场"抓女巫"的运动而付诸行动，也就是说，在冠冕堂皇的"圣战"的名义下，其行动的内心动机却是个人的私欲私利。第三个制约和决定因素则来自人物的个性。每个人对事物的认知、对信仰的态度、对道德的坚守，以及禀赋的高下、素养的高低、胸襟的大小、奸猾还是正直、愚鲁还是聪慧，等等，都在制约和决定着人物的行动及行动的方式。比如，涉嫌"女巫案"的姑娘们说谎，甚至乱咬别人，是出于恐惧、出于自保，是在政治高压和迫害下所做出的可以理解的一般反应，但我们还是清晰地看到隐藏在背后的独特内心动机。尤其是重要的当事人艾比盖尔·威廉斯，为了满足和实现一己的情欲，不惜装神弄鬼、诬陷他人，置他人于死地。安·普特南先生，他对少女跳舞一事表现出浓厚的兴趣，积极参与，并指证与自己有土地纠纷的人与"女巫"是一伙的，为的是达到夺取对方财产的目的。安·普特南太太更离谱，她将自己七个孩子的夭折归因于同乡的一位受人尊敬的女士，认定是这位女士施"巫术"才导致自己孩子的死亡。剧中还有与之形成鲜明对照的一类人，如约翰·普罗克托，他始终面对真实，不相信什么"女巫"，为了救妻子，普罗克托不惜自毁名誉，当众坦白自己曾与艾比盖尔的一段出轨行为。当面临死刑时，只要他违心地承认自己的罪行，并写下悔过书，就能得到赦免，救自己一命，而普罗克托最终还是选择了坚守真相，坚守信念，英勇赴死。约翰·黑尔是一位牧师，他是将"抓女巫"当作自己天职的一位神职人员，但他是真诚的、正直的，因此，当他在彻查"女巫案"的实际过程中，发现并且承认错抓、错判，错误地处决了无辜的人，他为此感到愧疚，力图阻止冤案的再次发生。黑尔的言行与同为牧师的帕里斯形成对比。帕里斯从骨子里欠缺宗教信仰，是个十足的世俗之人，像普罗克托这样的教民对帕里斯很反感，根本不信任他，甚至为此而不愿去教堂做礼拜。再如丹福斯副总督，他也觉察到了"错"，但却一意孤行到底。丹福斯的冷酷无情，是出于把自己看作国家权力的行使者，他要维护的不是什么"真相"，而是国家的威权统治。

综上简论，正是在对剧中人物的具体行动及其行动动机的构成与展现上，阿瑟·密勒的社会剧与我国流行的社会问题剧之间的差异一目了然。而后者最主要的创作问题就是欠缺阿瑟·密勒戏剧中的每个人物具体的行动及独特的动作动机。

1991年，《阿瑟·米勒手记："推销员"在北京》一书再版，阿瑟·密勒为此作序言，最后一段说道："古老的中国不会倒下，她会沿着曲折的历史道路继续前进——时而是世界的师表，时而是笨拙而固执的学生。《推销员之死》排演之时，正赶上中国大有希望的急剧发展的波峰。"寥寥数语，尽显阿瑟·密勒对中国的拳拳之心。

最后，笔者想说，无论是30年前更多地倾向于中国对世界的了解认识，还是今日更多地倾向于世界对中国的了解认识，其实，我们不应忽略的是，认识他人，就是认识自己，反之同理。阿瑟·密勒之于中国，就是一块他山之石，让我们珍视他吧。

原载《广东艺术》2015年第2期

社会改革家的易卜生抑或戏剧艺术家的易卜生

——我们究竟需要哪一个

约十年前，在纪念亨利克·易卜生（1828—1906）逝世百年的一个座谈会上，一位学者传达的一则信息令笔者颇感意外，受到震动。这位学者刚参加过国外举办的关于易卜生逝世百年的纪念活动，他说，在本次国际纪念活动中，人们纷纷提出并反思一个问题：一个半世纪以来，在有关易卜生的评论和争议中，作为"社会斗士、社会反叛者的易卜生"是个最受关注的热门话题，与之相较，作为"戏剧家、艺术家的易卜生"反倒被放在不那么重要的位置上，关注与研究显然远远不够。笔者当时的反应：噢，原来西方也存在这一问题！

易卜生于1850年写出第一部剧本《凯替来恩》，于1899年出版了最后一部剧本《咱们死人醒来的时候》，在长达半个世纪中，共创作剧本26部。而我国在五四运动前后形成的"易卜生热潮"中，易卜生剧作被翻译成中文的达14部，翻译版本竟有22种之多。他一向为人称道的所谓"四大问题剧"，全部被译成了中文。春柳社是最早将《玩偶之家》搬上舞台的；五四运动期间，易卜生的《群鬼》《国民公敌》《玩偶之家》等剧作相继上演；甚至由于《玩偶之家》一剧的风靡、演出的盛况、观众的追捧，1935年曾被称为"娜拉年"，一直到20世纪40年代末，易卜生剧作一直是中国剧坛上一道亮丽风景线。若论及与百年中国现代戏剧渊源之深厚，对中国现代戏剧发展影响之巨大，没有哪一位戏剧大师能与易卜生相比。

中国现代戏剧（话剧）从创始的那一刻起，便与易卜生的名字紧紧联系在一起了。中国现代戏剧史是以1907年2月春柳社在日本的演剧活动为开端的。春柳社成立于1906年，也是在日本。这就不能不扼要地回顾一下当年日本现代戏剧的发展概况。日本自明治维新（1868年）伊始，从传统社会向着现代资本主义社会转型，社会生活充斥着浓郁的改良气氛。当时的内阁政府竭力推行欧化主义政策，文明开放的新风越来越欧美化，西方的戏剧也随之传入日本，易卜生的影响力日渐增大。到1906年（明治39年）易卜生的死讯传来之时，"易卜生热"一时沸腾到了无以复加的程度，直接推动了日本戏剧的"新剧运动"。所谓"新剧运动"，就是旨在建立一种纯粹西方话剧形式的戏剧样态的运动。中国留日学生从事话剧活动，恰逢此时。春柳社的成立及春柳社在日本期间的话剧演出，是在日本"新剧运动"直接影响下的产物。正是这样得天独厚的时代社会氛围，孕育、培养出了中国第一代现代戏剧人——"春柳人"，即中国现代戏剧的奠基人，著名的如李叔同、欧阳予倩、陆镜若等。再说曹禺，这位中国现代戏剧最卓著的剧作家，早在南开中学读书时，南开中学的创办人之一张彭春先生送给曹禺一套英文版的易卜生全集，曹禺硬是查字典将其看完。在《雷雨》的序中，曹禺写道："我将这本戏献给我的导师张彭春先生，他是第一个启发我接近戏剧的人。"曹禺热衷于校园的演剧活动，参与了易卜生的《人民公敌》《玩偶之家》剧作的演出，还男扮女装出演主角娜拉；后在清华大学读书时，曹禺在《玩偶之家》的演出中仍扮演娜拉，受到大家的好评。曹禺大学毕业时的论文题目是《论易卜生》。这一年，他完成了自己的第一部剧作《雷雨》。

当然，上述的介绍太笼统。就此，笔者想透过粗略文字表达这样的看法，即"春柳人"与曹禺所接受的易卜生是作为戏剧艺术家的易卜生。如此断言，所依据的并非"春柳人"与曹禺本人具体说过什么，而是他们终

社会改革家的易卜生抑或戏剧艺术家的易卜生

其一生明确的艺术追求和创作宗旨。

与此同时，作为社会斗士、社会反叛者的易卜生则以更强劲的力量被介绍到中国，并影响着中国。第一个将这样的易卜生介绍给国人的是鲁迅。1907年，尚在日本留学的鲁迅也受到"易卜生热"的冲击，他在《摩罗诗力说》和《文化偏至论》两篇文章中指出，易卜生"愤世俗之昏迷，悲真理之匿耀，假《社会之敌》以立言，使医士斯托克曼为全书主者，死守真理，以拒庸愚，终获群敌之谥"，"则以更革为生命，多力善斗，即迕万众不慑之强者也"。另一位重量级人物则是胡适，他确定无疑地宣称："我们注意的易卜生并不是艺术家的易卜生，乃是社会改革家的易卜生。"茅盾甚至说过这样的话："易卜生这个名儿，萦绕于青年的胸中，传述于青年的口头，不亚于今日之下的马克思和列宁。"那么，身为剧作家的易卜生是怎样以戏剧来进行社会改革的呢？鲁迅标举了《社会之敌》（《人民公敌》）及主人公斯托克曼（斯多克芒）医生，"敢于攻击社会，敢于独战多数"。胡适则提出了更为明晰和具体的创作主旨原则：一个是主义——写实主义；另一个是问题——社会问题。1918年6月，就在五四运动的前夕，担当着五四运动旗手的《新青年》（第4卷第6期）出版了一期"易卜生专号"，刊载了易卜生的三部剧作：《娜拉》（《玩偶之家》，罗家伦译第一、二幕，胡适译第三幕）、《国民之敌》（《人民公敌》，陶履恭译，未完）、《小爱友夫》（吴弱男译，未完）；还有袁振英撰写的《易卜生传》，并配发了一帧易卜生的照片（壮年之易卜生）和易卜生的手迹；以及胡适写的《易卜生主义》一文，在国内，对中国现代戏剧影响深远的"易卜生主义"，就是在这篇大作中首次被提出来的。而在西方，"易卜生主义"早就被很多人使用过，萧伯纳所写的一本论述易卜生的专著就是以《易卜生主义精华》冠名。但胡适先生赋予了"易卜生主义"独到的内涵。胡适先生著名的断语是这样说的："易卜生的文学，易卜生的人生观，只是一个写实主义。"胡适认为，所谓"写实主义"就是写社会问题，"易卜生的长处，只是他肯说老实话，只是他能把社会种种腐败龌龌的实在情形写出来叫大家仔细看"。落实到中国,如胡适所说:"现在中国,应该赶紧解决的问题,真多得很。从人力车夫的生计问题,到大总统的权限问题;从卖淫问题到卖官卖国问题;从解散安福部问题到加入国际联盟问题;从女子解放到男子解放问题……哪一个不是火烧眉毛紧急问题?"[1]当然,国外也有人秉持类似的观点,但却没有人如此武断地宣称"只是一个写实主义",因为这一说法违背了常识。易卜生除了创作中期的"四大社会剧"外,还有早期的历史、传奇、哲理诗剧和晚期的象征主义戏剧。在此须指出,在引入易卜生的同时,中国还译介了包括莎士比亚在内的诸多戏剧家。除了写实主义(现代主义)外,还有古典主义、浪漫主义、表现主义、象征主义、唯美主义等均被引入中国,不可谓不开放,不可谓不不拘一格。但发人深思的是,最终被中国戏剧界选择并认同的是易卜生,是写实主义(现实主义),而对易卜生戏剧的选择又仅仅是易卜生中期的创作,进而又将中期的社会剧解读为问题剧(社会问题剧)。中国现代戏剧从春柳社演剧起,历经五四运动前后的辉煌,到20世纪30年代左翼无产阶级革命文艺思潮的席卷,到40年代"抗战戏剧"战斗精神的高扬,直到50—60年代的"路线戏""政策戏",70年代末80年代初社会问题剧的兴盛……这期间无论怎样演进,"写实主义—社会问题剧"是20世纪中国戏剧的主潮和主流形态,这是不争的事实,也是史评家们的共识。总之,几乎没有什么人质疑中国写实主义戏剧传统所秉承的就是易卜生主义传统。

"只是一个写实主义"的易卜生的定式,直至一部戏的上演,才被打破,这部戏就是易卜生早期的剧作《培尔·金特》。粉碎"四人帮"后,中国进入改革开放的新时期,人们开始以新的眼光来看待事物。萧乾先生将《培尔·金特》翻译成中文,由徐晓钟先生执导中央戏剧学院导演系79班学生排练,于1983年公演。演出非常成功,反响十分强烈,人们在

---

[1] 胡适.胡适全集:第1卷[M].合肥:安徽教育出版社,2003:327.

社会改革家的易卜生抑或戏剧艺术家的易卜生

赞叹之余还备感诧异：易卜生原来还是这样的！

在此，笔者不能不提到曹禺。是他，在一个新时代的开启时，向"写实主义—社会问题剧"的传统发难，警醒人们，这一传统是"向着一条很窄很窄的路走，走到天黑，走到最后"。同时，曹禺力图扭转长期以来对易卜生"误读"：易卜生年轻时写过许多历史剧，他写《玩偶之家》（1879）时已经51岁了，他已写过两部伟大的诗剧《布朗德》（1866）和《培尔·金特》（1867），歌颂"人的精神反叛"。《玩偶之家》演出后，轰动挪威和整个欧洲，一位妇女解放运动者十分热情地找到易卜生，请他解释《玩偶之家》主题与思想，易卜生只简单地说了一句话："夫人，我写的是诗。"曹禺认为，易卜生的这个答案是有道理的，不能用一种社会问题箍住易卜生对人生的复杂而深刻的理解。这让我们联想起1935年曹禺说过的话，当年评论界认为《雷雨》"是对于现实的一个极好的暴露，对于没落者的一个极好的讥嘲"，而曹禺则用"我写的是一首诗，一首叙事诗"来回应。

与此同时，还出现了一种对易卜生发难的声音。有论者认为，"目前公认的戏是易卜生式的戏"，"易卜生式的戏剧又被称为社会问题剧或道德剧，属于一种观念的戏剧"，已经"过时""陈旧"，所以"我们不必把相当于同治、光绪年间的一位外国剧作家（易卜生）的戏剧观，当作不可逾越的剧作法典来束缚住自己的手脚"。显然，无论是将易卜生标榜为学习与仿效的对象，还是将易卜生视为应当被批判的对象，都是以对易卜生的误读为前提的。

近年来，在国际易卜生研究领域，研究返回作为艺术家的易卜生代表了国际前沿领域的最新成果。国际上的这一新动向，对于我国当代戏剧的发展，无疑是股强劲的东风，助推国内学界开始反思我们自己，开始意识到我们也存在着忽视作为戏剧艺术家的易卜生，而仅推崇作为社会改革家的易卜生的问题。在此有必要指出，尽管这是一个国际性的现象及问题，但我国与其他国家之间仍存在着巨大的不同。在西方，对易卜生的研究与接受始终是多元的，社会改革家的易卜生与戏剧艺术家的易卜生之间孰重孰轻，仅仅是个"度""量"的问题。而在我国，则呈现单一的、唯一的局面。这样说，并不是说身为戏剧艺术家的易卜生在我国没有知音，而是指在主流话语中，戏剧艺术家的易卜生被彻底遮蔽。更耐人寻味的是，这一局面的形成并不是刻意的、谋划的，而是自然而然发生的。高扬着社会改革家的易卜生大纛的鲁迅、胡适（还有陈独秀、茅盾等），为中国民众引荐社会改革家的易卜生，恰恰是为着改革中国的社会，而不是为着戏剧艺术本身。因为，要救中国，必须改革中国，所以，作为改革家的易卜生，而不是作为艺术家的易卜生，才是中国所真正需要的。与他们并行的，立足于戏剧艺术本身的创建和发展，秉承着戏剧艺术家易卜生衣钵的，是"春柳人"及其后的曹禺，只可惜，他们同样难逃易卜生在中国的境遇。在中国演剧史上，最早上演易卜生剧作的是春柳社，他们演出的《玩偶之家》是以日本翻译本为基础的"幕表剧"。为配合演出，春柳社的中坚人物陆镜若于1914年在《俳优杂志》创刊号上发表了《伊蒲生之剧》一文，称赞易卜生为"剧界革命之健将""莎翁之劲敌"，并逐篇介绍了易卜生的11部剧作，几乎占了易卜生剧作的一半。陆镜若想尽可能多、尽可能全面地向国人介绍易卜生。照"春柳人"的想法，中国现代戏剧是一门从西方移译来的艺术类型，在其开创期，首要的是要将莎士比亚、易卜生等戏剧大师的经典著作翻译介绍过来，供国人学习、研究、掌握，以他们为榜样，来建立并发展中国自己的戏剧艺术。欧阳予倩说："我们只是想演正式的悲剧，正式的喜剧。依镜若的想法把团体巩固起来，介绍一些世界名作。"但欧阳予倩接着写道，这些想法"不但在那个时候行不通，后来一直也没行通。中国的话剧是按照另外一条道路发展的"。也就是说，"春柳人"这一艺术追求还没扬帆起航，便被拍在了沙滩上。欧阳予倩回忆，"我们回国表演的时候，文明新戏已经很鲜明地和春柳派对抗着。镜若从文艺协会（日本的文艺协会）运回来的莎士比亚、托尔斯泰、易卜生等等，丝毫没拿得出来"。他们十分清醒地认识到，"中国的

社会改革家的易卜生抑或戏剧艺术家的易卜生

初期话剧分成两个系统,也可以说是两个派别:一个就是任天知所领导的进化团;一个就是陆镜若所领导的新剧同志会,也就是春柳剧场",而两派的根本分野就在于是否"反映当时政治时事"。欧阳予倩说,据后来所能查到的当年春柳社上演的81个剧目中,只有两部戏是反映政治时事的,且都只演了一二场。为此,欧阳予倩在新中国成立以后检讨道:"春柳同仁有个最大的缺点,就是不自觉地走上了艺术至上的道路。"20世纪90年代出版的《中国话剧通史》中批评道:"春柳派的剧目远离了中国的现实,没有关心时政的紧迫感,总希图滞留在西方的艺术的花瓶里,而淡远了时代和革命的要求。"[①]而同一时期出版的《中国现代戏剧史稿》中却有着另外的说法,他们否认春柳派的艺术至上,反而赞扬春柳社的戏剧活动具有战斗性,关注并反映时事政治。这本是好心为春柳社"平反",但这一好意却违背事实,扭曲了"春柳人"的本意,其实还是为戏剧的战斗性张目。再说曹禺,1935年,曹禺的第一部剧作《雷雨》上演,旋即红遍大江南北,以至1935年被称为"雷雨年"。可巧的是,1935年还被称为易卜生的"娜拉年"。中国人伸开双臂由衷地欢迎一位外国的伟大的社会改革家形象的戏剧家,还热烈欢呼中国也诞生了一位伟大的勇于批判旧家庭的戏剧家。也像易卜生一样,曹禺不断地申明自己仅是一个戏剧家,坦诚自己在创作时并没有想过要批判社会什么。

2006年,易卜生百年祭。借此契机,世界在反思既往对易卜生及其戏剧创作的接受传播的问题,呼吁重新审视易卜生,将易卜生作为戏剧艺术家来重新理解和接受。2007年,中国现代戏剧百年诞辰。在人民大会堂隆重举行的纪念大会上,戏剧理论家谭霈生疾呼,我们应当深刻反思。他指出,倘若没有粉碎"四人帮"之后举国上下的反思,就不会有改革开放的时代,中国的经济和社会就不会取得如此巨大的进步和成就。同样,中国现代戏剧不反思便不会有未来,反思的焦点就是重新审视我们是否真

---

① 葛一虹.中国话剧通史[M].北京:文化艺术出版社,1990:17.

正尊重了艺术自身的规律，真正遵循艺术自身的规律来发展我们的戏剧艺术。当此之际，一个问题便摆在我们的面前：今天，我们为什么需要戏剧艺术家的易卜生？或者说，戏剧艺术家的易卜生对我们究竟有什么特殊意义？与此相伴的则是对历史的追问：为什么百年前我们只需要社会革命家的易卜生？而与戏剧艺术家的易卜生擦肩而过？无疑，这是一个绝大的问题，但却绕不过去。如果非要用一句话来提供理由，那就是时代使然。

从西方来讲，概括地说，造成强势的"社会改革家易卜生"这一现象有两方面的原因：一是易卜生方面的原因。如果对比一下莎士比亚便会一目了然，因为无论从哪个方面看，莎士比亚都没有让人们误解成社会改革家的可能性。莎士比亚剧作中的环境背景设置、剧中人物与发生的事件，都与社会现实政治生活拉开距离，而易卜生的剧作却极为贴近。二是社会方面的原因。莎士比亚生活在16世纪下半叶，而易卜生生活在19世纪下半叶，其间相隔约300年。易卜生生活的时期，资本主义在西方各国形成，易卜生的故乡——挪威这个北方小国，也已从古代国家向着现代国家转型。而这一时期的特点，就是社会矛盾多发、社会矛盾积聚、社会矛盾冲突不断，甚至爆发革命运动。易卜生去世8年后，开始了第一次世界大战，之后又发生了第二次世界大战。第二次世界大战结束后，两大阵营的对立冷战又持续了近半个世纪。当易卜生逝世百年时，资本主义已进入完善的阶段，而世界已进入全球化的时代，如果说矛盾冲突，大概就是如塞缪尔·亨廷顿所说的"文明冲突"吧。这样的背景下出现了戏剧艺术家易卜生的回归，就不难理解了。

粉碎"四人帮"，结束了"文化大革命"，中国进入了一个新时代，即全方位向着现代社会转型，全领域进行着改革开放。俗话说，"势比人大"，什么是"势"？笔者认为，就是时代的内在需要。当政治革命仅仅需要社会改革家的易卜生时，纵然如欧阳予倩、曹禺般的顶尖戏剧界人物，亦无可奈何。欧阳予倩是中国现代戏剧的创立者、奠基人之一，同时，在中国传统戏曲艺术表演上，他曾与梅兰芳齐名，曾有"南欧北梅"

之誉。新中国成立后，他出任中央戏剧学院首任院长。今天，当文化（艺术）被视为与社会政治、社会经济同等重要时，戏剧艺术家易卜生的重新回归，也是顺应时代潮流的回声。进入新时期后，我国翻译出版了《易卜生文集》（共8卷）、《易卜生评论集》、《易卜生书信演讲集》等，为国人更加全面地了解、研究、学习易卜生及其戏剧艺术提供了前所未有的丰富文本。在戏剧舞台上，易卜生的多部剧作被上演。2006年，于易卜生逝世百年之际，中国国家话剧院推出以"永远的易卜生"为命题的第二届国际戏剧季，其间轮演了分别由中外剧院团制作的易卜生的6部作品；南京大学于2010—2012年主办了连续三届"国际大学生易卜生戏剧节"，该戏剧节是"易卜生在中国"计划中的一部分，由挪威外交部赞助，其间多个高校的学生踊跃参演了易卜生的多部剧作。以戏剧节的形式集中地推出并上演易卜生剧作，是更能吸引人们关注热度的方式，这表明，"易卜生热"仍在中国继续发酵，而且在剧目及演出方式方面均呈现出可喜的多样化和多元化趋向。在上演的易卜生的诸多剧作中，既有早期的《培尔·金特》，也有晚期的《大建筑师》，还有为国人所熟悉的中期作品，如《玩偶之家》《人民公敌》《群鬼》等。但最值得探讨的是《玩偶之家》与《人民公敌》两剧的上演。《玩偶之家》仍然是新时期演出最多的易卜生剧作，不同的排演者都试图赋予该剧以不同的视角，但唯独没有"妇女解放运动"的主题诠释。这一现象鲜明地标识出易卜生及其戏剧在中国的变化：当年，反叛家庭、离家出走、走上社会去寻求新的人生的众多青年女性，在娜拉身上看到自己，产生了强烈的共鸣。对娜拉的认同感，使得执导者们将《玩偶之家》改为《娜拉》。而今，剧中人物娜拉反叛家庭的行为没有改变，她仍然把门一摔，毅然决然地离家出走，但台下的观众已然产生不了关于"妇女解放问题"的联想和共鸣，很简单，中国妇女在社会中的地位、境遇、命运，早已发生了天翻地覆的改变。唯一一部与现实社会问题仍紧密相连的戏是《人民公敌》，无论是大学生版的《人民公敌》，还是时下正上演的林兆华版，都剑指当下社会严重的环境污染问题。约十年前，南京大学师生上演了《〈人民公敌〉事件》一剧，改编自易卜生的《人民公敌》。这部剧写一群大学生目睹了家乡的淮河遭受污染以及给乡亲们造成的巨创，深受震动之余，他们决定行动起来。他们想到的行动就是排演易卜生的名剧《人民公敌》。在排演过程中却遭遇种种意想不到的压力和阻挠，致使学生们一度想放弃，但最终在斯多克芒医生精神的鼓舞下成功将《人民公敌》上演了。去年（2014年），林兆华开始执导并排练《人民公敌》，从筹备开始便引起了媒体的关注。除了在京公演外，今年还将赴外地巡演。

评论纷纷指出，《人民公敌》是易卜生剧作中对我国现实生活针对性最强的一部戏，是社会的"良知"。斯多克芒医生原本是小镇上一位受人尊敬的人，他的命运由于一桩环境污染事件而发生改变。镇上的自来水管被污染，海滨浴场被污染，斯多克芒发现了真相，并打算披露给公众，但遭到了市长兼浴场委员会主席的强烈反对和阻挠。随着双方的较量，许多原本支持斯多克芒的朋友和同事转变了态度。斯多克芒召集市民大会揭露和抨击了该事件所暴露出的官僚与社会的虚伪和腐败，岂料，大会反被市长及追随者把持，斯多克芒反倒被宣布为"人民公敌"。而今日的中国，环境污染已经成为一个严重的社会问题，没有哪一部剧作能够比《人民公敌》更有现实针对性了。由此，《人民公敌》取代了当年的《玩偶之家》对现实社会的批判作用。

凡此种种，笔者要提出一个问题：易卜生戏剧（或者说戏剧艺术）能够承受改革社会、解决社会问题的责任之重吗？

英国的评论家罗纳德·格雷在《易卜生——一种不同的观点》（剑桥大学1977年版）一书中说：

> 在（20世纪）70年代，《人民公敌》可以不顾它的戏剧价值而算作是一部有关世界污染问题的剧本。《玩偶之家》则可以不顾易卜生本人的否认，正如它往往被认为的那样，依旧被看作是对现在的婚姻习俗的抨击。

社会改革家的易卜生抑或戏剧艺术家的易卜生

看起来，全世界都差不多，若要让易卜生去改革社会，他的戏剧则必须针对着现实中的热点问题，要做到直面问题、暴露问题。但这往往也引起争议，因为剧作不能仅仅提出问题，还要提出解决问题的方法和道路。但剧作家在剧作中真能提出正确而真切的解决之道吗？尽管当年《玩偶之家》在中国引发如此大的热潮，有人曾描述道，当年大有"满园争说易卜生，人人称颂娜拉"之势。然而，鲁迅却早在1923年就提出"娜拉走后怎样"的著名发问，并引发了大讨论。非常明确，鲁迅认为，仅仅靠"出走"是改变不了个人命运的，更不必奢谈什么改变社会了。后来，曹禺的《北京人》也受到同样的追问：愫方出走后怎样？剧作没有给出答案，有人说，愫方去了延安。显然，鲁迅不大满意"娜拉式"的反抗，但他却认同《人民公敌》中斯多克芒医生的抗争：为了真相，为了信仰，不惜以一人之力反抗全社会。鲁迅不但向世人推崇斯多克芒医生的斗争精神，而且一生实践着这种斗争精神。但是，左翼革命者们又提出，凭借单打独斗的个人英雄主义式的抗争是无济于事的，是没有出路的，改革社会的正确道路只有诉诸阶级和阶级斗争，诉诸无产阶级的革命。

那么，易卜生的社会问题剧（包括我们的社会问题剧）在现实的社会改革和政治革命中到底起着怎样的真实作用？扮演着怎样的真实角色？如果我们足够坦诚的话，就不得不承认，戏剧（易卜生戏剧、社会问题剧）所起的真实作用仅仅是煽情。对各种各样的社会不公义的现象和问题，无论是提出问题还是解决问题，无论是宣传造势还是鼓动教育，戏剧所能做的，仅仅在于唤起人们的关注之情，进而唤起人们的愤怒、憎恨之情，甚至鼓动到狂热的情感状态。不能不说，这是不折不扣的非理性状态和作为。一言以蔽之，戏剧根本不可能在社会科学理性的层面上发挥作用。就拿中国的环境污染来说，这是伴随着中国经济高速发展而来的问题。当然，其中不乏不良的企业、腐败的公权力人员和只想着自身眼前利益的大众而罔顾环境的破坏；于今，全社会从上到下，又有哪一个人不渴望环境早日得到有效的治理？土壤、水、食物、空气是否洁净，关系到每个人的现实生存与生命健康。而且，大家也都知道，治理污染是一项牵涉到社会方方面面的社会系统大工程，如转变经济发展模式、依法治理、政府监管、科技进步、企业及每个公民的自觉自律等。一出《人民公敌》的演出，对提高公众的环保意识有裨益，但也只是一场普通的戏剧演出而已。如果非要把《人民公敌》的上演当成一件现实版的环境保护和为环境保护而展开殊死斗争的大事，反而让人产生"虚幻感"。当学生们对着观众大声疾呼"让我们想一想，我们习惯于听谎话，说谎话有多长时间了"；当斯多克芒医生在屡屡挫败之后，说出那句举世闻名的台词"世界上最有力量的人，是最孤独的人"，的确令人感动。但如果非要升华到"叩击人们的灵魂"，"精神的力量"，"勇于与现实碰撞"，云云，反而让人有种"穿越感"。以《人民公敌》的演出来唤醒民众，以斯多克芒式的抗争精神去面对和解决中国的社会环境污染问题，你信吗？反正我不信。如果说笔者"矫情"也不过是"以毒攻毒"，"以其人之道，还治其人之身"而已。

李泽厚先生曾有一个观点，大意是说，自五四以降，中国没有启蒙，只有救亡。也就是说，尽管五四运动大力倡导"德先生"和"赛先生"（科学和民主），但启蒙并未完成。何谓启蒙？用康德的话来说，就是独立思想。恩格斯曾经指出，启蒙运动就是以理性来对存在着的一切事物进行重新审视。[1]总之，启蒙的要义是用科学、知识、理性来启迪大众。那么，中国为何没有成就启蒙呢？以笔者之见，因为从梁启超起，就把启蒙大业的权柄交给了艺术，尤其是戏剧。戊戌变法失败后，梁启超痛定思痛，认识到，若想变法成功，必须有民众的参与，因此，启迪民众便成为改革社会的一等一的大事。那么，拿什么来启迪民众呢？于是，梁启超发现了文学艺术，发现了"小说有不可思议之力支配人道故"（"小说"一词包含着戏曲、戏剧，当年还没有"文学艺术"这一词语）。那么，什么样的艺术才可能担当此大任呢？只有新的艺术，而不是旧艺术。于是，就在

---

[1] 马克思, 恩格斯. 马克思恩格斯选集：第3卷 [M]. 中共中央马克思恩格斯列宁斯大林著作编译局, 编. 北京：人民出版社，1972：297.

社会改革家的易卜生抑或戏剧艺术家的易卜生

戊戌变法同一年（1898年），流亡到日本的梁启超提出了"诗界革命"的思想和号召。1902年，他发表了著名的文章《论小说与群治之关系》，在中国近现代历史上第一次从思想理论的层面明确了艺术要为政治革命服务，要以启蒙民众为使命，为此，要进行艺术革命，创建新的政治艺术。自此开启了"政治革命＋艺术革命＋民众启蒙"三位一体的整整一个时代的格局。或者，"政治革命→艺术革命→启迪民众→政治革命"这一模式能让我们看得更清楚：政治革命是目的，艺术革命是手段，对民众的启迪是路径。艺术之所以能够被选中，就是由于它独有的情感魅力；而戏曲及后来的话剧能够独得青睐，缘于它们的大众化通俗性。沿着这一逻辑模式，历史一直行进到20世纪70年代末"文化大革命"的结束。

在此，笔者要申明一下，倘若立足于戏剧艺术自身，仅仅就多元化、多样化而言，那么，环境保护戏、时政戏、问题戏等均无不可。但是，如果由此便认定戏剧应该并可以承担社会职责和政治使命，则大谬不然也。

综上所述，中国从对社会改革家的易卜生的诠释和接受，转为对戏剧艺术家的易卜生的诠释和接受，其间的路有多漫长，有多艰巨，可以想见。但可以肯定的是，改革开放的今日，中国需要戏剧艺术家的易卜生。

最后，笔者仅就个人的一些对易卜生及其戏剧的感知，择紧要的略论一二。首先，《人民公敌》是易卜生创作的最后一部社会剧（注意，不是问题剧），那一年（1882年），易卜生54岁。此时，他已享有盛名。然而，易卜生的戏剧创作并没有止步于此，而是步入了一个更令人惊异的新的里程，甚至可以说是具有颠覆性的新的戏剧领域的开拓。可以说，倘若没有其后的从《野鸭》到《咱们死人醒来的时候》的创作，就没有"现代戏剧之父"的易卜生。那么，这跳跃的一大步是怎样发生的？易卜生经历了怎样的心路历程？仅就这一点，便会给中国戏剧同人带来很大的启示。其次，我们要看一看易卜生晚期剧作出现了哪些中期社会剧所没有的重要变化。当然，也是浮光掠影。以《玩偶之家》和《人民公敌》为例，无论剧中发生什么事，如八年前发生的伪造签名的事，以及由此事引发的眼前的危机事件；又如小镇发生的污染事件，以及由此而引发的矛盾冲突的系列事件。所有事情的来龙去脉、个中原委、是是非非，都交代、叙述得一清二楚，可是《罗斯莫庄》《大建筑师》等剧作中的重要事件却变得模模糊糊、晦暗不明。如罗斯莫妻子的自杀事件始终笼罩在诡秘的雾气之中，像"白马"传闻一样。另外，剧中人物娜拉，或者斯多克芒医生，他们都非常明确自己的所欲所求是什么，对于自己在做什么、应该做什么，都心中有数。可从《野鸭》开始，却变得不确定，变得复杂而模糊。娜拉之所以甘愿做家庭中的贤妻良母，是因为她生活在自己对丈夫的幻想中，可一旦事实击碎了幻想，娜拉马上清醒过来，以坚定的意志去寻求新的生活。然而在《野鸭》中，剧中人物却必须生活在幻想中，如果硬将他们从幻想构筑的窠臼中拽出来，无异于谋杀。斯多克芒医生的人生价值就在于同谎言做斗争，为追求真相而奋斗。可在《野鸭》中，易卜生却提出了全新的"生命的谎言"的生存价值。剧作中也有一位有着斯多克芒信念的人物，他揭穿了谎言，说出了真相，结果却造成无辜者没法再活下去的悲惨状态。寥寥数语，一瞥间，已然窥见易卜生之复杂、博大。当大多数世人还停留在易卜生中期的社会问题剧阶段，围绕着社会改革家的易卜生争论不休：有人为此恼羞成怒，大骂易卜生；有人欢呼雀跃，大赞易卜生……可易卜生已经扔下他们独自前行，在对人和人性的探索征程上走得越来越远，开掘得越来越深……在封笔之作《咱们死人醒来的时候》，71岁的易卜生留给了人们最后的背影——那个熟悉而又模糊的，将已拥有的抛下、向着不可确定的未来永不停歇前进的探索者的背影。

原载《广东艺术》2015年第3期

论田汉笔下的"漂泊者"系列人物形象

田汉，这位中华人民共和国国歌的词作者，一生共写了话剧63部，戏曲27部，歌剧2部，电影12部，新诗、歌词、旧体诗共2000余首，此外还撰写了包括散文在内的各类文章700余篇，可谓多面而多产。若论及其中贡献最大的，当属戏剧艺术领域。田汉不仅是著名的剧作家，还是中国现代戏剧艺术的先驱者、开拓者、奠基者之一。

今年（2018年）是田汉120周年诞辰。自他学习并从事戏剧创作活动迄今，已逾百年。莎士比亚曾借哈姆雷特之口称赞道，艺术是"一个时代的缩影"，此赞誉放在田汉身上一点也不为过。这既体现在田汉坎坷曲折的一生历程，又体现在他一波三折的戏剧创作上。1916年，18岁的田汉赴日本留学，选择了戏剧艺术作为自己的终身事业，立志成为"少年中国"的一位"大戏剧艺术家"。20世纪20年代初，田汉以其四幕话剧《梵峨璘与蔷薇》崭露头角，吹响了"唯美""象征""新浪漫主义"的号角，标举着"爱和艺术"的大旗，一路高歌猛进，直至20年代末，其"唯美"的脚步才戛然而止。1930年初，田汉发表了《我们的自己批判》（《我们的艺术运动之理论与实际》上篇），对十余年的戏剧创作之路进行了回顾和梳理，洋洋洒洒近10万字，通篇贯穿着四个字：昨非今是。田汉彻底否定了既往的"唯美"的创作理念及创作实践，转而完全接受"无产阶级的革命现实主义"的文艺理论，并激情满怀地投入社会问题剧的创作。这就是著名的"转向"。

　　田汉在中国现代戏剧史上的重大贡献和作用、不可动摇的重要地位早已成定论。但作为戏剧艺术家，其作品能否具有长久的艺术生命力、深远的启迪和影响力，则仰赖于田汉笔下的戏剧形象是否蕴含着深厚的审美价值和历史意义。譬如，假设没有了哈姆雷特、麦克白斯、李尔王、奥赛罗……怎么可能成就莎士比亚如此崇高的地位，以及跨越时空的、无与伦比的人类影响力？笔者认为，就田汉而言，真正成就他是一位真正的戏剧艺术家的，首推他所创造出的一系列"漂泊者"群像。最初的"漂泊者"形象出现在《梵峨璘与蔷薇》一剧中，其后，"漂泊者"形象陆续经由《灵光》《咖啡店之一夜》《获虎之夜》《苏州夜话》《名优之死》《湖上的悲剧》《古潭的声音》诸剧作，最终在《南归》一剧中得以完成。

　　《梵峨璘与蔷薇》是田汉戏剧创作的开山之作，也可以被视为田汉"出山的宣言书"。该剧第一次表达出田汉对人生、社会、艺术、事业、爱情等重大问题的明晰认识与朦胧感悟，这是剧作家自赴日本留学以来所形成的独特的人生观和艺术观。《梵峨璘与蔷薇》还表明，田汉已找到一种适合于自己艺术个性的戏剧创作形式和表现方法。在上述系列剧作中，"爱与艺术"是共同的主题。在田汉心目中，爱即美，艺术即美，所以，爱、艺术与美是"三位一体"。《梵峨璘与蔷薇》完美地实现了田汉的"唯美"的梦想。请看剧名："梵峨璘"是英文 Violin（小提琴）的音译，象征着艺术；"蔷薇"则象征着爱情。男主人公秦信芳是一位怀抱新艺术观，并矢志做一名大音乐家的青年；女主人公柳翠是一位当红的歌女。在秦信芳的感召之下，柳翠彻底摆脱了旧的传统艺术观、婚姻观的束缚，对艺术及爱情有了全新的认知。他们相爱了，并准备出国深造，去为实现艺术人生的伟大梦想而共同奋斗。尽管秦信芳与柳翠是幸运而幸福的，但在他们身上仍然屡屡强烈地表现出感伤之情，这是所有"漂泊者"共有的情感。这种难以抑制的感伤缘于相似的身世：或无父无母，或妻离子散；或无家可归，或有家难回。因而，那种孤独寂寞感便萦绕心头，挥之不去。

总之，田汉早期剧作中的各种特点，如艺术、爱、美、民众的母题，感伤的情怀、诸多美的事物与意象，"漂泊者""探索者"的形象，等等，都在《梵峨璘与蔷薇》一剧中得到体现。可以说，该剧全面奠定了田汉早期戏剧创作的基本格调。

《灵光》是《梵峨璘与蔷薇》的姊妹篇。男女主人公张德芬与顾梅俪这对恋人已经从海外学成归国，他们不急于结婚，为着能够多些时日享受自由自在的爱情，憧憬未来。顾梅俪说："是的，是的，艺术！艺术！能够寄托我的爱的只有艺术！"相对于《梵峨璘与蔷薇》，《灵光》更为凸显的是艺术价值的真谛，即"民众艺术"（此话题不在本文的探究之列）。

《咖啡店之一夜》以"爱"为主题，但剧中的主人公可就没那么幸运和幸福了。林泽奇为挽救家庭经济的破产，以慰老父的拳拳之心，迫不得已接受了包办婚姻。而白秋英则迫于父母双亡，来到城里的咖啡店务工谋生，企盼着能够实现求学和爱情之梦。但当日思夜想的恋人出现在眼前时，她却发现恋人已经背叛自己，另结新欢，而且是位富家女子。林泽奇与白秋英一先一后陷入刻骨铭心的痛苦之中。白秋英是因为失恋，而林泽奇尚未恋爱过，他的锥心痛苦缘于他失去了爱的资格和权利，不能再自由地追求爱了。他们成为人生大沙漠中找不到甘泉、得不到慰藉的孤独寂寞的跋涉者。素昧平生的二人，在经历了彼此相互目睹、了解、体验到对方的痛苦之后，决心从人生的渊底振作升腾起来。《咖啡店之一夜》以爱的挫折来彰显爱的意义。对于一位新时代的新青年来说，没有爱的人生，就是"没有感激的生活，没有眼泪的人生"，不啻人生的大沙漠。在该剧中，田汉还设置了一位来自俄罗斯的诗人。异域诗人漂泊的身世、动人的吉他声和悠扬的歌声，让二人受到极大的感染和震撼，领略到了别样的人生之路：艺术的真谛及漂泊的人生。剧作家还不忘点睛之笔：林泽奇有家难回，白秋英无家可回，当店面关门打烊之时，白秋英微叹一声："……寂寞！……"此时吉他声依然袅袅入耳。

《获虎之夜》是田汉从日本回国后创作的第一部剧作，被公认为田汉最优秀的剧目之一。该剧的主题秉承了此前的《咖啡店之一夜》，但在"爱"的意义上有了更深一层次的领悟和表现。在《获虎之夜》中，孤儿黄大傻与猎户魏福生的女儿莲姑相爱，遭到女方家长的坚决反对。莲姑被禁闭在家不得外出，黄大傻已有一年多没有见到莲姑的面。他还听说莲姑已被父母许配给当地一陈姓富家少爷，不日即将完婚。故事发生的当天夜里，众邻里聚在魏福生的家中，兴奋地等待即将"捕虎"的消息和结果。令众人意外的是，为捕虎而设置的抬枪没有打中老虎，却莫名其妙地误打中了黄大傻。而恰恰由于此误伤事件，才让他有机会见到莲姑。在这生离死别的时刻，魏福生仍然强行要将莲姑从黄大傻身边拽开。在莲姑与父亲的激烈争执和冲突中，黄大傻不忍眼睁睁地看着心爱的人受折磨，遂自尽而亡。

乍看之下，《获虎之夜》讲述了一个凄美的爱情悲剧。就故事本身来说，这是确切的，符合人们的常见；但是，主人公黄大傻的重要行为举止却令人费解：深更半夜，黄大傻为何出现在虎狼出没的山上？难道仅仅就为了能够远远望一眼从莲姑房间窗户透出的灯光？尤其令人备感意外和惊诧的是那一大段黄大傻对莲姑独白式的内心倾诉。难怪以往的评论指出，这哪里像是一位乡野青年，活脱脱就是一位现代诗人；更令人难以理解的是，从黄大傻滔滔不绝的、如诗般的倾诉中，听不出丝毫的仇恨、愤怒、绝望、怨天尤人，听到的只是对莲姑的思念，只是内心那种寂寞凄凉的感伤心境。要知道，此时此刻的黄大傻几乎可以算是世上境遇最悲惨的人了：无父无母，无家无业，一贫如洗；白天讨饭，晚上睡戏台，病弱缠身；自己心爱的人被禁闭，并被强行许配给他人，咫尺天涯，不得相见；此时的他又意外身负重伤，命在旦夕。这样一个惨到不能再惨的人，当倾诉到每晚远远望见从莲姑窗前透出的灯光时，所流露出来的那种发自内心的快乐、幸福感，更匪夷所思。古往今来，爱情悲剧中的主人公如黄大傻这般的，恐怕只此一人。而恰恰在此处，才真正蕴含着和表现出剧作家心中那份对爱的独特认知和领悟。

黄大傻屡次放弃外出学艺打工的机会，甚至某次已走到半路却又折返回来，宁肯讨饭也不肯离开本地半步。可是，这里早已没有家了，何况守在此地仍然不可能见到莲姑一面，而且他也知道莲姑不日就要嫁人。直到生离死别之际，黄大傻才道出个中的隐秘：留在此地，见不到莲姑的人，却可以夜夜见到从莲姑窗户中透出的灯光。诸多磨难与打击，留在黄大傻心中最强烈的痛感却是孤独和寂寞，根本原因在于他是个孤儿。对此，黄大傻有着非常清晰的意识，有着深刻的体验："一个没有爹娘、没有兄弟、没有亲戚朋友的孩子……真是凄凉得可怕呀！"他对莲姑倾诉道："世界上顶可怕的不是豺狼虎豹，也不是鬼，是寂寞！""寂寞比病还要可怕，我只要减少我心里的寂寞，什么也顾不得了。"于是，发着烧的黄大傻拖着病弱的身躯，在细雨霏霏的寒冷黑夜，孤独地站在了杳无人迹、虎狼出没的山野中，遥望着从莲姑房中透出的灯光，顿感回家的温暖与幸福，少儿时光那终日有父母陪伴疼爱的日子，与玩伴莲姑嬉戏打闹的场景……这个家和对家的体验是曾真真切切存在过的，而此时此刻从房间透出的灯光再度让这个家重现了。回到家的黄大傻不再为锥心的寂寞所苦，此时此刻，他能不感到快乐与幸福吗？而当生命即将终结之时，黄大傻终于见到莲姑，两人的手紧紧拉在一起，他面对面地向莲姑滔滔不绝地倾诉衷肠……看到莲姑为自己伤心欲绝，听到莲姑对自己说"可怜的黄大哥，我是再也不离开你的了。死，活，我都不离开你"，知道了莲姑一直不甘心父母的安排，一直暗暗打算找机会逃离家中；又见到魏福生硬生生地、猛力地想扯开他们二人紧握着的手，听到莲姑坚定地对其父说："不。我死也不放。世界上没有人能拆开我们的手！"是啊，纵然手能被分开，但紧紧相连的两颗爱心却任凭世上最强大的力量也分不开！沐浴在爱的家园中，享受着意外的惊喜，这简直是上天恩赐的礼物，此时此刻，夫复何求！黄大傻说："没想到还能活着见莲姑娘一面，我挨这一枪也值得，死也死得过了。"死，只是肉体的逝去，爱却仍然活着，有爱就有家。至此，谜底揭晓了，"灯光"意味着爱，爱之于黄大傻，就是家，就是家园。于此，我们深深体验到了一种潜在心灵最深层的、最经久不息的、最强烈的、最躁动不安的情感：失去家园的痛苦——可怕的寂寞，以及渴望回归家园的隐秘。

《苏州夜话》是一部心理情感戏，是一部有关爱的抒情剧。剧中老画家刘叔康表达出失去爱妻后"无家的寂寞"，对爱情的渴望，以及对艺术事业虽九死而不悔的信念。而实际上，在这一情感表达中，老画家流露出的心境要复杂得多。早年，军阀战争毁掉了他的画室和画作，致使他妻离子散。为此，刘叔康始终感到愧疚，因为当年自己一心沉浸于画作的创作之中，无暇顾及其他，对妻女太缺乏应有的关心了。然而，每每在愧疚之余，刘叔康又会感叹艺术与爱之间顾此失彼的无奈。此后，他一直孤身一人。此次老画家刘叔康带几名学生来苏州写生，当晚，学生们都出去游乐去了，屋里只剩下他一人。刚刚还热热闹闹，瞬间变得冷冷清清，让老画家顿感凄凉寂寞，不由得勾起对往事的回忆。就在此时，女学生杨小凤因脚疼从外面提早回来，意外见到神情凄凉的老师，如此这般的境况，让刘叔康得以向杨小凤袒露心声，其间还发生了颇带喜剧风味的二人感情误会。最终，刘叔康不但认了杨小凤为干女儿，还找到失散多年的亲生女儿，却没有获得爱情。这样的情节安排透露出剧作家对"爱与艺术"之间失衡的无奈，对爱的难以把握、可遇而不可求的无奈，以及对爱的短暂易逝的无奈。如何让爱得以永恒？便成为此时田汉追寻的一个问题。

《名优之死》从写法上来看，是部很写实的剧作，这在田汉的早期作品中是十分罕见的。但论及主题立意，诚如剧作家所说，此剧"在中心思想上实深深地引着唯美主义的系统"，仍然演绎着"爱与艺术"的变奏主题。艺人刘振声是位名角儿，刘凤仙被其收养。在刘振声的精心培养下，她从一个落难的小丫头成长为一名深受观众欢迎的优秀艺人。刘振声对刘凤仙有着养育之恩，有着授业之恩，还对凤仙怀有爱恋之意，但是他将这份感情隐藏至深，始终扮演着慈父与严师的角色。在外人眼中，刘振声对刘凤仙的艺术生命及未来的艺术发展，其重视和企盼之心远远超出刘凤仙本人，他渴望刘凤仙能够成为一代艺术大师。殊不知，在这浓浓的希冀背后，是刘振声对刘凤仙浓浓的爱，也就是说，刘振声将自己的爱寄寓、融入刘凤仙的艺术生命之中，他要将自己一手创造的艺术品继续打造成顶级的艺术精品。只有在此时，刘振声才实现了"爱与艺术"的"双璧合一"。但是，刘凤仙偏偏是个胸无志气的俗人，她爱慕虚荣，流连物质享受，所以她轻易地就选择了有钱有闲的杨大爷，而置自己恩师的反对及愤怒于不顾。终于，刘振声与杨大爷之间的冲突爆发了，处于剧烈激愤中的刘振声，最终倒在了舞台之上……不能不说，悲剧从一开始就铸成了，刘振声的理想仅仅是他心造的幻影。

《名优之死》中幻灭了的美的梦想，在《湖上的悲剧》中得以实现。三年前，白薇与杨梦梅这一对恋人被硬生生拆开。为抗婚，白薇逃到钱塘江边，投江自尽，被一个渔夫救起。从此，她隐姓埋名，幽居在西湖边上一栋庄园中，可他人都以为白薇死了。这天晚上，杨梦梅偕其弟来西湖，恰恰投宿在白薇住的房间。原本完全可能成就一段有情人终成眷属的佳话，可万万没想到，白薇却在苦尽甘来之际开枪自杀了。这是为什么？三年前发生的悲剧是由于白薇父亲的干涉阻挠，而眼下的悲剧则缘于一本小说书稿。阴差阳错，两人在见面前，都先看过了书稿。先是白薇发现了房间里摊在桌上的小说，细读下来，随即知晓，这肯定出自杨梦梅手笔，因为里面写的都是她与梦梅之间的爱情故事。后杨梦梅又从书稿上被新勾画上去的圈圈点点，以及留在房间的手帕，判断出了这是白薇所为，但为时已晚，只听到一声枪响……两人重逢在生离死别之际。当杨梦梅抱着奄奄一息的白薇时，白薇却说："啊，梦梅，我——我毕竟非见到你不可吗？"令人不解的是，三年来，支撑着心如止水般的白薇活下来的唯一动力，就是对梦梅的思念，期盼能再见到梦梅一面。此刻，她即将见到朝思暮想的爱人，却心态陡转，突然再度弃生求死，为何？从剧中可以得知，从"欲见"到"不见"之间心境的陡变，就发生在白薇阅读小说书稿之际。在杨梦梅创造的艺术世界中，白薇分明看到，她与梦梅之间的爱情就"活"在其间，而且长存不朽。相比之下，尘世中的爱却是那样脆弱、短暂、易变。想想三年来自己变成"活死人"，而梦梅变成了"死活人"。从梦梅与其弟的谈话中，白薇得知梦梅已娶妻生子，但梦梅从此失去了爱，失去了生活的意义。囿于母命，囿于养家糊口的职责，又不得不活下去。梦梅将自己的全部情感全身心地倾注在小说的创作之中，只有在这时，他才感觉自己仍在爱着，仍然活着。白薇领悟到，三年的时光，足以让她与梦梅及他们之间的爱不能复原，不可能再回到三年前那般模样。她说，现实中"人死不能复生"，"影子和热总有消失的时候"。而小说却让他们二人真正地"复活"，永远葆有着当初的本性，使爱得以永恒。因此，见与不见，又能怎么样呢？还是不见更好。甚至，生与死又有什么区别呢？没有现实的职责要尽的白薇意识到，自己此时生不如死，死了最好。因为，自己在这世上的心愿已了，再活下去将如同行尸走肉；而对于梦梅来说，自己的一死会断绝梦梅的念想和无端的烦恼，使他可以了无牵挂地去尽自己应该尽的职责和义务，同时能够全身心地完成小说的创作。白薇说："要是你真爱我的话，就好好完成它，把它当作我们苦痛的爱的纪念碑吧……只要你能完成这个严肃的记录，我虽死无恨。"临咽气时，白薇嘱托道："梦梅，……帮助你的聪明的弟弟……爱你的太太和孩子，……完成你的作品。"梦梅面对着刚离世的白薇说道："白薇……无论你现在所去的地方是天堂或是地狱，请你在那儿等着我吧，……我的吐血的病是永不会好的，（指着小说稿）把我的血吐完了的时候，我就来了。……"

田汉以一出《湖上的悲剧》为爱找到了归宿——艺术。可当艺术的终极意义也变得模糊不清时，爱将安在？艺术的归宿又何在？这就是田汉在《古潭的声音》剧作中表现出的迷茫与困惑。

《古潭的声音》中的女主角，始终没在剧中现出真容，显得那么神秘。这位美丽的女郎名叫美瑛，没人知道她的身世，只知她行踪不定，四处漂泊，从北国来到南国，遇到诗人，就此追随诗人，与诗人及诗人的老母亲同住在深山之中。这里有一座耸立的高楼，下临着古潭。美瑛性感十足，魅力四射，有着"银铃似的声音"和"神秘的微笑"；她追求快乐，惑于享受。面对如此一位人间尤物，诗人被激发起的冲动及念头不是爱，而是艺术创作。在诗人眼中，美瑛是世所罕见的艺术坯子，就像一块稀世的玉石，他要倾尽全力将美瑛打磨雕琢成美妙绝伦的艺术极品。于是诗人开始着手创作。首先，他将美瑛引导到这座高楼上，鼓励她潜心用功读书，使她的灵魂得到陶冶，精神得到升华；然后，诗人奔走异国他乡，为美瑛搜罗世上各类最美的物品，去润泽、滋养美瑛……此刻，收获满满的诗人正兴冲冲地赶着回家。《古潭的声音》就从诗人即将到家和走进家门的时候讲起。一路上，诗人想象着，别离的这段时间，在高楼上读书的美瑛"修炼"得怎么样了，又担忧，生怕"在这样的深山里，这样的高楼上"，"有过快乐生活的记忆的人应当是何等的寂寞"，会"闷坏我的黄莺儿教她不唱，枯坏我的兰花儿教她不香"。因此诗人更加急切，急切地想把手中的这些世界上最美艳的东西早点儿献给美瑛，它们是埃及模样的围巾、黑色的印度绸、南海的绸鞋、红帽子、丝袜子、天才的乐谱、南国奇花制成的香水、杨玉环爱吃的荔枝、鲛女哭出来的珠子……因为如果没有美的感性东西的滋养，艺术之花在精神王国待徉久了定会枯萎凋敝。然而，回到家中的诗人却见不到美瑛的踪影。从母亲的口中，诗人才知事情的实情。诗人走后，起先美瑛用功读书，"什么人也不理，什么事也不想"，"一天一天地向精神生活迈进"；渐渐地，看书的时候少了，弹琴的时候多了；再往后，弹琴也少了，常常一个人坐在露台上唱歌。美瑛对老母亲坦言："我本想信先生的话，把艺术作寄托灵魂的地方，可是我的灵魂告诉我连艺术的宫殿她也是住不惯的，她没有一刻子能安，她又要飞了……"美瑛喜欢坐在露台上。有一天，她说，古潭"那里有一个人张着她那伟大的臂膊在招我呢。他们还唱着歌在那里欢迎我呢"。随后，古潭里传出扑通一声，美瑛不见了。梦碎了的诗人不顾老母亲的竭力阻拦，纵身一跃，追随美瑛投入深不见底的古潭。但是，这是否意味着诗人与美瑛寻梦之路的终止？不是，绝不是，这是又一次征程的出发。因为，古潭"是漂泊者的母胎"与"坟墓";他们纵身跃入深不可测的、未知的、神秘的古潭,其目的是"我要听我吻你的时候,你会发出一种什么声音"。当"爱与艺术"的终极价值意义不在了,而新的人生终极目标尚未出现,此时诗人才真正意识到,"漂泊者"的命运注定就是"永远的流浪者",无论流浪到哪里,都寻觅不到自己的"家",但是,"漂泊者"要一直寻觅下去,这是他的伟大使命。这样一位清醒的、自觉的"漂泊者"形象出现在了《南归》一剧中。

《南归》中的诗人怀抱吉他,身背行囊,手持拐杖,艺术成为他的伴侣,爱情只是他流浪途中的一个驿站,却不是归宿。诗人的故乡在北方,那里有老父、妹妹,还有那深情的、美丽的牧羊女;北国的风光无限,而南方有个桃花盛开的地方也让诗人流连忘返,这里也有一位让他动心的、长着一双又大又黑的眼睛的美丽姑娘——春姑娘。桃花村的田园风光,春姑娘的脉脉温情,依然抚慰不了诗人孤寂的心,他又回到了故乡,"为了求暂时的安息"。万万没料到,他的家已毁于兵乱恶战,家人和他心爱的姑娘都已亡故。诗人又返回桃花村,他也想长留在此,"在山上再多栽些桃树,简直把这弄成了桃花源"。然而,他又走了,因为,诗人已确定自己的命运和使命,他对春姑娘说:"对,春姑娘,我也不想离开你,可我是一个永远的流浪者。"而春姑娘在了解到诗人的志向后,决心舍弃自己温馨的家和原本安稳的生活,远离至爱的亲人和家境殷实的追求者,追随诗人,去过动荡不宁、"永远地流浪"的生活。

十年前,剧作家满怀豪情初奏《梵峨璘与蔷薇》,踏上人生的征途。彼时以秦信芳为代表的"漂泊者",将"艺术、爱情、美"认作是自己的家园,准确地说,"爱与艺术"是"漂泊者"正雄心勃勃地准备以毕生精力建造的新家园。与其说他们是"爱与艺术"的追梦者,毋宁说他们是新家园的设计者、大建筑师。历经了十年的旅程艰辛,品尝够了"爱与艺术"由万丈光芒到渐次黯然失色的困惑迷茫的滋味,终于,"爱与艺术"回归本位,成为漂泊者的旅伴、同行者。家在何处?是在神秘的、深不可测的古潭？还是在看不尽天涯路的未知的远方？《南归》，实"难归"，无归处，却必定要不停步，走下去，寻觅下去……在《南归》中，"漂泊者"形象的最典型的标配已不再是手中怀抱的吉他，或手拄的拐杖，而是诗人脚下那一双又一双穿破了的鞋。这才有了千古一见的绝唱——《破鞋之歌》。"破鞋"是"漂泊者"游踪的见证，是"漂泊者"舍不得扔掉的珍藏，是春姑娘放在枕边的爱物，诗人吟道："破鞋啊，何时我们同时倒在路旁，同被人家深深地埋葬？鞋啊，我寂寞，我心伤。"余音袅袅，荡气回肠。

从1920年伊始，田汉笔下创作出的一系列人物——秦信芳与柳翠、顾梅俪与张德芬、白秋英与林泽奇、黄大傻与莲姑、名艺人刘振声、老画家刘叔康、杨梦梅与白薇、诗人与美瑛、诗人与春姑娘，他们的心境会随着"爱与艺术"的变奏而变化。但是，无论享有着爱还是失去了爱，无论对艺术的终极信念态度如何，是坚信不疑还是质疑动摇，他们心中不变的唯有孤独与寂寞，并如影随形般伴随着"漂泊者"的终生。这种感伤之情是与生俱来的，是无法从心中排遣得开的，这都源于他们共同的身世和身份：无家的孤儿。"漂泊者"或者父死母亡，已无乡可返；或者父母还健在，或一方健在，但出于某种原因有家难归，不能回家的游子形同孤儿。更重要的是，新的家园或正在建造中，或者有一天发现，建造中的"家"仅仅是自己心造的"家的幻影"，他们成为真正意义上的"漂泊者"。流浪者只是没有固定的家，但他们随遇而安，走到哪儿，哪儿就是家；宗教教徒"出家"，但他们抛弃的是世俗之家，却皈依了精神的教门；只有"漂泊者"才像无根的浮萍般漂泊，既无根，又无家。在这片美丽的国土上，没有一处可供他们栖身的居所，"漂泊者"如同一个孤独的游魂，命中注定一生要在故国大地上不停地奔走、奔走，只为着寻求到"家"。因而，"家"的情怀便完全寄寓在孤独与寂寞的浩叹之中；因而，抒发孤独与寂寞之情便成为剧作家戏剧创造的重中之重。田汉剧作中为评论家们所称道的那种独有的抒情性便由此而生。每部剧中的每一位"漂泊者"（除

《名优之死》中的刘振声外），必定会在特定的氛围中，不失时机地用大段大段的对白（独白）倾诉着，为自己不幸的身世而唏嘘嗟叹，孤独、寂寞、凄凉之情如滔滔江水，汩汩一泻而出，反反复复，经久不息。田汉早期的剧作所抒发出来的悠远绵长的、深重的孤独感，不是无人理解的思想者的萧索，不是无人喝彩的艺术家的惆怅，而是"漂泊者"无家无根的凄冷，寻找返乡之路而不得的痛苦。

　　那么，人物身上这种与生俱来的"无家""无根"所引发的孤独与寂寞是从何处而来的呢？倘若我们返回到田汉出生、成长的那个岁月，以历史的高度审视，便会发现，这正是那个年代整个民族生存的真实境遇与情绪。田汉是"五四"一代人。他出生在戊戌变法的那一年；13岁时，辛亥革命爆发了，千年的封建帝制被推翻；代之而起的是军阀混战，新建立的共和制的民国只有其名而无其实；而到了五四时期，"大家族"遭解体，"孔孟之道"被打倒，年轻人纷纷离家出走，去寻求出路。"五四"这一代人被置于如此的境地：一方面是传统的突然中断、动荡、激变；另一方面是令人眼花缭乱的种种新主义、新思想纷至沓来。作为世纪的新生儿、时代的新生儿，"五四"这一代人由传统文化哺育成人，却已不能在传统家园中安身立命，因为故园早已被抛弃；这一代人接受了西方文化的新生的洗礼，但刚刚引入中国的外来文化，远未在中国扎下根基。从根处说，他们成了"无家的人"。这样的人不正是"漂泊者"吗？倘若再将历史的目光延宕开来，中国从古代国家向着现代国家转型以来，中国将向何处去？将建立一个什么样的国家和社会？始终是高悬着的最大问题。是"中体西用"，还是"全盘西化"，或者仅以苏联为榜样？抑或都不是？所谓的"中西古今"之争不绝于耳，弥久更新。整个民族花费了一个半世纪之久，反反复复，曲曲折折……从一代又一代奔波跋涉在追寻探求道路上的践行者的身上，不难看出"漂泊者"晃动的影子……可以说，田汉先生描述并预言了一个时代的民族扮演着的一个角色——"漂泊者"的形象。

　　依笔者看来，所谓时代精神，应该是一个时代的人们对生存境遇的回应与表达，触及一个时代的最高的人生价值的共识，传达出人们内心最深层的欲求。在伟大的艺术作品中，时代精神不仅仅体现在主题立意上，更蕴含在人物的内心世界中，尤其是人物心中的不可理喻的情结，如哈姆雷特王子身上无法排解的忧郁，麦克白斯心中那没有缘由的、无以名状的恐惧；而田汉用敏感的心灵捕捉到了时代深层情绪的激荡，体验到了无法回避、无法排遣、弥漫在空间、时时都能感受到的孤独与寂寞。田汉笔下所创造的"漂泊者"系列人物形象，是引导着人们通向时代精神的一扇大门，而"剪不断、理还乱"的孤独与寂寞的感伤情怀，则是对中华民族最深层、最隐蔽的时代情绪的揭秘。正是在这一点上，田汉无愧于摘得伟大时代的抒情诗人的桂冠。

可惜的是，对于自身幽邃心灵中的一切，田汉却始终缺少自觉的反观及思考，任其滞留在理性认识的盲区。套用一句黑格尔对席勒评价的话，田汉是在为时代受过。但田汉毕竟留给后世弥足珍贵的财宝——他笔下的"漂泊者"系列人物形象。

原载《戏剧》2018 年第 6 期

"重读"曹禺 "重演"曹剧
——时代的呼唤

"重读""重演"曹禺！为何？

时值曹禺110周年寿诞（2020年）之际，笔者疾呼"重读""重演"曹禺，这是为何？曹禺的人生可用辉煌一词来称谓，尽管也有过坎坷波折，但历经近百年的风雨洗礼，曹禺仍被公认是中国现代戏剧史上顶级的戏剧家。迄今为止，还没有哪一位剧作家能与之比肩，他的作品仍不断地在舞台上上演，人们从没有忘记过曹禺；党和国家给予他极高的政治地位，曹禺曾担任北京人民艺术剧院院长，中央戏剧学院名誉院长，中国戏剧家协会北京分会第一届理事会主席，中国文联执行主席，第五届、第六届全国人大常务委员，第七届全国政协常委。但是，曹禺却说"请——'把我的苦闷写出来'"，这是曹禺当年对为自己写传记的访谈者的郑重嘱托。《苦闷的灵魂——曹禺访谈录》一书于2001年出版，那时距曹禺去世已过去5年。很多人可能会问，曹禺何"苦闷"之有？很多研究者都对曹禺的苦闷备感兴趣，往往多理解为曹禺艺术创作力的衰退，未能创作出更多的作品，总之，是壮志未酬的苦闷。这种看法不无道理。就剧目数量而言，曹禺创作的作品确实不多，终其一生统共创作了14部作品，其中的《桥》一剧只写成两幕（未完成），《镀金》是根据法国剧作家腊比希著的《迷眼的沙子》改编的，《正在想》是根据尼格里的《红丝绒的山羊》改编成的独幕喜剧，《艳阳天》是电影剧作，《家》改编自巴金的同名小说，《黑字二十八》是与宋之的合作。完全出自曹禺独立创作的完整作品，只有8部。而这8部中，得到人们普遍认可的剧作只有4部。然而，曹禺创作之少，又如同"苦闷"一样是个谜。试想，如果"比少"的话，在现当代剧作家中，恐怕冠军非曹禺莫属。其实，曹禺留给后人的谜何止这些。

曹禺是一位罕见的戏剧奇才，23岁时就写出了一群仿佛在地狱中苦苦煎熬着、挣扎着、毁灭着的灵魂的悲剧——《雷雨》。当他写出技巧最成熟的《北京人》时，才30岁。1942年，他将巴金的小说《家》成功地改编为舞台剧，这时的曹禺不过32岁。自此，从本真的意义上来说，这颗璀璨的戏剧之星已经陨落了，他再也没创作出能与他青年时期相媲美的深刻的作品。而曹禺是位长寿之人，享年86岁（1910年9月24日—1996年12月13日）。按理说，一个23岁便创作出如此成熟而深邃的剧作的天才剧作家，又拥有长达半个多世纪的创作生涯，该结出怎样令世人惊叹的丰硕成果？人们不禁要追问，究竟是什么原因令曹禺鲜活的艺术生命过早地夭折？这又是一个发生在曹禺身上的难解之谜。要知道，对于戏剧创作，曹禺从未松懈过。他写得少，不是他没有能力写（任谁也不会怀疑），而是出于他自己牢牢钉死在自己面前的那一把创作标尺，这一标尺扎根在曹禺的心中，从不犹豫，从不动摇：如果写不出令自己满意的作品，就绝不拿出示人或干脆搁笔。如抗日战争期间，曹禺曾构思过《三人行》一剧，打算以岳飞、宋高宗、秦桧三个人之间发生的故事为内容，但始终未给人看过。曹禺还曾想写一部有关李白和杜甫的戏，也未有人看过。粉碎"四人帮"后的那一年，曹禺66岁，上天又赐予了曹禺整整20年的寿数。改革开放后，解放思想的新时期到来，重新唤醒了人们的希望。"把你的心灵中的宝贝全交出来"，这不但是巴金对曹禺的殷切期待，也是大家的企盼，更是曹禺本人对自己的期许。然而，事实如剧作家所言，"我老是开头，开了几次头，都放下了"。随着时间的流逝，紧迫与焦虑煎熬着曹禺，他不断地对自己说："我已经71岁了……我还想写剧本，多写几部剧作。""我想我快要死了,不行了……我76岁了,不行了!我还要写点东西,写点新的……""我77岁了……我真想在80岁的时候,或者是80岁之前,写出点像样的东西来!"最终,曹禺也未能如愿,大家的期盼也落空了。曹禺该是多么不甘和痛苦!于此,我们追问的是,究竟是怎样的一道坎儿,横亘在曹禺戏剧创作的道路上,让他用尽心力、毕生追索,却无论如何也迈不过去?阻碍着曹禺创作步伐的屏障,难道不是其他剧作家需面对的共同难题吗?

无论曹禺拥有怎样至高无上的荣耀,倘若我们平心静气地追问一下,曹禺对同时代剧作家、对后辈剧作家的影响力究竟有多大?不能不面对一个残酷的事实:微乎其微!有谁能够指出,中国现当代的剧作家当中究竟哪一位剧作家真正得其精髓、秉承其衣钵?历史的回答是极为无情的:几乎为零!这又是一个历史之谜。

曹禺创作中还有一个十分独特的现象:为人所熟知的四大名剧均创作于他的青年时期,即23岁到30岁之间,而其后的创作则跨越50余年。曹禺开始写作《雷雨》时仅18岁,是一个青涩的毛头小伙子,一位养尊处优的少爷,过着从家到学校的"两点一线"平淡而单纯的生活,生活空间极为狭窄,根本谈不上什么社会经验。而后期的曹禺则生活在剧烈动荡的年代,可谓身经大风大浪,历经抗日战争、解放战争、新中国成立,反右派斗争、"大跃进"、"文化大革命"、粉碎"四人帮"、新时期不断推进的改革开放等,阅人无数,但在创作成就上,后期却无法与前期相比,况且,数量也太少了。新中国成立后的岁月中,曹禺只写了《明朗的天》《胆剑篇》《王昭君》这3部戏,这不是很令人惊异的现象吗?这就碰触到了创作者与生活之间的这一绝大关系问题。在此,笔者只简略地提示两点:其一,俄国的著名思想家车尔尼雪夫斯基说过,"生活就是美",另一位思想家普列汉诺夫接着指出,关键在于要对"生活"做进一步的解释;其二,对于创作者个人来说,经历过的生活与体验过的生活是性质完全不同的,只有真正体验过的生活才称得上是创作者的生活。

至此，笔者再次将追忆的目光投向了曹禺心中难以排遣的"苦闷"。值得注意的是，曹禺没有使用"苦痛"，而是用了"苦闷"一词。"苦闷"，除了"苦——痛苦"之外，还有"闷"。笔者猜度，倘若仅仅因为创作力衰退，这种遗憾可能让人痛苦，但不至于令人产生"闷死了"的感觉。究其原委，恐怕存在另一个更大、更重要的历史事实，即曹禺的艺术信念与时代主流话语之间的脱节。曹禺给后世留下了一大笔不能以量来估的无价的精神财富，与此同时，历史也给后人留下了一份沉甸甸的"曹评史"。《雷雨》完稿于1933年，直到两年后的1935年才被搬上舞台。是年春天，在日本的中国留学生上演《雷雨》。为此，导演吴天给曹禺写了一封信，谈了自己对该剧的看法，他赞扬《雷雨》"是对于现实的一个极好的暴露，对于没落者的一个极好的讥嘲"，也就是把《雷雨》看作一出优秀的国内社会问题剧。吴天的看法，无论放在当时还是当下的语境中，都是极高的评价，是对曹禺的充分肯定与赞美。令人费解的是，曹禺并不认同。他回应道："我写的是一首诗，一首叙事诗……决非一个社会问题剧。"国内的《杂文（质文）月刊》的编辑们读到了吴天与曹禺之间的往来信件，立即敏锐地从中意识到双方的本质分歧，并不失时机地将这一分歧公开化。他们以"《雷雨》的写作"为题，全文刊登了曹禺致吴天的信，并且加了一个编者按，明确表态，他们完全赞同吴天的观点，还进一步委婉地点出，"作者的作品与他自己的世界观是否恰恰合致是可以看出一点的"，其意思直白地说，就是曹禺虽能写出好的作品，但作品却与曹禺本人的世界观相左、相矛盾，所以他不能正确地理解自己的作品。可以说，这是中国现代戏剧史上第一篇自觉地运用左翼无产阶级革命文艺理论思想对曹禺进行批评的"曹评"。1935年被称为"雷雨年"，因为这一年国内不仅在话剧舞台上演出《雷雨》，而且还将其改编成多个剧种搬上舞台。随着观众的热烈反响，更多的评论发表出来，一时好评如潮。但曹禺发现，持吴天导演观点的大有人在，甚至可以说是绝大多数人不谋而合的共同识见。曹禺这颗在热捧中冉冉上升的新星坐不住了，他再次回应，写出《我如何写〈雷雨〉》一文，发表在1936年1月19日天津《大公报·文艺》的星期特刊上。此后，这篇文章作为上海文化生活出版社出版的《雷雨》单行本的序言收入书中。在文中，曹禺依然表达了自己创作所遵循的最基本的艺术原则：艺术是情感的诗，坚持自己的艺术个性、剧作的独创性；依然表示不能认同大家对自己剧作做出的"社会问题剧"的评价。当年张庚先生看过《雷雨》后，总觉得剧作者的世界与自己有着说不出的隔膜，无法亲近，直到读过曹禺的这篇文章后，才恍然大悟，原来曹禺仍然停留在古代悲剧观里，而远离现代人类社会所苦恼的中心。也就是说，从这篇文章中，张庚先生抓住了剧作家本人世界观中的严重缺陷，搞清了自己与剧作家之间的本质分歧所在。可以说，从《雷雨》公演之时，"社会问题剧"便成为嵌入曹禺戏剧创作的标识；而思想（世界观）上有问题则成为曹禺身上摘不下的标签。《日出》公演后获得的欢迎盛况远超过《雷雨》，人们赞扬曹禺继续揭露社会的黑暗，批判社会的不公不义，真实表现出底层受压迫、受剥削的弱小者的悲惨生活境况，但在这条正确的写作道路上，《日出》较之《雷雨》有了令人惊喜的长足进步，更为尖锐和深刻。但是，曹禺仍然不能认同，他又写出了一篇文章《我怎样写〈日出〉》，刊登在1937年2月18日《大公报·文艺》副刊上，文中仍然执拗地表达着自己的既往观点。而批评界对此的态度则是置若罔闻、不予理会。从那时起，"曹评界"已不自觉地达成一种默契：只看曹禺写了什么，不听曹禺说了什么。此时大家仍然沉浸在《日出》带来的热烈企盼当中，"我们翘首等待作者第三部丰富想象的新作"。然而，接下来面世的《原野》一剧如兜头一瓢凉水，浇得评论界集体沉默了。人们怎么也没料到，曹禺会突然180度大拐弯，大大背离原本走得好好的社会问题剧之路。对此，曹禺也似乎早有预料，他在《我怎样写〈日出〉》一文中曾说过这样的话：

  一个作者自然喜欢别人称赞他的文章，可是他也并不一定就害怕人家责难他的作品。事实上，最使一个作者尤其是一个年轻的作者痛心的，还是自己的文章投在水里，任它浮游四海，没有人来理睬。这事实最伤害一个作者的自尊心。①

从这时起，曹禺也沉默了，没有再写"我如何（怎样）写《原野》"。直到过了近半个世纪，粉碎"四人帮"后的新时期，曹禺才重新开口，谈及《原野》创作的初衷，他仍然坚持说："《原野》是讲人与人极爱和极恨的感情，它是抒发一个青年作者情感的一首诗（当时我才二十六岁，十分幼稚！），它没有那样多的政治思想，尽管我写时是有许多历史事实与今人一些经历、见闻作根据才写的。不要用今日的许多尺度来限制这个戏。它受不了，它要闷死的。"对于《北京人》，曹禺说："后来我写出袁任敢说的那两句话：'那时候的人，要喊就喊，要爱就爱'，我才觉得这是戏的主题了。"这些话语的基调，与五十年前关于《雷雨》《日出》的自白如出一辙。谈及这两部剧目，仍是旧话重提，如"写《雷雨》是一种情感的迫切需要"云云。直到此时，曹禺与"曹评界"仍然各说各话、各行其是。这一方，曹禺不但针对自己的创作伸张自己的宗旨，而且更进一步针对中国现代戏剧所走的"社会问题剧之路"提出严厉批评。1980年曹禺访美归国后，接受了田本相先生的访谈，其中敏感的话题是关于"社会问题剧"的。曹禺指出："社会问题剧，是针对着当前社会上存在着的某种现象而写的……只是这样写下去行不行？恐怕这样的道路反而变得狭窄了。""《报春花》《救救她》都是社会问题剧。但我觉得这好像是在赶着一群羊，向着一条很窄很窄的路走，走到天黑，走到最后。"这些话，曹禺在1980年发表的文章《戏剧创作漫谈》与1981年发表的文章《我的生活和创作道路——同田本相的谈话》中都曾论述过。另一方，以田本相先生为领军的学者们，正着手进行着一件大事，即忙着为曹禺"正名"，认为单单就"社会问题剧"来肯定曹禺是远远不够的，还要为曹禺是"货真

---

① 曹禺.日出［M］.北京：人民文学出版社，1994：205.

价实的现实主义"而正名,为曹禺是"社会主义现实主义"而正名,为曹禺是"无产阶级文化战士"而正名。但是,千万不要忽略一个既成事实,即主流话语权在评论界一方,而曹禺说些什么却不被重视,何止重视或不重视,简直就从没被当回事,真正是视而不见,听而不闻。在此,我们又不得不直面一个令人费解的事实,"曹评界"历来对曹禺极为敬重、极为推崇,态度绝对是真诚的,可是,双方一旦成为对话与交流的关系时,对等(平等)的地位便不复存在。尽管这是出于无意识之举,然而,直到曹禺于1996年去世,也未能弥合横亘在双方之间巨大的分歧,令人唏嘘不已!

对曹禺的评价和解释受着政治革命的时代主潮的主导。另外,曹禺的剧作演出,如对剧目主题的确立、人物的定性、角色的扮演、导表演的处理与场面调度等,同样也受着时代主潮的深刻导向与掌控。可叹的是,戏剧界直到目前仍没有进行过反思。举例来讲,前些年北京人民艺术剧院上演《雷雨》时曾发生过"笑场",将一出催人泪下的悲剧活生生演成了令剧场内发出一片笑声的"喜剧"。这种尴尬的状况是怎样造成的呢?当时参加演出的一位知名演员怒了,他直接斥责观众,尤其是年轻观众,认为问题出在当今青年人的素养上。真的是这样吗?恐怕原因并不那么简单。

斗转星移,日月穿梭,曹禺已过110岁的冥寿。今天,只有在今天,聆听曹禺的心声才成为一件可能和可行的事。因为,进入新时期后,以人为本、以人民的美好愿望为本,已成为举国上下的共识。在这样的时代大环境下,艺术回归情感的本体,抒写人的心灵,表现人性的复杂性与多样性,张扬艺术创作个性,才真正进入主流话语之中。实在说来,"曹评界"之所以不能聆听曹禺的倾诉,盖缘于双方不在一个对话平台上,一方只认同戏剧创作的政治革命与社会批判的功能,另一方则只关注戏剧艺术自身的本性。双方各说各话、南辕北辙,通俗地讲,好比鸡同鸭讲。笔者之所以郑重地指出事态的严重性,提出"重读""重演"曹禺,是因为我们已面临着两方面的严峻现实的新变化:一是国内的年轻观众群体的出现,二是如何让曹禺真正走向世界。也就是说，中国现代戏剧史上顶级的戏剧家能否跨越时代、跨越国度，成为为人熟知、受人欢迎的戏剧家？他创作的剧作能否常演不衰、常演常新？这是我们在纪念曹禺时不能不面对和思考的问题。曹禺不但属于中华民族，也属于全人类。试想，如果我们仍从政治功能、意识形态方面评价解释曹禺戏剧，还能为当代观众和国外的观众接受吗？答案是显而易见的。当然，不可否认，进入新时期后，许多专家学者、演出团体、导表演艺术者也在努力地重新解释，力图在舞台上呈现出与以往不一样的曹禺，在这条路上迈出了可喜的步伐。但就总体态势而言，还远远不够。前文所举的北京人艺演出《雷雨》的例子就是明证。

若从1935年《雷雨》首演算起，已历经85年了，这对个人来说已是高龄，但对真正的艺术家和艺术而言，生命则刚刚开始。想一想莎士比亚戏剧流传已500年左右的历史，想一想易卜生戏剧200来年的接受史……笔者揣度，我们不奢望曹禺能享有如此的盛誉，但曹禺戏剧的审美艺术价值完全有理由、有资格为后代世人所喜爱和接受。就此，我们有着不可推卸的责任。今天，我们对曹禺最好的纪念，就是真正聆听曹禺的心声，理解他的良苦用心，真正静下心来，好好思考曹禺为何终其一生都不改其艺术初衷，坚守将情感作为艺术的根本，为何始终不接受"社会问题剧"的冠名，而且进一步"危言耸听"地公开发声，警告人们，如果一味地在社会问题剧的道路上执迷不悟地走下去的话，中国现代戏剧只有死路一条。把话说到了这份儿上，难道还不需要深思吗？

曹禺也曾试图探索一条创作新路，如在新中国成立前写的《蜕变》《桥》及在新中国成立后写的《明朗的天》。这几部剧既不同于曹禺以《雷雨》为代表的四部悲剧，也不同于普遍流行的社会问题剧，准确地讲应属于社会剧。这些剧目与前者比，远逊之；与后者比，不合拍，因而被置于很尴尬的地位，被人们漠视。关于社会剧的创作宗旨，曹禺说得十分明白：一是关于剧作的主题，不能够满足于追随当下的政治政策、路线，人云亦云，而应提炼出和自己悟出主题思想；二是创作现实生活题材时，眼睛不能只盯在社会问题上，而应着落在人物身上，要写人性。为了写作，曹禺亲下基层，不辞辛苦地进行实地调查，新中国成立后如此，新中国成立前也如此，如1939年创作《蜕变》一剧的素材主要是在长沙调查伤兵医院时取得的；1944—1945年写《桥》时，曹禺到重庆的一家私人钢厂待了大约两个星期；1954年完成《明朗的天》时，先是到高校去观察生活，后又到协和医院生活了三个月之久。此外，曹禺还写过两部历史剧《胆剑篇》和《王昭君》，虽取材于历史中真实的人物和事件，但针对的却是当下的现实状况，抒写的是当下人们的普遍情怀，因此，曹禺的历史剧实际上也应归类为社会剧。

面对中国现代戏剧的历史与现状，有一个非常重要的现象为人们所忽略，即进入新时期后，出现了一个新的转向与趋势：从社会问题剧向社会剧的迈进。这一转向发生在20世纪80年代，具体体现在曾轰动一时的以《报春花》《于无声处》为代表的剧目，与其后也同样受到热捧的以《桑树坪纪事》《黑色的石头》《小井胡同》为代表的剧目之间的显著区别，也就是从写"问题"向写"人"的深化。就社会剧这一路向而言，曹禺的剧作与夏衍先生的《上海屋檐下》堪称中国剧坛的楷模。不得不说，社会剧作为具有特定题材内容的一类剧作，是我国当今戏剧的主潮，因为中国人的家国情怀是从骨子里带来的，关注现实政治、心系民生疾苦是中华民族生命基因构成中的重要因素，显而易见，这种格局状态会长期存在。因此，重新阅读曹禺的社会剧也是一件必不可少的事。

一个民族孕育诞生出一位本民族伟大的戏剧家，却在很长一段时期内不能理解自己的戏剧家，这不是一桩最令人遗憾的事吗？从曹禺一方来想，世人无论给予曹禺多少荣耀，赋予他多高的地位，倘若不能给予曹禺最渴望得到的理解，该是怎样的心境？可悲的是，直到去世，曹禺也没等来理解，这是何等的心痛，何等的苦闷。在此，笔者举一个小例子，当年曹禺口中经常说的一句话"不易，不易"为大家所熟知，并被不少人时不时地拿来打趣，却无人体察到曹禺说这话时内心的苦楚和无奈。"不易，不易"这句话是每当观看戏剧演出后,曹禺当众对该剧进行评价时说的话。这就像另一句话"没有功劳还有苦劳"一样,内在意思不必言明了。

  综上所述,"重读"曹禺,"重演"曹剧,解开他身上的种种谜团,是时代的需要,是时代的呼唤。曹禺的戏剧创作无论是悲剧,还是社会剧,抑或是改编剧,连同他内心的困惑、不甘、苦闷,都是一份弥足珍贵、不可复制的财产,我们应真正地继承并发扬光大,使其成为人类世代共享的文化构成。

原载《戏剧》2020年第6期

"'戏剧观'讨论"40年之一瞥

一场发生在戏剧界的争论，时隔40年，再次被提起，这恐怕是戏剧史上罕见的事情。这说明，那场争论对于当下的现实仍有着启示作用，也就是"历史的当下性"。所以，"'戏剧观'讨论"尽管发生在20世纪80年代，却又走进了我们的视野。

所谓"戏剧观"，顾名思义就是人们对戏剧的一种认知、观念。当年参与发声者众多，看法纷杂，可谓多元，甚至出现"派别"对立的局面，如海派与京派、北派与南派、革新派与保守派，甚至出现了两大"阵营"对立，即革新派阵营与保守派阵营。参与者大多都有明确的归属和立场，或出于自己的自觉选择，或出于别人的无心强加。就"戏剧观"而言，虽各说各话，莫衷一是，但仍可清晰地归类为两种基本观念看法：一方是从"综合性"来认知戏剧的，另一方是从"特性"来认知戏剧的。这就形成了"戏剧观"的争论。争论中止后，人们对戏剧的深思与探究仍在继续，发展至今，俨然演变出了两种清晰的观点：一方从文学的视野去解读戏剧，另一方则持反对意见，认为与其将目光盯在两者之间互为影响、互有对方的某些因素的问题上，莫如放在更加重要和更加必要的问题上，也就是应当在文学与戏剧之间划分出明确的界限；相对应地，则具体体现在关于"叙事性"与"戏剧性"之间的严重分歧。正是基于这一点，对往事的回顾才具有重大的意义。

一

"'戏剧观'讨论"发生的时间节点非常重要，那正是粉碎"四人帮"后，拨乱反正、解放思想的重大而特殊的历史时刻。中国现代戏剧的命运走向也随着政局的变化而一波三折。在"文化大革命"十年中，戏剧基本处于凝滞状态，红极一时的"八大样板戏"中，并没有戏剧（话剧）。之所以提及此，是因为"样板戏"在"古为今用、洋为中用"的宗旨下所进行的大胆的"形式更新"还未波及戏剧，这就为此后戏剧界大张旗鼓的"形式更新"提供了理由和重新认识评价的必要性。"文化大革命"结束后，戏剧开始迅速复苏。1979年，中华人民共和国成立30周年，文化部组织了献礼演出创作及评奖的大型活动，助推和带动了众多剧目的涌现，久违的兴旺景象出现了。从题材来看，这一阶段的戏剧创作有两个方面的显著特点：一是写党和国家的领袖、军队的将帅；二是写现实社会的问题现象、矛盾斗争。但二者都有一个共同的政治指向，即对"四人帮"祸国殃民罪行的声讨和批判。出现在戏剧舞台上的领袖、老帅们，大都是遭受到"四人帮"残酷迫害的，并在此时的政治生活中得到公开的恢复名誉或追悼；1978年的《于无声处》（宗福先）之所以走红，就在于它直接写出了1976年那场为悼念周恩来总理而爆发的"四五运动"。剧目所触及的社会问题现象是多方面的，遍及政治、经济、思想、教育、家庭、情爱等各领域，但是，无论写什么，都有一个"政治正确"的问题。"政治正确"是每一部戏都要写的，"政治正确"在这一阶段就是对"四人帮"的斗争批判。这体现为两方面：其一，造成一切祸害的根源都在"四人帮"。如《救救她》，从一个失足堕落少女被拯救的角度来揭露"四人帮"的罪恶，因为，该少女的误入歧途、失足变坏完全是"四人帮"的迫害所致。还有揭露社会的各种不正之风，如干部的腐败堕落、贪赃枉法，又如社会上的"走后门""拉关系"，以权代法、钱权交易等现象，以及针对曾风行一时的"唯出身论""血统论"错误思潮的批判，还有关于思想僵化、解放思想等，不一而足，但其共同的罪魁祸首都是"四人帮"。其二，剧作中一定有泾渭分明的两类人：一类是执行"四人帮"路线或深受"四人帮"思想影响的反面人物；另一类是坚决与"四人帮"及其路线思想进行殊死斗争的正面人物。当年红遍中国的《丹心谱》《未来在召唤》《报春花》《救救她》《权与法》《谁是强者》等莫不如此。在"政治正确"共同的主题之下，在写法上，以矛盾的对立冲突来结构全剧，亦是几乎所有剧作通用的法则了。长久以来，人们称这样的创作为社会问题剧，也叫现实主义（写实主义）的创作。可以说，20世纪中国现代戏剧的主流样态就是社会问题剧。这一阶段涌现出的大批剧目，是主流戏剧在新时期的延续。

然而，就在戏剧界还沉浸于"戏剧中兴"的欢欣鼓舞的情绪之中时，"危机"悄然出现了。凡从那个年代过来的戏剧人可能都不会忘记，让戏剧界感受到"危机"的，首先来自戏剧观众热情的减退。此前出现的那种观众踊跃进剧场、台上台下强烈共鸣的景象开始不再，"危机"之声随之开始不绝于耳。如何看待和应对"危机"，出现了两种意见，一种是认为应该对社会问题剧进行深刻的反思，提出这种意见的人就是曹禺，但遗憾的是，无论曹禺怎样疾呼，怎样"危言耸听"，都如空谷足音，泥牛入海，没有激起丝毫反响。①笔者在此仅提醒一下，社会问题剧与生俱来的致命缺陷就是两个字：短命。试想，当"问题"得到改善、得到解决之后，观众还会对该剧有兴趣吗？上文所列举的剧作便是如此。另一种意见则认为要从形式（实则是手段）上进行多样化的更新，戏剧出现的诸多问题，盖缘于以往的戏剧表现手段太单一、太僵化。而这一种意见则成为多数人的意见。

那么，既然是"'戏剧观'讨论"，不同见解背后一定有着各自的理

---

① 就曹禺对中国现代戏剧的前途命运和自己创作的定性而言。

论出处和依据。以此为条件,来筛选其中的代表人物,有三个人是不能不提到的:一位是著名导演黄佐临先生,一位是理论家谭霈生先生,一位是创作《野人》的剧作家高先生。而其他人的发声,不论当年声量如何大、影响如何大的,都可归属到上述的"源理论"上。

二

使用"戏剧观"这一词而引起争议的当属黄佐临先生。早在1962年,在广州召开的全国话剧、歌剧、儿童剧创作座谈会上,黄先生以《漫谈"戏剧观"》为题做了发言,后刊登于同年4月25日的《人民日报》上。"戏剧观"这一概念的内涵和外延究竟怎样界定,黄先生并没有给予说明,但无论从当年还是从之后所说所写的来看,黄先生一贯的、毫无疑义的、确定的意思是,"戏剧观"等同于"戏剧手段"。也就是说,黄先生是在"手段"这一意思上来使用"戏剧观"一词的。在《漫谈"戏剧观"》一文中,黄先生认为,一个最理想的剧本应该具备十个方面的要求和要素,而"戏剧观"只是十个要求和要素中的一个,与其他九个(如主题明确、人物鲜明等)并列。可见,黄先生是在具体的、个别的、要素的层面上来界定"戏剧观"一词的。而且,在黄佐临先生的思想中,戏剧观所指称的要素就是戏剧手段。他的逻辑是这样的:"艺术工作者就是运用艺术手段将一定的世界观去影响生活,改变生活;而戏剧工作者就是运用戏剧手段将一定的世界观和一定的艺术观来达到这个目的。世界观、艺术观,在每个历史时期,每个阶级社会里,都有一定的局限性;但戏剧手段却是多种多样的。"他认为:"人类的戏剧史是一部冗长的、不断的寻求戏剧手段、戏剧真理的经验总结。"因而,黄佐临先生认为构成一部理想戏剧的第十个要求是"戏剧观广阔",即我们不但要有斯坦尼斯拉夫斯基这样的"制造生活幻觉"的戏剧手段,而且还要有布莱希特那样的"破除生活幻觉"的戏剧手段。黄佐临先生说:"梅(梅兰芳)、斯、布都是现实主义大师,但三位艺人所运用的戏剧手段却各有巧妙不同。"他们三人是"艺术观上的一致，戏剧观上的对立"。另外，黄佐临先生又从中国画论中借用了一个概念——"写意"，来与"写实"相对应。这样，黄佐临先生就将人类有史以来的所有戏剧分为两大类："写实"的，或"写意"的。"二千五百年话剧曾经出现无数的戏剧手段，但概括地看，可以说共有两种戏剧观：造成生活幻觉的戏剧观和破除生活幻觉的戏剧观；或者说，写实的戏剧观和写意的戏剧观。"[①]在此要申明，我们仅仅着眼在确认黄佐临先生的本意，而无意去评说其概念、逻辑是否清晰、严密、合理。实在说来，在后一方面去较真也没有意义，我们应当做的是尽力透过词句去理解黄佐临先生心中真正的诉求是什么，由此，我们才能解释何以这些模糊的、简单化的概念论述会产生如此大的实际影响和作用。

三

提及20世纪80年代的戏剧，高先生是个绕不过去的戏剧人。在笔者的眼中，他是一位立足于舞台的剧作家，或者说是一位怀揣着舞台梦想的剧作家。在戏剧界，像高先生这样既搞戏剧创作，又不断发表理论见解的剧作家几乎见不到，而且，他的"发声"与他的剧作一样，都对当时的戏剧界产生了很大的影响。很有意思的是，不管有多少人自告奋勇地为他摇旗呐喊，做他的创作代言人，但高先生仍然一如既往地"说"。毕竟，别人的"代言"与自己的所思所想之间还有很大的差异。进入新时期，在戏剧创作实践中，"形式革新"承接并延续了"戏剧观"的本意，即"戏剧手段"方面的拓展和丰富。高先生说得很清楚，"我们目前的一些话剧，观众不爱看的原因之一，除了剧作上的问题之外，主要是表演手段十分贫乏"。下面的这段话，既是他个人的识见，也是对现状的一种写照，他

[①] 黄佐临. 我与写意戏剧观 [M]. 北京：中国戏剧出版社，1990：269.

说:"戏剧是一种综合的表演艺术,歌、舞、哑剧、武打、面具、魔术、木偶、杂技都可以熔于一炉,而不是单纯的说话艺术。"在戏剧创作实践中,他贯彻了自己所标举的"戏剧观"理念,并成为"形式更新"浪潮中最引人注目的弄潮儿。但是相较于黄佐临先生,高先生是从"什么是戏剧"这样的高度和基点上来阐述"戏剧观"的,也就是将"手段"从作为"戏剧观"的要素之一提升到关乎戏剧整体性的高度。因而,"动作"在高先生的认知和阐述中得到了肯定和更多的说明。从一开始,高先生就以"反传统"的革新者自居,而他批判的矛头则对准了易卜生。他认为,在我国"目前公认的戏是易卜生式的戏",也就是"社会问题剧"。高先生说,在内容上,"易卜生式的戏剧又被称为社会问题剧或道德剧,属于一种观念的戏剧"。从形式结构上来说,"剧中人物总围绕着某一社会问题或道德问题,各有自己的观点或思想倾向,互相冲突斗争着,这种复杂曲折的斗争便构成了戏剧的情节,在戏剧结构上体现为悬念、发展、高潮和结局。结局便是矛盾冲突的解决"。从手段来说,易卜生式的戏剧"十分看重语言和力量,因为矛盾各方的道理都得靠人物的语言加以阐述"。因而,革新的对象就是"易卜生式的戏剧",即所谓的"写实主义"或"现实主义"的戏剧。对易卜生,高先生抱持一种"过时""陈旧"的不屑态度,如高先生所说的,"我们不必把相当于同治、光绪年间的一位外国剧作家的戏剧观,当作不可逾越的剧作法典来束缚住自己的手脚"。[①] 显然,对于有着"现代戏剧之父"之称的易卜生及其戏剧,我们大大地"误读"了,大大地曲解了。但是,高先生矛头所指的我国的"写实主义"(社会问题)的戏剧,的的确确是事实,他说的是真实的历史事实。而出问题就出在我们"张冠李戴",无论是当年我们如获至宝般地迎进"写实主义"的易卜生,将他视为改造社会的"斗士",还是今日又将他视为当下反叛所瞄准的靶子,都是我们自己的一厢情愿,是强加在易卜生头上的,用当

---

① 高行健.论戏剧观[J].戏剧界,1983(1).

今时髦的话说，就是"甩锅"。当然，我们不必苛求高先生，因为，"误读"不是个人所能成就的，而是集体性的甚至是出于无意识所造就的"误读"，那么，拨乱反正的"重读"也不是一件轻易就能完成的事，起码，这需要假以时日。重要的是，高先生所挑战的风行于我国的这种"社会问题剧"的戏剧，确实需要改弦更张了。在这点上，高先生道出了许许多多戏剧人的共同心声。

四

还有一位就是谭霈生教授。以今天的视野回看，在当年参与讨论的戏剧界人士中，谭霈生先生是唯一一位已经着手建构自己理论体系的学者。1979—1980年，他完成了《论戏剧性》，1981年由北京大学出版社出版，修订版于1984年由北京大学出版社出版。试想，如果就这场讨论的"形式更新"的运动性质而论，以挥舞着"反叛"大旗的姿态出现的旗手中不见谭先生的踪影，相反，他甚至是以"反对方阵营"的领军人物现身的。人们始终忽略了一个非常有意思的现象：谭霈生先生的理论就是关于戏剧形式结构构成的学说，而他却坚定不移地对"形式更新"进行质疑。为何？令谭先生深感忧虑的是关于"人学"的。在他看来，争论的议题无论是针对社会问题剧，还是针对形式，抑或是其他，其中都罕见对"人——剧中人物形象"的思考。即使单就形式而言，谭先生一方面不同意将手段等同于形式，另一方面认为戏剧形式绝对不能与戏剧如何塑造人、如何呈现人物的人格割裂开来。说到底，无论中外，凡是可尊敬的理论家、批评家、艺术家都是自己与之对话、辨析的对象，从中围绕着"戏剧—人"的这一根本基点进行戏剧"形式—结构"的梳理与创见。

1985年，上海文艺出版社出版了谭霈生的新著《戏剧艺术的特性》一书。这本书是继《论戏剧性》之后，从学理的层面上对戏剧自身的根本问题的进一步探索，同时也是对当下出现的诸多争议的新问题的思考和回应。《戏剧艺术的特性》一书开门见山便提出"什么是戏剧"这一问题，因为无论大家聚讼纷纭的具体议题是什么，归根结底，都涉及"戏剧是什么"的最基本认知。毋庸置疑，新时期"形式更新"的实践及主张都明确表示，戏剧是一门综合性艺术。从这一视角去界定"戏剧是什么"，也并不是我们的发明创造，戏剧史上持此论的不少，况且，戏剧的的确确是门综合性艺术。但是，如果将综合性看作戏剧本性的话，就会出问题了，因为电影也同样是门综合性艺术。针对上述情况，《戏剧艺术的特性》一书辟有专门章节详细梳理和阐述戏剧的综合性，全面地、条分缕析地一一探讨了戏剧中的其他门类艺术的成分：文学成分（叙事与抒情）、造型艺术成分（绘画、雕塑、服装、化妆、布景、道具、灯光等）、音乐和音响成分等。将其他艺术门类引入戏剧中，到底是多多益善，还是越少越好？戏剧追求的手段是丰富多样，还是纯粹化（或简约化）自身的表现手段？从人类戏剧发展的历史上来看，时繁时简，或多或少，并没有一定之规。有的戏剧家有意地、多方面地进行着实验探讨，而且非常成功，经典的例子如奥尼尔，他对面具、音响（鼓声的运用）、旁白等的运用，不一而足。又如布莱希特对叙事性（史诗性）的追求。有的戏剧家则公开反对戏剧的综合性，著名的如格洛托夫斯基，他提出"要解除综合艺术的概念"，为此他倡导"贫困戏剧"，早先翻译作"穷干戏剧"，相对应的则是"富干戏剧""阔干戏剧"，还有"富裕戏剧"一说。"贫困—富裕""穷干—富干"，如果仅仅着眼于手段的多与少、繁与简，那么只不过是做加法或做减法的区别。谭霈生先生在《戏剧艺术的特性》一书中提出"纯戏剧"与"综合戏剧"相对应，其着眼点便不是"量"的多少，而是"质"的转化。谭霈生先生正确地指出，即便如格洛托夫斯基所言，戏剧只留下演员与观众两个要素，其他的都删除，也仍是综合性的。在论述"综合艺术"之前，谭霈生先生首先强调戏剧的最基本的手段是动作，申明动作是"支配戏剧的法律"，并特别指出，戏剧作为演员的表演艺术，是演给观众看的，因而，戏剧是一种特殊的"直观艺术"。在谭霈生的界定与阐述中，"纯戏剧"与"综合戏剧"并不是对立的，而应该是统一的，即无论引入什么类型的，或多少数量的艺术手段，需解决的问题应是"它们所具有的审美特性是怎样和舞台动作融合起来的"以及"它们又是怎样为戏剧动作所融化、改造了的"。也就是要与戏剧自身的基本手段——动作相融合，形成不可分割的有机整体，而绝对不是加或减的拼贴问题。有论者曾不乏灼见地指出，"作为一种独立的艺术样式的戏剧倘若要继续生存下去，便不能不研究这门艺术自身的特点，而且这种特点应该是电影或电视所无法具备的，从而不断加以发展，才不至于将来衰亡为艺术史上的陈迹"。虽然强调戏剧艺术的特性，但何谓"特性"？如果综合性不是戏剧艺术独有的特性，那是什么？只有谭霈生先生给出了答案。那一时期，谭霈生先生在报刊上发表了很多文章，其基本观点都体现在《戏剧艺术的特性》一书中，但该书绝非一本论文集，而是一部理论专著。谭霈生先生将现实中出现的现象与问题，无论是观念上的还是实践上的，都沿着"什么是戏——戏剧本性"这一具有理论普遍意义的路向上，溯本探源地深入下去。谭霈生先生的对话者不再是现实生活中的某一位论辩对手，而是世界戏剧史上具有影响力的戏剧家的剧作或思想。由此，发生在中国的、在某一时段出现的特殊现象及问题，都被提升至世界性的对话平台，成为世界戏剧大家庭中共有的普遍性话题。如此的眼光和襟怀，才是一位真正的理论家所具备的大师风范。

五

针对新时期对"镜框舞台""第四堵墙""破除生活幻觉""多场景""多场次""散文化"等的争论，《戏剧艺术的特性》特辟章节进行了回应和讨论。这类有关戏剧舞台样态的话题成为争议的热点，与一位外国的戏剧大师密不可分，他就是布莱希特，而布莱希特的引进与影响又少不了黄佐临先生的介绍、诠释。可以这样说，在中国的现代戏剧史上，前后有两位外国戏剧家的名头最响、影响最大，前者是易卜生，而新时期则当数布莱希特。那么，何以独独布莱希特最得中国戏剧界的青睐呢？究其原委，就在于当年"形式更新"热浪的出现。所以，黄佐临先生的戏剧观从20世纪60年代开始，就与布莱希特捆绑在一起，并成为飘扬在"形式更新"上空的理论旗帜。对此，1983年青年学者马也发表了一篇文章《论戏剧观——与黄佐临先生的商榷》，他的质疑引来各方的反对，当年大概只有谭霈生先生站出来，给予了他极大的支持。对于布莱希特的剧作及其理论主张，谭霈生先生十分尊重和重视，他只是认为，我们是否真正懂得与理解布莱希特，是应该追问和质疑的，就如同我们长期以来"误读"易卜生一样。这是一个长期的课题，我们至今尚在路上。

40年的时间沉淀，足以让我们摆脱"不识庐山真面目，只缘身在此山中"的境况，"'戏剧观'讨论"是由戏剧人自发的行动而形成的。20世纪80年代最值得人们回顾的，是多元化、多声音的格局出现。而"'戏剧观'讨论"中最抢眼的焦点与核心议题是"形式更新"。必须指出，"形式更新"只是那些年中的声音之一，多元化现象中的一种，如关于"回归创作主体"，关于"人学"，都曾是最强音，可惜没有成为争论的议题。回顾戏剧舞台所呈现出的新气象，更是令人振奋。1982年，北京人艺演出了《绝对信号》（编剧刘会远），从这部戏的构架来说，仍以与坏人坏事做斗争为行动主线，但在具体内容上，又强化了爱情的部分。其中，时空的自由转换、人物内心独白的运用，给了当时的剧坛极大冲击。其后，众多的类似形式更新的戏剧不断涌现。

其实，若论舞台呈现的新颖，早在1979年徐晓钟导演将莎士比亚的著名悲剧《麦克白斯》搬上舞台时就已见其貌，令人耳目一新。麦克白斯是一位极富挑战性的戏剧形象，他弑君篡位，双手沾满鲜血，却是一位公认的悲剧人物（如鲁迅所言，有价值的东西被毁灭）。徐晓钟导演力图摆脱既往的政治、道德评价，而从人性的视角去解释麦克白斯，无疑，这是具有革新性的全新解释。对剧作中"女巫"这样超自然形象的舞台处理，显然大大突破了司空见惯的"写实"形式，而表现麦克白斯"涉血前行"舞台意象的创造，更是匠心独运。1983年，徐晓钟成功地执导了由萧乾先生翻译的《培尔·金特》。应该说，这一演出非同寻常，具有颠覆性的意义，因为它让人们见识到了另一个"非写实"的易卜生。要知道，当年，易卜生以"只是一个写实主义"的戏剧家而备受中国戏剧界的推崇和器重，而于今，人们第一次亲眼观看了与写实主义南辕北辙的戏剧，易卜生原来不仅仅"只是一个写实主义"！舞台上呈现的《培尔·金特》，让人们享受了一场美的盛宴。

1981年，北京人艺上演了迪伦马特的"怪诞"风格的戏剧《贵妇还乡》；第二年，上海演出了他的另一部剧作《物理学家》。同时期，阿瑟·密勒来北京人艺亲自执导了《推销员之死》一剧，引起人们广泛关注。莎士比亚戏剧节也隆重登场，南北几个剧院团上演了莎翁几部名剧，莎剧研讨会、展览等活动的举办影响巨大。另外，存在主义哲学家萨特的情境剧、奥尼尔的表现主义戏剧、20世纪50年代兴起的荒诞派戏剧、布莱希特的戏剧等，都被介绍进来。有必要指出，上述这些享有世界盛誉的戏剧家的戏剧作品，无论是什么风格流派，全都呈现出让国人耳目一新的"非写实"的样貌。与此同时，戏剧理论著作也相继被翻译介绍进来。然而，唯独"形式更新"和布莱希特成为"'戏剧观'讨论"的核心议题。

实际上，那场大讨论在某种意义上可视为一场发生在戏剧界的所谓"反传统运动"，甚至压倒学术意义上的讨论，其中"求新求变"是主基调，而这也是进入新时期后的时代主基调，固然难免带有浓浓的"火药味儿"。不要忘记，我国刚刚"告别政治革命"，或者说，"后政治革命"时代的转型刚刚开始。在我们的意识深处，易卜生与布莱希特之间有着根本的相通之处，即一个是向资本主义社会宣战的斗士，另一个是批判资产阶级的马克思主义者；所不同者仅在于形式手段：当年，易卜生的写实主义是承载着革命使命的利器，现在，"革新"的使命让位于布莱希特的"破除幻觉"。经历过新时期那个发展阶段的人都知道，当年，"形式更新"的旗手们将"形式更新"立为试金石，以此站队，划分派别，甄别出保守还是革新。这也就暴露出所谓"'戏剧观'讨论"的先天缺陷，即理论建构的不足。但是，所有的不足都无法抹杀它的重大意义，首要的便是多元化格局的开启，这意义无论怎样评价都不过分；在各种思想观念的交锋碰撞中，尽管呈现得如同一场"混战"，但大大启迪和影响了参与者的认知，各自带着讨论中各种悬而未决的问题，在其后的岁月中继续研究探讨下去。

最后，最有必要和不能不提到的是1987年上演的《桑树坪纪事》，该剧由徐晓钟导演，谭霈生参与剧本创作。《桑树坪纪事》的意义不仅仅在于大获成功，让人们大开眼界，更重要的意义在于，所有"对立"的各方都在这部剧的评价看法上"和解"了，都从中看到了自己所期待的"戏剧观"的希望之光。这也就意味着这场讨论该画上句号了。在观念争论方面，1985—1986年发生在上海戏剧学院陈恭敏教授与中央戏剧学院谭霈生教授之间的争议，同样昭示着讨论已经进入尾声。1985年，陈恭敏教授发表了《当代戏剧观念的新变化》一文，刊登在《戏剧报》第10期与《戏剧艺术》第3期上，两篇文章题目、内容大同小异。其后，谭霈生教授发表了《〈当代戏剧观念的新变化〉质疑》一文，刊载于《戏剧报》1986年第3期上。后者质疑前者，所谓"新变化"实则是陈恭敏教授自己观念的变化。谭教授指出，四年前，陈教授在《戏剧观念问题》一文（原载《剧本》1981年第5期）中阐述的观念，明显地与四年后其所主张的观念大大相悖。那么，陈教授为什么会有前后如此巨大的转变呢？依笔者看来，完全是因布莱希特之故。从两位教授彼此相互争论的具体议题来看，已从先前的"手段—形式"移到由"布莱希特的戏剧观"所引发的系列问题上来。比如，对于戏剧而言，主张思想重于情感、思考重于欣赏这样说法，谭教授质疑陈教授，这真的是布莱希特的本意吗？还有，即便是布氏所言，难道就正确吗？显然，就这个议题本身来说，已然涉及审美学的问题。就这些问题展开讨论，呼应者可数，与先前的响应者云集形成鲜明对比。这些问题都留待以后的解答。

笔者从1985年才接触了那场讨论，是被其深深触动的一名年轻学者。笔者在1986年于南京召开的话剧研究会全国第一次戏剧大会上，提出了批判"庸俗社会学"的观点，同时提出，应该回归到审美的基点上来，创造审美戏剧。当时这一观点的提出，用"引起轰动"一说也不为过，《文艺报》还开辟了专栏，以"丁涛的审美戏剧观"为题，准备展开讨论，但只出了一期就戛然而止了。究其原委，是因为无论从哪个方面来说，都不可能进行下去。比如，第一期的讨论就设立了对立的两方，一方是笔者，而另一方的论点直接就将讨论推向了敏感的话题，直指审美戏剧是想将戏剧带入摆脱政治的危险境地。而且，执此观点的大有人在，比如某位作家就在某次国际笔会上不无忧虑地公开说，国内的一些青年学者倡导"审美"，远离政治云云。但更深层的原因在于，笔者深深知道，自己不但刚刚踏进戏剧界，而且也是刚刚踏进美学研究领域，一切都是刚刚起步。回归书斋，潜心探索研究，这是我们的"后讨论"（争论归于沉寂之后）的工作常态。

至此，笔者需更加用力地提醒人们，1987年底，谭霈生先生在《人民日报》上发表了《对戏剧本质的再认识》一文，第一次明确地提出自己的"戏剧情境论"的核心基本思想。经过一年，完成了十来万字的《戏剧本体论纲》，于1988—1989年分期连载在《剧作家》上。在"'戏剧观'讨论"中，谭霈生先生旗帜鲜明地反对将"手段—综合性"认作戏剧的本质，那么，倘若"手段—综合性"被否定后，什么才是戏剧的本性？只有谭霈生先生在如此短的时间内就给出了清晰而完整的答案。这表明，"'戏剧观'讨论"不但结束了，而且翻篇了。

倘若戏剧界再有一次"'戏剧观'的讨论"，那将是在更高层面和境界的对话。让我们拭目以待吧！

原载《戏剧》2020年第1期

图书在版编目（CIP）数据

问路集：重构一种新阅读—批评视界 / 丁涛著 .—北京：中国国际广播出版社，2025.3
ISBN 978-7-5078-5299-8

Ⅰ.①问… Ⅱ.①丁… Ⅲ.①社会科学－文集 Ⅳ.①C53

中国版本图书馆CIP数据核字（2022）第241241号

问路集：重构一种新阅读—批评视界（上）

著　　者	丁　涛
责任编辑	尹春雪
校　　对	张　娜
版式设计	陈学兰
封面设计	赵冰波

出版发行	中国国际广播出版社有限公司［010-89508207（传真）］
社　　址	北京市丰台区榴乡路88号石榴中心1号楼2001 邮编：100079
印　　刷	天津市新科印刷有限公司
开　　本	710×1000　1/16
字　　数	330千字
印　　张	23.5
版　　次	2025年3月　北京第一版
印　　次	2025年3月　第一次印刷
定　　价	68.00元

版权所有　　盗版必究